地质复杂隧道
施工预报研究与工程实践

何发亮　卢　松　丁建芳　郭如军　李苍松　著

西南交通大学出版社
·成　都·

图书在版编目（CIP）数据

地质复杂隧道施工预报研究与工程实践 / 何发亮等著. —成都：西南交通大学出版社，2019.10
ISBN 978-7-5643-7152-4

Ⅰ.①地⋯ Ⅱ.①何⋯ Ⅲ.①隧道施工 Ⅳ.①U455

中国版本图书馆 CIP 数据核字（2019）第 201072 号

Dizhi Fuza Suidao Shigong Yubao Yanjiu yu Gongcheng Shijian
地质复杂隧道施工预报研究与工程实践

何发亮　卢　松　丁建芳　郭如军　李苍松　著

责 任 编 辑	杨　勇
封 面 设 计	曹天擎
出 版 发 行	西南交通大学出版社 （四川省成都市金牛区二环路北一段 111 号 西南交通大学创新大厦 21 楼）
发行部电话	028-87600564　028-87600533
邮 政 编 码	610031
网　　　址	http://www.xnjdcbs.com
印　　　刷	四川煤田地质制图印刷厂
成 品 尺 寸	170 mm×230 mm
印　　　张	25.5
字　　　数	450 千
版　　　次	2019 年 10 月第 1 版
印　　　次	2019 年 10 月第 1 次
书　　　号	ISBN 978-7-5643-7152-4
定　　　价	98.00 元

图书如有印装质量问题　本社负责退换
版权所有　盗版必究　举报电话：028-87600562

作者简介

何发亮

1962年11月生，广西贺州人。1984年毕业于中山大学地质系地质学专业，理学学士，教授级高级工程师，享受国务院政府特殊津贴专家，中国铁道科学研究院博士研究生导师，中国铁路工程总公司专家、首批有突出贡献的中青年专家，中铁科学研究院有限公司首席专家、学术委员会委员，"何发亮"工作室带头人，中铁西南科学研究院有限公司副总工程师、学术委员会委员，国家科学技术进步奖、中国博士后基金项目、中国施工企业协会科学技术奖评审专家，中国施工企业协会科学技术委员会首批专家，四川省人民政府评标专家库、四川省国土资源厅地质灾害防治工作技术专家库、四川省文物局专家库、成都市文物工程评标专家库、成都市科技评估专家信息库专家，四川省咨询业协会工程地质水文地质高级咨询师，国际工程地质与环境学会（IAEG）会员，中国地质学会工程地质专委会委员，中国铁道学会标准化专业委员会地勘专业委员，中国岩石力学与工程学会地下工程分会、四川省古迹遗址保护协会理事，四川省岩石力学与工程学会理事，四川省声学学会常务理事，《中国地质灾害与防治学报》《现代隧道技术》《铁路地质与路基》编委。

历任中铁西南科学研究院有限公司（原铁道部科学研究院西南研究所、铁道科学研究院西南分院）工程地质研究室实习生、助理工程师、助理研究员、副研究员、教授级高级工程师，曾任中铁西南科学研究院有限公司工程地质研究室/岩土工程检测中心副主任，工程地质研究室/地质预报中心主任，中铁成都勘察设计院总工程师。

长期从事铁路隧道工程地质、铁路隧道围岩分级、隧道施工地质超前预报、声波探测技术应用、地质灾害防治研究及技术咨询服务和文物加固勘察设计技术咨询服务工作，在隧道施工地质超前预报、铁路隧道围岩分级、地质灾害防治、声波探测技术及文物加固工程技术研究及应用等方面有较高的造诣，做出了突出的贡献。

30年来，主持完成：

（1）国家重点基础研究发展计划（"973"计划）项目"深长隧道突水突泥重大灾害致灾机理及预测预警与控制理论"第一课题"深长隧道突水突泥致灾构造及其地质判别特征方法"子项"深长隧道突水突泥致灾构造及其构成和突水突泥特征"研究。

（2）国家863项目"隧道施工期大涌水等地质灾害超前实时预报系统与装备"子项"涌水灾害分级及突发性地质灾害实时预警预报及施工预案专家系统研究"。

（3）国家自然科学基金"高压大流量岩溶裂隙水与不良地质情况的超前预报和治理"子项"岩体温度法隧道（洞）施工掌子面前方涌水预报研究"。

（4）科技部"转制科研院所创新能力专项资金"项目"复杂地质隧道地质预报技术及设备系统研究"。

（5）铁道部重大课题"岩溶地区铁路长隧道涌漏水综合治理技术研究"子项"岩溶地区铁路长隧道涌漏水规律研究"。

（6）铁道部重大课题"TBM施工需要的裂隙围岩等级划分及地质参数确定研究"。

（7）声波探测技术隧道施工地质预报研究。

首次提出了岩溶地下水动力剖面分带中混流带的新概念；首次提出的岩体温度隧道施工涌水预报理论及方法，实现了隧道施工涌水预报理论和方法的重大突破；提出的TBM施工围岩等级划分方法，被《铁路隧道全断面岩石掘进机法技术指南》（铁建设〔2007〕106号）引用；首次系统提出了隧道施工突水突泥成灾理论及2类7种突水致灾构造、4类7种突泥致灾构造、3种隔水隔泥岩土盘类型、4种隔水隔泥岩土盘破坏模式、间歇（阵发）突泥时间模式、致灾构造构成及治理工程适宜性分类、岩溶（废弃矿巷）充水体突水致灾构造类型转换治理新理念及以隧道开挖通过后隧道周边突水突泥致灾构造探测、隧道施工开挖揭露围岩级别确定、初期支护及二次衬砌参数调整、初期支护及二次衬砌及时施工、隧道初期支护及二次衬砌质量检测及质量问题处理、隧道围岩及初期支护变形监控量测和隔水隔泥岩土盘及突水突泥致灾构造处理为主要手段的隧道施工突水突泥灾害防控体系；提出了集浅孔岩体温度法隧道掌子面前方含水体三维预报、HSP 声波反射层析成像法地质预报为一体的复杂地质隧道地质预报技术。

参与完成：

（1）铁道部重大科研课题"铁路隧道工程岩体（围岩）分级研究"。

（2）铁道部重大科研课题"大瑶山隧道工程岩体力学特性研究及 F_9 断层攻关"。

（3）铁道部重大科研课题"青藏铁路察尔汗盐湖路基下盐岩溶洞探测"。

（4）皖赣铁路下坑隧道运营监测。

作为主持人或主要完成者，获得：

（1）2011 年国家科学技术进步二等奖 1 项（隧道含水构造等不良地质超前预报定量识别及其灾害防治关键技术）。

（2）1995 年铁道部科技进步奖四等奖 1 项（岩溶地区铁路长隧道涌漏水综合治理技术研究）。

（3）2001 年中国铁路工程总公司科学技术奖一等奖 1 项（TBM 施工需要的裂隙围岩等级划分及地质参数确定研究）。

（4）2013 年中国铁路工程总公司科学技术奖一等奖 1 项（岩体温度隧道施工掌子面前方涌水预报仪研发及推广应用）。

（5）2017 年中国铁路工程总公司科学技术奖一等奖 1 项（复杂地质隧道地质预报技术及设备系统研究）。

（6）2010 年中国铁路工程总公司科学技术奖二等奖 1 项（岩体温度隧道施工掌子面前方涌水预报）。

（7）2007 年中国铁路工程总公司科学技术奖二等奖 1 项（大伙房特长输水隧洞不良地质预报及施工预案研究）。

（8）2016 年中国铁路工程总公司科学技术奖二等奖 1 项（隧道仰拱质量检测技术研究）。

（9）2016 年成都市科学技术进步奖三等奖 1 项（隧道仰拱质量检测技术研究）。

（10）2012 年全国建筑工程勘察一等奖 1 项（中国中铁映秀幼儿园）。

（11）中国铁道学会铁道科技奖三等奖 1 项（岩体温度隧道施工掌子面前方涌水预报仪研发及推广应用）。

（12）铁道科学研究院科技进步奖三等奖 1 项（铁路隧道工程岩体（围岩）分级建议）。

获实用新型专利 1 项。

参与完成的研究成果"隧道施工掌子面前方不良地质预报"获铁道部科技进步三等奖、"既有隧道地下水变化规律及其对环境生态平衡影响的评估"获铁道部科技进步三等奖。

主持完成：

（1）乐山大佛佛脚平台拓展工程勘察设计。

（2）乐山大佛载酒亭围岩加固。

（3）北门环境改造工程勘察设计。

（4）泸定铁索桥桥台病害整治工程勘察设计。

作为四川省人民政府评标专家库、四川省国土资源厅地质灾害防治工作技术专家库、四川省文物管理局专家库专家，成都市文化局专家咨询委员会文物专家库专家，参加过大量岩土工程、地质灾害防治工程及文物保护工程的勘察、设计与检测项目评标。

作为国家文物局 5·12 震后文物抢救保护专家组专家，主持和参与了大量震后文物抢救保护方案评审、咨询及竣工验收。

2002 年被评为中国铁路工程总公司首批有突出贡献的中青年专家，同时被聘为中国铁路工程总公司专家委员会专家。

2003 年被遴选为中国铁道科学研究院岩土工程专业隧道施工地质预报方向硕士研究生导师。培养并已毕业硕士研究生 5 名。

2010 年获文物系统汶川地震灾后文物抢救保护工作特别贡献奖。

2009 年 4 月，被授予 2008 年度享受国务院政府特殊津贴专家。

2012 年被遴选为中国铁道科学研究院岩土工程专业博士研究生导师。在培博士研究生 1 名。

2012 年被评为 2011 年度中国施工企业管理协会科学技术奖技术创新先进个人。

作为主要编写者，参与完成《工程岩体分级标准》（GB/T 50218—2014）、《铁路隧道超前地质预报技术规程》（Q/CR 9217—2015）、《铁路隧道超前地质预报技术指南》（铁建设〔2008〕105 号）和《铁路隧道全断面岩石掘进机法技术指南》（铁建设〔2007〕106 号）的编写。

著有《四川石窟及摩崖造像病害与治理工程实践》《隧道施工地质灾害与致灾构造及其致灾模式》《隧道工程地质学》《隧道地质超前预报》《岩体温度法隧道施工掌子面前方涌水预报》《隧道施工地质灾害与不良地质体及其预

报》《隧道工程地质与声波探测技术》和《隧道工程岩体分级》8 部专著；发表了《岩体温度法隧道施工涌水预报》《TBM 施工隧道围岩分级方法研究》《隧道施工地质超前预报工作方法》《铁路隧道风险评估若干问题探讨》《岩溶地区长大隧道涌水涌泥及地表塌陷灾害预测预报技术》《铁路隧道施工地质超前预测预报技术》《隧道施工期地质超前预报技术的发展》《声波探测技术的新发展及其应用》等 70 余篇论文。

卢 松

1985年生，江西省武宁县人，高级工程师。2010年7月毕业于中国地质大学（武汉）地球物理工程专业，获工学硕士学位，同年进入中铁西南科学研究院工程地质研究所工作，长期从事工程地质、隧道超前地质预报、工程物探工作。

主持或主要参加完成省部级以上重点科研项目6项、中铁股份公司二级公司课题3项；在TBM施工隧道超前地质预报、隧道地下水探测和声波CT探测等方面实现了多项技术突破，研究成果获中国铁路工程总公司科学技术奖一等奖4项、二等奖2项，中国铁道学会科技奖二等奖2项，中国公路学会科学技术奖二等奖1项，成都市科学技术进步奖三等奖1项，获国家实用新型专利9项，外观设计专利1项，软件著作权3项。发明专利2项，软件著作权4项，公开发表学术论文30余篇。

主要论文著作：

隧道超前地质预报信息化管理平台开发（公路交通技术）

HSP法在引汉济渭TBM隧道地质预报中的应用（隧道建设）

地铁隧道上覆地层缺陷瑞雷波法探测（现代隧道技术）

弹性波CT在铁路路基病害注浆效果检测中的应用（路基工程）

1万焦耳电火花震源在大距离地层CT中的应用（声学技术）

引水隧洞复杂地质段地质超前预报综合评价（工程地球物理学报）

沉积微相和测井相研究及自动识别系统——以曲流河环境沉积为例（工程地球物理学报）

锚杆声波检测数据的S变换时频分析（声学技术）

ZDF-3型大功率电火花震源声学特征分析（声学技术）

高密度电阻率法在地铁无损探测中的应用（全国工程物探与工程检测年会）

岩溶路基注浆加固质量无损检测方法应用研究（路基工程）

瑞雷面波法在地铁隧道上覆地层探测中的应用（路基工程）

瑞雷波法在路基岩溶注浆质量检测中的应用（铁道建筑）

声波CT技术在桥墩病害检测中的应用（铁道建筑）

瞬态面波法在岩溶路基注浆质量检测中的应用研究（铁道建筑）

曲流河环境沉积微相和测井相特征分析（天然气工业）

复杂地质隧道地下水综合预报技术探讨（中国公路）

丁建芳

1979年生，河南商丘人，教授级高工。2002年毕业于西南交通大学土木工程专业，同年进入中铁西南科学研究院工程地质研究所工作，长期从事工程地质、隧道超前地质预报、工程物探工作。

近年来主持或参加完成自然科学基金、科技部、铁道部和中国中铁课题10余项。在TBM施工隧道超前地质预报、隧道地下水探测和声波CT探测等方面实现了多项技术突破，获中铁工程总公司科学技术一等奖4项，获中国铁道学会、中国公路学会、中施企等科技二等奖5项，获成都市科技进步三等奖2项。

在《现代隧道技术》《声学技术》《工程地质学报》《工程地球物理学报》等刊物发表论文10余篇，参加了《岩体温度法隧道施工掌子面前方涌水预报》《隧道工程地质学》等专著的编写工作。

郭如军

1983年3月生，中铁西南科学研究院有限公司经营开发部（法律合规部）副部长、高级工程师。2008年7月，毕业于铁道科学研究院岩土工程专业，获工学硕士学位。主要从事隧道工程地质超前预报研究、物探新技术研发和技术咨询工作。

获中国铁路工程总公司科学技术奖一等奖4项、二等奖2项，中国质量评价协会科技创新优秀奖1项，铁道学会科技二等奖2项，中国施工管理协会一等奖、二等奖各1项，专利1项，软件著作权2项。

在中文核心期刊公开发表论文6篇（第一作者）。

主要论文著作：

岩体温度法隧道施工掌子面前方涌水预测预报探讨（现代隧道技术）

岩体温度法隧道施工掌子面前方含水体预报模型试验研究（现代隧道技术）

岩体温度法隧道施工掌子面前方涌水预报正、反演试验研究（现代隧道技术）

综合预报技术在隧道岩溶探测预报中的应用研究（现代隧道技术）

隧道施工突泥致灾构造及其分类（工程地质学报）

隧道施工突水致灾构造及其分类（现代隧道技术）

岩体温度法隧道施工掌子面前方涌水预报（西南交通大学出版社）

隧道工程地质学（西南交通大学出版社）

李苍松

汉族，工学博士，中铁西南科学研究院有限公司副总工程师，教授级高级工程师。1994年7月长春地质学院水文地质工程地质专业本科毕业，1997年7月长春科技大学环境水文地质专业硕士，2007年1月获西南交通大学桥梁与隧道工程博士学位。中国中铁股份有限公司青年科技拔尖人才、茅以升铁道工程师奖获得者、中国中铁股份有限公司有突出贡献的中青年专家、四川省评标专家、环境保护部环境影响评价专家库专家、中国施工企业管理协会科学技术奖评审专家、中国中铁专家、四川省学术和技术带头人后备人选、四川省有突出贡献的优秀专家。

长期从事隧道工程地质、环境水文地质及工程物探技术等研究工作，在隧道施工期地质超前预报、岩溶及地下水作用机理研究方面有较深造诣。主持或主要参加完成省部级以上重点科研项目10余项。其中，主持国家自然基金面上项目研究1项，主要参加完成国家自然科学基金委联合研究基金项目1项、国家863项目1项，主持横向科研课题及隧道施工地质超前预报生产项目多项。研究成果获中国铁路工程总公司科学技术奖特等奖1项、一等奖2项、二等奖4项，中国铁道学会科技奖二等奖2项，贵州公路学会科学技术奖特等奖1项，获国家发明专利2项、实用新型专利2项。

现任中国物理学会铁道分会委员，中国铁道学会标准化（地质勘察）专委会委员，中国地球物理学会工程物探专委会会员，国际环境与工程地质学会（IAEG）中国国家小组会员，中国岩石力学与工程学会四川省分会等多个省级学会会员，多次参加国内大型学术会议和技术专题会议。公开发表学术论文近100篇（第一作者近40余篇，EI收录3篇、SCI论文1篇），出版第一作者专著2部，参与编写专著4部。

前 言

隧道，指修建于地面以下地层土、石中的线性洞室，可分为交通隧道、水工隧道、市政隧道和矿山隧道。交通隧道中，穿越山区特别是穿越山脉的深埋长、特长隧道，往往是交通工程建设中的控制性工程。

我国是一个山区面积广大的国家，山区面积占全国总面积的 2/3，高原、山岭、平原、丘陵、盆地等形态各异的地形，以山脉为骨架，交错分布。

高原，指海拔高度在 500 m 以上、地势相对平坦或者有一定起伏的广阔地区。它是大面积地壳长期连续抬升的产物，或宽广平坦，或山峦起伏。

山岭，指连绵的高山。

山脉，指沿一定方向延伸、包括若干山岭和山谷组成的山体。我国广袤的国土上分布着众多的山脉，包括东西走向的天山、阴山、秦岭、南岭、大别山、大巴山、昆仑山、巴颜喀拉山、燕山、祁连山等山脉，南北走向的贺兰山、横断山、六盘山等山脉，北东—南西走向的大兴安岭、太行山、雪峰山、巫山、长白山、阿尔金山、吕梁山、武陵山、武夷山、罗霄山、幕阜山、千山、乌蒙山、台湾、五指山等山脉，北西—南东走向的喀喇昆仑山、阿尔泰山、冈底斯山、祁连山、巴颜喀拉山、小兴安岭等山脉和喜马拉雅山、唐古拉山、宁镇山等山脉。

地壳内动力地质作用造成的地壳大面积连续抬升，造就了高原的形成；地壳抬升和构造运动导致的地层褶皱、地层断裂、地块隆起和地块陷落，与包括对出露于地面岩体的风化破碎、对地面风化破碎岩体和出露于地面的构造破碎带破碎岩体的剥蚀搬运及搬运物沉积等在内的地壳外动力地质作用的共同作用，造就了山峦起伏的高原、山岭、山脉、平原、丘陵、盆地以及江、河、湖、海。

　　较之于平原、盆地区受构造变动较小的广泛出露的新生届地层，以中生界、古生界和上原古届地层为主的山岭和山脉，地质条件复杂，地层褶皱严重，地层中断裂构造极为发育，地表、地下水活动强烈，可溶岩地层中岩溶强烈发育，形成了众多的可能因隧道施工接近、揭穿导致诸如突涌水、突涌泥、隧道洞内泥石流、煤与瓦斯突出、隧道围岩失稳塌方等隧道施工地质灾害发生的不良地质体-隧道施工致灾构造。

　　随着我国国民经济发展对交通工程建设需求的进一步提升，特别是西部交通工程建设的进一步发展，穿越山区特别是穿越山脉的深埋长、特长隧道工程建设越来越多，面临的隧道施工地质问题越来越复杂。

　　隧道施工遭遇不同类型的不良地质体-隧道施工致灾构造，产生不同类型的隧道施工地质灾害；不良地质体-隧道施工致灾构造在隧道施工掌子面前方及隧道开挖轮廓线外分布位置及其性质的准确的探测预报，是隧道施工提前采取合理工程措施选择在恰当时机进行包括岩土盘和不良地质体-隧道施工致灾构造处治的前提；选用针对性强的隧道施工地质预报技术进行不良地质体-隧道施工致灾构造预报，是确保隧道施工地质预报准确率的基础。

　　中华人民共和国成立以来，我国交通工程建设取得了迅猛的发展，尽管还不能说是隧道强国，但算得上是实实在在的隧道大国。尽管我们在隧道工程建设中取得了令世人瞩目的成就，但也遭遇了严重的隧道施工地质灾害问题。在隧道工程地质，特别是隧道施工致灾构造及其预报研究方面，我们和同行们开展了大量的工作，但距离隧道工程特别是地质复杂隧道工程建设对隧道施工致灾构造及其预报研究的高要求，仍有大量的艰苦卓绝的工作要做。因此，总结以往隧道工程地质研究，特别是隧道施工致灾构造及其预报研究和隧道施工地质预报实践的经验与教训，对于提高我国隧道施工地质预报技术水平、服务隧道工程施工，无疑具有极为重要的现实意义。

　　本书以复杂地质条件的形成作为开篇，从地质复杂隧道施工地质灾害与致灾构造、隧道施工地质预报技术、地质复杂隧道施工地质预报工作方法和典型复杂地质类型及其施工预报要点，论述了地质复杂隧道施工地质预报，系统介绍了中铁西南科学研究院近年来在隧道施工地质预报技术研究和技术咨询服务方面的工作。期望对今后的地质复杂隧道施工地质预报工作有所帮助。

限于作者水平和成稿仓促，不足之处和疏漏难免，敬请各位同行提出宝贵意见，我们一定在今后的工作中加以改进。

作　者

2019 年秋于成都

目 录

第1篇 隧道地质复杂程度分级与复杂地质条件形成

第1章 绪 论 ··· 003
第2章 隧道地质复杂程度分级 ··· 022
  2.1 隧道地质复杂程度分级目的 ·· 022
  2.2 隧道地质复杂程度分级原则 ·· 022
  2.3 地质复杂隧道分级 ·· 023
第3章 复杂地质条件形成 ··· 027
  3.1 风化作用 ·· 027
  3.2 剥蚀作用 ·· 029
  3.3 搬运作用 ·· 029
  3.4 沉积作用 ·· 031
  3.5 成岩作用 ·· 038
  3.6 地下水作用 ·· 040
  3.7 节理（裂隙）··· 041
  3.8 断 层 ··· 042
  3.9 褶 皱 ··· 043
  3.10 地壳表面的隆起及陷落 ··· 045
  3.11 岩石的熔化、蚀变、变质作用 ··· 045
  3.12 地震地质作用 ··· 046
  3.13 负荷地质作用 ··· 046
第4章 复杂地质条件与中国主要构造体系 ····································· 048
  4.1 巨型纬向构造体系 ·· 048
  4.2 经向构造体系 ··· 053
  4.3 新华夏构造体系 ·· 055
  4.4 山字形构造体系 ·· 055
  4.5 青藏歹字形构造体系 ··· 058

4.6 构造体系联合、复合、叠合、交接和穿插造成构造体系内
地质复杂化……………………………………………………………… 058
4.7 构造体系中强烈的岩浆活动更加剧了地质条件的复杂程度…… 059
4.8 复合作用成就高山峡谷地区复杂地质条件………………………… 061

第 2 篇　地质复杂隧道地质灾害与致灾构造

第 5 章　围岩变形失稳塌方灾害与变形失稳塌方致灾构造……………… 065
  5.1 隧道施工围岩变形与变形致灾构造…………………………… 065
  5.2 隧道施工围岩塌方灾害………………………………………… 066
  5.3 隧道施工塌方致灾构造………………………………………… 067

第 6 章　隧道施工围岩大变形与围岩大变形致灾构造…………………… 070
  6.1 软　岩………………………………………………………… 070
  6.2 隧道施工围岩大变形…………………………………………… 070
  6.3 隧道施工软岩大变形致灾构造………………………………… 072

第 7 章　隧道施工突涌水灾害与突涌水致灾构造………………………… 074
  7.1 隧道施工突涌水灾害…………………………………………… 074
  7.2 隧道施工突涌水灾害产生原因………………………………… 076
  7.3 隧道施工突涌水灾害危害……………………………………… 076
  7.4 突涌水致灾构造………………………………………………… 077

第 8 章　隧道施工突涌泥灾害与突涌泥致灾构造………………………… 081
  8.1 隧道施工突涌泥灾害…………………………………………… 081
  8.2 隧道施工突涌泥灾害产生原因………………………………… 081
  8.3 隧道施工突涌泥灾害危害……………………………………… 082
  8.4 突涌泥致灾构造………………………………………………… 082

第 9 章　隧道施工瓦斯及有害气体灾害与致灾构造……………………… 085
  9.1 瓦斯及有害气体………………………………………………… 085
  9.2 隧道施工瓦斯及有害气体灾害………………………………… 086
  9.3 瓦斯来源………………………………………………………… 087
  9.4 隧道施工瓦斯及有害气体灾害致灾构造……………………… 087

第 10 章　隧道施工洞内泥石流灾害与致灾构造…………………………… 089
  10.1 隧道施工洞内泥石流灾害…………………………………… 089
  10.2 隧道施工洞内泥石流产生原因……………………………… 090

10.3	隧道施工洞内泥石流的危害	090
10.4	隧道施工洞内泥石流灾害致灾构造	091

第 11 章　隧道施工岩爆灾害与发生部位 092
- 11.1　隧道施工岩爆及其发生条件 092
- 11.2　隧道施工岩爆特点与危害 092
- 11.3　隧道施工岩爆灾害发生部位 093

第 3 篇　地质复杂隧道施工地质预报

第 12 章　地质复杂隧道施工地质预报特点、目的、必要性及内容 097
- 12.1　地质复杂隧道施工地质预报的特点 097
- 12.2　地质复杂隧道施工地质预报目的 098
- 12.3　地质复杂隧道施工地质预报必要性 098
- 12.4　地质复杂隧道施工地质预报内容 101

第 13 章　地质复杂隧道施工地质预报技术方法 103
- 13.1　地质调查分析法 103
- 13.2　超前钻孔法 105
- 13.3　超前导坑法 107
- 13.4　波反射法 108
- 13.5　跨孔声波透射成像法 118
- 13.6　地面地球物理探测法 119
- 13.7　岩体温度法隧道施工掌子面前方含水体/水体探测涌水预报 124
- 13.8　激发极化法隧道施工掌子面前方含水体/水体探测涌水预报 128
- 13.9　红外探水预报 130
- 13.10　瞬变电磁法 131

第 14 章　地质复杂隧道施工地质预报工作方法 133
- 14.1　重点预报段确定 133
- 14.2　预报技术方法选择与预报体系建立 134
- 14.3　地质复杂隧道施工地质预报实施大纲编制 136
- 14.4　地质复杂隧道施工地质预报实施细则编制 142
- 14.5　跟踪预报与相互验证 144
- 14.6　钻孔验证 144
- 14.7　洞内地质调查 144

	14.8	探测成果分析	147
	14.9	隧道工程岩体分级	148
	14.10	验证	149

第 15 章　典型复杂地质类型及其施工预报要点 ················· 150
　　15.1　典型复杂地质类型 ··································· 150
　　15.2　岩溶发育及岩溶预报要点 ····························· 155
　　15.3　可能遭遇瓦斯与有毒气体及其施工预报要点 ············· 160
　　15.4　可能遭遇施工岩爆及其预报要点 ······················· 162
　　15.5　其他复杂地质及其隧道施工预报要点 ··················· 162

第 4 篇　隧道施工地质预报技术研究

第 16 章　浅孔岩体温度法隧道施工涌水预报技术 ··············· 167
　　16.1　浅孔岩体温度法施工涌水预报原理 ····················· 167
　　16.2　隧道址区地温梯度确定 ······························· 169
　　16.3　隧道洞内围岩岩体温度测试结果的校正 ················· 169
　　16.4　隧道施工掌子面前方含水体/水体空间分布位置判定 ······ 170

第 17 章　利用 TBM 破岩震动为震源的 HSP 反射法地质预报技术 ··· 172
　　17.1　TBM 施工隧道特殊工作条件对地质预报的要求 ··········· 172
　　17.2　利用 TBM 破岩震动为震源的 HSP 反射法地质预报试验 ···· 172
　　17.3　TBM 施工条件下的 HSP 反射法地质预报 ················· 178
　　17.4　TBM 工作条件下的 HSP 反射法地质预报软、硬件改进 ····· 179
　　17.5　一种适合于 TBM 施工的 HSP 声波反射地质预报方法 ······ 179

第 18 章　基于无线传输和大功率电火花震源的 HSP 反射层析成像法
　　　　　地质预报技术 ··································· 181
　　18.1　问题的提出 ······································· 181
　　18.2　大功率电火花震源的研发 ··························· 181
　　18.3　信号无线传输技术开发 ····························· 183
　　18.4　一发多收空间阵列式测试布置方法 ··················· 189
　　18.5　新型高分辨弯扭式压电检波器的研制 ················· 190
　　18.6　HSP 反射法地质超前预报仪一体机研制 ··············· 194
　　18.7　基于反射与散射联合成像的预报成果展示 ············· 195
　　18.8　数据处理软件系统开发 ····························· 205

第19章 大跨距孔间波透射层析成像探测技术 ············ 213
19.1 大功率震源电火花震源研制 ············ 214
19.2 适合孔中探测用大能量电火花发射头研制 ············ 217
19.3 新型高分辨率传感器研究 ············ 218
19.4 新型多通道声波CT仪主机研发 ············ 220
19.5 大距离声波探测技术方法研究 ············ 221
19.6 数据采集和分析软件升级 ············ 222

第20章 多源地震干涉层析成像地质预报技术 ············ 226
20.1 多源地震干涉技术及地震监测仪器现状 ············ 226
20.2 多源地震干涉理论、地震波干涉与多源地震技术 ············ 230
20.3 多源地震干涉法层析成像地质预报技术原理 ············ 236
20.4 多源地震干涉法层析成像地质预报可行性研究 ············ 237
20.5 多源地震干涉成像效果影响因素 ············ 252
20.6 多源地震干涉法隧道超前地质预报数据处理方法 ············ 259
20.7 软硬件研发 ············ 272

第21章 瞬态面波地层缺陷探测技术 ············ 277
21.1 瞬态面波探测技术及仪器设备发展 ············ 277
21.2 SF12型瞬态面波仪软、硬件研发 ············ 285
21.3 快速探测装置研发 ············ 285
21.4 数据处理软件 ············ 288
21.5 瞬态面波在不同目的不同环境条件下的探测方案研究 ············ 292
21.6 地层缺陷、岩溶、路基密实度、注浆质量及分层界面瞬态面波识别技术 ············ 297

第5篇 隧道施工地质预报实践

第22章 地铁隧道施工土洞、土石不密实、孤石及漂石瞬态面波探测预报 ············ 303
22.1 地铁隧道盾构施工土洞、土石不密实、孤石及漂石问题 ············ 303
22.2 地铁区间隧道盾构施工土洞、土石不密实、孤石及漂石探测方法选择 ············ 304
22.3 SF12型瞬态面波仪地铁区间隧道上方土洞、土石不密实探测预报 ············ 305

22.4　地铁区间隧道施工掌子面前方孤石及漂石探测预报 308
22.5　大跨距孔间透射波层析成像地铁区间隧道施工地质预报 308

第23章　山岭隧道施工涌突水致灾构造预报 312
23.1　涌突水致灾构造 312
23.2　涌突水致灾构造预报 320
23.3　西藏米林县派镇—墨脱解放桥通乡公路多雄拉山隧道TBM施工节理密集发育岩体破碎带位置及其含水性探测预报 321
23.4　陕西引汉济渭工程秦岭输引水隧洞节理密集发育岩体破碎带位置及其含水性探测预报 324

第24章　山岭隧道施工涌突泥致灾构造预报 327
24.1　涌突泥致灾构造 327
24.2　涌突泥致灾构造预报 336
24.3　贵州余凯高速公路鱼洞1号隧道左线与地表相通黏土充填岩溶突泥预报 336
24.4　贵州镇胜高速公路五龙山隧道与地表相通黏土充填岩溶突泥预报 341

第25章　山岭隧道施工洞内泥石流致灾构造预报 345
25.1　泥石流致灾构造 345
25.2　隧道洞内泥石流致灾构造预报 346
25.3　遂渝铁路荆竹岭隧道洞内泥石流致灾构造预报 347

第26章　山岭隧道掘进机施工围岩变形失稳塌方致灾构造预报 349
26.1　围岩变形失稳塌方致灾构造 349
26.2　隧道围岩变形失稳塌方致灾构造预报 353
26.3　引红济石调水工程引水隧洞TBM施工段围岩变形失稳坍方段探测预报 353

第27章　隧道施工岩溶探测预报 357
27.1　岩溶隧道施工地质灾害 357
27.2　岩溶发育分布特征 357
27.3　岩溶探测预报重点 359
27.4　新建铁路叙永至镇雄段新高坡隧道进口溶洞探测 359

参考文献 363

第 1 篇

隧道地质复杂程度分级与复杂地质条件形成

第1章 绪 论

隧道，或隧洞，指修建于地面以下地层岩石、土体中的，供运输或引水、输水用的线状洞室。

隧道工程建设，主要包括隧道工程地质勘察、基于工程地质勘察的隧道设计和依据设计开展的隧道施工。因此，在隧道工程建设中，隧道工程地质勘察起到至关重要的作用。

随着现代科学技术的进步，先进勘察技术、勘察设备及勘察方法不断涌现。在积极采用新技术、新设备、新方法开展隧道工程地质勘察工作理念的引导下，先进勘察技术、勘察设备和勘察方法在隧道工程地质勘查中得到了广泛的应用，如遥感技术和全数字摄影地形测绘技术及设备在工程地质调绘中的应用，原位测试技术及设备在岩土物理力学参数测试中的应用，水平钻机的应用，包括直流电测深、可控源音频大地电磁、地震反射、地震层析成像等地球物理勘探技术及设备的应用，为隧道工程地质勘察质量的提高，确保隧道工程施工的安全，起到了积极的推进作用。

隧道施工技术的进步，如新奥法的引进和矿山法的发展、盾构法隧道修建技术、沉埋管段法水下隧道修建技术、动态施工技术等，为山岭隧道修建技术水平的提高、越江跨海隧道的修建提供了技术保证。

隧道施工地质灾害防治技术的进步，为隧道施工避免遭遇可能导致施工地质灾害发生的不良地质体-致灾构造时地质灾害的发生，降低因隧道施工遭遇可能导致地质灾害发生的不良地质体-致灾构造时地质灾害发生造成的损失，确保隧道施工安全，起到了重要作用。

隧道施工机械化设备的采用，最大限度地减少了隧道施工掌子面施工人员的数量，为减少因隧道洞内地质灾害发生造成的人员伤亡损失起到了极为重要的作用。

隧道施工技术进步、隧道施工机械化设备的采用、施工地质灾害防治技术的进步，我国经济实力的提高和经济发展对交通路网建设、水电清洁能源建设需求的提升，以及西部大开发战略的实施，采用长大深埋隧道穿越地质复杂地区的情况越来越多（表 1-1～1-3），对我国长大隧道工程建设起到了推波助澜的作用。

随着穿越地质复杂地区长大深埋隧道越来越多，隧道施工可能遭遇的地质灾害将越来越严重，势必对隧道工程地质勘察的准确性和精度要求更高。隧道施工机械化设备的采用，尽管最大限度地减少了隧道施工掌子面施工人员的数量，为减少因隧道洞内地质灾害发生造成的人员伤亡损失起到了极为重要的作用，但机械化设备对地质条件变化的适应性差。特别是遭遇可能导致施工地质灾害发生的不良地质体-致灾构造时灵活性低，极易发生设备被卡、被掩埋甚至被毁事件，对隧道施工围岩变形控制要求极严。需要准确掌握施工掌子面前方地质情况，以便提前对不良地质体-致灾构造进行处置，确保施工机械设备的安全。

长大深埋隧道穿越地质复杂地区山高坡陡，人迹罕至，交通极为困难，或地质构造发育甚至交叠，或地层受构造运动、岩浆作用、变质作用变动严重，给隧道工程地质勘察带来极大的困难，彻底查清隧道工程施工遭遇的可能导致施工地质灾害发生的不良地质体-致灾构造难度极大。

随着以人为本、确保工程建设区环境生态不被破坏的建设理念的进一步实施，加大对隧道工程建设中地质灾害的防控力度，确保隧道洞内施工人员的人身安全，避免因隧道洞内地质灾害发生引发的隧道上方地表生态环境的破坏，已成为社会大众所关注的重要问题。

因此，在隧道工程地质勘察的基础上，开展地质复杂隧道施工地质预报，探测预报工程地质勘察确定的和工程地质勘察遗漏的隧道施工可能遭遇的可能导致施工地质灾害发生的不良地质体)-致灾构造的分布位置、性质和规模，为隧道施工不良地质体-致灾构造处置工程措施决策、灾害应急方案制定提供科学依据，既是隧道施工地质灾害及其诱发隧道上方地表生态环境灾害防控的需要，更是确保隧道洞内施工人员人身安全的需要。

表1-1 截至2018年年底我国已建及在建特长铁路隧道（大于10 km）统计表

序号	隧道名	线路名	长度/km	单/双洞、线
1	香山隧道	包兰铁路	20.605	双洞单线
2	青天寺隧道	包兰铁路	21.17	双洞单线
3	冒天山隧道	包西铁路	14.915	单洞单线
4	庆兴隧道	包西线（西延段）	10.24	单洞双线
5	渭河隧道	宝兰客专线	10.016	单洞双线
6	古城岭隧道	宝兰客专线	10.365	单洞双线
7	吴家岔隧道	宝兰客专线	10.456	单洞双线
8	麦积山隧道	宝兰客专线	13.947	单洞双线
9	笔架山隧道	宝兰客专线	14.751	单洞双线

续表

序号	隧道名	线路名	长度/km	单/双洞、线
10	朱家山隧道	宝兰客专线	14.95	单洞双线
11	兴国隧道	昌赣客运专线	10.345	单洞双线
12	万安隧道	昌赣客运专线	13.928	单洞双线
13	西武岭隧道	昌景黄高铁	12.637	单洞双线
14	上河坝隧道	成贵高铁	13.12	单洞双线
15	二峨山隧道	成昆扩能	10.355	单洞双线
16	安禄隧道	成昆扩能	13.187	单洞双线
17	营盘山隧道	成昆扩能	17.891/17.934	双洞单线
18	三峨山隧道	成昆铁路峨米复线	10.352	单洞双线
19	吉尔木隧道	成昆铁路峨米复线	11.132	单洞双线
20	大坪山隧道	成昆铁路峨米复线	11.344	单洞双线
21	老鼻山隧道	成昆铁路峨米复线	13.579	单洞双线
22	月直山隧道	成昆铁路峨米复线	14.085	单洞双线
23	德昌隧道	成昆铁路峨米复线	14.280	单洞双线
24	小相岭隧道	成昆铁路峨米复线	21.775	单洞单线
25	盐边隧道	成昆铁路米攀复线	11.298	单洞双线
26	总发隧道	成昆铁路米攀复线	11.973	单洞双线
27	冉家湾隧道	成昆铁路米攀复线	12.754	单洞双线
28	垭口隧道	成昆铁路米攀复线	12.754	单洞双线
29	保安营一号隧道	成昆铁路米攀复线	13.339	单洞单线
30	民太隧道	成昆铁路永广复线	11.342	单洞双线
31	妥安隧道	成昆铁路永广复线	13.371	单洞双线
32	骄子山隧道	成昆铁路永广复线	13.406	单洞双线
33	跃龙门隧道	成兰铁路	19.981/20.042	双洞单线
34	金瓶岩隧道	成兰铁路	12.773	单洞双线
35	杨家坪隧道	成兰铁路	12.815	双洞单线
36	柿子园隧道	成兰铁路	14.069	进口单洞双线 出口双洞单线
37	榴桐寨隧道	成兰铁路	14.214	双洞单线
38	上漳隧道	成兰铁路	14.798	双洞单线
39	云屯堡隧道	成兰铁路	22.923	单洞双线

续表

序号	隧道名	线路名	长度/km	单/双洞、线
40	岷山隧道	成兰铁路	25.047	双洞单线
41	平安隧道	成兰铁路	28.426	双洞单线
42	建平隧道	赤喀客运专线	11.340	单洞双线
43	三营隧道	大兰铁路	13.625	单洞单线
44	兰坪隧道	大兰铁路	15.775	单洞单线
45	红豆山隧道	大临铁路	10.616	单洞单线
46	大麦地隧道	大临铁路	11.650	单洞单线
47	新华隧道	大临铁路	12.332	单洞单线
48	林保山隧道	大临铁路	14.076	单洞单线
49	杉阳隧道	大瑞铁路	13.390	单洞单线
50	大柱山隧道	大瑞铁路	14.484	单洞单线
51	大坡岭隧道	大瑞铁路	14.728	单洞单线
52	保山隧道	大瑞铁路	16.097	单洞单线
53	石羊山隧道	大瑞铁路	17.59	双洞单线
54	秀岭隧道	大瑞铁路	17.623	单洞单线
55	高黎贡山隧道	大瑞铁路	34.538	双洞单线
56	恒山隧道	大西客运专线	14.765	单洞双线
57	大梁山隧道	大张客运专线	13.395	单洞双线
58	当金山隧道	敦格铁路	20.125	单洞单线
59	长隆隧道	佛莞城际铁路	15.259	双洞单线
60	杨梅山隧道	福厦客运专线	10.669	单洞双线
61	梅花山隧道	赣瑞龙线	13.778	单洞双线
62	龙南隧道	赣深高铁	10.240	单洞双线
63	阿尔金山隧道	格库铁路	13.195	单洞单线
64	松山湖隧道	莞惠城际线	38.813	双洞单线
65	祥和隧道	广大铁路复线	10.22	单洞双线
66	普棚一号隧道	广大铁路复线	13.795	单洞双线
67	珠江隧道	广佛环线	36.043	双洞单线
68	东江隧道	广惠城际线	13.123	双洞单线
69	秀宁隧道	广昆线	13.187	单洞双线

续表

序号	隧道名	线路名	长度/km	单/双洞、线
70	丰顺隧道	广梅汕客运专线	14.407	单洞双线
71	汕头海湾隧道	广梅汕铁路 广澳港区铁路	10.310	单洞双线
72	狮子洋隧道	广深港高速线	10.18	双洞单线
73	深港隧道	广深港高速线	35.655	双洞单线
74	太和隧道	广州东北货车外绕线	12.936	单洞双线
75	高青隧道	贵广铁路	10.953	单洞双线
76	洛香隧道	贵广铁路	11.232	单洞双线
77	黄岗隧道	贵广铁路	12.245	单洞双线
78	两安隧道	贵广铁路	12.62	单洞双线
79	宝峰山隧道	贵广铁路	13.58	单洞双线
80	同马山隧道	贵广铁路	13.929	单洞双线
81	天平山隧道	贵广铁路	14.012	单洞双线
82	三都隧道	贵广铁路	14.618	单洞双线
83	岩山隧道	贵广铁路	14.695	单洞双线
84	永兴一号隧道	贵南高铁	10.130	单洞双线
85	永顺隧道	贵南高铁	11.001	单洞双线
86	朝阳隧道	贵南高铁	12.734	单洞双线
87	都安隧道	贵南高铁	15.152	单洞双线
88	瑶山隧道	贵南高铁	17.2	单洞双线
89	九万大山四号隧道	贵南客运专线	15.485	单洞双线
90	九万大山一号隧道	贵南客运专线	17.012	单洞双线
91	雁门关隧道	韩原线	14.085	单洞双线
92	余家山隧道	汉十城际铁路	10.125	单洞双线
93	天目山隧道	杭黄高铁	12.013	单洞双线
94	白罗山隧道	杭绍台城际铁路	10.006	单洞双线
95	东茗隧道	杭绍台城际铁路	18.233	单洞双线
96	麻谷岭隧道	杭温客运专线	10.570	单洞双线
97	闽清隧道	合福高速线	10.518	单洞双线
98	古田隧道	合福高速线	10.627	单洞双线
99	三清山隧道	合福高速线	11.85	单洞双线

续表

序号	隧道名	线路名	长度/km	单/双洞、线
100	北武夷山隧道	合福客专	14.646	单洞双线
101	金寨隧道	合武铁路	10.766	单洞双线
102	大别山隧道	合武铁路	13.256	单洞双线
103	敖包梁隧道	呼准鄂铁路	14.123	单洞双线
104	雪峰山一号隧道	沪昆高速线（长昆段）	11.67	单洞双线
105	大独山隧道	沪昆高速线（长昆段）	11.882	单洞双线
106	岗乌隧道	沪昆高速线（长昆段）	13.187	单洞双线
107	壁板坡隧道	沪昆高速线（长昆段）	14.756	进口单洞双线
108	三联隧道	沪昆线（六沾段）	12.214	单洞双线
109	吴淞口长江隧道	沪通铁路	12.230	单洞双线
110	黄岩隧道	怀邵衡铁路	17.030	单洞双线
111	鹅岭隧道	吉衡线	10.445	单洞单线
112	克什克腾隧道	集通铁路电气化改造	10.735	单洞双线
113	青阳隧道	济青高速铁路	10.140	单洞双线
114	将军岭隧道	金台铁路	12.808	单洞单线
115	泽雅隧道	金温线	12.03	单洞双线
116	大瑶山隧道	京广线	14.295	单洞双线
117	梨花顶隧道	京沈高铁	12.243	单洞双线
118	辽西隧道	京沈高铁	13.205	单洞双线
119	北台子隧道	京沈客运专线	10.130	单洞双线
120	东伍岭隧道	京沈客运专线	11.033	单洞双线
121	胡营西山隧道	京沈客运专线	11.332	单洞双线
122	新八达岭隧道	京张城际铁路	12.010	单洞双线
123	正盘台隧道	京张高铁	12.974	单洞双线
124	北天山隧道	精霍线	13.61	单洞单线
125	秀山隧道	昆玉河线（玉蒙段）	10.302	单洞单线
126	米林隧道	拉林铁路	11.560	单洞单线
127	岗木拉山隧道	拉林铁路	11.660	单洞单线
128	巴玉隧道	拉林铁路	13.073	单洞单线
129	贡多顶隧道	拉林铁路	13.590	单洞单线

续表

序号	隧道名	线路名	长度/km	单/双洞、线
130	桑珠岭隧道	拉林铁路	16.449	单洞单线
131	达嘎拉隧道	拉林铁路	17.324	单洞单线
132	宗嘎一号隧道	拉日铁路	10.41	单洞单线
133	盐锅峡隧道	兰合铁路	10.860	单洞单线
134	福川隧道	兰新客专线	10.649	单洞双线
135	高家山隧道	兰新客专线	12.643	单洞双线
136	达坂山隧道	兰新客专线	15.918	单洞双线
137	乌鞘岭隧道	兰新铁路	20.05	双洞单线
138	龙池山隧道	兰渝铁路	11.256	单洞双线
139	枫相院隧道	兰渝铁路	12.129	单洞双线
140	化马隧道	兰渝铁路	12.576	单洞双线
141	长寿山隧道	兰渝铁路	12.625	单洞双线
142	胡麻岭隧道	兰渝铁路	13.608	单洞双线
143	天池坪隧道	兰渝铁路	14.528	单洞双线
144	黑山隧道	兰渝铁路	15.764	单洞双线
145	哈达铺隧道	兰渝铁路	16.591	双洞单线
146	西秦岭隧道	兰渝铁路	28.236	双洞单线
147	木寨岭隧道	兰渝铁路	19.025/19.068	双洞单线
148	新乌鞘岭隧道	兰张高速铁路	17.295	双洞单线
149	圆宝山隧道	丽香铁路	10.606	单洞单线
150	中义隧道	丽香铁路	14.745	单洞单线
151	乌蒙山二号隧道	六沾铁路	12.26	单洞双线
152	象山隧道	龙厦铁路	15.917	双洞单线
153	车赶隧道	吕临线	11.818	单洞单线
154	屏边隧道	蒙河铁路	10.381	单洞单线
155	连云山隧道	蒙华铁路	10.702	单洞单线
156	段家坪隧道	蒙华铁路	10.723	单洞双线
157	阳山隧道	蒙华铁路	11.668	单洞双线
158	如意隧道	蒙华铁路	11.920	单洞双线
159	大中山隧道	蒙华铁路	14.533	单洞双线
160	九岭山隧道	蒙华铁路	15.371	单洞双线

续表

序号	隧道名	线路名	长度/km	单/双洞、线
161	集义隧道	蒙华铁路	15.417	单洞双线
162	西安岭隧道	蒙华铁路	18.069	双洞单线
163	中条山隧道	蒙华铁路	18.410	双洞单线
164	崤山隧道	蒙华铁路	22.771	双洞单线
165	沙甸隧道	弥蒙铁路	10.600	单洞单线
166	七星峰隧道	牡佳高铁	10.291	单洞双线
167	北岭山隧道	南广铁路	11.636	单洞双线
168	五指山隧道	南广铁路	12.208	单洞双线
169	中天山隧道	南疆铁路	22.449/22.467	双洞单线
170	东风隧道	南昆客专线	11.296	单洞双线
171	新哨隧道	南昆客专线	11.512	单洞双线
172	革朗隧道	南昆客专线	11.573	单洞双线
173	坡录元隧道	南昆客专线	11.926	单洞双线
174	长庆坡隧道	南昆客专线	12.676	单洞双线
175	新莲隧道	南昆客专线	12.843	单洞双线
176	富宁隧道	南昆客专线	13.625	单洞双线
177	六郎隧道	南昆客专线	14.09	单洞双线
178	石林隧道	南昆客专线	18.208	单洞双线
179	南门口隧道	南三龙铁路	10.301	单洞双线
180	干山隧道	南三龙铁路	10.743	单洞双线
181	南戴云山隧道	南三龙铁路	12.169	单洞双线
182	野三关隧道	宁蓉线（宜凉段）	13.838	双洞单线
183	东秦岭隧道	宁西铁路	12.268	单洞双线
184	妥乐隧道	盘兴客运专线	13.492	单洞双线
185	莲花山隧道	浦梅铁路	10.497	单洞单线
186	新关角隧道	青藏线（西格段）	32.69	双洞单线
187	南洋隧道	衢宁铁路	11.253	单洞单线
188	庆元隧道	衢宁铁路	11.292	单洞单线
189	松阳隧道	衢宁铁路	13.166	单洞单线
190	安民隧道	衢宁铁路	13.856	单洞单线
191	常乐山隧道	衢宁铁路	14.597	单洞单线

续表

序号	隧道名	线路名	长度/km	单/双洞、线
192	鹫峰山一号隧道	衢宁铁路	16.646	单洞单线
193	鹫峰山二号隧道	衢宁铁路	17.596	单洞单线
194	东靖山隧道	三洋铁路	12.192	单洞单线
195	南吕梁山隧道	山西中南部	23.440/22.470	双洞单线
196	珠江口隧道	深茂铁路	14.050	单洞双线
197	神木隧道	神瓦铁路	12.574	单洞单线
198	太行山隧道	石太高铁	27.848	双洞单线
199	南梁隧道	石太客专线	11.526	进口单洞双线
200	长梁山隧道	朔黄铁路	12.782	单洞双线
201	琶洲隧道	穗莞深城际琶洲支线	17.204	双洞单线
202	太平隧道	穗莞深城际铁路	14.490	双洞单线
203	襄垣隧道	太焦高速铁路	10.156	单洞双线
204	榆社隧道	太焦高速铁路	10.670	单洞双线
205	太谷隧道	太焦高速铁路	11.486	单洞双线
206	神农隧道	太焦高速铁路	11.540	单洞双线
207	珏山隧道	太焦高速铁路	13.387	单洞双线
208	泽州隧道	太焦高速铁路	13.14	单洞双线
209	二青山隧道	太兴铁路	15.851	单洞单线
210	离石隧道	太中线	10.236	单洞双线
211	兴旺峁隧道	太中线	11.055	单洞双线
212	横山隧道	太中线	11.448	单洞双线
213	绥德隧道	太中线	12.125	单洞双线
214	吴堡隧道	太中线	12.31	单洞双线
215	吕梁山隧道	太中线	20.785	双洞单线
216	付营子隧道	唐张线	10.023	单洞双线
217	五道梁隧道	唐张线	11.72	单洞双线
218	白草鞍隧道	唐张线	11.794	单洞双线
219	关山隧道	天平铁路	15.634	单洞单线
220	六盘山隧道	天平铁路	16.719	单洞单线
221	范家山隧道	瓦日线	10.19	单洞双线
222	隰县隧道	瓦日线	10.512	单洞双线

续表

序号	隧道名	线路名	长度/km	单/双洞、线
223	临县隧道	瓦日线	10.632	单洞双线
224	石楼隧道	瓦日线	12.807	单洞双线
225	发鸠山隧道	瓦日线	14.573	单洞双线
226	太岳山隧道	瓦日线	16.194	单洞双线
227	南太行山隧道	瓦日线	18.125	双洞单线
228	霞浦隧道	温福铁路	13.099	单洞双线
229	大瑶山1#隧道	武广高铁	10.081	单洞双线
230	浏阳河隧道	武广高铁	10.115	单洞双线
231	黄家梁隧道	西成客专	11.618	单洞双线
232	金家岩隧道	西成客专	12.029	单洞双线
233	何家梁隧道	西成客专	12.405	单洞双线
234	清凉山隧道	西成客专	12.553	单洞双线
235	福仁山隧道	西成客专	13.101	单洞双线
236	小安隧道	西成客专	13.43	单洞双线
237	得利隧道	西成客专	14.167	单洞双线
238	大秦岭隧道	西成客专	14.846	单洞双线
239	老安山隧道	西成客专	15.161	单洞双线
240	秦岭天华山隧道	西成客专	15.988	单洞双线
241	天华山隧道	西成客专	15.989	单洞双线
242	秦岭翠华山隧道	西康线	11.271	单洞单线
243	秦岭隧道	西康线	18.456	双洞单线
244	永寿梁隧道	西平铁路	17.161	双洞单线
245	新永寿梁隧道	西银铁路	10.797	单洞双线
246	早胜三号隧道	西银铁路	11.171	单洞双线
247	贾塬隧道	西银铁路	11.870	单洞双线
248	庆阳隧道	西银铁路	13.936	单洞双线
249	彬县隧道	西银铁路	14.251	单洞双线
250	大南山隧道	夏深铁路	12.697	单洞双线
251	新大巴山隧道	襄渝线	10.658	双洞单线
252	棋盘石隧道	向莆铁路	10.808	单洞双线
253	宝台山隧道	向莆铁路	11.534	单洞双线

续表

序号	隧道名	线路名	长度/km	单/双洞、线
254	金瓜山隧道	向莆铁路	12.974	单洞双线
255	尤溪隧道	向莆铁路	12.974	单洞双线
256	武夷山隧道	向莆铁路	14.659/14.673	单洞双线
257	戴云山隧道	向莆铁路	15.623/15.605	双洞单线
258	高盖山隧道	向莆铁路	17.594/17.612	双洞单线
259	雪峰山隧道	向莆铁路	17.772/17.842	双洞单线
260	青云山隧道	向莆铁路	22.175/21.843	双洞单线
261	天河山隧道	邢和铁路	11.695	单洞单线
262	将军寨隧道	兴泉铁路	10.077	单洞单线
263	三阳隧道	兴泉铁路	11.410	单洞单线
264	戴云山二号隧道	兴泉铁路	12.790	单洞单线
265	戴云山一号隧道	兴泉铁路	13.720	单洞单线
266	斑竹林隧道	叙毕铁路	12.758	单洞单线
267	杜家山隧道	阳安铁路大岭铺至安康东直通线	10.586	单洞双线
268	蒋家山隧道	阳安铁路二线	10.363	双洞单线
269	齐岳山隧道	宜万铁路	10.528	单洞双线
270	堡镇隧道	宜万铁路	11.595	双洞单线
271	鲍村隧道	甬金铁路	10.404	单洞双线
272	千石岩隧道	甬金铁路	14.684	单洞双线
273	天坪隧道	渝贵线	13.978	单洞双线
274	圆梁山隧道	渝怀铁路	11.068	单洞单线
275	新圆梁山隧道	渝怀铁路增建二线	11.172	单洞双线
276	大梁隧道	渝利铁路	10.942	单洞双线
277	长洪岭隧道	渝利铁路	13.299	单洞双线
278	万寿山隧道	渝利铁路	13.468	单洞双线
279	大金山隧道	玉磨铁路	10.657	单洞双线
280	西双版纳隧道	玉磨铁路	10.680	单洞双线
281	通达隧道	玉磨铁路	11.298	单洞双线
282	曼木树隧道	玉磨铁路	11.638	单洞单线
283	石头寨隧道	玉磨铁路	11.842	单洞双线

续表

序号	隧道名	线路名	长度/km	单/双洞、线
284	勐腊隧道	玉磨铁路	13.018	单洞单线
285	王岗山隧道	玉磨铁路	13.508	单洞双线
286	勐养隧道	玉磨铁路	13.539	单洞双线
287	大尖山隧道	玉磨铁路	14.207	单洞双线
288	多吉隧道	玉磨铁路	14.539	单洞双线
289	新平隧道	玉磨铁路	14.835	单洞双线
290	甘庄隧道	玉磨铁路	15.245	单洞双线
291	新华隧道	玉磨铁路	15.845	单洞双线
292	万和隧道	玉磨铁路	17.441	单洞双线
293	安定隧道	玉磨铁路	17.476	单洞双线
294	孟村隧道	云贵铁路	10.068	单洞双线
295	幸福隧道	云贵铁路	12.787	单洞双线
296	红石岩隧道	云贵铁路	14.58	单洞双线
297	永顺隧道	张吉怀铁路	12.083	单洞双线
298	吉首隧道	张吉怀铁路	12.162	单洞双线
299	赤城隧道	张唐铁路	15.047	单洞双线
300	燕山隧道	张唐铁路	21.153/21.154	双洞单线
301	拉法山隧道	长珲城际线	10.035	单洞双线
302	湘江隧道	长株潭城际线	11.45	双洞单线
303	树木岭隧道	长株潭城际线	12.86	双洞单线
304	兴山隧道	郑万铁路	10.055	单洞双线
305	罗家山隧道	郑万铁路	10.640	单洞双线
306	干溪沟隧道	郑万铁路	11.883	单洞双线
307	香树湾隧道	郑万铁路	12.469	单洞双线
308	奉节隧道	郑万铁路	13.473	单洞双线
309	巴东隧道	郑万铁路	13.539	单洞双线
310	保康隧道	郑万铁路	14.570	单洞双线
311	香炉坪隧道	郑万铁路	15.145	单洞双线
312	巫山隧道	郑万铁路	16.571	单洞双线
313	新华隧道	郑万铁路	18.770	单洞双线
314	小三峡隧道	郑万铁路	18.954	单洞双线

续表

序号	隧道名	线路名	长度/km	单/双洞、线
315	黄石台隧道	中兰客运专线	10.114	单洞双线
316	香山隧道	中兰客运专线	17.763	单洞双线
317	横琴隧道	珠机城际铁路	12.585	双洞单线
318	朔州隧道	准池线	11.299	单洞双线
319	鹰鹞山隧道	准朔铁路	11.572	单洞单线
320	卧龙山隧道	准朔铁路	11.921	单洞单线
321	六狼山隧道	准朔铁路	15.175	单洞单线

表1-2 截至2018年年底我国已建和在建公路特长隧道（大于5 km）统计表

序号	隧道名	双洞平均长度/km	所在省区市	序号	隧道名	双洞平均长度/km	所在省区市
1	秦岭终南山隧道	18.02	陕西	23	葡萄隧道	6.297	重庆
2	坪林隧道	12.9	台湾	24	双峰隧道	6.184	重庆
3	大坪里隧道	12.288	甘肃	25	秦岭2号隧道	6.027	陕西
4	包家山隧道	11.185	陕西	26	秦岭1号隧道	6.123	陕西
5	宝塔山隧道	10.391	山西	27	大巴山隧道	6.119	四川
6	大相岭隧道	9.985	四川	28	中兴隧道	6.075	重庆
7	麻崖子隧道	9	甘肃	29	铁峰山2号隧道	6.027	重庆
8	龙潭隧道	8.657	湖北	30	云中山隧道	5.57	山西
9	金寨山隧道	8.1	重庆	31	美菰林隧道	5.568	福建
10	米溪梁隧道	7.923	陕西	32	拉脊山隧道	5.53	青海
11	括苍山隧道	7.899	浙江	33	九岭山隧道	5.44	江西
12	方斗山隧道	7.581	重庆	34	棋盘关隧道	5.341	陕西
13	仓岭隧道	7.571	浙江	35	鹞岭隧道	5.273	陕西
14	中条山隧道	7.428	山西	36	云彩岭隧道	5.27	山西
15	摩天岭隧道	7.317	重庆	37	铜锣山隧道	5.197	四川
16	白云隧道	7.128	重庆	38	雁门关隧道	5.182	山西
17	雪峰山隧道	6.951	湖南	39	夹活岩隧道	5.167	湖北
18	雷公山隧道	6.8	重庆	40	分界梁隧道	5.07	重庆
19	乌池坝隧道	6.701	湖北	41	彩虹岭隧道	5.068	广东
20	羊角隧道	6.669	重庆	42	纳金山隧道	18	西藏
21	吕家梁隧道	6.664	重庆	43	锦屏山隧道	17.504	四川
22	明月山隧道	6.556	四川、重庆	44	木寨岭隧道	15.71	甘肃

续表

序号	隧道名	双洞平均长度/km	所在省区市	序号	隧道名	双洞平均长度/km	所在省区市
45	天台山隧道	15.56	陕西	77	五指山隧道	9.29	四川
46	米仓山隧道	13.833	陕西、四川	78	牛岩山隧道	9.252	福建
47	大巴山隧道	13.715	陕西、重庆	79	九盘寺隧道	9.235	四川
48	西山隧道	13.654	山西	80	伏牛山隧道	9.175	河南
49	二郎山隧道	13.469	四川	81	西秦岭隧道	9.007	甘肃
50	狮子坪隧道	13.156	四川	82	上海长江隧道	8.95	上海
51	虹梯关隧道	13.122	山西	83	佛岭隧道	8.805	山西
52	白马隧道	13.01	四川	84	鹧鸪山隧道	8.803	四川
53	小高山隧道	12.985	四川	85	跑马山一号隧道	8.78	四川
54	麦积山隧道	12.29	甘肃	86	米仓山隧道	8.694	甘肃
55	高楼山隧道	12.248	甘肃	87	金龙隧道	8.693	湖北
56	大峡谷隧道	12.175	四川	88	大中山隧道	8.66	云南
57	东天山隧道	11.775	新疆	89	大盘山隧道	8.65	浙江
58	老营隧道	11.615	云南	90	黄竹山隧道	8.668	福建
59	城开隧道	11.437	重庆	91	宝鼎二号隧道	8.55	四川
60	云山隧道	11.408	山西	92	天河山隧道	8.51	山西
61	营盘山隧道	11.335	云南	93	金口河隧道	8.4	四川
62	包家山隧道	11.2	陕西	94	太坪山隧道	8.263	湖北
63	贡觉高山隧道	11.2	四川	95	石门隧道	8.262	陕西
64	金阳隧道	11	四川	96	宁南隧道	8.19	四川
65	白龙山隧道	10.98	山西	97	篮家岩隧道	8.161	四川
66	桐鸭隧道	10.845	湖南	98	华蓥山隧道	8.158	四川
67	太湖隧道	10.79	江苏	99	折多山隧道	8.155	四川
68	高楼山隧道	10.785	甘肃	100	大火山隧道	8.08	四川
69	宝塔山隧道	10.48	山西	101	岐山隧道	8.044	福建
70	泥巴山隧道	10.007	四川	102	雪山梁隧道	7.957	四川
71	中条山隧道	9.633	山西	103	巴郎山隧道	7.945	四川
72	关山隧道	9.651	甘肃	104	紫阳隧道	7.938	陕西
73	六盘山隧道	9.49	宁夏	105	括苍山隧道	7.93	浙江
74	杨林隧道	9.47	云南	106	五女峰隧道	7.93	吉林
75	松山隧道	9.42	北京、河北	107	无量山隧道	7.985	云南
76	东太湖隧道	9.32	江苏	108	马峦山隧道	7.892	广东

续表

序号	隧道名	双洞平均长度/km	所在省区市	序号	隧道名	双洞平均长度/km	所在省区市
109	北岭隧道	7.86	福建	137	鄂赣隧道	6.948	湖北、江西
110	八姑阿莫隧道	7.815	四川	138	曾家山隧道	6.92	四川
111	青岛胶州湾隧道	7.8	山东	139	分水岭隧道	6.891	河北
112	泸定路-长安路隧道	7.788	上海	140	通省隧道	6.887	湖北
113	方斗山隧道	7.605	重庆	141	安远隧道	6.868	甘肃
114	苍岭隧道	7.605	浙江	142	深中通道海底隧道	6.83	广东
115	旗杆山隧道	7.66	重庆	143	云雾山隧道	6.708	湖北
116	明堂山隧道	7.548	安徽	144	青峰峡隧道	6.7	陕西
117	阿尔金山隧道	7.527	甘肃	145	高黎贡山隧道	6.68	云南
118	石门垭隧道	7.524	湖北	146	红岩寺隧道	6.678	湖北
119	九顶山隧道	7.52	云南	147	羊角隧道	6.676	重庆
120	秋山隧道	7.51	陕西	148	吕家梁隧道	6.664	重庆
121	鸡鸣隧道	7.447	重庆	149	邛崃山隧道	6.655	四川
122	跑马山二号隧道	7.395	四川	150	太白山隧道	6.6	陕西
123	金华山隧道	7.388	浙江	151	吴家梁隧道	6.591	重庆
124	南京扬子江隧道	7.36	江苏	152	大庄隧道	6.57	湖北
125	摩天岭隧道	7.353	重庆	153	明月山隧道	6.557	重庆、四川
126	火山隧道	7.33	四川	154	洞宫山隧道	6.556	福建
127	方斗山隧道	7.31	重庆	155	西凌井隧道	6.555	山西
128	矮子沟隧道	7.246	四川	156	天龙山隧道	6.551	福建
129	云雾山隧道	7.17	陕西	157	木札岭隧道	6.537	河南
130	里庄隧道	7.147	四川	158	金门隧道	6.492	广东
131	白云隧道	7.12	重庆	159	峡口隧道	6.487	湖北
132	大岩隧道	7.081	四川	160	春天门隧道	6.476	重庆
133	雀儿山隧道	7.079	四川	161	元甫沟隧道	6.455	青海
134	泰宁隧道	7.039	福建	162	藏山隧道	6.44	山西
135	东湖隧道	7.018	湖北	163	九嶷山隧道	6.4	湖南
136	雪峰山隧道	6.956	湖南	164	白云山隧道	6.347	河南

续表

序号	隧道名	双洞平均长度/km	所在省区市	序号	隧道名	双洞平均长度/km	所在省区市
165	高岭隧道	6.333	甘肃	193	陈家山隧道	5.947	浙江
166	葡萄山隧道	6.308	重庆	194	棋盘梁隧道	5.898	河北
167	泰和隧道	6.3	云南	195	凤凰岭隧道	5.897	山西
168	海沧海底隧道	6.28	福建	196	乌斯河隧道	5.89	四川
169	黑林垭口隧道	6.26	青海	197	扎务隧道	5.887	云南
170	分水岭隧道	6.253	湖北	198	渔寮隧道	5.87	浙江
171	苍龙峡隧道	6.24	陕西	199	戴云山隧道	5.85	福建
172	羊八井二号隧道	6.24	西藏	200	两河口隧道	5.84	四川
173	双峰隧道	6.187	浙江	201	石峡隧道	5.833	北京
174	官田隧道	6.151	福建	202	将军石隧道	5.805	四川
175	秦岭二号隧道	6.145	陕西	203	连城山隧道	5.798	陕西
176	秦岭一号隧道	6.144	陕西	204	油车岭隧道	5.754	福建
177	大巴山隧道	6.123	陕西	205	南坪隧道	5.745	四川
178	奎武隧道	6.11	四川	206	米拉山隧道	5.727	西藏
179	中兴隧道	6.105	重庆	207	赐敢岩隧道	5.715	福建
180	大华山隧道	6.085	四川	208	白市驿隧道	5.7	重庆
181	水牛家隧道	6.072	四川	209	西秦岭隧道	5.694	甘肃
182	雷公顶隧道	6.065	广东	210	高尔寺隧道	5.682	四川
183	大梁山隧道	6.058	山西	211	界岭隧道	5.681	湖北
184	铁堂峡隧道	6.051	甘肃	212	菅尔岭隧道	5.677	河北
185	翔安海底隧道	6.05	福建	213	蒙山隧道	5.655	山西
186	宁缠隧道	6.044	青海	214	大庙隧道	5.645	河北
187	分水关隧道	6.043	福建、江西	215	桂溪隧道	5.645	四川
188	铁峰山二号隧道	6.02	重庆	216	果老隧道	5.628	甘肃
189	鸡心岭隧道	6.02	陕西	217	鄂陕界隧道	5.62	湖北
190	羊鹿山隧道	6.015	重庆	218	美菰林隧道	5.58	福建
191	石鼓山隧道	6.005	福建	219	叶麻尖隧道	5.58	浙江
192	港珠澳海底隧道	5.99	广东	220	云中山隧道	5.575	山西

续表

序号	隧道名	双洞平均长度/km	所在省区市	序号	隧道名	双洞平均长度/km	所在省区市
221	拉脊山隧道	5.564	青海	253	水田隧道	5.22	四川
222	镜岭隧道	5.546	浙江	254	木座隧道	5.204	四川
223	大南山隧道	5.535	山西	255	白马雪山一号隧道	5.18	云南
224	礼让隧道	5.52	重庆	256	和新隧道	5.18	福建
225	雩山隧道	5.518	江西	257	福隆隧道	5.152	四川
226	大梁山隧道	5.518	云南	258	莲花山二号隧道	5.14	广东
227	野马梁隧道	5.512	山西	259	大连湾海底隧道	5.14	辽宁
228	九连山隧道	5.51	广东	260	索古修寨隧道	5.111	四川
229	楚阳隧道	5.5	湖北	261	平田隧道	5.107	广西
230	抢风岭隧道	5.495	山西	262	长山隧道	5.106	四川
231	六郎山隧道	5.492	山西	263	天水一号隧道	5.094	甘肃
232	大力加山隧	5.468	青海	264	分界梁隧道	5.085	重庆
233	德江隧道	5.465	贵州	265	彩虹岭隧道	5.068	广东
234	灞源隧道	5.45	陕西	266	杏林堡隧道	5.056	河北
235	鼓岭隧道	5.44	福建	267	化龙山隧道	5.046	陕西
236	三花石隧道	5.434	陕西	268	太石隧道	5.028	甘肃
237	仰头山隧道	5.408	重庆	269	平顶山隧道	5.024	河北
238	九岭山隧道	5.384	江西	270	灰嘎隧道	5.02	四川
239	棋盘关隧道	5.36	陕西	271	华蓥山隧道	5.018	重庆
240	勤丰隧道	5.353	云南	272	桃关二号隧道	5.015	四川
241	福堂隧道	5.347	四川	273	营基坪隧道	5.015	四川
242	户撒隧道	5.339	云南	274	汕头海湾隧道	5.01	广东
243	大梁子隧道	5.333	四川	275	大风口隧道	5.003	重庆
244	鹡岭隧道	5.333	陕西	276	达坂山隧道	5	青海
245	映秀隧道	5.325	四川	277	五老山隧道	6.8	云南
246	大华岭隧道	5.3	河北	278	曲尺湾隧道	6.8	湖北
247	八台山隧道	5.275	四川	279	岩前隧道	6.795	福建
248	南京里隧道	5.273	云南	280	茅荆坝隧道	6.776	河北、内蒙古
249	雁门关隧道	5.235	山西	281	泗州岭隧道	6.765	浙江
250	宝鼎一号隧道	5.23	四川	282	大窝子隧道	6.732	云南
251	夹活岩隧道	5.228	湖北	283	白芷山隧道	6.71	重庆
252	莲花山一号隧道	5.225	广东	284	井冈山隧道	6.81	江西

表1-3 截至2018年年底我国已建和在建输/引水隧道（大于10 km）统计表

序号	输引水工程名	隧洞名	长度/km
1	冯家山灌区	冯家山灌区引水隧洞	12.600
2	锦屏二级水电站	1、2、3、4号引水隧洞	平均16.67
		排水隧洞	16.73
3	淄川大河水库	输水隧洞	10.248
4	引汉济渭	秦岭输水隧洞	16.130
		秦岭特长输水隧洞	98.300
5	大伙房输水工程	输水隧洞	85.320
6	钦寸水库输水工程	输水隧洞	28.937
7	株树桥引水工程	引水隧洞	43.794
8	昆明掌鸠河引水供水工程	上公山隧洞	13.700
9	南水北调西线一期工程	输水隧洞	73.000
10	北疆供水二期工程	喀—双隧洞	283.270
11	千岛湖配水工程	谢田-凉坑坞区间隧洞	112.340
12	西水东调工程	胜利渠万米隧洞	13.300
13	兰州市水源地建设工程	输水主隧洞	32.000
14	阿拉山口控水与生态建设工程	输水隧洞	14.346
15	大广坝二期（灌区）工程	中干渠2号隧洞	10.094
16	延安黄河引水工程	杨家山输水隧洞	12.670
17	吉牛水电站	引水隧洞	22.377
18	巫溪两会沱水电站	引水隧洞	11.270
19	小浪底引黄工程	2#引水隧洞	13.340
20	山西中部引黄水利工程	交汾灵支线2#主洞	11.993
21	多诺电站	引水隧洞	15.161
22	引红济石调水工程	青峰峡引水隧洞	20.180
23	引大济湟工程	大阪山隧道	24.3
24	大盈江四级水电站	引水隧洞	14
25	毛尔盖水电站	引水隧洞	16.3
26	福堂水电站	引水隧洞	19.3
27	狮子坪水电站	引水隧洞	18.7
28	薛城水电站	引水隧洞	15.2

续表

序号	输引水工程名	隧洞名	长度/km
29	新马水电站	引水隧洞	23
30	橙子沟水电站	引水隧洞	17.2
31	立洲水电站	引水隧洞	16.7
32	关州水电站	引水隧洞	17.7
33	引额济乌工程	顶山隧道	15.4
34	引洮供水一期工程总干渠	引水隧洞	110
35	辽宁省重点输供水工程（水源工程）	输水隧洞	100
36	辽宁省重点输供水工程（二期）	输水隧洞	130.9
37	引松供水工程总干线	1#引水隧洞	22.6
38	引松供水工程总干线	2#引水隧洞	24.3
39	引松供水工程总干线	3#引水隧洞	23
40	引绰济辽工程	引水隧洞	58.51
41	滇中引水	香炉山隧洞	62.596

第 2 章　隧道地质复杂程度分级

2.1　隧道地质复杂程度分级目的

1. 这是开展隧道施工地质超前预报工作的前提

《铁路隧道超前地质预报技术规程》（Q/CR 9217—2015）明确规定，"隧道地质超前预报应根据不同的地质复杂程度分级"进行。因此，开展隧道地质复杂程度分级，确定隧道地质复杂程度级别，是开展隧道施工地质超前预报工作的基础。

2. 这是施工地质预报技术方法和手段选择的依据

不同地质复杂程度级别的隧道，其面临的地质问题的类型不同；不同的地质预报方法和手段，对不同类型地质问题具有不同的适应性。《铁路隧道超前地质预报技术规程》（Q/CR 9217—2015）明确规定，隧道地质超前预报应"针对不同类型的地质问题，选择不同的方法和手段进行"。因此，隧道地质复杂程度级别，特别是其所包含的地质问题类型，是施工地质预报技术方法和手段选择的依据。

2.2　隧道地质复杂程度分级原则

1. 致灾构造发育程度原则

隧道施工接近或揭穿地层中发育分布的、可能导致隧道施工地质灾害发生的不良地质体-致灾构造，因未进行致灾构造及其与隧道开挖工作面间岩土盘超前处治或超前处治措施不当或强度不足，极易导致隧道施工地质灾害的发生，或危及施工安全，或诱发重大环境地质灾害，是构成隧道地质复杂程度的主要因素。

2. 灾害严重程度原则

灾害严重程度，是反映隧道施工穿越地层中发育的、可能导致隧道施工地质灾害发生的不良地质体-致灾构造规模的重要指标。一定程度上，灾害严重程度也反映致灾构造的超前处治与否、超前处治措施的恰当与否和处治措施强度的足够与否。

3. 影响施工程度原则

影响施工程度，反映隧道施工穿越地层中发育的、可能导致隧道施工地质灾害发生的不良地质体-致灾构造的多寡及规模、隧道施工接近和通过致灾构造发生地质灾害的严重程度，包括造成重大安全事故、工期严重延误、重大经济损失等。

4. 诱发环境问题程度原则

诱发环境问题程度，指隧道施工接近和通过致灾构造发生地质灾害诱发隧道上方地表环境问题的严重程度，包括隧道上方地表水流失、地下水位严重下降导致的农田失水、生活用水困难、植物枯死，甚至石漠化、沙漠化等生态环境灾害。一定程度上，反映隧道洞内地质灾害的严重程度。

5. 繁简适宜原则

隧道地质复杂程度分级，原则上以分为复杂、较复杂、中等复杂和简单四级为宜。

2.3 地质复杂隧道分级

表 2-1 是《铁路隧道超前地质预报技术规程》（Q/CR 9217—2015）给出的隧道地质复杂程度分级。

表 2-1 地质复杂程度分级表

影响因素	地质复杂程度分级			
	复杂	较复杂	中等复杂	简单
岩溶发育程度	强烈发育，以大型暗河、廊道、较大规模溶洞、竖井和落水洞为主，地下洞穴系统基本形成	中等发育，沿断层、层面、不整合面等有显著溶蚀，中小型串珠状洞穴发育，地下洞穴系统未形成，有小型暗河或集中径流	弱发育，沿裂隙、层面溶蚀扩大为岩溶化裂隙或小型洞穴，裂隙连通性差，少见集中径流，常有裂隙水流	微弱发育，以裂隙状岩溶或溶孔为主，裂隙不连通，裂隙透水性差
涌水涌泥程度	特大型涌突水（涌水量 >100 000 m³/d）、大型涌突水（涌水量 10 000~100 000 m³/d）突泥，高水压	较大型涌突水（涌水量 1 000~10 000 m³/d）、突泥	中型涌水（涌水量 100~1 000 m³/d）	小型涌水（涌水量 <100 m³/d）

续表

影响因素	地质复杂程度分级			
	复杂	较复杂	中等复杂	简单
断层稳定性	大型断层破碎带、自稳能力差、富水，可能引起大型塌方	中型断层带，软弱、中—弱富水，可能引起中型塌方	中小型断层，弱富水，可能引起小型塌方	中小型断层，无水，掉块
地应力影响程度	极高应力（$R_c/\sigma_{max}<4$），开挖过程中硬质岩时有岩爆发生，有岩块弹出；软质岩岩芯常有饼化现象，岩体有剥离，位移极为显著	高应力（$R_c/\sigma_{max}=4\sim7$），开挖过程中硬质岩可能出现岩爆，岩体有剥离和掉块现象；软质岩岩芯常时有饼化现象，岩体位移显著	—	—
瓦斯影响程度	瓦斯突出：瓦斯压力 $P\geq0.74$ MPa，瓦斯放散初速度 $\Delta P\geq10$，煤的坚固性系数 $f\leq0.5$，煤的破坏类型为Ⅲ类及以上	高瓦斯：全工区的瓦斯涌出量 ≥0.5 m³/min	低瓦斯：全工区的瓦斯涌出量 <0.5 m³/min	无
地质因素对隧道施工影响程度	危及施工安全，可能造成重大安全事故	存在安全隐患	可能存在安全问题	局部可能存在安全问题
诱发环境问题的程度	可能造成重大环境灾害	施工、防治不当，可能诱发一般环境问题	特殊情况下可能出现一般环境问题	无

隧道施工地质预报的目的在于：

（1）查清隧道开挖工作面前方存在的、施工开挖揭穿和通过可能造成隧道施工地质灾害的不良地质体（致灾构造）的性质、分布位置、规模，为不良地质体处治工程措施决策提供依据。

（2）避免因施工开挖揭穿和通过不良地质体可能发生的隧道施工地质灾害及因隧道洞内地质灾害发生引发的隧道上方地表生态环境灾害。

（3）减轻因施工开挖揭穿和通过不良地质体发生的隧道施工地质灾害及因隧道洞内地质灾害发生引发的隧道上方地表生态环境灾害的危害程度和损失。

（4）确保隧道施工安全和隧道上方地表生态环境安全。

显然，在针对不同类型地质问题，选择施工地质预报技术方法和手段，开展隧道施工地质预报时，就以灾害严重程度、地质因素对隧道施工影响程度和隧道洞内地质灾害诱发环境问题的程度，作为隧道地质复杂程度的分级指标，是不合适的；因素"断层稳定性"应以"断层规模及其活动性"冠名更为恰当。以致灾构造类型及其规模、断层规模及其活动性、地应力、煤层瓦斯及其对隧道施工影响、可能诱发环境问题的可能性作为分级指标，进行隧道地质复杂程度分级，应更符合实际。

因此，建议按表 2-2 进行隧道地质复杂程度分级。

表 2-2　地质复杂程度分级表

分级指标	地质复杂程度分级			
	复杂	较复杂	中等复杂	简单
致灾构造	存在以下致灾构造之一者：突涌水致灾构造 突涌泥致灾构造 洞内泥石流致灾构造 突水突泥泥石流致灾构造 大型及以上涌水致灾构造 大型及以上涌泥致灾构造 大型及以上塌方致灾构造 挤压性围岩变形致灾构造	存在以下致灾构造之一者： 中型—大型涌水致灾构造 中型—大型涌泥致灾构造 中型—大型塌方致灾构造 自重应力型塌方致灾构造	存在以下致灾构造之一者： 小型—中型涌水致灾构造 小型—中型涌泥致灾构造 小型—中型塌方致灾构造	无致灾构造
断层规模及其活动性	大型断层或活动断裂	中型断层带	中小型断层	无断层发育分布
地应力	极高应力（$R_c/\sigma_{max}<4$），开挖过程中硬质岩时有岩爆发生，有岩块弹出；软质岩岩芯常有饼化现象，岩体有剥离，位移极为显著	高应力（$R_c/\sigma_{max}=4\sim7$），开挖过程中硬质岩可能出现岩爆，岩体有剥离和掉块现象；软质岩岩芯常时有饼化现象，岩体位移显著	—	—

续表

分级指标	地质复杂程度分级			
	复杂	较复杂	中等复杂	简单
煤层瓦斯	瓦斯隧道或存在高瓦斯工区的隧道	低瓦斯隧道	存在低瓦斯工区隧道	无
可能对隧道施工影响	可能危及施工安全，造成重大安全事故或工期严重延误	可能危及施工安全，造成大的安全事故或工期延误	可能存在安全问题	局部可能存在安全问题
诱发环境问题可能性	可能诱发重大环境灾害	可能诱发一般环境问题	特殊情况下可能出现一般环境问题	无

需要说明的是，考虑到地质中等复杂隧道小型—中型涌水、涌泥、塌方，中小型断层破碎带塌方和低瓦斯工区隧道仍然存在瓦斯溢出集聚引起的瓦斯燃烧爆炸，对机械化（掘进机）施工仍然存在致命的危害，将地质复杂隧道、地质较复杂隧道和地质中等复杂隧道，统称地质复杂隧道。

第 3 章　复杂地质条件形成

一般而言，母岩风化剥蚀产物，在常温常压下经风、水等搬运，由于搬运力的下降，在地面堆积、压实固结和成岩作用形成的层状岩石——沉积岩，为水平岩层。

高温高压岩浆喷出地表或侵入地壳冷却凝固形成的岩石——火成岩，喷出岩因流动具典型流动构造（流纹、绳状构造）、因温度和压力骤然降低岩浆中气体逸出具典型气孔状构造和气孔后期被后来的物质充填具有的杏仁状构造。

地壳运动、地震作用、岩浆作用和变质作用等内动力地质作用，或造成既有水平沉积岩层的倾斜、褶曲、断裂，或造成地壳表面的隆起及陷落、滑坡和山崩，或导致既有岩石的熔化、蚀变、变质。

包括风化作用、地表流水地质作用、河流搬运作用、冰川地质作用、海水地质作用在内的外动力地质作用，改变的是地壳表面的形态。但是，地下水的地质作用，则是对地壳表面以下地质条件的改变。

也正是地下水的地质作用，既有水平沉积岩层的倾斜、褶曲、断裂，地壳表面的隆起及陷落和既有岩石的熔化、蚀变、变质，造就了地壳表面以下复杂的地质条件。

3.1　风化作用

3.1.1　风化作用及其分类

温度变化和大气、水溶液及生物作用，致使裸露在空气中和在地面以下一定深度（风化深度）原岩岩石原地发生物理、化学变化的过程，称为风化作用。

风化作用包括物理风化作用、化学风化作用和生物风化作用。

物理风化作用，指由于温度变化、岩石空隙中水及盐分物态变化导致的岩石和矿物发生的不改变其化学成分的机械破坏。岩石和矿物的破坏主要是由于其本身的热胀冷缩和岩石空隙中水及盐分物态变化引起体积胀缩使岩石矿物崩解。

化学风化作用，指出露与地面岩石在氧化作用、水的溶解作用、水解作用及水化作用下，造成的岩石和矿物的破坏作用。

生物风化作用，指生物生命活动过程对岩石和矿物的破坏作用，包括生物机械风化作用（如根劈）和生物化学风化作用（生物腐殖质对岩石和矿物的腐蚀作用）。

3.1.2 风化作用产物

物理风化作用和生物机械风化作用的产物包括碎屑、崩积物、倒石锥、转石；化学风化作用和生物化学风化作用的产物包括新的岩石和新的矿物；物理风化、化学风化和生物风化联合作用的产物是土壤。

3.1.3 岩石风化作用影响因素

1. 气候条件

温度变化越剧烈，越潮湿炎热，生物新陈代谢越活跃，越利于岩石的风化。

2. 地形条件

阳坡岩石风化作用强于阴坡，陡坡风化速度大于缓坡。

3. 岩石矿物成分

单矿物岩石由于矿物晶格稳定，近于各向同性体，其导热率和膨胀系数近于一致，其抵抗物理风化作用能力较多矿物岩石强，岩石风化速度慢于多矿物岩石；含亲水矿物易与水发生化学反应，岩石抗风化能力低。

4. 岩石结构构造

一般而言，结构致密程度较低的岩石，岩石内部空隙大，抗风化能力低于致密结构岩石；等粒结构岩石抗风化能力高于不等粒结构的岩石；裂隙发育岩石抗风化能力低于裂隙不发育岩石。

5. 岩　性

基性岩浆岩中暗色矿物多，岩石颜色深，其吸热散热能力较酸性岩浆岩强，抵抗物理风化作用能力较酸性岩浆岩差。

6. 岩体节理裂隙发育程度

岩体中节理裂隙发育程度越高，越易于水的渗入，岩体抵抗风化作用的能力越差。

需要指出的是，深大风化槽中未能被剥蚀搬运走的全强风化产物，作为隧道围岩，稳定性差，无超前支护条件下隧道施工揭露后若初期支护未及时施工，易发生变形失稳塌方。

3.2 剥蚀作用

3.2.1 剥蚀作用及其分类

剥蚀作用，指岩石在风化、流水、冰川、风、波浪和海流等外营力作用下，裸露在空气中和在地面以下一定深度（风化深度）松散的岩石碎屑从高处向低处移动的过程。

剥蚀作用可分为：
（1）雨蚀（面蚀和侧蚀）。
（2）洪蚀（下蚀和侧蚀）。
（3）河蚀（下蚀和侧蚀）。
（4）地下水的剥蚀（潜蚀）。
（5）冰川的剥蚀（下蚀和侧蚀）。
（6）风蚀（面蚀和侧蚀）。

3.2.2 剥蚀作用产物

（1）隆起的地表逐渐被夷平。
（2）风蚀地貌景观，著名者如丹霞地貌。
（3）地下岩溶。
（4）牛轭湖（河流侧蚀使河床摆动弯曲，截弯取直形成）等。

风化作用使裸露在空气中和在地面以下一定深度的岩石破碎、崩解，当剥蚀和搬运作用将破碎、崩解物移走后，风化作用继续发生。

3.3 搬运作用

3.3.1 搬运作用及其分类

搬运作用，是指地表和近地表的岩屑和溶解质等风化物被外营力搬往他处的过程。外营力包括水流、波浪、潮汐流和海流、冰川、地下水、风和生物作用等。

在搬运过程中，风化物的分选现象以风力搬运为最好，冰川搬运为最差。搬运方式主要有推移（滑动和滚动）、跃移、悬移和溶移等。

搬运作用可分为：

（1）河流的搬运作用。

河流搬运能力的大小，主要取决于河水流速。流速大的水流能挟带砂砾等较粗的物质，这些物质在河床底部以被推移或跃移的方式前进，粉砂、黏土以及溶解质在水流中分别以悬移和溶移方式搬运。

（2）风的搬运作用。

与流水搬运有相似之处，具有推移、跃移、悬移三种搬运方式。风速越大，搬运的颗粒越粗，移动的距离越远。风力搬运的分选现象最好。

（3）海浪、潮流、洋流和浊流的搬运作用。

海浪搬运作用只在近岸浅水带内发生，具有四种搬运方式。海面与海底水流速度上的差异，使得波浪扰动海底所挟带的碎屑物质发生移动，其中粗粒物质多以推移和跃移方式向岸搬运，细粒物质多以悬移方式向海搬运，最后在水深小于临界水深的地方，波浪发生破碎，所挟带来的物质堆积下来。由于波浪的瞬时速度快，能量一般较高，搬运物多为较粗的砂砾。潮流和其他各种海流与波浪不一样，在较长时间内做定向运动，流速也较慢，故搬运的物质多为较细的粉砂和淤泥，呈悬浮状态运移。潮流作用使海水中携带的细粒物质向海岸方向运动，而粗粒物质向远离海岸方向运动。

（4）冰川的搬运作用。

冰川的搬运作用，具有特殊的蠕移方式，特点是能力大。随冰川的缓慢运动，大至万吨巨石，小至土块砂粒，均可或被冻结在一起进行悬移，或在冰底受到推移。冰川泥石流可使一些风化物产生跃移。冰川搬运的分选现象最差。

（5）地下水搬运。

在可溶岩区，地下水的搬运方式主要以溶移为主。

（6）生物搬运。

生物对土层的扰动也起着搬运的作用。

3.3.2 典型搬运作用于搬运作用产物

典型的风的搬运作用是风对地壳表面沙、尘的悬运转移，即沙尘暴；典型的水的搬运作用是水力启动型泥石流。

剥蚀和搬运作用风化作用将分化作用形成的堆积在原地面及以下一定深度的岩石破碎、崩解物、土壤移除，使未完全风化或新鲜岩石露出地面，造成岩石风化作用的继续。

3.4 沉积作用

3.4.1 沉积作用及其分类

沉积作用,指母岩风化剥蚀产物被搬运介质(河流水、风、海浪、潮流、洋流、浊流、冰川、地下水及生物等)搬运过程中,由于搬运条件(速度下降或搬运力降低等)发生改变,或到达适宜的场所后,发生沉淀、堆积的过程。

按沉积环境可分为陆相沉积与海相沉积两类。

按沉积作用方式可分为机械沉积、化学沉积和生物沉积三类。

广义而言,机械沉积指由于搬运条件(速度下降或搬运力降低等)发生改变,搬运物堆积和形成岩石的作用,狭义的机械沉积指介质(如水)中悬浮状物质的机械沉淀作用。

化学沉积,指水介质中以胶体溶液和真溶液形式搬运的物质,当物理、化学条件发生变化时,产生沉淀的过程。

生物沉积,指与生物生命活动及生物遗体紧密相关的沉积作用。生物的沉积作用可表现为生物遗体直接堆积,还表现为在生物的生命活动过程中或生物遗体的分解过程中,引起介质物理、化学环境发生变化而导致的某些物质的沉淀或沉积。

按搬运动力形式可分为河流、洪流及片流、风、地下水、冰川、湖泊及沼泽和海洋的沉积作用。

3.4.2 沉积作用产物及其特征

1. 河流的沉积作用

河流上游沉积:在河流上游,由于坡降大,河流具有较大的动能,河水搬运能力强,细粒物质被冲走,沉积物以河床砾石为主,成分复杂。砾石呈叠瓦状排列,一般厚度不大,常呈透镜体分布于河道之中。

边滩与河漫滩沉积:河道在侧蚀弯曲的过程中,河水携带的碎屑物在凸岸一侧沉积,由浅滩而边滩。边滩沉积物的成分复杂,常含有植物碎片,粒度变化范围大,规模较大河流的边滩沉积物,以砂为主,有少量的砾石和粉砂;较小河流的边滩沉积物,粒度可粗至砾石级;边滩沉积是单向环流侧向加积的产物。在洪水期,水位增高,洪水中的细粒物质(粉砂、亚黏土等)沉积在淹没于水中的边滩面上,形成河漫滩。因此,河漫滩沉积具有二元结构,即底部为边滩沉积,顶部为河漫滩沉积。

心滩沉积:心滩沉积形成于洪水期。在洪水期,河流表流从中央向两侧流，底流从两侧向中心汇聚，然后上升，由于水流的相互抵触和重力作用，碎屑在河心发生沉积。随着经历洪水期次数的增加，心滩逐渐扩大、加高，最后露出水面。比较而言，心滩沉积物粒度变化较边滩沉积物物粒度变化大，成分更复杂，有砾石、粗砂，有时还有粉砂和黏土夹层。

天然堤与决口扇沉积：洪水期河水越过河岸，由于河水变浅、流速骤减，河水河流搬运过程中所携带的大量悬浮物质很快在岸边沉积下来，形成天然堤。天然堤主要发育在蛇形弯曲的河流中，沉积物为粉砂和泥，一层粉砂一层泥。决口扇，是洪水冲垮天然堤，在天然堤外侧斜坡上形成的扇状堆积物。它在剖面上呈透镜状，厚度自数十厘米到几米。沉积物的粒度比天然堤的粗，主要为细砂和粉砂。

牛轭湖沉积：由于河流的侧蚀弯曲、截弯取直，形成的封闭湖泊称为牛轭湖。其沉积物底部是侧向加积形成的河道沉积物，往上为垂向加积的粉砂和黏土，富含有机质，垂向加积的细粒物质是由洪水期河流所带来的。

山口沉积：来自山区的河流，在流出山口时，由于坡降明显减小，水流无地形约束而散开，河流的搬运能力显著降低，所携带的大量碎屑物便堆积在山口开阔的平地上。沉积物堆积成半圆锥形或扇状地貌，称为冲积锥或冲积扇。山口沉积是在水位突然退落、动力变小过程中沉积的。因此，锥顶沉积物颗粒粗，以砾石、砂为主，向边缘逐渐变细。

河口沉积：当河流进入河口时，水域骤然变宽，再加上海水或湖水对河流的阻挡作用，流速减小，机械搬运物便大量沉积下来。所形成的沉积体形态，从平面上看像三角形，故称为三角洲。从剖面上看，三角洲常具有三层构造，包括顶积层、前积层和底积层。前积层是河水到达河口后，最先在汇水盆地边缘沉积的较粗泥、砂沉积物，它向海洋（或湖泊）方向倾斜，近岸处较陡，随着离岸渐远而逐渐变缓。底积层是河流带来的悬浮物，在前积层的前方形成的水平沉积层，由粉砂和黏土组成，粒细、层薄。顶积层是前积层增长到河底高度时，随着三角洲向海推进，在前积层之上沉积的、近水平的冲积物。值得指出的是，三角洲处于海陆过渡地带，沉积环境较为复杂，既有河流的沉积作用，又有海水的沉积作用，很难把它们分开。

2. 洪流及片流的沉积作用

洪流是干旱和半干旱地区主要的地质营力，洪流的沉积作用很普遍。洪流不但具有强大的侵蚀能力，而且具有较强的搬运能力。当洪流携带大量碎屑物质，抵达冲沟口时，水流突然分散，碎屑物质便沉积下来。由洪流形成的沉积物叫洪积物。洪积物在冲沟口所形成的扇状堆积体叫洪积扇。大型的洪积扇中，洪积物具有明显的分带现象。在洪积扇顶部，堆积有粗大的砾石，这是水动力在此地带突然降低所致。在洪积扇边缘，地形较缓，水动力更弱，沉积物主要为砂、黏土，并具有层理。在洪积扇顶部与洪积扇边缘之间，沉积物既有砾石，又有砂及黏土。洪积物这种分带现象是粗略的，各带之间没有截然的界线。

洪积物具有如下特点：

（1）洪积物分布有明显的地域性，其物质成分较单一，不同冲沟中的洪积物岩性差别较大。

（2）洪积物分选性差，往往砾石、砂、黏土混积在一起。

（3）洪积物的磨圆度较低，一般介于次圆状和次棱角状。

（4）洪积物的层理不发育，类型单一。

（5）洪积物不具二元结构，在剖面上，砾石、砂、黏土的透镜体相互交叠，呈现出多元结构。

片流是一种面状水流，水动力本来就较弱。随着水动力的逐渐消失，所携带碎屑物质在坡坳、坡麓地带形成坡积物。坡积物沿山麓连续分布形成坡积裾。坡积物一般为细碎屑物，如亚砂土、亚黏土等。

坡积物与洪积物经常共存，但由于坡积物来自附近山坡，所以坡积物一般比洪积物成分更单纯，坡积物中砾石含量少，洪积物砾石丰富；坡积物的分选性比洪积物差；坡积物比洪积物的磨圆度低，砾石的棱角较明显；坡积物略显层状，不具洪积物的分带现象；坡积物多分布于坡麓，构成坡积裾；洪积物分布于沟口，形成洪积扇。

3. 地下水的沉积作用

地下水的沉积作用以化学沉积作用为主，一般只在地下河、地下湖才发育一定数量的碎屑沉积，另外还可形成一些洞穴崩塌碎屑堆积。地下水溶蚀搬运的各种物质，在渗流过程中，由于水温及压力等条件改变，便可发生沉积，有利于化学沉积的场所主要是洞穴和泉口。

溶洞沉积物在灰岩区，当溶有重碳酸钙的地下水渗入溶洞时，压力突然降低，水中溶解的二氧化碳逸出，形成碳酸钙沉淀。地下水在洞顶渗出，天长日久便可在洞顶形成悬挂的锥状沉积物，称为石钟乳；地下水滴至洞底形成向上增长的笋状沉积物，称为石笋；当石钟乳和石笋连接在一起时称为石柱；它们统称为钟乳石，其沉积物多呈同心柱状或同心圆状结构。若地下水沿洞壁渗出，可形成帷幕状的沉积物，称为石幔。

泉华沉积物：当泉水流出地表时，因压力降低、温度升高，地下水中的矿物质发生沉淀，沉淀在泉口的疏松多孔物质叫泉华。泉华的成分为碳酸钙时，称为钙华或石灰华；以二氧化硅为主时称为硅华。因泉华物质成分、沉淀数量及泉口地形的差异，泉华可成锥状、台阶状或扇状。

4. 冰川的沉积作用

冰川向雪线以下流动，并不是无休止的。随着气温的逐渐升高，冰川逐渐消融，搬运物也就随之堆积。此外，冰川前进时若底部碎屑物过多或受基岩的阻挡，也会发生中途停积。由此可见，冰川的沉积是纯机械沉积。由冰川形成的沉积物统称为冰碛物。

当气候条件稳定时，冰川的前端稳定于一定位置，该位置称为冰前。冰前位置冰川的消融量等于供给量。冰川搬运物不断输送到冰前，堆积形成弧形的垄岗，是为终碛堤或终碛垅。终碛堤或终碛垅外侧较陡，内侧较缓。不同类型及规模的冰川所形成的终碛堤差异甚大。当全球气候变冷，冰川扩展时，即冰进时期，冰川供给量大于消融量，终碛堤被推进，可形成宽缓的终碛堤。在大陆冰川终碛堤的内侧，冰川流动时，因碎屑物过多或受基岩阻挡，搬运物堆积，形成一系列长轴平行于流向的丘状地形，称为鼓丘。

当气候转暖，冰川萎缩时，即冰退时期，搬运物不是运往固定的地点堆积，而是随着冰前的后退堆积在冰床上，这部分冰碛称为底碛。山谷冰川的两侧在冰川退缩时，可堆积成侧碛堤。在复式冰川中，两冰川侧面的复合部位的堆积形成中碛堤。

冰碛物常具有如下特征：

（1）山岳冰川碎屑成分与冰川发育区的基岩成分基本一致，大陆冰川的冰碛物成分复杂，并且细粒碎屑中不稳定的成分较多。

（2）由于冰川为固体，无分选作用，故冰碛物分选性极差，大至漂砾，小至黏土，混杂堆积在一起，形成"泥包砾"的现象。

（3）冰川中的碎屑颗粒彼此不相摩擦、碰撞，故冰碛物磨圆度极差。

（4）岩块和砾石无定向排列，杂乱无章，亦无层理。

（5）冰碛物表面常有磨光面或交错的钉头形擦痕，还可出现凹坑和裂隙。具冰川擦痕的砾石称为条痕石。

（6）冰碛物内部化石稀少，常保存寒冷型的孢子花粉。

5. 风的沉积作用

风的沉积属纯机械沉积。在风的搬运过程中，因风速减小或遇到各种障碍物，搬运物便沉积下来形成风积物。

6. 湖泊及沼泽的沉积作用

湖泊是陆地上的集水洼地，其沉积作用占主导地位。湖泊可分为淡水湖和咸水湖两类。淡水湖以机械沉积为主，咸水湖则以化学沉积为主。

湖泊的机械沉积作用：湖水的机械沉积物主要来源于河流，其次为湖岸岩石的破碎产物。碎屑物质从浅水区进入深水区，由于动力逐渐减小，逐步发生沉积。从湖滨到湖心，沉积物粒度由粗变细，呈同心环状。湖泊与海洋相似，粗碎屑物也可以堆积成湖滩、沙坝和沙嘴；细小的黏土物质被湖流搬运到湖心，极缓慢地沉积到湖底，形成深色的、含有机质的湖泥。湖底较平静，沉积物不受波浪扰动，因此发育水平层理。一般来说，山区湖泊碎屑沉积物的粒度偏粗，平原区湖泊的沉积物粒度较细。

湖泊的化学沉积作用：湖水化学沉积作用受气候条件的控制极为明显，不同的气候区化学沉积物差别很大。

沼泽的沉积作用：沼泽的沉积作用以生物沉积作用为主。沼泽是地表充分湿润或有浅层积水的地带，一般喜湿性植被发育。植物死亡后，堆积起来形成泥炭。泥炭沼泽可分为低位、中位和高位三种类型。低位沼泽低于地下水面，由地表水和地下水补给，植物能得到充足的养分；高位沼泽中部隆起，只能从大气降水得到补给，植物缺乏养分；低位沼泽泥炭最为发育。泥炭是褐色或暗棕色、相对密度 $0.7 \sim 1.05$ 的疏松有机物，可作为燃料，亦可用于化工原料和农业肥料。

7. 海洋的沉积作用

海洋是巨大的汇水盆地，是最终的沉积场所。

海洋的沉积作用可进一步划分为滨海、浅海、半深海和深海几个环境分区。

海滨的沉积作用：滨海是海陆交互地带，其范围是最低的低潮线与最高的高潮线之间的海岸地带。滨海区当潮汐、波浪和沿岸流的搬运动力变小时，就产生机械沉积。滨海区由于潮汐、波浪的作用还可带来较多的生物碎屑，形成一定的生物沉积。

海滩沉积：海滩是在海岸地带由碎屑沉积物堆积而成的平坦地形。在山区河流的入海口或基岩海岸附近，海滩沉积物主要由砾石组成，称为砾滩。砾石具有较高的磨圆度，扁圆形砾石常具定向性排列，砾石长轴基本与海岸平行，最大扁平面倾向海洋。沙滩主要由砂组成。在波浪的长期作用下，砂粒具有良好的分选性和磨圆度，成分单一，不稳定矿物少，以石英砂最为常见。

潮坪沉积：在宽阔平缓的海岸地带，波浪波及不到这里，只有高潮时海水才能到达，因而这里以潮汐作用为主，此地带称为潮坪。潮流动能小于波浪，仅能把细砂、粉砂和黏土搬运到潮坪上沉积。由于潮水周期性的往复运动，潮坪沉积具双向斜层理现象，沉积物表面发育波痕、泥裂、虫迹等。

沙坝及沙嘴沉积：当海浪从沙质海底的浅水区向岸推进时，在水深约等于两个波高处，进浪与底流相遇。波浪的破碎使动能减小，所携带的泥沙便堆积下来，开始形成水下沙埂，沙埂进一步增高加宽，形成平行于海岸的长条形坡岗，称为沙坝。沙嘴也是由沙粒堆积而成的长条形坡岗，它一端与海岸相连，另一端伸入海中。它的形成过程与沿岸流有关。由于海岸曲折，每一股沿岸流并不随之曲折，当沿岸流推动砂粒前进时，因惯性使砂粒进入海湾区，然后减速发生沉积。另外，两股反向沿岸流相遇时，能量相互抵消销，也能使砂粒沉积形成沙嘴。

贝壳堤：在平缓而又坚实的海滨带，牡蛎等软体动物可以大量繁殖，死亡后，其骨骼被波浪冲到海滩堆积形成贝壳堤或介壳滩，如果富集、规模大，可作为石灰原料。

浅海的沉积作用：浅海是海岸以外较平坦的浅水海域，其水深自低潮线以下至水深 200 m 之间。许多地区的大陆架水深在 200 m 以内，地势开阔平坦，所以浅海大致与大陆架相当。浅海距大陆较近、各种生物极其繁盛，是海洋中最主要的沉积区，无论沉积物数量及沉积作用的类型都比海洋中的其他环境分区要丰富得多，古代海相沉积岩中绝大部分也为浅海沉积。

浅海的碎屑沉积：浅海中 90% 以上的碎屑物来源于大陆。当不同粒级碎屑进入浅海时，海水的运动使颗粒下沉速度减慢，一些较细的颗粒处于悬浮状态，海流将这些悬浮物搬运到离岸较远的地区；较粗的颗粒沉积在近岸地区。因此从近岸到远岸，依次排列着砾石、粗砂、细砂、粉砂和黏土等。浅海带沉积物的特点是：近岸带颗粒粗，以砂砾质为主，具交错层理和不对称波痕，含大量生物化石，有良好的磨圆度和分选性，成分较单一；远岸带粒度细，以粉砂和泥质为主，具水平层理，波痕不发育，有时有对称波痕，分选好但磨圆度不高，成分较复杂。

浅海的化学沉积：浅海是化学沉积的有利地区，形成了众多的化学沉积物，其中许多是重要的矿产。地质历史时期曾发育过大量浅海化学沉积，现代浅海化学沉积主要发生在中、低纬地区。浅海的化学沉积物主要有碳酸盐、硅质、铝、铁、锰氧化物和氢氧化物、胶磷石和海绿石等。

碳酸盐沉积：在浅海化学沉积物中，碳酸盐类所占比重最大，主要为灰岩和白云岩。碳酸盐沉积的原因是温度升高或压力降低，这样引起海水中 CO_2 含量减少，重碳酸钙过饱和形成 $CaCO_3$ 沉淀。在海水动荡的条件下，碳酸钙以一定的质点（如岩屑）为核心呈同心圆状生长，形成鲕粒状沉积物，成岩后成为鲕状灰岩。已固结或弱固结的碳酸钙被波浪冲碎并搓成扁长形团块，胶结成岩后，形成竹叶状灰岩。

硅质沉积：硅质沉积是浅海化学沉积物的重要组成部分。海水中的硅质一部分来自大陆，它们以溶解硅（$H_3SiO_4^-$）和悬浮硅两种形式存在；另一部分硅质来源于海底火山作用、海水的溶解作用及生物活动。当硅胶进入海洋后，在温度较低、偏碱性的环境中，逐步凝聚而沉积下来，形成蛋白石，进一步脱水形成燧石。燧石常呈结核状、透镜状或条带状产出，颜色多样。

铝、铁、锰及海绿石沉积：海水中的铝、铁、锰等主要来自大陆。湿热气候区，强烈的化学风化作用，使铝、铁、锰呈胶体状态随河流水迁入海水中，在近岸地带遇电解质凝聚沉积，因近岸区海水动荡，形成鲕状结构或豆状、肾状结构沉积物。海成铝土矿由铝的氢氧化物组成，铁质沉积物主要为赤铁矿和褐铁矿，锰质沉积为水锰矿、硬锰矿。海绿石是一种绿色黏土矿物，是由海水中硅、铝、铁的胶体吸附钾离子而成。

磷质沉积：磷主要以 HPO_4^{2-} 的形式存在于海水中，表层海水含磷量低，难以沉积。海洋的下层由于有机物体的分解富含磷质，当富含磷质的海水随着上升洋流到达浅海区后，因压力减小，温度升高，CO_2 的含量降低，磷质发生沉积，形成胶磷石$[Ca_3(PO_4)_2]$。胶磷石和其他沉积物共同组成磷灰岩。当含磷量较高时形成磷矿床。

浅海的生物沉积：介壳石灰岩和生物碎屑岩浅海带生活着大量底栖生物，当它们死亡后，生物的壳体与灰泥混杂沉积，可形成介壳石灰岩；生物壳体或骨骼的碎片可以与其他沉积物混杂形成生物碎屑岩。

生物礁：生物礁是指在海底原地增殖、营群体生活的生物，如珊瑚、苔藓虫和层孔虫等的骨骼、外壳以及某些沉积物在海底形成的隆起状堆积体。珊瑚礁在浅海沉积中有特殊意义，珊瑚虫对生活环境有较严格的选择，只能生活在 20 ℃ 左右的海水中，并且要求水质清澈、盐度正常，水深不超过 20 m，水流通畅而不激烈动荡。在这种环境中，珊瑚虫不断繁生，其骨骼逐渐堆积成礁。如果珊瑚环绕岛的岸边生长，形成岸礁；如果珊瑚礁平行海岸分布，与岸间有一个较宽的水道，则成为堡礁；珊瑚围绕海底隆起的边缘生长则形成环状的礁体，称为环礁。

半深海及深海的沉积作用：半深海是从浅海向广阔深海的过渡地带，水深一般位于 200~2 000 m，在海底地形上相当于大陆坡的位置，通常地形坡度较陡。深海是水深大于 2 000 m 的广大海域，其海底地形主要包括大陆基、大洋盆地及海沟等。

半深海及深海离大陆较远，一般来说，粗粒物质很难到达这里，只有浊流、冰川和风以及火山作用，能产生较粗的物质沉积。浊流所悬浮和挟带的大量物质，在进入大陆坡脚和深海盆地时，因搬运能力剧减发生堆积，所形成的沉积物叫浊积物。由浊积物构成的扇状地形叫深海扇。深海扇的沉积厚度较大，进入深海平原厚度减小。浊积物主要由黏土和砂组成，还有砾石、岩块、生物碎屑等。具分选性和层理。

陆源物质部分沉积于浅海带，粒径小于 0.005 mm 的悬浮物质进入半深海和深海区。这些物质虽属陆源的悬浮物质，但它们几乎都是胶体性质，可长期悬浮于水中，只有在极安静的水动力条件下才能沉入海底。由于海洋中波浪和洋流的存在，极安静的环境几乎不存在，如果不是胶体物质的凝聚作用，它们可能不会发生沉积。

半深海中的沉积物具有世界共同的特点，即都是一些胶状软泥，其成分大体相似。这些软泥据颜色的差异有蓝色软泥、绿色软泥、红色软泥等。

半深海及深海的生物沉积主要是一些生物软泥，尤其是深海区分布较广，它是深海沉积的重要部分。大量的浮游生物死亡后堆积，与泥质沉积物混在一起形成生物组分超过 50%的软泥。生物软泥据其成分和生物碎屑的种类，分为以碳酸钙为主的钙质软泥和以硅质为主的硅质软泥。前者包括抱球虫软泥和翼足类软泥，后者包括硅藻软泥和放射虫软泥。湖泊中的生物作用也可形成腐泥，成岩后称为油页岩。

3.5 成岩作用

3.5.1 成岩作用及其分类

成岩作用，指沉积物沉积后至岩石固结，在深埋环境下直到变质作用之前发生的物理、化学的变化，以及埋藏后岩石又被抬升至地表或接近地表的环境中所发生的一切物理、化学变化。直到固结为岩石以前所发生的一切物理的和化学的（或生物）变化过程。一般包括沉积物的压实作用、胶结作用、交代作用、结晶作用、淋滤作用、水合作用和生物化学作用等。

包括硬结成岩作用、岩浆成岩作用和变质成岩作用。岩浆成岩作用分为侵入成岩作用和喷出成岩作用。

3.5.2 硬结成岩作用及其产物特征

硬结成岩作用，也称沉积成岩作用，指松散沉积物在上覆沉积物的重荷压力作用下，孔隙减少，水分排除，碎屑颗粒间的联系力增强，或碎屑间隙中的充填物质黏结力增大，或因压力、温度的影响，沉积物部分溶解并重结晶，转变为坚硬岩石的过程。

一般而言，松散沉积物上覆沉积物越厚，重荷压力作用越强，孔隙减少程度越高，水分排除越完全，固结成岩作用越完全，碎屑颗粒间的联系力越强，或碎屑间隙中的充填物质黏结力越大，成岩后的岩石密度越大，空隙率越小，岩石中含水率越低，岩石越稳定，岩石抵抗风化作用的能力越强，越有利于隧道围岩的稳定；反之，重荷压力作用越弱，孔隙减少程度越低，水分排除越不完全，固结成岩作用越不完全，碎屑颗粒间的联系力越弱，或碎屑间隙中的充填物质黏结力越低，成岩后的岩石密度越小，空隙率大，岩石中含水率高，岩石越不稳定，岩石抵抗风化作用的能力越弱，越不利于隧道围岩的稳定。

压力、温度影响越大，沉积物溶解并重结晶的程度越高，成岩过程越完整，岩石越稳定，岩石抵抗风化作用的能力越强，越有利于隧道围岩的稳定；反之，沉积物溶解并重结晶的程度越低，成岩过程越不完整，岩石越不稳定，岩石抵抗风化作用的能力越低，越不利于隧道围岩的稳。

由于层间结合力较低，相较于由厚层、巨厚层岩石构成的隧道围岩岩体，由薄层岩石构成的围岩岩体稳定性较差。

3.5.3　岩浆成岩作用及其产物特征

岩浆成岩作用，是指产生于地壳深部（至上地幔顶部）的高温高压熔融岩浆，沿地层岩石体中的断裂构造上升直至喷出地表冷凝固结成岩的整个地质作用过程。它包括高温高压熔融岩浆在上升运移过程中发生的重力分异作用、扩散作用，与上升运移通道围岩发生的同化作用、混染作用，随着岩浆温度降低发生的结晶作用，以及先结晶矿物随岩浆上升运移由于物理化学条件的不断改变不断与岩浆发生反应产生有规律的新的系列矿物——鲍温反应系列。高温高压熔融岩浆在地壳内部上升运移通道内活动、演化直至冷凝成岩的过程称为侵入成岩作用，喷出地表冷凝成岩的过程称为喷出成岩作用。

高温高压熔融岩浆沿断裂构造上升运移的速度越低，重力分异作用越完全，扩散作用范围越广，与上升运移通道围岩的同化、混染作用越完全，鲍温反应系列矿物越多；反之，重力分异作用越不完全，扩散作用范围越小，与上升运移通道围岩的同化、混染作用越不完全，鲍温反应系列矿物越少。由于岩浆喷出地壳表面后压力、温度急速降低，失去与上升运移通道围岩的同化、混染作用，岩浆在地面流动过程中尚存重力分异作用、扩散作用和鲍温反应，重力分异作用、扩散作用和鲍温反应程度与岩浆的黏稠度及流动距离呈正相关关系。

一般而言，深度越大的侵入岩，岩石中矿物的结晶程度越高，矿物颗粒强度和均匀度越高，胶结物的强度越高，岩石结构越接近等粒结构、块状构造，岩石越稳定，抗风化能力越强；喷出岩多呈不等粒和斑状结构，气孔状、杏仁张、流纹状构造，岩石稳定性差，抗风化能力弱。

3.5.4　变质成岩作用及其产物特征

母岩（沉积岩、火成岩、变质岩）处于固态状态在一定温度、压力环境条件下，受化学活动性流体作用，发生矿物成分、化学成分、岩石结构与构造变化变成新岩石的地质作用过程，即变质成岩作用。它包括接触变质、热力变质、动力变质、冲击变质、气液变质、燃烧变质等。

一般而言，变质成岩作用越完全，岩石越稳定，抗风化能力越强；反之，岩石越不稳定，抗风化能力越差。

3.6　地下水作用

3.6.1　地下水作用分类

地下水作用包括：
（1）岩溶作用。
（2）降低节理裂隙化岩体、破碎围岩自稳能力作用。
（3）成为隧道突涌水来源。

3.6.2　岩溶作用

（1）地表岩溶作用。

地表水以化学过程（溶解与沉淀）为主、机械过程（流水侵蚀和沉积，重力崩塌和堆积）为辅的对出露于地表可溶性岩石的破坏和改造作用，称为地表岩溶作用。其改变的是出露于地壳表面可溶岩的表面形态，形成地面岩溶，如石林、岩溶洼地、溶槽、溶沟、漏斗、竖井等。

（2）地下岩溶作用。

地下水以化学过程（溶解与沉淀）为主、机械过程（流水侵蚀和沉积，重力崩塌和堆积）为辅的对地下可溶性岩石的破坏和改造作用，即地下岩溶作用。其结果是形成地下岩溶，如岩溶洞穴、管道、溶缝、地下暗河以及充填在岩溶中的地下水和充填在岩溶底部的粉细砂、黏土、黏土夹破碎岩石块体等。

地表岩溶作用与地下岩溶作用,并称岩溶作用。其联合作用的结果,是形成地表地下岩溶系统。

3.6.3 降低节理裂隙化岩体、破碎围岩自稳能力作用

一般而言,在地下水位以下的岩体中的节理、裂隙与破碎岩石块体间空隙,多充填地下水。作为隧道围岩的节理裂隙化岩体、破碎岩石体,充填于节理裂隙、破碎岩石块体间空隙的地下水,或降低节理裂隙面的抗剪强度,或降低破碎围岩的自稳能力,成为节理裂隙化岩体和破碎围岩失稳坍塌的催化剂。

3.6.4 成为隧道施工突涌水来源

一旦隧道施工接近或揭穿,充填于地下岩溶、节理裂隙密集发育破碎岩体、断层破碎带破碎岩体中的地下水,或突破隧道开挖工作面(掌子面、开挖轮廓面)与其间的隔水岩土盘向已开挖隧道突出形成突水,或直接向已开挖隧道涌流形成涌水,成为隧道施工突涌水的物质来源。

3.7 节理(裂隙)

岩石在断裂变形阶段产生的、裂面两侧岩石沿裂面无明显位移或仅有微量位移的断裂,称为节理(裂隙)(图3-1)。

图 3-1 玄武岩岩体中的柱状节理

散布于岩体中的节理(裂隙),其作用仅是破坏了岩体的连续性;张开的贯通性节理裂隙亦是地下水储存和运移的通道;岩体中密集发育多组不同方向的节理(裂隙)时,则破坏了岩体的完整性。

作为隧道围岩，密集节理裂隙发育破碎岩完整性极低，自稳能力差，如节理裂隙中充填地下水则自稳能力更低，易变形失稳塌方；隧道施工揭穿富水密集节理裂隙发育破碎岩体带，易发生涌水，如涌水和塌方同时发生则形成水石流灾害。

3.8 断　层

岩石在断裂变形阶段产生的、裂面两侧岩石沿裂面发生较大位移的断裂，即断层（图 3-2）。

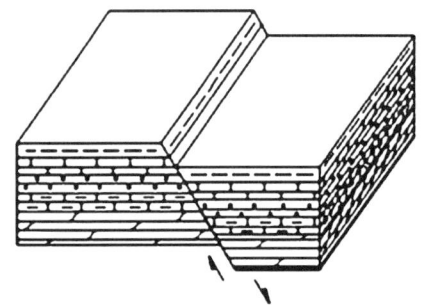

图 3-2　断层示意图

断层的发育分布，破坏地层岩石体的连续性。

从断层对工程的影响考虑，可将断层分为压性断层和张性断层。

一般而言，张性断层由大小不一的、排列无序的岩石块体构成（图 3-3）。作为隧道围岩，自稳能力低，如破碎岩石块体间空隙充填地下水则自稳能力更低，易失稳塌方；张性断层为地下水的储存和运移通道，隧道施工接近或揭穿，极易发生施工涌水、突水，初期涌水、突水中多携带细小岩石颗粒和岩石块体；如涌水和塌方同时发生，则形成携带大小不一破碎岩石块体涌水、突水。

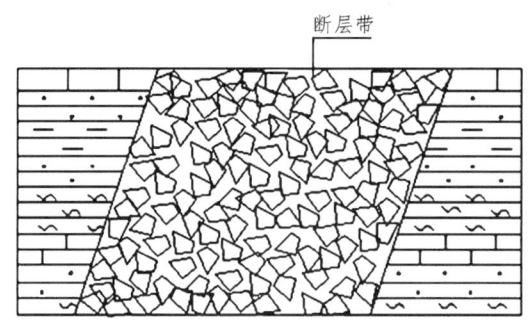

图 3-3　张性断层构成示意图

压性断层上、下盘断层破碎带，均由大小不一的、长轴平行于断层面的破碎岩石块体和充填于局部破碎岩石块体间空隙中的黏土构成（图 3-4）。无水时，作为隧道围岩，自稳能力差，隧道施工揭穿，易失稳塌方。

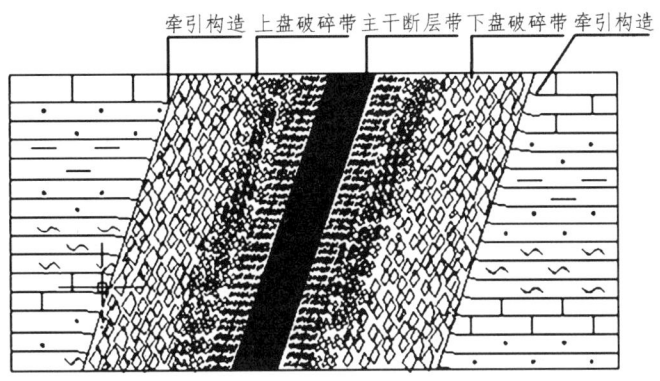

图 3-4　压性断层构成示意图

压性断层上、下盘断层破碎带，均是地下水的储存和运移通道。由于压性断层主干断层带断层泥或断层糜棱岩的隔水作用，下盘破碎带水量相对较少，隧道施工揭穿，或富水黏土及破碎岩石块体构成的围岩塌方具流动性形成隧道洞内泥石流，或涌水中多携带黏土细小岩石颗粒；上盘强烈挤压破碎带相对富水，一旦隧道施工揭穿，或富水黏土和大小不一破碎岩石块体组成的隧道围岩塌方具流动性形成隧道洞内泥石流，或由大小不一破碎岩石块体和充填于局部破碎岩石块体间空隙中的黏土构成的自体隔水隔泥岩土盘，在水的渗流作用下破坏，形成初期的突泥、携带泥沙的突水；当携带泥沙突水将富水强烈挤压破碎带中黏土和细小岩石颗粒完全带出后，突水水量急剧增大、水质由浑浊变清澈。

活动断层，指晚第四纪以来仍有活动的断层，是现今仍在活动，或近代地质时期曾有过活动，将来还可能重新活动的断层。活动断层的活动，或造成隧道支护结构的开裂，或造成隧道的错断。

3.9　褶　皱

岩石受力发生弯曲称为褶皱。

褶皱是地壳上最为常见的一种地质构造形态，背斜和向斜是褶皱的两种基本类型（图 3-5）。岩层向上弯曲称为背斜，向下弯曲则为向斜。

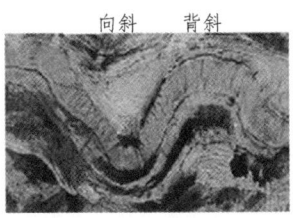

图 3-5　褶皱示意图

不同性质的岩层，在弯曲错动过程中的表现形式是不同的。低强度的软岩层在压缩作用下，或厚度局部变大，或局部变小甚至尖灭（图 3-6）；高强度硬岩层厚度不变，但容易发生断裂（图 3-7）；脆性岩层错动破碎成为顺层错动破碎带（图 3-8）；在褶皱的转折端，或沿软、硬岩层间形成脱空（图 3-9），或沿褶皱轴向发育明显错动的断裂形成放射状轴向断层（图 3-10）；背斜转折端因岩层断裂或发育断层，岩体破碎，出露于地面易于剥蚀形成剥蚀槽谷、地面河流、溪谷，两翼成山（图 3-11）；沿出露于地面的顺层错动破碎带，亦可因地表径流水的剥蚀，形成剥蚀槽谷、地面河流、溪谷。

图 3-6　软岩层褶皱弯曲压缩尖灭

图 3-7　硬岩层褶皱弯曲断裂

图 3-8　脆性岩层褶皱弯曲错动破碎

图 3-9　褶皱转折端软、硬岩层间脱空

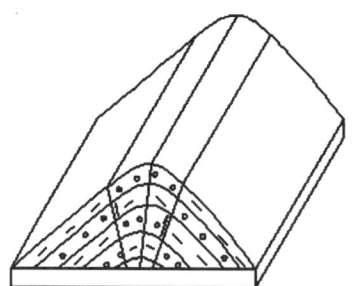

图 3-10　沿背斜转折端发育放射性走向断层

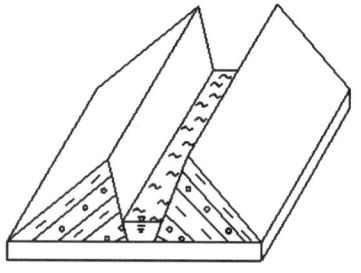

图 3-11　背斜核部岩体破碎剥蚀成谷（河）两翼成山

作为褶皱构造重要组成之一的向斜构造，由于相对隔水层的存在，本身即含若干相对独立含水层；充填地下水的顺层错动破碎带亦为含水层；沿向斜核部发育的走向断层，将原本相对独立的含水层连通，形成统一的向斜地下蓄水构造（图3-12）；地表径流水，通过背斜转折端谷地、顺层错动破碎带槽谷，对向斜构造地下水的补给；沿岩层间脱空部位、顺层错动破碎带、褶皱转折端走向断层破碎带的岩溶作用，造就了较之一般地区深度更大的充水岩溶、泥水混合充填岩溶的发育分布。

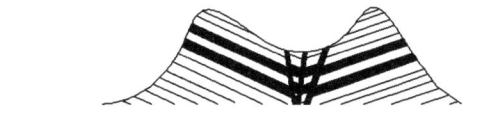

图中黑色者为含水层、富水顺层错动破碎带、导水断层带。

图3-12　向斜核部放射性断层将原本相对独立的含水层连通形成统一的地下向斜蓄水构造

3.10　地壳表面的隆起及陷落

按运动方向，可以将地壳运动分为水平运动和垂直升降运动。垂直升降运动，或称为造陆运动，表现为地壳表面的隆起和相邻区地壳表面的陷落，是高原、断块山及拗陷、盆地和平原形成的原因。地壳表面的隆起及陷落，还可引起海侵和海退甚至海陆变迁，控制着地球表面的海陆分布，影响各种地质作用的发生和发展，形成各种构造形态，改变岩层的原始状态。

3.11　岩石的熔化、蚀变、变质作用

3.11.1　岩石的熔化

岩石的熔化，指作为岩浆侵入通道周围的岩石，在岩浆侵入过程中极高温岩浆作用下，发生的熔解。随着温度的下降，熔解后的围岩以自身化学成分，重新结晶成为岩石。

岩石的熔化，改变了原有岩石的矿物构成和结构构造，也改变了原岩的物理力学性质和工程性质。

3.11.2　岩石的蚀变作用

流体或热液作用于岩石，导致岩石中部分或全部原有矿物消失和新矿物形成，即原岩中某些物质部分或全部地带出和新物质带入的交代作用，称为

蚀变作用。

显然，岩石的蚀变作用，部分或全部改变了原有岩石的矿物构成，更改变了岩石的物理力学性质和工程性质。

3.11.3　变质作用

变质作用，指在地下特定的地质环境中，由于物理、化学条件的改变，母岩在固体状态下发生物质成分与结构、构造变化，形成新岩石的地质作用。

由变质作用所形成的新岩石称为变质岩。

变质作用的母岩可以是沉积岩、岩浆岩及变质岩，它们在形成时与当时的物理、化学条件之间处于平衡或稳定状态，但是这种平衡和稳定状态都是相对的和暂时的，一旦它们所处的物理、化学条件发生变化，原有平衡就会遭到破坏，原岩便被改造成为在新的环境中稳定的岩石。如在地下较高温的条件下，在地表浅海环境中形成的化学沉积岩石灰岩转变成的大理岩。

通常，促使沉积物转变成为沉积岩的成岩作用，也是在地下一定深度和一定的温度、压力等条件下完成的，但与变质作用相比，成岩作用所要求的深度、压力和温度都较小，在作用的过程中物质发生的变化较之变质作用原岩变化要小得多。一般来说，沉积岩的成岩作用温度小于 150~200 ℃、围压低于 100~200 MPa，而变质作用则要高于这一数值，但低于原岩熔化所需温度。

因此，变质作用，不改变原有岩石的矿物构成，但改变了原有岩石的物理力学性质和工程性质。

3.12　地震地质作用

地震，又称地动、地震动，是集聚于地壳内岩体中的极高应变能猛烈释放造成地壳振动、产生地震波的一种自然现象。

地壳板块与板块间挤压碰撞造成板块边沿及板块内部产生错动和破裂，是引起地震的主要原因。

地震地质作用对地壳及地层岩石的破坏，包括地面的隆起及陷落、滑坡及山崩、褶皱及断裂。

3.13　负荷地质作用

负荷地质作用，指在各种外因诱发下，地壳表面岩土体由于自身重力作用产生的运移，如滑坡、坍塌等。

负荷地质作用，包括崩落作用、潜移作用、滑动作用和流动作用等。

崩落作用，指岩石块体脱离母岩、崩落并沿坡面滚滑及在坡脚堆积的整个作用过程。崩落的运动形式分散落、翻落和坠落三种。

潜移作用，指地表土石层或岩层沿土石-基岩界面（基覆界面）或岩层面缓慢向斜坡下方移动的过程。它包括土层潜移、地层潜移和因岩溶发育代之的上部岩层的潜陷。

滑动作用，黏结性块体沿一个或几个滑动面向下滑移的过程。滑动作用大致可分为潜移形变、滑移破坏和渐趋稳定三个演化阶段。

流动作用，指坡面上或沟谷中堆积的由泥质、土壤或破碎岩石块体构成的混合体，在水分的充分浸润饱和下，沿坡面或沟谷的流动过程。

包括风化作用、剥蚀作用、搬运作用、沉积作用、硬结成岩作用、岩浆作用中的喷出作用及负荷地质作用在内的外动力地质作用，是对地壳表面的改造；而包括地壳运动、岩浆作用中的侵入作用、变质作用在内的内动力地质作用，则是对地壳内部的改造；作为内动力地质作用的地震作用，既是对地壳内部的改造，也是对地壳表面的改造和地壳表面改造的促进。

岩层的弯曲、断裂及岩石体中节理、裂隙、断层的发育，破坏了地层岩石体的连续性和完整性；地壳的隆起，使失去连续性和完整性的岩体出露与地面，利于风化作用的进行；剥蚀、搬运作用将堆积于原地的风化作用产物搬离，致使未完全风化和新鲜岩石体进一步风化；随着搬运营力的降低，岩石风化产物沉积固结成岩，循环往复。

岩溶作用的结果，造就了地面和地下岩溶；地壳的隆起，促成了岩溶作用向深部发展。

岩浆作用，不仅成就了侵入岩和喷出岩，更致使岩浆上升运移管道围岩的熔化，造就了岩浆上升运移管道外一定距离范围内的蚀变带和变质带。

第 4 章　复杂地质条件与中国主要构造体系

复杂地质条件与地层岩石相关。节理、断层的发育，破坏地层岩石的连续性，更沟通了地下水与地表水、相邻地下含水构造单元间的联系，为深部岩溶的发育分布创造了条件；复杂地质条件的形成，更与构造体系的分布、构造体系中构造的发育分布密切相关。

4.1　巨型纬向构造体系

4.1.1　阴山—天山构造带

阴山—天山构造带（图 4-1），位于北纬 40°～43°，东西长 4 000 多千米，主体宽约二三百千米，两端宽中间窄，阴山山脉附近最窄。受其他构造体系干扰，东端向东北、西端向西北微偏转。

体系北界为延吉、通辽、西拉木伦河、达来诺尔、苏尼特右旗偏北、索伦山、居延海、巴里坤湖、艾比湖连线，南界为燕山、阴山、天山与其南侧平原或盆地的明显交界线。

构造带范围内，天山、北山、阴山、燕山等东西向山脉连绵，西高东低。

阴山—天山构造带，整体为一强烈挤压构造带，辽东、燕山、阴山、天山等重要地段，由系列东西走向大型复式背斜或复式向斜及压性、压扭性断层带组成，许多张性或扭性断层与之垂直或斜交。

东段（燕山辽东带）受新华夏系强烈干扰，联合、复合现象显著，岩浆活动包括前震旦晚期、古生代晚期（海西期）、中生代（印支期）和新生代四期岩浆活动，以前两期最为强烈。北亚带发育上万米厚的中—浅变质的古生界，沿东西向构造由规模较大的侵入岩体；中亚带除燕山期火成岩系外，以出露前震旦变质岩系为特征；南亚带在辽东地区包括太子河流域及南侧千山山脉之一部分，在冀北地区主要指燕山地区，辽东地区构造线呈东西向展布，燕山地区则以弧形展布为特征。

中段（阴山带）北亚带大面积出露第三、四系，中生界及古生界以零星露头出现，中亚带地层以前震旦系、震旦系及侏罗系、白垩系和第三系为主，南亚带地层以第四系广泛分布为特征；阴山带燕山期构造变动最为强烈；伴随多次构造运动，岩浆活动强烈，以前震旦时期、古生代末期为最重要，中生代、新生代岩浆活动亦十分显著。

西段（天山—北山带）北天山出露地层由奥陶系始至石炭系止，以夹喷出岩为特点；天山北麓地层是北天山挤压褶皱形成后于山前堆积形成的一套自三叠系始的中生代、新生代地层，带内构造特征为长期受南北向挤压的复杂褶皱带，岩浆活动以志留纪喷出活动为主。

4.1.2 秦岭—昆仑构造带

秦岭—昆仑构造带（图 4-2），位于北纬 33°~36°，横亘我国中部，东西长 4 000 余千米，局部变宽或变窄，中部为东西走向的秦岭山脉。西段受青藏歹字形构造等影响，构造迹线逐渐向北偏转；西段向东伏牛山以北一支大部已为新华夏系干扰，与新华夏系呈明显的重叠复合；另一支于伏牛山—桐柏山地区受淮阳山字形构造干扰，构造迹线发生偏转，走向由东西向变成北西西向甚至北西向。

尽管经历多次构造运动，但各构造阶段，特别是自震旦时期以来，组成其各构造阶段的巨型拗褶和各时期岩浆岩体展布，及后来形成的规模巨大的不同形式褶皱和断裂，均为大致的东西走向。

东段（淮南—桐柏—大别山带）：北亚带大部地区属淮河流域冲积平原，东西构造带构造形迹很不明显，带内除早震旦时期中、基性火山喷发外，以燕山期花岗岩侵入为主。中亚带包括桐柏山脉及整个大别山地区，带内各时代地层呈近东西走向条带状分布；受淮南山字形构造和新华夏系影响，构造形迹复杂，但东西向构造在大别山区仍十分明显；带内岩浆活动以燕山期为主，震旦亚带、加里东期为辅，沿淮阳断裂带断续分布呈东西向展布；带内构造变动强烈，但东西复杂构造带为主体的形象仍然十分清楚。南亚带位于桐柏山南侧，构造位置与淮阳山字形构造前弧西翼呈斜接复合，东延部分被改造为淮阳山字形构造西翼的组成部分。

中段（秦岭带）：秦岭—昆仑构造带中最重要的组成部分，横亘东西的秦岭山脉构成秦岭带主体，经历多次构造运动作用，构造线总体呈东西向，各处宽窄不同，中部由于祁吕—贺兰山字形弧顶强烈挤压和南部汉南地块的抵制显著变窄且岩浆活动十分活跃，尤以印支期的华阳、太白两大岩基为甚；东部受淮阳山字形构造影响，卢氏、商县以东伏牛山以南地区构造迹线偏转为北西西甚至北西向；西部受祁吕—贺兰山字形，特别是武都山字形的影响，构造迹线走向亦有所变化；带内不同时代岩石变质作用和混合岩化作用较为强烈。

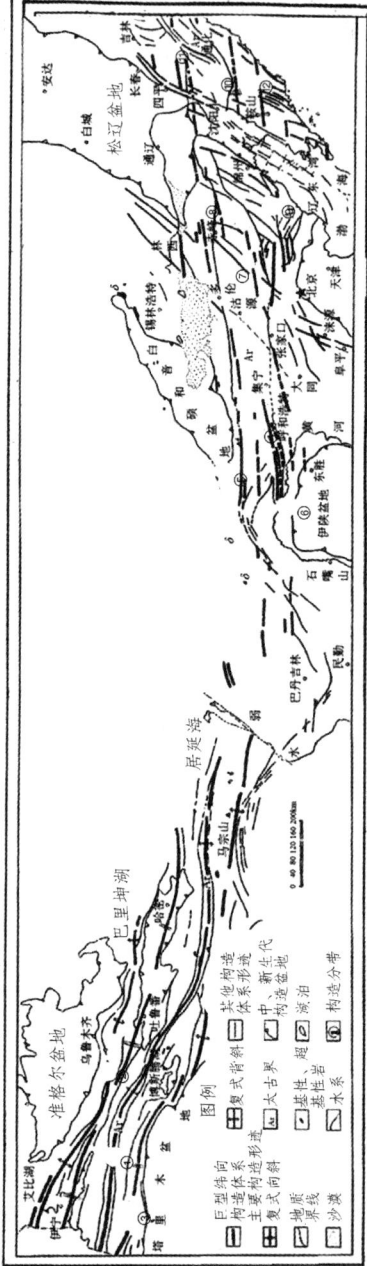

图 4-1 阴山—天山构造带

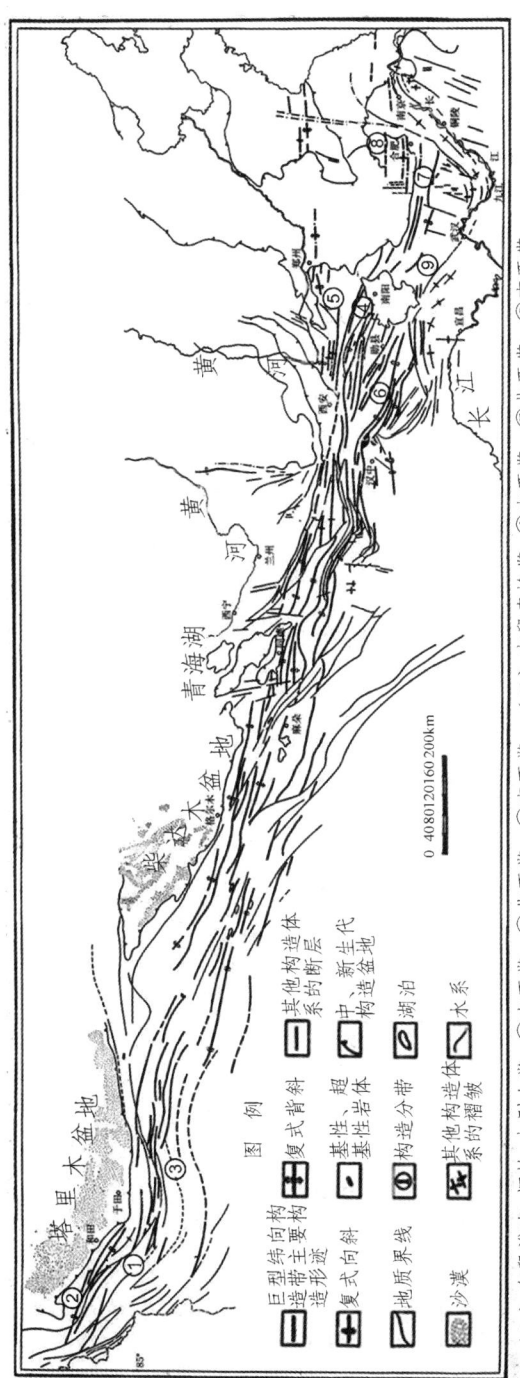

图 4-2 秦岭—昆仑构造带

(一) 东段淮南-桐柏-大别山带：⑦中亚带；⑧北亚带；⑨南亚带。
(二) 中段秦岭带：④中亚带；⑤北亚带；⑥南亚带。
(三) 西段昆仑带：①中亚带；②北亚带；③南亚带。

中段（秦岭带）北亚带包括河南西部和陕西华山地区，南缘大致以洛南北部石门向东经河南卢氏和鲁山一线为界，东西走向和北东走向山脉混存，地层包括太古界太华群、下元古界嵩山群及震旦亚界、古生界和新生界，中生界很不发育，岩浆活动主要出现在前寒武纪、中生代和新生代，构造迹线仍然以东西向为主；中亚带，相当于秦岭地轴地段，地层为一套十分复杂的变质岩系，带内震旦亚代、加里东期、海西期、印支期和燕山期岩浆活动十分强烈，以燕山期规模为甚，火成岩岩体长轴呈东西向，构造变动极为复杂，东西向构造主体由强大的东西向复杂褶皱和巨大规模多期活动的压性断裂组成；南亚带包括西秦岭及东秦岭南侧—南秦岭和武当山一带，地层为从震旦亚界至三叠系的以海相为主的浅变质岩系，各时代地层均呈近东西向条带状分布，岩浆活动以震旦亚代、加里东期和印支期为主且具明显分带性。

西段（昆仑带）：包括东、西昆仑山脉，强大的近东西向褶带和断裂形迹极为突出。北亚带见于和田与叶城间西昆仑山前地带，主要发育一套前寒武纪变质岩系及寒武、奥陶、志留和泥盆系地层，构造形迹为明显的东西向褶皱和同向走向断层；中亚带包括东昆仑北半部及西伦伦主脊及其两侧相邻地区，地层发育较全岩浆活动以海西期花岗岩为主，区域构造形迹基本保持东西向—北西西向，主体由同向褶皱和走向断层组成；南亚带主要是昆仑山脉南侧地区，主要出露一套一上古生界为主及部分三叠系海相沉积地层，岩浆活动很不活跃，近可可西里构造形迹与青藏歹字形构造明显重接复合，向东至通天河上游和巴颜克拉山一带歹字形构造逐渐向东岸撒开。

4.1.3　南岭东西构造带

南岭东西构造带（图 4-3）主体位于北纬 23°～26°，东自福建沿海，西至云南鹤庆、瑞丽，横贯滇、黔、桂、粤、湘及赣南、闽中南，地形表现为长江、珠江水系的分水岭，属断续相连的东西向构造带，带内多构造体系呈多种复合关系。

滇段西起滇西国境线，东达川滇带东缘东川、宜良一线的一段地区，受青藏歹字形构造、川滇南北带、云南山字形构造影响，东西向构造形迹被包容于南北构造带中呈零散、片段式展布；黔桂段西迄东川、宜良，东达湘桂经向带西缘，西部展布较宽，东部展布较窄；闽粤段西起黔桂段东缘，东抵闽中南沿海，段内发育佛冈、花山—姑婆山—大东—九连山、沙子岭—诸广山南部岩体—大庾岭等 3 条主要花岗岩带。

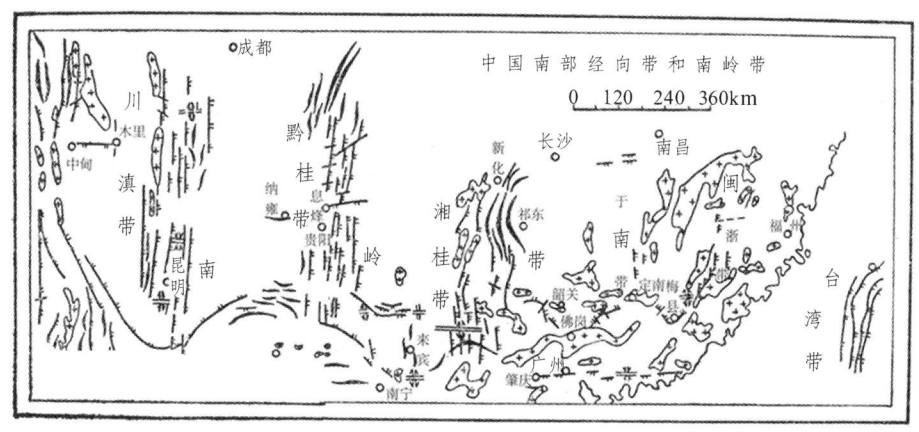

图 4-3 中国南部经向带和南岭带

4.2 经向构造体系

4.2.1 川滇南北带

川滇南北带（图 4-4）展布于川西南之贡嘎山、大雪山、大小凉山，向南至云南元谋、昆明、个旧一带，南北长 800 余千米，东西宽约 150 千米。川滇南北带是我国境内表现最为显著的经向构造带，主要表现为强烈挤压构造带和受南北向构造控制的拗褶沪蓉隆褶，与青藏歹字形构造、东西向构造和新华夏系呈复杂的复合关系。带内广泛遭受挤压的花岗岩断续呈南北向带状分布；西部亚带由雅砻江—元谋断裂带和安宁河—易门断裂带构成，岩浆岩极为发育，褶皱以被破坏；东部亚带由普雄—普渡河断裂带、甘洛—小江断裂带和褶皱构成。川滇南北带经历晋宁期、海西期和印支期等多期岩浆活动。

4.2.2 其他南北带

其他南北带包括滇西—藏东、川黔和湘中南北带。

滇西—藏东南北带，位于滇西、藏东和川西南角，是怒江、澜沧江和金沙江流域，怒山和横断山是区内主要山脉。滇西—藏东南北带主体由系列复杂褶皱带（沙鲁里复向斜、德荣—巴塘复背斜、临沧复背斜、怒山—保山复背斜等）及与之伴生的巨大的逆冲断裂组成，侵入岩、混合岩化带亦呈南北向带状分布，前侏罗纪地层遍普遭受区域变质和动力变质作用，与青藏歹字形构造的中部呈重接、归并及斜接复合。

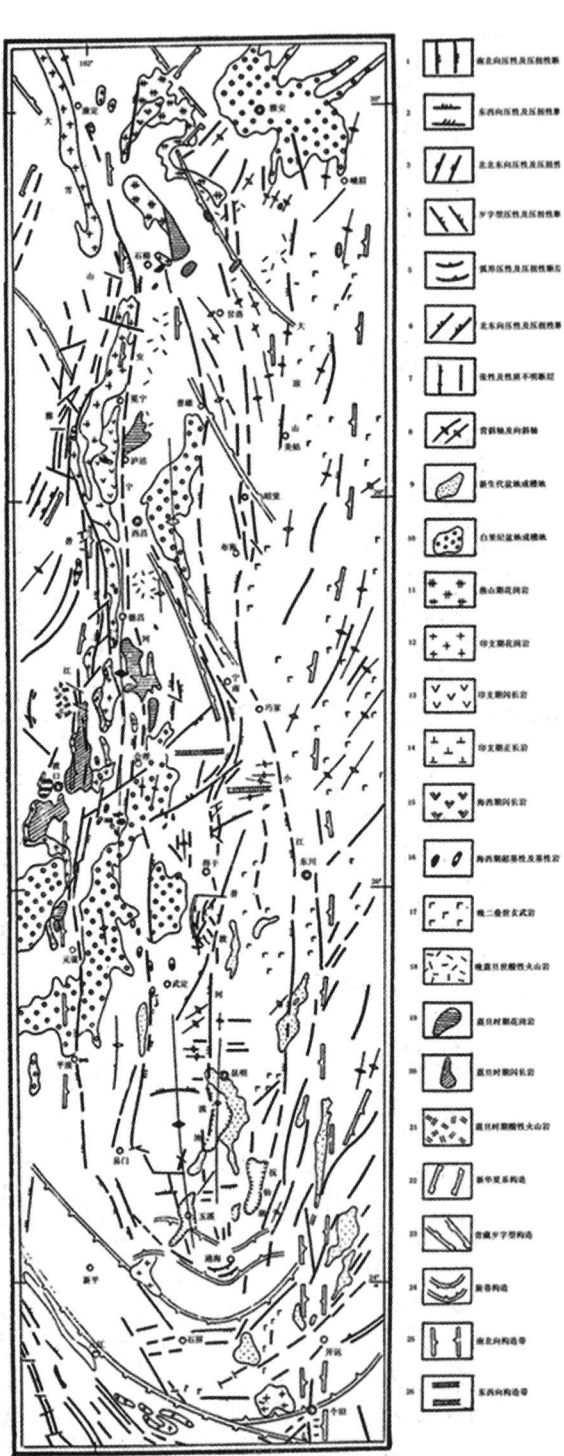

图 4-4 川滇南北带

川黔南北带位于川黔界大娄山及乌江流域、重庆—贵阳以东、三都—彭水以西，主体为南北向燕山期褶皱和断裂。

湘中南北带主要分布于湖南中部，主体为南北向褶皱和断裂，多宽背斜窄向斜褶皱形态。

4.3 新华夏构造体系

新华夏构造体系，或称新华夏系，是中、新生代以来强烈活动并最终形成的、控制我国东部中、新生代以来主要构造格局的构造体系，主体包括三对北北东向的隆起带—沉降带。自东而西：

（1）东亚岛弧第一隆起带（我国境内主要是北北东走向的台湾中部山脉）。

（2）鄂霍次克海—日本海—东海—南海第一沉降带。

（3）锡霍特山脉—斜贯朝鲜半岛南部山系与辽吉黑东部山地—胶东丘陵和山地—湘赣边境以东幕阜山万洋山及粤东丘陵和山地及其间夹平原盆地第二隆起带。

（4）松辽平原—辽河平原—华北平原（不含徐蚌以东地区）—华中平原第二沉降带。

（5）大兴安岭—太行山—雪峰山及武陵诸山第三隆起带。

（6）海拉尔—巴音和硕—陕甘宁—四川盆地第三沉降带。

总体构造特征包括：

（1）隆起、沉降带内中、新生代以来形成的褶皱。

（2）断裂，大规模花岗岩、火山岩展布，均呈北北东走向。

（3）隆起带和沉降带非两边对称，一侧陡一侧缓。

（4）燕山期岩浆活动主要集中在第二隆起带和第三隆起带北段大兴安岭一带。

（5）各自主体构造形态有所区别。

（6）构造形迹呈现不同的联合、复合现象。

4.4 山字形构造体系

4.4.1 淮阳山字形构造

位于鄂、豫、皖、苏等省相邻地区，是我国山字形构造中规模较大的一个，其东西延长 900 余千米，南北最宽处近 300 千米。尽管受新华夏系和东西构造带干扰，但其基本形变特征仍十分醒目，始形成于印支运动，燕山运动时期进一步加强。

前弧弧顶位于广济与黄梅间，转折部位在梅川、广济一线以东，前弧弧顶构造形迹展布呈明显自然弧形弯曲，由弧形的前震旦系变质岩的挤压片理带及挤压构造带和震旦—侏罗系的褶皱、断裂组成，弧顶部位遭受强大的南北向压应力作用且越近弧顶内侧越强烈。

弧顶往东，包括宿松—怀宁—安庆—枞阳—贵池—青阳—铜陵—庐江—巢县—无为—含山—繁昌—芜湖—南京—镇江—句容—丹阳，为前弧东翼及其反射弧，前弧东翼构造形迹主体为北东向的江北、江南褶带和下扬子挤压构造带及燕山构造盆地，东翼反射弧弧顶转向部位位于镇江一带，宁（南京）镇（江）弧形构造由系列弧形展布的、彼此近似平行排列的褶皱和断层组成，宁（南京）镇（江）弧的脊柱为总体南北走向的由系列左行斜列褶皱组成的茅山山脉，前弧东翼及其反射弧分布区为淮阳山字形构造中岩浆活动最为强烈的地区，以中生代岩浆活动为主，尤以燕山期岩浆活动为甚。

弧顶往西，经大冶—黄冈—武汉—大洪山一带为前弧西翼，自襄樊至房县南，及当阳、远安、宜昌、秭归为西翼反射弧，黄陵背斜即反射弧脊柱，西翼构造主体为武汉—大洪山褶带和黄冈—孝感挤压构造带，反射弧由系列平行排列的挤压紧密的倒转褶皱和压性的青峰断裂带组成，脊柱由南北向褶皱及与其伴生的东西向张性断裂及北西及北东向扭断裂构成，前弧西翼及其反射弧分布区经历前震旦纪、燕山期和喜山期岩浆活动。

淮阳山字形构造脊柱南起湖北望天坂仙人台稍南一带,北延过大别山主峰—金寨—商城后没入淮河平原，以南北向的压性构造形迹为主，呈断续状展布。

4.4.2 祁吕—贺兰山字形构造

祁吕—贺兰山字形构造（图 4-5），是我国境内一个大型山字形构造。前弧弧顶位于陕西中部秦岭以北渭河流域中游的宝鸡附近；前弧东翼由吕梁山—恒山褶带构成，东翼反射弧由环绕京津地区形成向北凸出的弧形复式褶带—灵丘槽地相接壤的百花山复式向斜与起自周口店经香河、唐山一带的断裂构成；前弧西翼由系列单独褶带以平行斜列组成多字形构造体系，包括贵德—循化槽地、拉脊山大背斜、西宁—青海槽地、哈拉古山—大板山大背斜、门源—大通河槽地、马牙雪山大背斜、俄博—酸刺沟—乌兰大板槽地、祁连山大背斜及民乐—酒泉槽地；祁吕—贺兰山字形构造脊柱为祁吕弧形褶带正北自平凉向北至河套地区，主体为由南北向褶皱和巨大逆冲断层构成的狭长复式褶带。

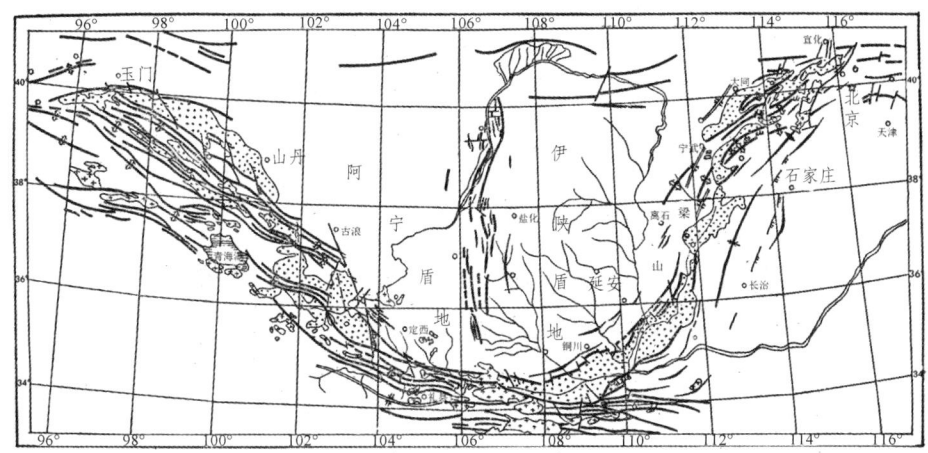

1—复式背斜式陆梁；2—复式向斜式陆槽；3—冲断层；4—推测断裂带；5—河西系；
6—新华夏系；7—东西向褶带；8—康藏系(?)；9—褶皱群；10—伴生及派生断裂；
11—中生代酸性侵入岩；12—中、新生代槽地。

图 4-5 祁吕—贺兰山字形构造

4.4.3 云南、广西、粤北等山字形

云南山字形构造，前弧由 3 个较完整曲度较大的弧形褶皱（礼社江—南盘江弧形褶皱外带、双柏—石屏—富源弧形褶皱中带及下关—通海—宣威弧形褶皱内带）及其伴生构造组成，脊柱复合在强大的川滇经向构造体系的南段，由南北向褶皱和断裂构成。

广西山字形构造，前弧弧顶位于宾阳、黎塘一线附近，由系列紧密褶皱和冲断层构成；以贞丰—盘县背斜、北盘江—法郎向斜为主体及其伴生断裂构成西翼反射弧内带；脊柱主体为以前震旦纪板溪群为主组成的南北走向的吉羊复式背斜和元宝山复式背斜及冲断层。

梅县山字形构造，弧顶位于梅县附近，东至大浦，西迄平远，组成一个弧形褶带，南北向的蕉岭向斜为脊柱。

武都山字形构造，前弧弧顶位于武都一带，宽 30 余千米，前弧西翼向西北延展至碌曲、临潭、叠部，依山势见明显北西向构造和西翼反射弧基本轮廓；前弧东翼及其反射弧受强大的纬向构造带干扰发育不如西翼完整；脊柱位于礼县、武山及通渭、华家岭一带，由几组大小不等的南北向挤压带、褶皱和冲断层组成。

4.5 青藏歹字形构造体系

青藏歹字形构造体系,属青藏滇缅歹字形构造体系的头部和中部,头部自北往南包括积石山山脉、可可西里—巴颜克拉山脉和唐古拉山脉,区内分布的晚古生代—中生代海相地层及中生代侵入岩与伴生的压扭性断裂、褶皱群构成规模巨大的弧形褶皱带;头部及其外围褶带(阿尔金山—当金山口—疏勒南山—夏河—岷县、冷湖—青海南山—都兰、祁曼塔格山—格尔木—积石山、可可西里—巴颜喀拉—甘孜—九龙、甘孜—黎塘—木里褶带和鲜水河—普雄河、西昌折木河—小江断裂带)散布于昆仑山以北,包括阿尔金山脉及祁连山西南近柴达木盆地部分地区。

由云南西北、缅甸北部往南,褶皱轴逐渐转向正南,成为青藏歹字形构造的中部,大致以昌都—澜沧江—元县为界,分东、西两支。我国境内金沙江与澜沧江间的宁静山脉及其以南的无量山、哀牢山为东支,支内发育褶带(玉树—理塘复背斜、雀儿山—乡城复向斜、江达—巴塘—德荣—点苍山—哀牢山复背斜、宁静山—永平—无量山复向斜)、巨大逆冲断层和动力变质带;西支主要展布于唐古拉山—横断山—怒山—高黎贡山一带,由近南北走向强烈挤压破裂面和岩浆岩、动力变质带构成。

4.6 构造体系联合、复合、叠合、交接和穿插造成构造体系内地质复杂化

阴山—天山构造带是纬向构造带中受其他构造体系干扰较少的一个,仅其东部受新华夏系构造影响较为强烈,两者呈明显重叠复合,致使东西向构造在局部地区不那么明显。

秦岭—昆仑构造带与其他构造体系间呈较为复杂的联合复合关系,西段与青藏歹字形呈明显斜接复合;东段与新华夏系重叠复合,局部呈截接复合,且受淮阳山字形干扰;中段有新华夏系穿越明显反映。

南岭东西构造带滇段尽管三条纬向构造带在布各重力图上有所反映,但东西构造带北包容在南北构造带中,展布零散、片段;黔桂段东部受广西山字形、经向带及新华夏系改造,西部受广西山字形西翼与云南山字形东翼联合构成的向北突出的弧形构造改造;粤闽段受广西山字形东翼、粤北山字形、梅县山字形、经向带、华夏系和华夏构造、新华夏系改造。

受青藏歹字形构造干扰,川滇南北带内扭动构造体系相继产生。

滇西藏东南北带与青藏歹字形构造中部呈重接、归并及斜接复合。

川黔南北带受新华夏系干扰，局部走向略有变动。

新华夏系构造与华夏式构造互为切割。

淮阳山字形构造脊柱和前弧东翼，脊柱部分与东西向构造带呈明显截接复合，前弧东翼与东西向复杂构造带呈斜接复合；前弧东翼北东向构造与新华夏系呈明显斜接复合，新华夏系构造穿切前弧东翼北东向构造。

祁吕—贺兰山字形构造弧形东、西两翼不对称现象表明，山字形构造受多种构造体系干扰，呈复杂的构造复合关系。

云南山字形脊柱复合于川滇经向构造体系南段，前弧外带于无量山北部和南涧一带向东被歹字形构造切穿，而后与歹字形构造重接复合，前弧中带东接广西山字形西翼，前弧内带东与威宁反射弧复合。

广西山字形西翼反射弧内带南支与云南山字形东翼反射弧内带复合，北支与黔西山字形西翼复合，脊柱与新华夏系、华夏系等复合。

青藏歹字形构造，与秦岭—昆仑巨型纬向构造带斜接复合，部分重接复合；中部与南岭带以反接复合为主，局部截接复合；与川滇南北带以斜接复合为主，局部重接复合；与帕米尔—喜马拉雅歹字形构造斜接、反接复合；头部与祁吕—贺兰山山字形构造重接和斜接复合。

构造体系间的联合、复合、叠合、交接、穿插，造成了构造体系中的极为复杂的地质条件。

4.7 构造体系中强烈的岩浆活动更加剧了地质条件的复杂程度

构造体系间的形成、联合、复合、叠合、交接、穿插，造就了构造体系中深大断裂、断裂网络的形成，为岩浆活动提供了通道。

4.7.1 天山—阴山构造带岩浆活动

天山—阴山构造带东段（燕山—辽东带）经历了大致 4 期岩浆活动，以前震旦晚期及古生代晚期最为强烈，包括：

（1）前震旦时期超基性及基性岩浆侵入。

（2）海西期以中酸性为主少量超基性及基性岩浆侵入。

（3）燕山期 3 期岩浆侵入和喷发及喜山期岩浆喷发活动。

中段（阴山带）岩浆活动以前震旦时期和古生代末期最为重要，包括：

（1）太古—元古代以基性喷发为主的岩浆活动。

（2）海西期3期酸性及超基性岩浆活动。

（3）燕山期岩浆活动。

西段（天山—北山带）经历了：

（1）早古生代志留纪岩浆喷发活动。

（2）志留纪末期小型酸性岩浆侵入活动。

（3）上古生带3期岩浆侵入和4次大规模岩浆喷发活动。

4.7.2 秦岭—昆仑构造带岩浆活动

秦岭—昆仑构造带东段（淮南—桐柏—大别山带）中亚带（桐柏山脉及大别山整个地区）岩浆活动明显受东西向构造控制，包括：

（1）燕山期中酸性岩浆侵入和喷发及基性超基性岩浆侵入。

（2）震旦亚代酸性岩将侵入。

（3）加里东期酸性岩将侵入。

中段（秦岭带）北亚带（河南西部和陕西东南角的华山地区），主要经历了：

（1）前寒武纪片麻状花岗岩侵入。

（2）震旦早期以海相为主的中酸性火山喷发及中期酸性岩浆侵入。

（3）燕山期以酸性为主的岩浆侵入。

中段（秦岭带）中亚带（秦岭地轴地段）岩浆活动十分强烈，包括：

（1）震旦亚代中酸性岩浆侵入。

（2）加里东期超基性、基性、中性及酸性岩浆侵入。

（3）海西期基性、酸性岩浆侵入。

（4）印支期酸性岩浆侵入。

（5）燕山期基性、酸性岩浆侵入。

中段（秦岭带）南亚带（西秦岭、东秦岭主脊南侧—南秦岭和武当山一带）经历的岩浆活动，包括：

（1）震旦亚代震旦早期中基性火山喷发及早志留世中酸性—基性火山喷发。

（2）加里东期超基性、基性岩浆侵入。

（3）印支期规模巨大的以酸性为主的岩浆侵入。

西段（昆仑带）北亚带（和田与叶城间的西昆仑山前地带），仅见有前志留纪岩浆活动。

西段（昆仑带）中亚带（东昆仑山北半部、西昆仑山主脊及其两侧相邻地区），主要经历海西期酸性岩浆及小规模超基性、基性和中性岩浆侵入。

西段（昆仑带）南亚带（昆仑山脉南侧，包括可可西里山），少见岩浆活动。

4.7.3 南岭东西向构造带岩浆活动

南岭东西向构造带滇段,主要经历中生代超基性、基性和酸性岩浆侵入。南岭东西向构造带粤闽段,主要经历中生代酸性岩浆侵入。

4.7.4 川滇南北带岩浆活动

川滇南北带,岩浆活动主要经历 3 期岩浆活动,以海西期为甚。包括:
(1)晋宁期酸性火山喷发。
(2)海西期超基性、基性岩浆侵入与以陆相为主的火山喷发。
(3)印支期中酸性岩浆侵入。

4.7.5 新华夏构造体系岩浆活动

新华夏构造体系岩浆活动,包括:
(1)集中于第二、三隆起带北段大兴安岭一带的燕山期中酸性火山喷发及酸性岩浆侵入。
(2)集中于第一隆起带的喜山期中性—基性火山喷发。

4.8 复合作用成就高山峡谷地区复杂地质条件

各异的成岩作用程度,造就了不同岩石甚至同类岩石各异的物理力学性质。

应力作用下地层岩石体的弯曲、断裂,造成水平岩层褶皱的形成和岩层、岩体连续性的破坏。

造山运动、造陆运动,形成高原、断块山及拗陷、盆地和平原等各种地貌形态,改变岩层的原始状态,更加剧了地面岩石、岩体的表生改造。

变质作用,导致原有岩石的结构构造甚至原有岩石的物理力学性质和工程性质。

构造体系的形成及构造体系的联合、复合、叠合、交接、穿插,既破坏了岩层、岩体的连续性和完整性,又为地下水的活动和岩浆作用提供了通道。

地下水沿构造(断裂、断层、节理、裂隙等)的流动,既降低岩层层面、节理裂隙面的结合力,导致裂隙化岩体和破碎岩体稳定性下降,又沿可溶岩与非可溶岩接触界面、可溶岩层面、断层破碎带可溶岩分布部位、褶皱转折端脱空部位可溶岩发育分布各种岩溶甚至深部岩溶。

岩浆作用,不仅导致构造通道及构造网络的改变(扩宽和连通),造就了沿构造通道和构造网络分布的各式各样的侵入岩和喷出(火山)岩,而且在构造通道和构造网络周边一定距离范围内造就了大量的混合岩、热触变质岩、接触交代变质岩和气—热变质形成的蚀变岩石构成的蚀变带，加剧了地质条件的复杂程度。

背斜转折端因岩层断裂或断层发育，出露于地面易于剥蚀形成剥蚀槽谷、地面河流、溪谷。

背斜两翼、向斜两翼以及出露于地面的不易风化的火成岩，多成为现今我国各大主要构造体系中的高山山脉的主体。

因此，成岩作用、地壳表面的表生改造作用、岩浆作用、变质作用、地表及地下水作用，以及内动力地质作用形成的构造体系及构造体系间的联合、复合、叠合、交接、穿插，造就了高山峡谷地区复杂的地质条件。

深埋长大隧道，如前述高黎贡山、中天山、阿尔金山、秦岭、秦岭天华山、大别山、南太行山、武夷山、南吕梁山等铁路隧道，秦岭终南山公路隧道，引汉济渭秦岭输水隧洞及秦岭特长输水隧洞等，无不穿越现今我国各大主要构造体系中的高山山脉。

在现今我国各大主要构造体系中的高山山脉分布区修建长大深埋隧道，或横穿褶皱，或沿褶皱轴向在翼部展布，富水或不富水断层破碎带、压性断层强烈挤压破碎带、密集节理发育破碎岩体、大型挤压性断层主干断层带挤压性围岩、岩溶充填围岩、充水岩溶、泥水混合充填岩溶、黏土充填岩溶、黏土夹破碎岩石块体充填岩溶、煤层等，构成了隧道施工可能遭遇的复杂的地质条件。

第 2 篇

地质复杂隧道
地质灾害与致灾构造

第 5 章　围岩变形失稳塌方灾害与变形失稳塌方致灾构造

5.1　隧道施工围岩变形与变形致灾构造

5.1.1　隧道施工围岩变形

变形，指物体在外来因素作用下产生的形状和尺寸的改变。

隧道施工围岩变形，指由于隧道的开挖，在围岩自重应力、构造应力、节理裂隙发育分布和地下水等因素作用下产生的隧道周边位移和拱顶下沉。

土质围岩（包括岩溶充填土体）的变形，指由于隧道的开挖，土体在自重应力、节理裂隙发育分布和地下水等因素作用下塑性变形造成的隧道周边位移、拱顶下沉。

5.1.2　隧道施工围岩变形原因

隧道施工围岩变形，是围岩与隧道初期支护共同作用的结果，与隧道围岩所处应力场（自重应力场、构造应力场）、围岩岩体节理裂隙发育分布、地下水作用、开挖方法、初期支护强度相关。

5.1.3　隧道施工围岩变形危害

隧道施工围岩变形危害，主要表现为：
（1）初支破坏。
（2）隧道侵限。
（3）围岩失稳塌方。

5.1.4　隧道施工围岩变形致灾构造

可能导致隧道施工围岩变形的致灾构造包括：
（1）节理裂隙化岩体。
（2）断层破碎带破碎岩体。
（3）顺层错动破碎带破碎岩体。
（4）软岩。

（5）岩溶充填物（黏土、粉细砂、块石及其混合物）。
（6）土。
（7）半成岩。
（8）全强风化岩石。
（9）第四系松散土石。

5.2 隧道施工围岩塌方灾害

5.2.1 隧道施工围岩塌方

塌方，原指建筑物、山体、路面、矿井在自然力非人为的情况下，出现塌陷下坠的自然现象。

隧道施工围岩塌方，指由于隧道开挖，因未及时施工初期支护或初期支护强度不足，围岩在自重应力、构造应力、节理裂隙发育分布和地下水等因素作用下，产生的隧道周边位移和拱顶下沉达到一定限值后，围岩丧失稳定性形成的坠落现象。

灾害，指能够给人类和人类赖以生存的环境造成破坏性影响的事物总称。

隧道施工塌方灾害，指由于隧道开挖，因未及时施工初期支护或初期支护强度不足，隧道围岩在自重应力、构造应力、节理裂隙发育分布、地下水等因素作用下产生变形达到一定限值（硬质、脆性围岩的变形限值远小于塑性围岩）后，失去其自身稳定性发生的、对隧道洞内施工机具设备安全和施工人员人身安全构成威胁，可能造成洞内施工机具设备损坏和施工人员伤亡的隧道施工塌方。

5.2.2 隧道施工围岩塌方形成原因

显然，隧道施工围岩塌方形成的原因包括：
（1）隧道开挖。
（2）初期支护未及时施工或初期支护强度不足。
（3）围岩在自重应力、构造应力、节理裂隙发育分布、地下水等因素作用下产生的变形过大。
（4）围岩稳定性丧失。
（5）关键块体坍落（图5-1）。
（6）位于隧道边墙和拱部倾斜岩层的张拗折坍落（图5-2）。

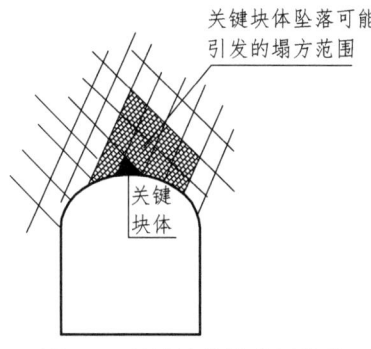

图 5-1 关键块体坠落引发的隧道拱部坍方

图 5-2 倾斜岩层隧道边墙和拱部张拗折坍落造成的塌方

5.2.3 隧道施工围岩塌方灾害危害

隧道施工塌方灾害危害包括：
（1）坠砸施工机具。
（2）威胁施工人员安全。
（3）导致隧道上方地面塌陷。
（4）导致隧道上方地表生态环境问题。

5.3 隧道施工塌方致灾构造

围岩失稳塌方致灾构造包括土质围岩、软岩、膨胀岩、半成岩、由薄层岩石及页岩构成的破碎岩体、未胶结断层破碎带破碎岩体、顺层错动破碎带破碎岩体、节理密集发育岩体破碎带破碎岩体、岩溶充填物围岩、废弃矿巷放顶松散堆积物等。

5.3.1 土质围岩

土，指位于地壳表层尚未固结成岩的松、软堆积物，是岩石经物理、化学、生物风化作用以及剥蚀、搬运、沉积作用形成的各类沉积物，由大小不同、形状各异的多种矿物颗粒构成。主要为第四纪时的产物。

由于土的组成颗粒间不具有刚性的连接，强度极低，作为隧道围岩，自稳能力极差，未经固结和无超前支护状态下极易发生围岩的变形失稳塌方。

5.3.2 软 岩

软岩，通常指地质软岩，指强度低（饱和单轴抗压强度≤30 MPa）、孔隙度大、胶结程度差、受构造面切割及风化影响显著或含有大量膨胀性黏土矿物的松、散、软、弱岩层，该类岩石多为泥岩、页岩、粉砂岩和泥质矿岩，是天然形成的复杂的地质介质。

工程软岩，指在工程力作用下能产生显著塑性变形的工程岩体。

工程力，指作用在工程岩体上的力的总和，它可以是重力、构造残余应力、水的作用力和工程扰动力以及膨胀应力等。

显著塑性变形，指以塑性变形为主的变形量超过了工程设计的允许变形值并影响了工程的正常使用，显著塑性变形包含显著的弹塑性变形、黏弹塑性变形，连续性变形和非连续性变形等。

作为隧道围岩，在无超前支护条件下，软岩易发生围岩变形，变形达到或超过限值后发生失稳塌方。

5.3.3 膨胀岩

膨胀岩，属于软岩特殊类型，具似岩非岩、似土非土特点。由于其含有大量亲水矿物，亲水性异常强烈。湿度变化时有较大体积变化，受约束时产生较大内应力。无约束条件下吸水膨胀，易崩解。

作为隧道围岩，膨胀岩开挖后如未及时封闭暴露在空气中，遇温度变化或吸水，膨胀崩解致失稳塌方。

5.3.4 半成岩

半成岩，是一种在组成、结构和构造等方面兼具土和岩石特征的、固结成岩作用未完全的特殊岩石，多见于第三系地层。

作为隧道围岩，其土的特性显现得更为明显，遇水软化，自稳能力极差，无超前支护和初期支护条件下极易发生变形失稳坍塌，甚至流动。

5.3.5 由薄层岩石构成的岩体

由薄层岩石构成的岩体，由于层间结合力较低，失去支撑时，薄层岩石易于失去支撑点位置发生折断。

作为隧道围岩，如是水平岩层，在隧道拱部位置不易成拱，拱顶点位置水平线与边墙上延线间岩体极易失稳坍塌；如是倾斜岩层，则岩层倾向朝隧道外一侧岩石易发生拗折坍塌。

5.3.6 未胶结断层（顺层错动、节理密集发育）破碎带破碎岩体

未胶结断层破碎带、顺层错动破碎带、节理密集发育破碎岩体，破碎岩

石块体间几乎没有结合力，作为隧道围岩稳定性差；岩石块体间空隙为含水黏土或水充填时，更大大降低了其作为围岩岩体的稳定性。

作为隧道围岩，在自重应力作用下，该类岩体易发生变形失稳塌方。

当节理密集发育破碎岩体出现在隧道开挖轮廓线上时，呈镶嵌结构节理密集发育破碎岩体中上窄下宽岩石块体往往成为关键块体，其坠落往往引发一定规模的塌方。

5.3.7　岩溶充填物围岩

岩溶充填物围岩，包括岩溶中充填的破碎岩石块体、黏土、夹黏土块石、黏土质粉细砂、粉细砂等。

作为隧道围岩，除硬塑状黏土、夹黏土块石及黏土质粉细砂具有一定稳定性外，软塑状及流塑状黏土、破碎岩石块体空隙中充填的含水黏土、粉细砂稳定性差，极易产生变形失稳甚至流动；岩溶中充填的破碎岩石块体为岩溶形成过程中崩塌产物，块体间几乎没有结合力，无稳定性，在无超前预固结支护条件下，隧道施工揭穿极易形成塌方；砂夹卵石为岩溶地下暗河河床沉积物，砂粒与卵石间没有结合力，无任何稳定性，在无超前预固结支护条件下，隧道施工揭穿后极易形成塌方。

5.3.8　废弃矿巷放顶松散堆积物

废弃矿巷放顶松散堆积物，主要由放顶破碎岩石块体构成。破碎岩石块体间无结合力，空隙中充水或无充水，松散堆积物无自稳能力。

作为隧道围岩，在无超前预固结支护条件下，施工揭穿后极易形成塌方。

第6章 隧道施工围岩大变形与围岩大变形致灾构造

6.1 软 岩

包括地质软岩和工程软岩。

根据软岩特性的差异及产生显著塑性变形的机理，软岩可分为四大类，即膨胀性软岩、高应力软岩、节理化软岩和复合型软岩。

根据高应力类型的不同，高应力软岩可细分为自重应力软岩和构造应力软岩。高应力软岩的特点是与深度有关，与方向无关；而构造应力软岩的特点是与深度无关，而与方向有关。

高应力软岩根据应力水平分为三级，即高应力软岩、超高应力软岩和极高应力软岩。

研究认为，当工程荷载相对于地质软岩（如泥页岩等）的强度足够小时，地质软岩不产生显著塑性变形，即不作为工程软岩；只有在工程力作用下发生了显著变形的地质软岩，才作为工程软岩；在大深度、高应力作用下，部分地质硬岩（如泥质胶结砂岩等）呈现了显著变形特征时，则应视其为工程软岩。

6.2 隧道施工围岩大变形

直至今天，关于围岩大变形，未见明确的定义，更遑论多大的变形是大变形。

众多学者和隧道工程师对软岩大变形产生的原因、机理及其预测方法和治理进行了大量的总结和研究。基于围岩变形机制、判别方法和变形特征，王建宇等提出了区别于松散型大变形和膨胀性危岩大变形的高地应力软弱围岩挤压型变形及其可让性支护原理；结合高地应力条件下挤压性大变形隧道——乌鞘岭隧道围岩大变形监测成果，刘志春等在分析挤压性大变形基本特征及形成机理的基础上，以实际监测数据为依托，结合理论计算，参考以往类似隧道经验，提出了挤压性围岩大变形分级标准建议（表6-1）；俞渝结合南昆铁路家竹箐隧道工程实际,提出了隧道设计阶段应力比临界值法围岩大变形预测方法;姜云、李永林认为,隧道工程围岩是一种具有累进性和明显时间效应的塑性变形。

表 6-1 围岩大变形分级标准建议

分级指标	围岩大变形分级		
	I	II	III
应力比 σ_v/R_b	3.0~5.0	5.0~8.0	>8.0
原始地应力/MPa	5.0~10.0	10.0~15.0	>15.0
相对变形/%	4.0~7.0	7.0~10.0	>10.0

显然,松散型围岩大变形,是松散型围岩在自重应力作用和无支护限制条件下的大变形,或有支护限制但支护强度不足条件下的大变形,其结果是当变形达到一定限值后,或是围岩失稳坍塌,或是支护失效围岩坍塌;膨胀性围岩大变形,指无支护限制或有支护限制但支护强度不足条件下,含亲水矿物岩石体暴露在空气中吸水膨胀导致的变形,但当含亲水矿物岩石体吸水达到一定限值后,岩石体膨胀现象不再继续;挤压性围岩大变形,应是由于隧道及地下工程的施工开挖、由软弱岩体构成的围岩,在高或相对高地应力、构造应力、地下水作用下产生的具有累进性和明显时间效应的,且在相当长一段时间内得不到有效约束的塑性变形。

因此,隧道施工围岩大变形,包括松散型围岩大变形、膨胀性围岩大变形和挤压性围岩大变形。

四川都汶高速公路龙溪隧道进口段,因围岩大变形,初支两次被破坏。

全长 20 050 m 的兰新铁路二线乌鞘岭特长隧道,是我国修建时间最长的单线铁路隧道,位于改建铁路兰新线兰武段打柴沟车站和龙沟车站之间,隧道洞身最大埋深 1 100 m。隧道施工中发生了严重的围岩大变形,主要表现为隧道中部岭脊地段 $F_4 \sim F_7$ 断层构成的"挤压构造带"千枚岩、断层糜棱岩在深埋高地应力条件下的软弱围岩大变形,拱顶最大下沉达 1 053 mm,最大水平收敛变形量达 1 034 mm,导致初期支护开裂破坏并严重侵入衬砌净空等,不得不将初期支护全部或部分拆除重做,再施作二次衬砌。原位应力测量结果表明,大变形洞段构造应力作用明显,最大主应力达 22~24 MPa,地应力总体特征为现今构造应力大于等于垂直主应力。

西(昌)攀(枝花)高速公路徐家梁子隧道位于攀枝花红格镇新九乡,属川西高原与滇中高原接壤部位的龙帚山脉中南段,山高谷深,山脉两侧顺坡而下的枝状、鸡爪状冲沟发育,呈现出低缓的山脊与凹下的沟谷相间的微地貌形态。区内出露地层主要为前震旦系会理群（P_{th1}）及第四系全新统残坡积层（Q_4^{el+dl}）。前震旦系会理群主要岩性为灰白色至灰色花岗岩、灰绿色角闪岩、深灰色变粒岩、浅灰色片岩、花岗质混合岩、花岗混合岩、角闪岩、变粒岩、片麻岩等。隧道出口段受昔格达大断裂影响，次级断层极为发育，围岩条件极差。围岩为构造岩、花岗质糜棱岩、强片理化绢云母片岩、岩粉夹角砾岩、断层泥夹角砾等破碎岩。其中糜棱岩段落较长，且为韧性糜棱岩，砂砾胶结后呈韧带状，遇水成泥。隧道施工开挖后，出口段围岩发生大变形，变形绝对值最大达 1 040 mm（图 6-1、图 6-2），造成喷射混凝土表层脱落掉块—钢架扭曲、弯折、断裂—初支侵入限界。

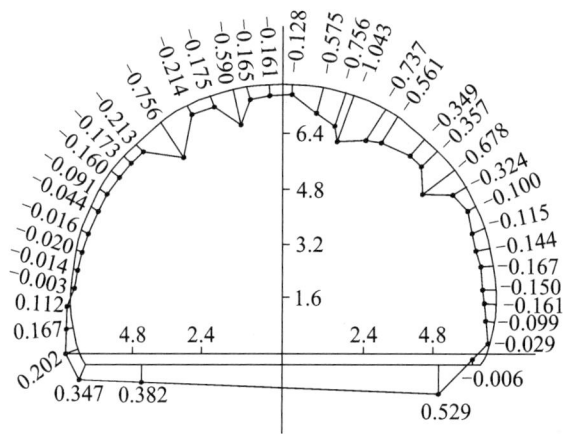

图 6-1 徐家梁子隧道围岩变形监测结果（据李世才）

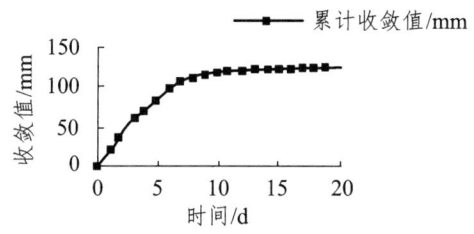

图 6-2 徐家梁子隧道侵限段围岩变形-时间关系（据李世才）

6.3 隧道施工软岩大变形致灾构造

6.3.1 巨厚第四系松散堆积物

隧道在巨厚第四系松散堆积物底部穿过，隧道施工开挖通过后，隧道拱部上方巨厚第四系松散堆积物，在自重应力作用下发生拱部下沉，如无支护限制或有支护限制但支护强度不足，拱部下沉达到一定限值后，或是围岩的失稳坍塌，或是支护失效围岩坍塌。

6.3.2 巨厚的第四系松散堆积与强烈风化破碎岩体复合体

隧道在强烈风化破碎岩体中穿过，隧道施工开挖通过后，隧道拱部上方巨厚的第四系松散堆积物及其下强烈风化破碎岩体，在自重应力作用下发生拱部下沉，如无支护限制或有支护限制但支护强度不足，拱部下沉达到一定限值后，或是围岩的失稳坍塌，或是支护失效围岩坍塌。

6.3.3 膨胀岩

隧道在膨胀岩中穿过，隧道施工开挖通过后，因未及时封闭膨胀岩围岩，膨胀岩暴露在空气中吸水膨胀，造成隧道底鼓、收敛变形和拱顶下沉，当膨胀岩吸水达到一定程度后，因膨胀岩吸水膨胀导致的隧道底鼓、收敛变形和拱顶下沉结束。在隧道底鼓、收敛变形和拱顶下沉发生过程中，如无支护限制或有支护限制但支护强度不足，拱部甚至边墙上部围岩可能发生失稳坍塌。

6.3.4 宽大压性活动断层带

宽大压性断层带，由主干断层带断层泥和两盘强烈挤压破碎带破碎岩石块体与充填在破碎岩石块体间空隙中的黏土和地下水构成；当宽大压性断层仍处于活动时，构成宽大压性断层带的主干断层带断层泥、两盘强烈挤压破碎带夹黏土破碎岩石块体仍处于强大的构造应力挤压作用下。

当隧道以较大交角穿过宽大压性活动断层带后，已开挖隧道为处于强大的构造应力挤压作用下的围岩变形提供了空间，围岩产生具有累进性和明显时间效应的且在相当长一段时间内得不到有效约束的塑性变形-挤压大变形。

6.3.5 地震活动区构造软岩

地震活动区的地下地层岩石体中，聚集着强大的应变能量；完整岩体的断裂，是释放地下地层岩石体应变能量的重要途径之一。穿越地震活动区隧道的开挖，为包括泥质板岩、炭质板岩、泥炭质千枚岩等经历过构造变动——褶曲、揉皱的构造软岩释放应变能——变形提供了空间，围岩产生具有累进性和明显时间效应的且在相当长一段时间内得不到有效约束的塑性变形-挤压大变形，是释放地下地层岩石体应变能量的又一重要途径。

第7章　隧道施工突涌水灾害与突涌水致灾构造

7.1　隧道施工突涌水灾害

涌水，指在地下水面以下岩（土）体中采矿、开挖基坑或地下硐室时，地下水不断地流入场地的现象。

围岩空隙中的地下水（孔隙水水源、裂隙水水源、岩溶水水源）、地表水水源，在压力作用下涌出，称为涌水。量大、势猛，突发的涌水，称为突水。

严格地说，涌水是指隧道施工开挖揭穿水体（岩溶充填水，包括溶洞水、地下暗河水、岩溶管道水、溶缝水）、含水体（地下水储存运移通道，包括节理密集发育破碎岩体含水体、断层破碎带含水体和地下向斜构造含水体），水体及含水体中水向隧道的宣泄；而突水是指由于隧道的开挖，隧道开挖工作面（掌子面、开挖轮廓面）与掌子面前方、开挖轮廓线外存在的水体、含水体间岩土盘厚度过薄，不足以抵抗水体、含水体应力作用，或由于地下水位的上升，水体、含水体作用于隔水岩土盘应力增大导致隧道开挖面与掌子面前方、开挖轮廓线外存在的水体、含水体间岩土盘破坏，水体、含水体中水向隧道的突出。

涌突水的直接危害，表现为对施工隧道、导坑、洞内施工机具设备的淹没，冲毁洞内施工机具、设备、设施、材料，对洞内施工人员造成生命直接威胁，严重者甚至冲毁洞口外工程、堆放材料及临时设施；涌突水的间接危害，是造成隧道上方地表水源的流失乃至枯竭和地面塌陷。

在在建和已建铁路隧道中，80%以上的隧道在施工过程中遭遇过涌水灾害，至今仍有30%的隧道工程处于地下水的威胁中，岩溶隧道更以涌水量大且突然著称。

衡（阳）广（州）复线大瑶山隧道中部穿越向斜构造盆地，由于 F_8、F_9 的导水作用，深部岩溶发育，竖井段平导施工开挖在 94+213 位置揭穿充水岩溶管道，涌水致使平导和竖井被淹长达数月之久；F_9 断层上盘破碎带 94+840～+775 位置，施工开挖揭穿充水溶管，掌子面大股涌水曾造成洞内施工设备被淹；94+636 正洞施工揭穿充水溶管涌水，涌水量达 1 000～2 000 m^3/d。

渝怀铁路园梁山隧道出口端正洞 DK361+764 施工揭穿右侧与地表岩溶相通的充水溶缝，造成大规模涌突水，高峰持续时间仅 28 min，估测水量达

$11×10^4 \mathrm{m}^3$，涌水水头高达 3 m。涌水携带约 1 500 m^3 泥沙及石块淤积在隧道底部，淤积平均高度达 0.8 m，涌突水造成存放在洞口的材料、机具被冲走，隧道洞口外炭厂大桥施工材料、机具设备被淹没。由于各种原因，该涌水点未进行及时封闭处理，致使之后每逢隧道址区降雨，DK361+764 涌水点就再次涌突水，严重时涌突水中携带的碎石呈抛射状直冲对面衬砌混凝土边墙。

渝怀铁路武隆隧道中段施工开挖揭穿一号暗河，初期涌水量达 $26×10^4 \mathrm{m}^3$，致使隧道施工只能长期依靠泄水洞排出；2002 年 6 月 20 日，二、三号暗河涌水量超过 $140×10^4 \mathrm{m}^3$，涌水仅 5 h 洞内水深超过 4 m，横洞口外填筑场地及运输轨道被完全冲垮，洞内施工设备遭到不同程度破坏，横洞口堆放的材料被冲走。2003 年 5 月 21 日早 8 时，武隆隧道三号暗河开始涌水，涌水持续了两天两夜，冲垮了横洞口的挡砟墙和排水涵，连接横洞口竖井的流水槽断裂，现场值班室、修理间和配件库倾斜倒塌，大量材料、机具、配件被冲入乌江，造成直接经济损失 256 万元人民币。2003 年 6 月 25 日凌晨 4 时 10 分，一场我国隧道施工史上罕见的特大涌水在武隆隧道暴发。凶猛的涌水就像久困深渊的蛟龙，翻腾怒吼。很快冲垮洞外排水明渠，推倒泄水竖井，致使横洞口的场地全部坍塌，刚抢修完的洞门再次被悬空，场地上的房屋被毁，大量工程物资顷刻间卷入江中，隧道内 6 节 17 t 重的梭式矿车、4 辆 12 t 重的电瓶车也顺轨冲入乌江，全部报废。涌水造成洞内轨道变形，泥沙淤积上千立方米，初期支护挤压、扭曲变形，两处坍塌。此次涌水持续了整整五天五夜，最大日涌水量达 $718×10^4 \mathrm{m}^3$，造成直接经济损失 1 000 多万元人民币。

遂（宁）渝（重庆）铁路桐子林隧道横洞段 DK125+032 位置揭穿暗河造成的隧道洞内涌水，所幸揭穿时为旱季，洞底暗河水量小，未造成大的危害。暗河两侧见废弃塑料袋等生活垃圾，表明暗河与地表岩溶相通。

位于古北口长城外脚下的京通铁路桃山隧道，长 2 008.9 m。在距进口 541～681 m 的下导坑段施工中，1974 年 9 月 20 日出现一涌水量为 100 m^3/d 的股状涌水。随着下导坑向隧道进口端的推进，股状涌水逐渐增多，洞壁、坑底、掌子面均出现涌水点，整个导坑几乎为涌水所包围。至同年 11 月 10 日，下导坑总涌水量已达 11 200 m^3/d。1976 年 4 月下导坑掘进至距隧道进口 661 m 位置时，掌子面出现高压射水，总水量涌水量猛增至 25 000 m^3/d，其中尤以长约 80 m 的石灰岩地段之涌水为最严重。

锦屏二级水电站试验洞因岩溶涌水直接导致了试验洞的终止（图 7-1）；交通辅助洞掌子面沿钻爆孔喷射股状涌水（图 7-2），致使交通辅助洞出口长期处于水中施工（图 7-3）。

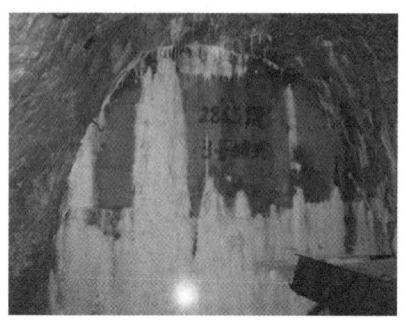

图 7-1　锦屏二级电站试验洞掌子面　　图 7-2　锦屏二级电站交通辅助洞
　　　　止水墙封闭　　　　　　　　　　　　钻爆孔股状突水

图 7-3　锦屏二级电站交通辅助洞出口涌水状况

7.2　隧道施工突涌水灾害产生原因

隧道施工突涌水灾害产生原因，不外：
（1）隧道施工开挖揭穿涌水、突水致灾构造。
（2）突水致灾构造中地下水突破其与隧道开挖工作面（掌子面、轮廓面）间隔水岩土盘。

7.3　隧道施工突涌水灾害危害

隧道施工突涌水灾害危害，包括：
（1）淹没已开挖隧道（包括导坑）。
（2）威胁洞内施工人员安全。
（3）淹没甚至冲毁洞内施工机具设备。
（4）冲毁洞口外临时甚至永久工程。

(5) 导致隧道上方地下水位下降甚至地表水流失。
(6) 导致隧道上方生态环境问题甚至生态环境灾害。

7.4 突涌水致灾构造

严格意义上说，突水致灾构造都是涌水致灾构造，而涌水致灾构造则不一定是突水致灾构造。只有当涌水致灾构造中地下水水位达到一定高度、地下水作用于隔水岩土盘应力大到足以使隧道开挖工作面（掌子面、开挖轮廓面）与掌子面前方、开挖轮廓线外存在的水体、含水体间岩土盘破坏时，涌水致灾构造才成为突水致灾构造。

突水涌水致灾构造包括含水层、富水节理密集发育破碎岩体带、富水张性断层、富水压性断层强烈挤压破碎带、富水顺层错动破碎带、地下向斜蓄水构造、充水岩溶（洞穴、管道、溶缝、溶隙）、泥水混合充填岩溶、充水废弃矿巷和江河湖海。

7.4.1 含水层

含水层，指透水性能好空隙大的层状岩石、层状砂卵石沉积物、裂隙发育层状岩石，岩溶发育的层状岩石。

为区别富水节理裂隙密集发育破碎岩体带和富水顺层错动破碎带，本处含水层专指孔隙充水的层状岩石和富水层状砂卵石。

一般而言，含水层、富水层状砂卵石中地下水难以突破其与隧道开挖工作面（掌子面、开挖轮廓面）间岩土盘，只有当隧道施工开挖揭穿时，含水层、富水层状砂卵石沉积物中地下水才向已开挖隧道涌流，富水层状砂卵石沉积物中地下水有时呈管涌形式涌出。

7.4.2 富水节理密集发育破碎岩体带

富水节理密集发育破碎岩体带，由节理裂隙切割形成的破碎岩石块体与充填在破碎岩石块体间空隙中的地下水构成，由于周边岩体节理裂隙发育与富水节理密集发育破碎岩体带节理裂隙发育多呈渐变过渡关系，隧道施工开挖接近富水节理密集发育破碎岩体带时，其中地下水即由岩体中发育的节理裂隙逐渐流出，只不过由于岩体中节理裂隙发育程度逐渐增大，涌水水量亦逐渐增大。因此，富水节理密集发育破碎岩体带亦仅属于涌水致灾构造。

7.4.3 富水张性断层

类同富水节理裂隙密集发育破碎岩体带，富水张性断层由大小不一、无定向排列的破碎岩石块体，与充填在破碎岩石块体间空隙中的地下水构成，是地下水的储存和运移通道。断层规模小且与地表水系或相邻地下水构造单元无联系时，隧道施工揭穿涌水，属涌水致灾构造；但当断层规模大且与地表水系或相邻地下水构造单元存在联系时，隧道施工接近或揭穿，其间地下水或突破隧道施工开挖工作面（掌子面、开挖轮廓面）与富水张性断层间节理裂隙化岩盘突水，或直接涌流入以开挖隧道，成为突涌水致灾构造。

7.4.4 富水压性断层强烈挤压破碎带

富水压性断层强烈挤压破碎带，由大小不一、长轴平行于断层面的强烈挤压的破碎岩石块体，与充填在破碎岩石块体间空隙中的黏土和地下水构成。隧道施工揭穿规模不大且与地表水、相邻地下含水构造单元地下水无联系的富水压性断层强烈挤压破碎带时，充填在破碎岩石块体间空隙中的地下水，往往携带细小岩石颗粒及充填在破碎岩石块体间空隙中的黏土，向已开挖隧道涌流；当富水压性断层强烈挤压破碎带与地表水系及相邻地下含水构造单元地下水连通时，由于隧道施工接近或揭穿，隧道施工开挖工作面（掌子面、开挖轮廓面）与富水压性断层强烈挤压破碎带间节理裂隙化岩盘，或由间夹黏土和地下水的破碎岩石块体构成的自体岩土盘，被突破突水。

7.4.5 富水顺层错动破碎带

富水顺层错动破碎带，由大小不一、长轴平行于断层面的强烈挤压的破碎岩石块体，与充填在破碎岩石块体间空隙中地下水构成，或成为相对独立的含水层，或由于断层的连通与其他含水层、含水构造单元一道成为突涌水致灾构造。当作为相对独立含水层被隧道施工揭穿时，充填在破碎岩石块体间空隙中的地下水向已开挖隧道涌流；当其与其他含水层、含水构造单元一道成为突涌水致灾构造时，隧道施工开挖的接近或揭穿，其中地下水或突破施工开挖工作面（掌子面、开挖轮廓面）与富水顺层错动破碎带间节理裂隙化岩盘突水，或直接向已开挖隧道涌流。

7.4.6 地下向斜蓄水构造

作为褶皱构造重要组成之一的向斜构造，由于相对隔水层的存在，本身即含若干相对独立含水层；向斜构造形成地层岩石弯曲过程中，脆性岩层的错动破碎，形成了顺层错动破碎带，地下水充填顺层错动破碎带亦成为含水层；沿向斜核部发育的走向断层，更将原本相对独立的含水层、富水顺层错动破碎带连通，形成统一的地下向斜蓄水构造。无论隧道是横穿向斜构造还是在向斜一翼地层中施工，一旦隧道施工开挖接近或揭穿向斜构造中任意含水层（包括富水顺层错动破碎带）或沿向斜核部发育的走向断层或横断层，地下向斜蓄水构造中地下水或突破施工开挖工作面（掌子面、开挖轮廓面）与接近的含水层（包括富水顺层错动破碎带）或走向断层或横断层间隔水岩盘突水，或直接向已开挖隧道涌水。

7.4.7　充水岩溶（洞穴、管道、溶缝、溶隙）

隧道施工开挖揭穿相对独立的充水岩溶，岩溶中充填的地下水即向已开挖隧道涌出；当相对独立的充水地下岩溶互为连通形成充水地下岩溶系统，甚至与隧道上方地表水系、相邻含水构造单元地下水建立联系时，隧道施工开挖接近或揭穿，岩溶地下水或突破其与隧道施工开挖工作面（掌子面、开挖轮廓面）间隔水岩盘突水，或直接向已开挖隧道涌水。

7.4.8　泥水混合充填岩溶（洞穴、管道、溶缝）

一般而言，泥水混合充填岩溶为底部充填黏土、黏土夹破碎岩石块体、粉细砂等，上部充填地下水。在无超前预固结支护条件下，隧道施工揭穿相对独立的泥水混合充填岩溶底部黏土、黏土夹破碎岩石块体、粉细砂等时，由于底部黏土、黏土夹破碎岩石块体、粉细砂变形失稳塌方，上部充填水涌入隧道形成涌水；或由于泥水混合充填岩溶与隧道上方地表水系、相邻含水构造单元地下水建立联系，岩溶地下水突破由岩溶底部充填黏土、黏土夹破碎岩石块体、粉细砂等构成的泥水混合充填岩溶自体隔水岩土盘形成突水。

7.4.9　充水废弃矿巷

随着矿区矿产开采的结束，矿巷地下水抽排停止，废弃矿巷中除底部放顶松散堆积物外，往往充填水，充水废弃矿巷更自成系统。隧道施工开挖接近或揭穿充水废弃矿巷，或充水废弃矿巷中地下水突破隧道施工开挖工作面（掌子面、开挖轮廓面）与充水废弃矿巷间隔水岩盘突水，或直接向已开挖隧道涌出形成施工涌水。

7.4.10　江、河、湖、海

下穿江（河、湖、海）隧道，或由于隧道施工揭穿江（河、湖、海）底深大沟槽，深大沟槽中堆积的全强风化岩石产物或沉积的粉细砂物质，或坍塌或管涌，导致江（河、湖、海）水涌入隧道；或隧道施工开挖揭穿与上方江（河、湖、海）间相通的构造（断层破碎带、顺层错动破碎带、岩溶等），江（河、湖、海）水直接通过构造补给隧道洞内涌水。

第8章　隧道施工突涌泥灾害与突涌泥致灾构造

8.1　隧道施工突涌泥灾害

涌泥，指由于隧道施工开挖，揭穿充填含水黏土岩溶（洞穴、管道、溶缝），含水黏土向隧道的涌流。

突泥，是隧道开挖接近或揭露充填黏土岩溶、泥水混合充填岩溶等，在岩溶中充填黏土或黏土及上部充填水自重应力作用下，隧道施工开挖工作面（掌子面、开挖轮廓面）与充填黏土岩溶、泥水混合充填岩溶间岩盘，或隧道施工开挖揭露口处充填黏土自体隔泥土盘，或充填黏土与揭露口周边岩体构成的复合隔泥岩土盘被突破，岩溶中充填黏土向已开挖隧道的突出。

隧道施工涌泥，由于量小流速慢，一般对施工影响较小，但当涌泥成为灾害时，或淹埋施工隧道及其中的施工机具设备，对洞内施工人员人身安全构成威胁；突泥具有突发性和量大的特点，突泥灾害的发生，必然淹埋施工隧道及其中的施工机具设备，甚至掩埋来不及撤离的洞内施工人员。

此外，隧道施工洞内突涌泥灾害的发生，还可能诱发隧道上方地表塌陷问题甚至灾害的发生。

渝怀铁路圆梁山隧道进口正洞下导 DK354+979 泥水混合充填岩溶突泥，直接造成 9 名洞内施工人员死亡的重大伤亡事故。

在衡广复线南岭隧道生潮坳至下连溪段施工中，DK1935+745 掌子面施工揭穿一宽 2 m、可见深度约 50 m 的充填饱水黏土的溶槽，发生 3 次涌泥共 2 130 m³，在 3 min 内淤塞下导坑 60 余米，地表河道中心 40 号陷坑扩大为长 30 m、宽 20 m、深 7 m，使连溪河道断裂；DK1936+269 掌子面施工揭穿沿断裂发育的充填饱水黏土岩溶，涌泥 2 000 m³，致地表出现 9 个陷坑，地表连溪河水由 1 号陷坑灌入隧道，隧道施工受阻达 2 年。

8.2　隧道施工突涌泥灾害产生原因

隧道施工突涌泥灾害产生原因，不外：
（1）隧道施工开挖揭穿涌泥、突泥致灾构造。
（2）突泥致灾构造中黏土或黏土及其上部充填水自重应力作用下，突破其与隧道开挖工作面（掌子面、轮廓面）间隔泥岩土盘。

8.3 隧道施工突涌泥灾害危害

隧道施工突涌泥灾害危害，主要表现为：
（1）淤塞隧道、导坑。
（2）掩埋洞内施工机具设备设施和施工人员。
（3）导致隧道上方地面塌陷。

8.4 突涌泥致灾构造

隧道施工揭穿突涌泥致灾构造，都会造成隧道施工涌泥灾害的发生；隧道施工接近或揭穿突泥致灾构造，发生突泥灾害。只有当涌泥致灾构造中含水黏土达到一定体量、含水黏土作用于隧道开挖工作面（掌子面、开挖轮廓面）与涌泥水致灾构造间岩土盘（隔泥岩盘、隔泥岩土盘）的应力足以使岩土盘破坏时，涌泥致灾构才转变为突泥致灾构造。

突涌泥致灾构造包括黏土充填岩溶、泥水混合充填岩溶、块石夹含水黏土充填岩溶、底部块石夹含水黏土充填上部地下水充填岩溶和富水压性断层上盘强烈挤压破碎带。

8.4.1 黏土充填岩溶

黏土充填岩溶，主要分布在岩溶地下水动力剖面分带中的垂直循环带中，包括充填黏土岩溶沟槽、充填黏土岩溶竖井（漏斗）和充填黏土岩溶洞穴（管道、溶缝）。

在我国南方地区，由于雨量充沛，出露于地表的岩溶沟槽、与地表相通的岩溶竖井（漏斗）及岩溶洞穴（管道、溶缝）中充填的黏土通常含水率较高，遇隧道施工开挖揭穿，充填黏土或变形失稳塌方，在隧道底形成具有一定流动性的黏土流，或在自重应力作用下向已开挖隧道涌流，形成涌泥；当出露于地面的岩溶沟槽较深大或与地表相通的岩溶竖井（漏斗）及岩溶洞穴（管道、溶缝）中充填的黏土量较大时，隧道施工开挖接近或揭穿，充填黏土在自重应力或因隧道施工掌子面爆破施工充填黏土瞬间下坐力作用下，亦存在突破隧道开挖工作面（掌子面、开挖轮廓面）与充填黏土岩溶间隔泥岩盘，或揭露口位置由充填黏土构成的自体隔泥土盘，或充填黏土与揭露口周边岩体构成的复合隔泥岩土盘，向已开挖隧道突泥的情况。贵州镇胜高速公路五龙山隧道突泥、余凯高速公路鱼洞一号隧道突泥，分别为掌子面爆破施工致与地表相通岩溶中充填黏土瞬间下坐突破完整隔泥岩盘、地表相通岩溶中充填黏土缓慢下坐突破节理裂隙化隔泥岩盘突泥的典型实例。

8.4.2　泥水混合充填岩溶

当泥水混合充填岩溶底部充填黏土厚度较大且上部充填水地下水位较高，隧道施工接近底部充填黏土时，在岩溶中充填黏土和地下水自重应力作用下，隧道开挖工作面（掌子面、开挖轮廓面）与泥水混合充填岩溶间隔水隔泥岩盘被突破，先突泥后突水。或隧道施工开挖揭穿岩溶底部充填硬塑状黏土，由于岩溶壁岩体中发育节理裂隙，分布在近岩溶壁处的黏土含水率较高，在岩溶中充填黏土和地下水自重应力作用下先行挤出，作用于揭露口位置由硬塑状黏土构成的自体隔泥土盘或由硬塑状黏土和揭露口周边岩体构成的复合隔泥岩土盘的应力下降，自体隔泥土盘或复合隔泥岩土盘进入临时稳定状态。但随着岩溶中充填黏土在自身及上部充填地下水自重应力作用下逐渐下坐，作用于揭露口位置自体隔泥土盘或复合隔泥岩土盘的应力逐渐上升，当作用应力大于自体隔泥土盘或复合隔泥岩土盘破坏所需应力时，自体隔泥土盘或复合隔泥岩土盘破坏突泥，突泥结束后突水。

8.4.3　块石夹含水黏土充填岩溶

当隧道施工揭穿块石夹含水黏土充填岩溶底部充填的块石夹含水黏土时，破碎岩石块体间空隙充填的含水黏土，在自重应力作用下向已开挖隧道涌流，而破碎岩石块体间架结构留在原位置，形成施工涌泥。

8.4.4　底部块石夹含水黏土上部地下水充填岩溶

当隧道施工揭穿底部块石夹含水黏土上部地下水充填岩溶中底部充填的块石夹含水黏土时，底部破碎岩石块体间空隙充填的含水黏土，在自身及上部充填水自重应力作用下向已开挖隧道涌流，而破碎岩石块体间架结构留在原位置，形成施工涌泥，伴随着涌泥的结束涌水发生；当底部块石夹含水黏土上部地下水充填岩溶中地下水位极高时，隧道施工开挖接近或揭穿，或底部破碎岩石块体间空隙充填的含水黏土，在自身及上部充填水自重应力作用下，突破隧道开挖工作面（掌子面、开挖轮廓面）与充填岩溶间隔泥岩盘突泥，或底部破碎岩石块体间空隙充填的含水黏土，在自身及上部充填水自重应力作用下，突破由破碎岩石块体间空隙充填黏土构成的自体隔泥土盘突泥，伴随着突泥的结束突水发生。

8.4.5 富水压性断层上盘强烈挤压破碎带

如前述，富水压性断层强烈挤压破碎带，由大小不一、长轴平行于断层面的强烈挤压的破碎岩石块体，与充填在破碎岩石块体间空隙中的黏土和地下水构成。隧道施工揭穿规模不大且与地表水、相邻地下含水构造单元地下水无联系的富水压性断层强烈挤压破碎带时，充填在破碎岩石块体间空隙中的地下水，往往携带细小岩石颗粒及充填在破碎岩石块体间空隙中的黏土，向已开挖隧道涌流；当富水压性断层强烈挤压破碎带与地表水系及相邻地下含水构造单元地下水连通时，由于隧道施工揭穿，由间夹黏土和地下水的破碎岩石块体构成的自体岩土盘被突破，充填在破碎岩石块体间空隙中的富水黏土突出，破碎岩石块体间架结构留在原位置，形成突泥。

第 9 章 隧道施工瓦斯及有害气体灾害与致灾构造

在我国的隧道工程建设中,尽管尽力避开穿越煤田区以避免严重瓦斯灾害已成为共识,但随着国民经济发展对交通工程建设需求的不断提升和高速公路、高速铁路线型要求的提高,近年来穿越煤系地层甚至穿越可采煤层隧道工程的建设已不可避免,甚至出现了上升趋势,隧道施工瓦斯灾害形势日趋严重。2005 年 12 月 22 日,都汶高速公路董家山隧道瓦斯爆炸事故,导致隧道洞内 42 名施工人员和 2 名洞口外山坡上种地农民共计 44 人死亡;2015 年 2 月 24 日,成都洛带某隧道瓦斯爆炸,造成 1 人死亡、8 名施工人员及 12 名周边群众计 20 人受伤;2017 年 5 月 2 日,成贵高铁七扇岩隧道瓦斯爆炸,造成 12 名施工人员死亡。

9.1 瓦斯及有害气体

瓦斯隧道,指修建于含瓦斯地层中的隧道。

瓦斯,煤系地层中以甲烷为主的可燃与有毒气体的总称,有时专指甲烷。瓦斯的主要成分是烷烃,其中甲烷占绝大多数,另有少量的乙烷、丙烷和丁烷。此外,一般还含有一氧化碳、硫化氢、二氧化碳、氮和水气,以及微量的惰性气体,如氦和氩等。

煤岩瓦斯含量,指每吨煤、岩含有的瓦斯量。其主要决定于煤的变质程度、煤层赋存条件、围岩性质、地质构造和水文地质等因素。

一般情况下,同一煤层的瓦斯含量随深度而递增。

甲烷(CH_4),一种无色、无味、无毒的气体。在 1 atm(101 325 Pa)和 20 °C 时,溶解度为 3.5%。当空气中 CH_4 的浓度大于 50%时,能使人缺氧而窒息死亡。甲烷不助燃,有爆炸性。

一氧化碳(CO),一种无色、无味、无臭的气体,微溶于水。常温、常压下化学性质不活泼,有爆炸性。CO 有剧毒。CO 被吸入人体后,阻碍氧与血色素的正常结合,造成人体组织和细胞缺氧,使人中毒以至死亡。

硫化氢(H_2S),一种无色、微甜、有臭鸡蛋味的气体,易溶于水。有剧毒,能使血液中毒,对眼及呼吸系统有刺激作用。

二氧化硫(SO_2),一种无色、有强烈硫黄味及酸味的气体,易溶于水,对眼睛和呼吸器官有强烈的刺激作用。

二氧化氮（NO_2）：一种褐色剧毒性气体，易溶于水并生成硝酸。对眼、鼻、呼吸道及肺有强烈的刺激作用和腐蚀作用，可引起肺水肿。二氧化氮中毒有潜伏期，可能当时无明显感觉，经 6~24 h 后发作，咳嗽、头痛、呕吐，甚至死亡。

《铁路瓦斯隧道技术规程》（TB 10120—2002/J 160—2002）将铁路隧道瓦斯工区划分为全工区无瓦斯涌出的非瓦斯工区、全工区绝对瓦斯涌出量每分钟小于 0.5 m^3 的低瓦斯工区和全工区绝对瓦斯涌出量大于等于每分钟 0.5 m^3 的高瓦斯工区。

瓦斯隧道类型按隧道内瓦斯工区的最高级确定。

9.2　隧道施工瓦斯及有害气体灾害

9.2.1　煤与瓦斯突出

煤与瓦斯突出，指随着煤矿开采深度的增加或隧道施工开挖接近煤层、窝煤、瓦斯气囊，在煤层瓦斯、瓦斯气囊应力作用下，瓦斯与大量煤粉或瓦斯与大量岩石粉末瞬间突出的动力现象。

一定煤层、窝煤、瓦斯气囊应力作用，岩盘或厚度不足或强度过低，是煤层瓦斯突出的充要条件。

重庆三汇坝矿区 1975 年"8·8"煤层瓦斯突出，喷出甲烷 1 200 000 m^3，煤和矸石 12 780 t；吉林营城煤矿五井 1975 年"6·13"煤层瓦斯突出，喷出二氧化碳 14 000 m^3，砂岩 1 005 t；贵州镇胜高速公路黄果树隧道出口施工过程曾遇轻微瓦斯突出。

9.2.2　瓦斯燃烧爆炸

瓦斯燃烧爆炸，指一定浓度的瓦斯（5%~16%）、在充足的氧气（≥12%）、遇高温火源（650~750 ℃）条件的燃烧爆炸。

除前述 2005 年都汶高速董家山隧道"12·22"瓦斯爆炸、2017 年成贵高铁七扇岩隧道"5·2"瓦斯爆炸和 2015 年"2·24"成都洛带某隧道"2·24"瓦斯爆炸事故外，2004 年四川紫坪铺水库还建公路龙眼睛隧道"12·7"瓦斯燃烧爆炸事故，致 2 死 61 伤 2 失踪。

9.3 瓦斯来源

9.3.1 煤系地层中的煤层、煤线、南方窝煤

研究表明，瓦斯是古代植物在堆积成煤的初期，纤维素和有机质经厌氧菌的作用分解而成。在高温、高压环境条件下，在成煤的同时，由于物理和化学作用，继续生成瓦斯。瓦斯在煤体或围岩中是以游离状态和吸着状态存在的。因此，在煤系地层中的煤层、煤线及南方窝煤中，可产生并储存瓦斯气体。

9.3.2 还原环境条件下的炭质泥岩、炭质页岩

在特殊构造——穹隆发育分布区，由于构成穹隆构造的地层岩石中相对隔气岩层的存在，穹隆构造下炭质泥岩、炭质页岩产生的瓦斯气体被封闭在穹隆构造中，隧道工程施工穿越穹隆构造，亦可遇瓦斯气体的溢出、集聚甚至瓦斯燃烧爆炸。

崇遵高速公路凉风垭隧道施工穿越穹隆构造过程中，曾遇穹隆构造下炭质泥岩、炭质页岩产生的瓦斯气体在隧底溢出形成隧底积水冒泡现象。

9.3.3 隧道下方深处天然气沿构造或贯通性节理裂隙运移致隧道内

川东、重庆开县地区盛产天然气，产于地下深处的天然气经地层岩石体中发育的贯通性节理裂隙上升溢出地面现象常见。在这些地区的隧道工程建设过程中，亦曾遇天然气溢出进入隧道的情况。

沪蓉西高速公路华蓥山隧道已开通运营多年，至今驾车进入，仍闻瓦斯气味。

9.3.4 炭质淤泥体

渝怀铁路武隆隧道进口施工过程中，曾遇靠山侧边墙岩面节理裂隙交叉处因施工用火出现沼气燃烧现象，分析认为沼气为洞口位置滑坡体中炭质淤泥产生沿岩体中贯通性节理裂隙与隧道边墙岩面节理裂隙交叉点溢出。

9.4 隧道施工瓦斯及有害气体灾害致灾构造

综上可以认为，导致隧道施工瓦斯及有害气体灾害的致灾构造包括：
（1）煤层、煤线及窝煤。

（2）还原环境条件下的炭质泥岩、炭质页岩。

（3）隧道下方深处天然气田。

（4）隧道周边存在的炭质淤泥体。

（5）隧道拱部坍腔。

（6）隧道通风死角。

瓦斯气体质轻，溢出后向上方运移，如隧道拱部存在坍腔，极易在坍腔中集聚。前述董家山隧道瓦斯爆炸，即因施工处理掌子面后方坍腔过程中使用电焊点燃集聚于坍腔中的瓦斯所致。隧道施工通风死角，也是溢出瓦斯集聚的场所，当集聚瓦斯浓度达到限值（5%~16%）与高温火源（650~750 ℃）时，亦极易发生瓦斯燃烧爆炸灾害。

第 10 章　隧道施工洞内泥石流灾害与致灾构造

10.1　隧道施工洞内泥石流灾害

10.1.1　泥石流

泥石流，是山地坡表面及沟谷中堆积松散土石因水力启动集中输移的自然现象（谈炳炎），指分布与山区坡表面或沟谷中堆积的松散土石，在降雨、冰雪融化或其他自然灾害引发下，含水松散土石沿山坡基覆界面或沟谷向下游方向运移的一种动力地质现象。当松散土石中含水体积大于土石体积时，成为一种携带大量泥、沙及石块的特殊洪流。

泥石流启动具有较高的突然性，更因其具有的流速快、流量大且流体中固体物质含量高的特点，具有极强的破坏力。发生泥石流常常会冲毁公路铁路等交通设施甚至村镇等，造成巨大损失。

10.1.2　隧道施工洞内泥石流

隧道洞内泥石流，指由于隧道施工开挖揭穿含水、饱水黏土夹块石充填岩溶，下部含水、饱水黏土夹块石上部地下水充填岩溶和富水压性断层上盘强烈破碎带，岩溶中充填的含水、饱水黏土夹块石，下部含水、饱水黏土夹块石上部地下水充填岩溶中的下部充填含水、饱水黏土夹块石与上部充填地下水，富水压性断层上盘强烈破碎带中破碎岩石块体及其间空隙充填黏土和地下水，向已开挖隧道或导坑的涌出或坍塌，形成的在已开挖隧道或导坑中具有流动性的水、黏土和破碎岩石块体混合体。

与地面泥石流灾害发生的降雨、冰雪融化或其他自然灾害诱发不同，隧道施工洞内泥石流是隧道施工揭穿开挖揭穿含水、饱水或过饱水黏土夹块石充填岩溶，压性断层上盘强烈破碎带含水、饱水或过饱水黏土夹块石，岩溶中充填的含水、饱水或过饱水黏土夹块石、压性断层上盘强烈挤压破碎带破碎岩石块体及其间空隙充填黏土和地下水在自重应力作用下产生的涌出或坍塌，形成的涌出物和坍塌物的流动。

10.2 隧道施工洞内泥石流产生原因

隧道施工洞内泥石流产生原因，不外：
（1）隧道施工开挖揭穿隧道施工洞内泥石流致灾构造。
（2）隧道施工洞内泥石流致灾构造中含水、饱水、富水黏土夹破碎岩石块体突破其与隧道开挖工作面（掌子面、轮廓面）间岩土盘。

10.3 隧道施工洞内泥石流的危害

隧道洞内泥石流的危害表现为：
（1）淤塞隧道、导坑。
（2）掩埋隧道洞内施工机具、设备、设施和施工人员。
（3）间接导致隧道上方地面塌陷。

图 10-1 和图 10-2 分别是衡广复线大瑶山隧道施工通过 F_9 断层上盘和遂渝铁路荆竹岭隧道通过压性断层上盘强烈破碎带富水黏土夹块石坍塌后，向隧道或导坑开挖工作面后方的涌流形成的洞内泥石流。

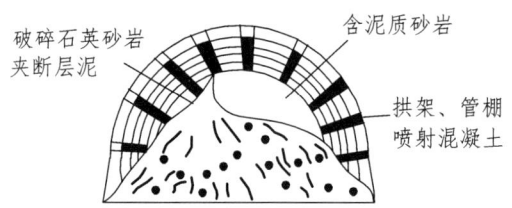

图 10-1 大瑶山隧道 F9 断层上盘泥石流（据张可诚）

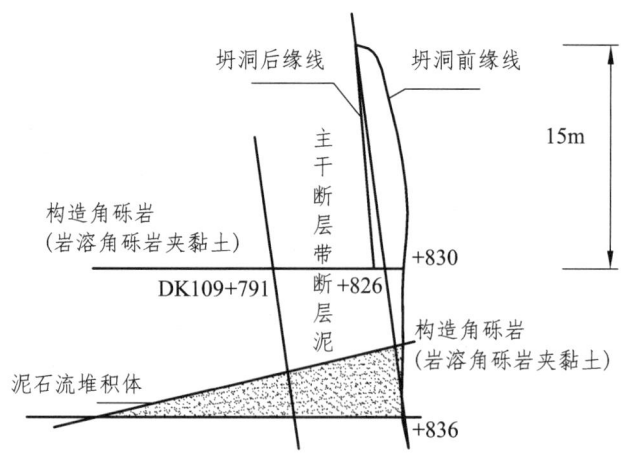

图 10-2 遂渝铁路荆竹岭隧道断层上盘泥石流

在荆竹岭隧道预报过程中，预报考虑了穿过主干断层带的涌水、饱水或过饱水黏土夹块石的坍塌，但忽略了饱水或过饱水黏土夹块石坍塌后向隧道开挖工作面后方的流动。

10.4 隧道施工洞内泥石流灾害致灾构造

10.4.1 含水、饱水或过饱水黏土夹块石充填岩溶

含水、饱水、富水黏土夹块石充填岩溶中的含水、饱水、富水黏土夹块石，呈软塑状、流塑状，一旦隧道施工开挖揭穿，岩溶中充填的含水、饱水黏土夹块石一并涌入已开挖隧道，形成隧道施工洞内泥石流。

10.4.2 下部含水、饱水黏土夹块石上部地下水充填岩溶

当下部含水、饱水黏土夹块石上部地下水充填岩溶中上部充填地下水水量不大时，隧道施工揭穿时，下部含水、饱水黏土夹块石上部地下水一并涌入隧道，形成隧道施工洞内泥石流；当下部含水、饱水黏土夹块石上部地下水充填岩溶中上部充填水地下水位较高时，隧道施工接近，在充填含水、饱水黏土夹块石和地下水自重应力作用下，突破隧道施工开挖工作面（掌子面、开挖轮廓面）与充填岩溶间岩土盘，含水、饱水黏土夹块石和地下水一道突出，形成突出性隧道施工洞内泥石流。

10.4.3 富水压性断层上盘强烈破碎带

如前述，富水压性断层强烈挤压破碎带，由大小不一、长轴平行于断层面的强烈挤压的破碎岩石块体与充填在破碎岩石块体间空隙中的黏土和地下水构成。作为隧道围岩，其自稳能力低，在无超前支护措施条件下揭穿，富水破碎岩石块体与充填在其间空隙中的黏土发生坍塌，坍体产生流动，形成隧道施工洞内泥石流。

第 11 章 隧道施工岩爆灾害与发生部位

11.1 隧道施工岩爆及其发生条件

11.1.1 隧道施工岩爆

隧道施工岩爆，指由于隧道的施工开挖，原本的岩体结构应力平衡状态遭到破坏，当岩体中聚积的高弹性应变能远大于岩体破坏所需要的能量时，在应力重分布的过程中岩体中聚积的弹性变形势能猛烈释放导致位于隧道开挖轮廓面附近岩体爆裂，岩石碎片从岩体中剥离、崩出的动力破坏现象。

11.1.2 隧道施工岩爆发生条件

岩爆发生的条件包括：
（1）近代构造活动造成深部矿岩内地应力较高，岩体内储存着较大的应变能。
（2）岩体坚硬、新鲜完整、裂隙极少或仅有隐裂隙，具有较高的脆性和弹性，能够储存能量，而其变形特性属于脆性破坏类型。
（3）岩体干燥无水。
（4）隧道施工开挖。

11.2 隧道施工岩爆特点与危害

11.2.1 隧道施工岩爆特点

隧道施工岩爆特点包括：
（1）突发性。
在未发生前，并无明显的征兆，甚至可能听不到空响声，一般认为不会掉落石块的地方，也会突然发生岩石爆裂声响，石块有时应声而下，有时暂不坠下。
（2）部位集中性。
虽然岩爆发生地点也有距新开挖工作面较远的个别案例，但大部分均发生在新开挖的工作面附近。常见的岩爆部位以拱部或拱腰部位为多。

（3）时间集中性与延续性。

岩爆在开挖后陆续出现，多在爆破后 24 h 内发生，延续时间一般为 1~2 个月，有的延长 1 年以上，事前一般无明显预兆。

（4）弹射性。

岩爆时，岩块自洞壁围岩母体弹射出来，一般呈中厚边薄的不规则片状。

11.2.2 隧道施工岩爆的危害

隧道施工岩爆的危害包括：

（1）开挖工作面的严重破坏。

（2）设备损坏。

（3）人员伤亡。

2011 年 8 月 7 日凌晨 3 点 17 分，正在掘进的雅西高速公路泥巴山右线隧道出口，距离掌子面约 20 m 的 YK59+379~+339 段右侧拱腰至拱顶位置，伴随着巨大响声，发生大型重度岩爆，将已施做初期支护破坏，板状、块状、片状岩块弹出，掩埋喷浆机、电焊机等设备（图 10-1），爆坑最大深度达 3.6 m。

图 11-1 雅西高速泥巴山右线隧道出口 YK59+379~+339 段右拱腰至拱顶重度岩爆

11.3 隧道施工岩爆灾害发生部位

11.3.1 高地应力环境条件下的深埋脆性完整岩体

通常，高烈度地震区地下岩体中集聚极高的高弹性应变能；深埋隧道围岩处于较高的自重应力作用下。完整脆性岩体中隧道的施工开挖，破坏了岩体结构应力平衡状态且为岩体中集聚的高弹性应变能的释放提供了空间。因此，高地应力环境条件下的深埋脆性完整岩体分布位置往往被认为是隧道施工岩爆极易发生的地方。

11.3.2 隧道地面地形陡变点下方脆性完整岩体

都汶高速公路位于高烈度地震区,福堂坝隧道中段穿越较完整—完整花岗岩,岩体具高强脆性特点,K45+964~+581 长 383 m 段施工开挖过程发生不同程度岩爆,其中轻微岩爆 7 段、中等岩爆 2 段、强烈岩爆 2 段,岩爆段埋深 320~360 m,岩体干燥无水,两强烈岩爆段均位于上方地面地形陡变点正下方。

第 3 篇

地质复杂隧道施工地质预报

第 12 章　地质复杂隧道施工地质预报特点、目的、必要性及内容

12.1　地质复杂隧道施工地质预报的特点

相较而言，地质复杂隧道施工遭遇不良地质体并引发隧道施工地质灾害的概率，远高于地质简单隧道。因此，在地质复杂隧道中，实施施工地质预报，尤显重要。

隧道施工期地质预报，是在隧道施工阶段采用各种方法手段对隧道施工掌子面前方业已存在的但未可知的地质条件做出的科学的正确的判断。因此，较之于地质简单隧道，复杂地质隧道施工期地质预报具有更强的综合性、系统性、未知性、实用性（指导性）、客观性和时效性。

（1）综合性。在学科与专业相互渗透、相互融合的当下，隧道地质预报亦不例外，除了需要博采地质学各专业之长，还要广泛汲取诸如数学、物理学、概率学、计算机科学等相关学科的理论，在预报实施中采用多种方法、手段，要熟练掌握各种地球物理探测方法的使用原理、适用条件，要对各种隧道地质灾害的预防、治理措施有较系统和深入的认识。

（2）系统性。隧道地质预报的对象——地质体非常复杂，如软夹层、断层及其破碎带、煤层、岩溶及其充填物、废弃矿巷及其充填物等，需要对其宏观分布、微观性质等进行全面系统的研究，以准确揭示其分布规律。

（3）未知性。隧道掌子面前方不良地质体的准确分布、性质，在施工开挖揭示前是未知的，施工开挖后的变化更是未知的，需要通过科学的预测去确定。

（4）实用性（指导性）。隧道地质预报直接为隧道施工服务，预报的准确与否直接关系到隧道施工的安全，严重的甚至关系到工程建设的成败。

（5）客观性。隧道地质预报采用的方法、依据的事实和做出的预报结论，应具有客观性。

（6）时效性。预报直接为施工服务，预报结果要及时反馈给施工单位、设计单位等及有关各方，以便做出应对对策措施。

隧道地质超前预报的特点决定了要做好隧道地质超前预报，需要采用多

学科的知识和各种各样的手段和方法，需要不同专业人员的配合。

12.2 地质复杂隧道施工地质预报目的

（1）查清隧道开挖工作面前方存在的、施工开挖揭穿和通过可能造成隧道施工地质灾害的不良地质体（致灾构造）的性质、分布位置、规模，为不良地质体处治工程措施决策提供依据。

（2）避免因施工开挖接近、揭穿不良地质体可能发生的隧道施工地质灾害及因此引发的隧道上方地表生态环境灾害。

（3）减轻因施工开挖接近和揭穿不良地质体发生的隧道施工地质灾害，以及因隧道洞内地质灾害发生引发的隧道上方地表生态环境灾害的危害程度和损失。

（4）确保隧道施工安全和隧道上方地表生态环境安全。

12.3 地质复杂隧道施工地质预报必要性

隧道工程设计的基本依据是地质勘察资料，而隧道施工的依据主要是设计文件。

大量的隧道工程建设实践表明，由于地质勘察时间、经费和隧道穿越地区复杂地质条件、复杂环境条件、交通条件等诸多条件的限制，一些先进的勘察技术难以应用，指望在较短的时间内完全查明隧道穿越区工程地质水文地质条件，特别是因隧道施工接近和通过可能导致隧道施工地质灾害发生的不良地质体-致灾构造，既不现实也不可能；根据地质勘察资料做出的设计与实际不符的情况屡有发生，由此而来的隧道洞内塌方、涌水、涌泥、涌沙、岩爆、瓦斯爆炸等灾害时有发生，给隧道施工造成极大的危害。因此，在隧道施工期间，采用各种技术、手段和方法对隧道掌子面前方地质条件（情况）进行及时准确的预测，是提前采取预防措施、避免灾害的发生或在一定程度上减少因灾害造成的损失、保证隧道施工的安全的需要，同时也是当今环境生态保护给隧道工程建设提出的重要研究课题。

一般而言，隧道在勘测设计各阶段，对隧道地质背景（条件）进行的地质调查、勘探，是对隧道地质条件的预估和预评价。对地质条件单一的短隧道而言，这一工作已足以提供设计与施工所需，无须在施工期实施超前预报工作，或只需在施工阶段采用地质法进行常规地质预报工作，完成施工地质资料的收集，建立隧道工程完整地质资料。

随着近年来我国国民经济的飞速发展和隧道工程技术的进步以及铁路隧道工程建设在从前所谓的地质禁区的修建，隧道修建长度越来越长，在复杂地质条件下修建的隧道越来越多，遇到的隧道工程地质问题越来越复杂。

因此，对于（1）深埋长大隧道，（2）地质复杂的隧道，（3）水下隧道，（4）可能存在大断层、岩溶、大量涌水涌泥、岩爆、废弃矿巷、瓦斯突出等严重工程地质灾害的隧道，（5）可能因开挖造成环境生态破坏的隧道，（6）覆盖层太厚、植被良好不易进行地质调查和勘探的隧道，等等，则应进行地质超前预报，特别是施工期地质超前预报。

这主要是由于：

（1）隧道工程建设向地质复杂地区挺进，遇到的地质问题越来越多，可能遭遇的地质风险越来越高，隧道洞内地质灾害对施工人员、机具设备的危害性越来越大，可能导致环境灾害的风险越来越高。

（2）大量的隧道工程建设实践表明，由于地质勘察精度、勘察条件等原因的限制，根据地质勘察资料做出的设计与实际不符的情况屡有发生，由此而来的隧道洞内塌方、涌水、涌泥、涌沙、岩爆、瓦斯爆炸等灾害时有发生，给隧道施工造成极大的危害。

（3）地质预报是确保隧道施工安全（洞内施工人员安全（以人为本）、机具设备安全），避免施工地质灾害发生，降低灾害损失，降低因隧道洞内施工地质灾害发生引发的环境灾害风险、保护环境生态（环境保护）的需要。

（4）地质预报是复杂地质隧道施工方法变更的依据。

（5）地质预报是确保隧道施工工期的需要。

（6）地质预报作为地质工作的全过程的组成部分，是隧道施工根据实际地质、水文条件变化及时调整施工方法和采取相应技术措施的需要，是完善设计地质资料、优化施工方案、指导施工决策和保证施工人员与设备的安全的需要，也是隧道运营阶段地质灾害治理的依据。

（7）地质预报是相关指南、规范、规程规定。

在我国，由于可行性研究阶段和勘察阶段投入的限制，依据既有地质资料和有限的钻孔地质资料、水文地质资料、物探资料及钻孔岩芯岩石物理力学试验资料所做出的施工设计与实际不符的情况不在少数，特别是在构造变动复杂地区和火成岩分布地区的隧道工程更是如此。

即便在国外，尽管可行性研究和勘察工作深度远较国内深，且勘察阶段进行了大量的地球物理勘探，但设计与实际不符的情况仍在所难免。图12-1是土耳其伊斯坦布尔几座高速公路隧道和几座排污隧道设计与实际地质剖面对比情况。

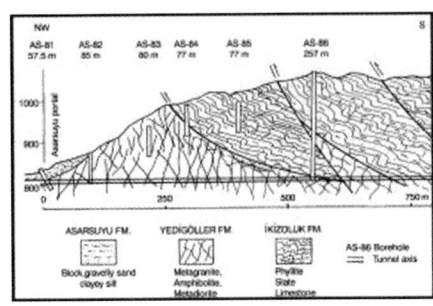 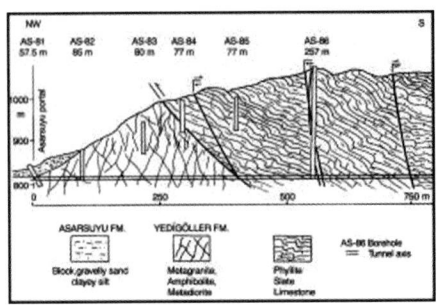

预测地质断面　　　　　　　　　　　　实测地质断面

(a) Bulu 隧道

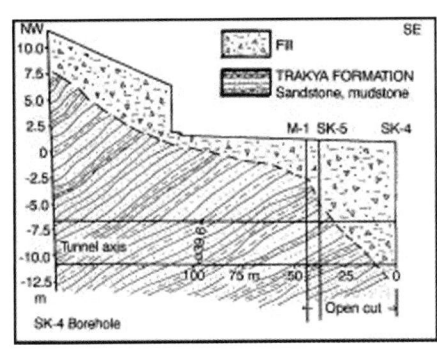 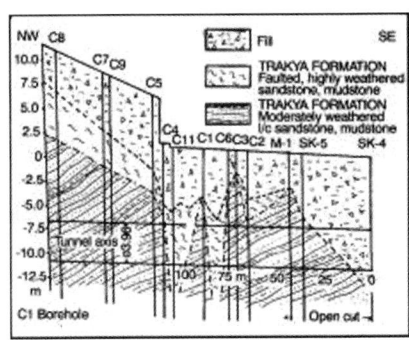

预测地质断面　　　　　　　　　　　　实测地质断面

(b) Moda 废水隧道

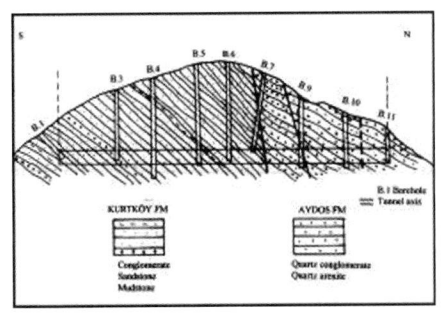 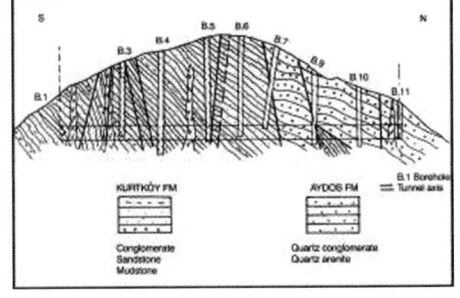

预测地质断面图　　　　　　　　　　　实测地质断面图

(c) Beykoz 隧道

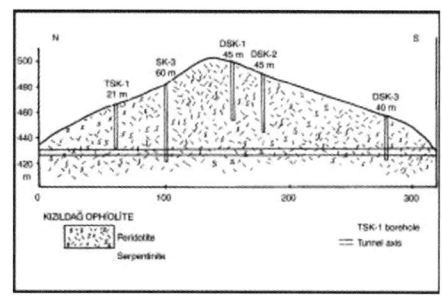
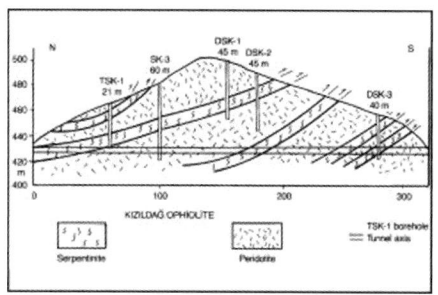

预测地质剖面图　　　　　　　　　实测地质剖面图

（d）Yayladagi 隧道

图 12-1　土耳其伊斯坦布尔几座隧道设计与实际地质剖面对比

12.4　地质复杂隧道施工地质预报内容

通常，隧道施工地质预报的基本内容包括：
（1）断层及其影响带和节理密集带的位置、规模及其性质。
（2）软弱夹层（含煤层）的位置、规模及其性质。
（3）岩溶发育位置、规模及其充填性质。
（4）不同岩类、岩性接触界面位置。
（5）在采、废弃矿巷分布及其与隧道的关系。
（6）工程地质灾害可能发生的位置和规模。
（7）隧道围岩级别变化及其分界位置。
（8）不同风化程度的分界位置。
（9）不良地质体（带）的成灾可能性。
（10）隧道涌水位置、水压及水量。
（11）隧道围岩级别变化及其分布。

复杂地质隧道，有别于一般隧道，施工地质预报的重点应是对因隧道施工开挖接近和揭穿可能导致地质灾害发生、对洞内施工机具设备特别是掘进机和施工人员人身安全构成威胁、其处理可能造成重大工期延误的不良地质体-致灾构造。因此，复杂地质隧道施工地质预报的内容包括：
（1）软岩位置。
（2）断层位置、规模、性质及断层破碎带含水性。
（3）密集节理发育岩体破碎带位置、规模及含水性。
（4）岩溶发育位置、规模及其充填性质。

（5）废弃矿巷分布位置及其充填性质。

（6）岩爆发生位置。

（7）煤层位置。

应该指出：

（1）岩体中裂隙的发育分布，为瓦斯等有害气体的运移提供了通道，瓦斯溢出后可能集聚的空间——隧道拱部坍腔、通风死角等属于施工管理问题，瓦斯隧道施工过程中拱部坍腔回填、局扇通风处理通风死角及隧道洞内瓦斯等有害气体浓度监测，对确保瓦斯隧道施工安全尤为重要。因此，隧道施工地质预报，主要是对煤层位置的探测预报。

（2）隧道施工岩爆，是隧道施工开挖破坏原有岩体结构应力平衡状态、完整脆性岩体中聚积的高弹性应变能远大于岩体破坏所需要的能量、岩体应力重分布过程岩体中弹性变形势能猛烈释放、隧道开挖轮廓面附近岩体爆裂从岩体中剥离、崩出的动力破坏现象。因此，岩爆的预报，实际上是对处于高、极高应力状态完整脆性岩体和地表地形陡变点下方完整脆性岩体分布位置的预报。

第13章 地质复杂隧道施工地质预报技术方法

13.1 地质调查分析法

地质调查分析法（包括相关关系法、趋势外推法、断层参数法等）隧道地质超前预报，主要根据隧道洞内外地质调查结果和隧道施工期掌子面地质条件调查结果，如岩体结构面产状及发育状况、岩体破碎程度、岩石的变质程度等的变化特征，通过地质作图及构造相关性分析，由地面构造产状推测其在地下隧道穿越位置的出露（相关关系法），由掌子面岩体结构面产状及发育状况、岩体破碎程度、岩石的变质程度等的变化特征推测掌子面前方可能出现的构造及其性质，进行超前预报。主要预报隧道掌子面前方存在的断层、不同岩类及不同岩性间接触界面，分析判断隧道掌子面前方围岩的稳定性及失稳破坏形式等；通过在采矿巷及废弃矿巷的洞口与终点位置、高程、走向、坡度等调查，确定隧道址区在采矿巷及废弃矿巷平面、空间分布，分析其与隧道平面、空间关系，预测隧道施工可能遇到在采矿巷及废弃矿巷的可能位置及其充填性质。

一般而言：

（1）岩体结构面发育状况、产状及岩体破碎程度与岩石类别、其所在地层所经历的构造运动、隧道围岩所处地质构造位置、应力场有关。

（2）岩石的变质程度与火成岩的侵入、构造运动有关。

（3）软层、煤层的分布，与沉积物来源、沉积层序、构造运动错动破坏有关，在采矿巷及废弃矿巷分布与矿层的分布相关。

（4）岩溶的发育分布与可溶岩的分布、可溶岩中节理裂隙及断裂构造的发育分布、地下水的性质及其运移规律、隧道在岩溶地下水动力剖面分带中的位置相关。

临近断层破碎带的前兆包括：

（1）岩体中发育的节理裂隙组数明显增加。

（2）岩层出现牵引现象。

（3）压碎岩、碎裂岩、角砾岩出现。

（4）临近富水断层、富水断层强烈破碎带前泥岩、页岩等软质岩石明显湿化、软化，沿岩体裂隙出现渗、滴、淋水。

临近大型溶洞水体或暗河的前兆包括：
（1）岩体中裂隙、溶隙锈染或充填黏土。
（2）岩层明显湿化、软化或出现淋水现象。
（3）小溶洞出现频率提高且有水流或水流痕迹。
（4）涌水中夹带泥砂或小砾石。
（5）在开挖工作面可听到流水声。
（6）钻孔或裂隙中有凉风冒出。

临近积水人为坑道的前兆包括：
（1）岩层明显湿化、软化或出现淋水现象。
（2）沿钻孔或裂隙有涌水现象。
（3）开挖工作面空气变冷或出现雾气。
（4）在开挖工作面可听到流水声。
（5）邻近积水煤窑涌水中出现水锈或渗水挂红。

大型塌方的前兆包括：
（1）隧道拱顶岩体开裂，裂缝有岩粉喷出或洞内无故尘土飞扬。
（2）因初期支护变形开裂出现声响。
（3）拱顶掉块、裂缝扩张。
（4）干燥围岩突然出水。

煤与瓦斯突出的前兆包括：
（1）开挖工作面鼓出，煤层破裂声响，支护变形严重。
（2）瓦斯浓度突然增大或忽高忽低，工作面温度降低，有异味。
（3）钻孔有顶钻、夹钻、顶水、喷孔等现象。
（4）工作面有瓦斯涌出的嘶嘶声响，同时出现粉尘。
（5）工作面有移动感。

显然：
（1）隧道前方围岩的变形及失稳破坏形式与岩体结构面发育状况及产状、岩体破碎程度、软层的厚度及分布、岩溶充填物性质及分布等息息相关。
（2）隧道洞内涌突水、涌泥沙、泥石流与隧道所在位置岩溶发育分布、岩溶地下水水力联系、岩溶充填物性质及充填规模、透水性构造发育分布有直接联系。
（3）瓦斯的突出、燃烧、爆炸与隧道所在位置煤层、炭质泥页岩的分布及规模有关。
（4）岩爆的发生及其强度与隧道埋深、岩性、岩体强度和脆性、岩体地应力状态、地表地形陡变密切相关。

因此，根据隧道洞内外地质调查，包括洞内掌子面地质素描、结构面产状测量，通过节理裂隙统计分析、构造相关性分析、地质作图和必要的测试试验等，确定隧道掌子面前方围岩的变形趋势及失稳破坏形式、软层、煤层的分布与规模、构造破碎带的发育分布及性质和规模、岩溶发育分布及充填性质、隧道围岩岩体强度脆性及地应力状态等，是地质法隧道施工期超前地质预报的基本原理和主要工作方法。

图 13-1 是地质法隧道地质超前预报程序框图。

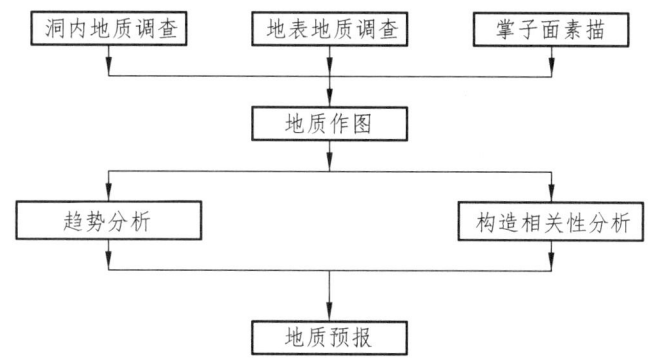

图 13-1　地质法隧道地质超前预报程序框图

Leopold Muller 教授曾经说过，"过去、现在以至将来，许多经验教训告诉我们，……，地质学是所有应用地质学的不可缺少的基础"。尽管地质调查法的预报距离较短，但适用于所有地质条件和所有方法施工的隧道，地质调查法地质预报是所有其他地质预报方法的基础。

13.2　超前钻孔法

在隧道施工掌子面或掌子面旁侧耳室内进行超前水平钻探，通过钻进速度测试、岩芯采取率统计、钻孔岩芯鉴定和必要的岩芯试件强度试验来确定隧道施工掌子面前方地（岩）层的展布、地层岩石的软硬程度、岩体完整性及可能存在的断层、空洞（岩溶溶洞、在采矿巷和废弃矿巷等）的分布位置，进行隧道施工掌子面前方地质预报。

一般而言：

（1）坚硬耐磨岩石钻进速度低，而坚硬非耐磨岩石钻进速度相对要高低。

（2）软质岩石钻进速度高，含黏土质软岩钻进速度相对较低。

（3）在岩体节理裂隙发育岩体和断层两侧破碎带岩体中施钻，易发生卡钻现象，钻进速度相对较低。

（4）钻进遇空洞时，钻速突然急剧加快。

（5）岩芯采取率在相当程度上反映岩体的完整性系数，亦即反映岩体节理裂隙的发育状况。岩芯采取率低，表明岩体中节理裂隙发育，岩体完整性系数低，反之表明岩体节理裂隙不发育，岩体完整性好。

（6）通过钻孔岩芯鉴定，确定施钻掌子面前方不同岩性地层的分布位置、不同岩性地层在隧道轴线上的长度。

（7）必要的钻孔岩芯强度测试，是确定不同岩性地层岩石强度的重要手段。一般来说，多采用现场简易方法进行，如点荷载强度试验。

（8）长距离水平钻探应采用套管跟进，取芯采用钢丝绳取样式或反循环双套管式。钻机转速不得低于 350 r/min；钻孔长度超过 20 m 后需配潜孔锤。

（9）对于砂砾层、流石层或软硬岩石错综复杂的围岩，宜采用旋转式·钢丝绳·拼合管（内管里面增加拼合管）取芯方式或采用冲击式·潜孔锤·钢丝绳取芯方式。

图 13-2 为超前水平钻孔法隧道地质超前预报程序框图。

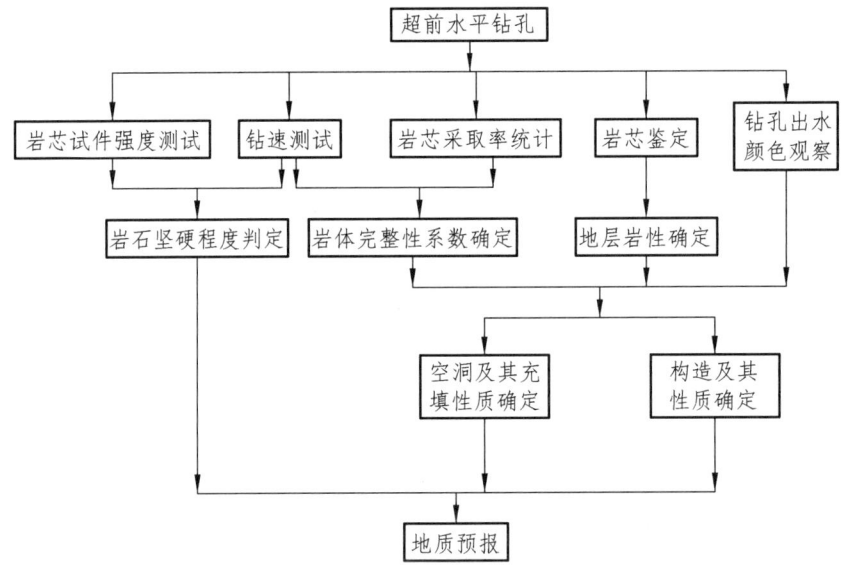

图 13-2　超前钻孔法隧道地质超前预报框图

超前钻孔法的不足之处包括：

（1）速度慢。

（2）与掌子面施工争时间。

（3）遇到水体和瓦斯突出等灾害地层时甚至会造成意想不到的灾难。

（4）费时又费钱。

(5) 遇软弱岩层取芯困难。

(6) 岩溶预报结果与钻孔位置密切相关，探测结果只是一孔之见，难以形成"面"的概念。

应该指出的是，超前钻孔法仍是目前除超前导坑（超前平行导坑、超前平行隧道）外且较超前导坑（超前平行导坑、超前平行隧道）法更快速、更省钱的直接揭示方法，仍是目前遇重大不良地质体预报中不可或缺的方法。

13.3 超前导坑法

利用超前导坑法进行隧道地质超前预报施工隧道在中华人民共和国成立初期较多使用，其利用超前导坑揭示的隧道地质情况直接指导隧道的开挖，超前导坑更属于直接揭示法；超前平行导坑法则利用超前平行导坑揭示的地质情况来推测隧道施工可能遇到的地质条件，指导隧道的开挖；近年来，随着复线铁路隧道和高速公路隧道的修建，洞间距小，利用超前施工隧道施工揭示的地质情况来推测后施工隧道可能遇到的地质条件成为可能，但目前此方法未能充分应用。

当两平行隧道或平行导坑与隧道间距较小且隧道址区地层受构造运动变动较小时，这种方法预报准确性较高。

采用超前平行导坑或隧道法进行隧道地质超前预报，应做好以下工作：

(1) 超前平行隧道或导坑施工所遇地质情况记录：包括边墙地质调查和掌子面地质素描。

边墙地质调查内容应包括前述隧道洞内地质调查的全部内容，掌子面地质素描亦然。

(2) 必要的测试试验（岩石、体声速测试和岩石强度试验等）。

(3) 地质作图。主要是隧道穿越地层分布及产状、岩性、构造分布及产状、不良地质体带分布、特殊地层分布及产状洞内涌水及坍方点分布等的平面展示。

(4) 按超前平行导坑或超前平行隧道与施工隧道的平面关系，根据既有隧道或超前平行导坑或超前隧道施工所遇地质情况，通过计算、相关性分析，推测隧道将遇到的地质情况。

图 13-3 是超前平行导坑或隧道法地质超前预报程序框图。

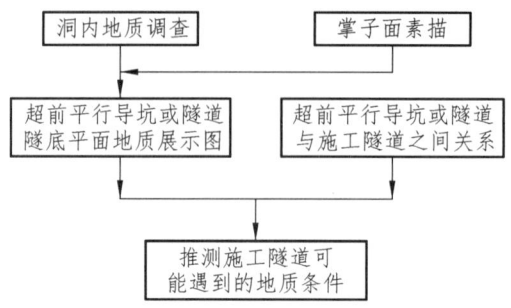

图 13-3　超前平行导坑法地质超前预报程序框图

值得注意的是，目前高速公路隧道建设中，双洞设置极为普遍，洞间距小，如何利用超前施工隧道揭露的地质情况对滞后施工隧道进行地质超前预报，应引起有关部门的充分重视。特别是在构造变动较小的沉积岩和沉积变质岩地区，超前施工隧道揭露的地质情况对指导滞后施工隧道的施工具有非常重要的作用。

13.4　波反射法

波发射法利用声波、超声波、地震波及电磁波在地层中传播、反射，通过信号采集系统接收反射信号，采用信号走时计算隧道掌子面前方反射界面（断层、软弱夹层等）距隧道掌子面的距离来进行隧道施工期地质超前预报。如 TSP、地质雷达、HSP 声波反射、地震波反射等。

界面间介质性质根据反射波相与接收首波相之间的关系来确定。显然，岩溶充填物、断层及其破碎带、节理密集破碎带、全风化或蚀变岩脉、软岩质量密度低于硬岩、较完整岩体，由硬岩、较完整岩体朝岩溶充填物、断层及其破碎带、节理密集破碎带、全风化或蚀变岩脉、软岩探测，反射波相位与接收首波相位相反，但软弱介质性质需结合地表和洞内地质调查结果与预报者的地质经验加以分析确定；反之，由岩溶充填物、断层及其破碎带、节理密集破碎带、全风化或蚀变岩脉、软岩朝前方硬岩、较完整岩体探测，反射波相位与接收首波相位相同。

理论研究和实践表明，声波在岩土体中的传播速度及幅度等参数变化与岩土体的组成、密度、弹性模量及结构状态密切相关。不良地质体（断层及其破碎带、风化破碎岩体、岩溶洞穴及其充填物、节理密集发育带破碎岩体、地下水富集带等）与周边地质体间明显的声学特性差异，乃是波反射法隧道施工地质超前预报的物性前提。

图 13-4 是波反射法地质预报程序框图。

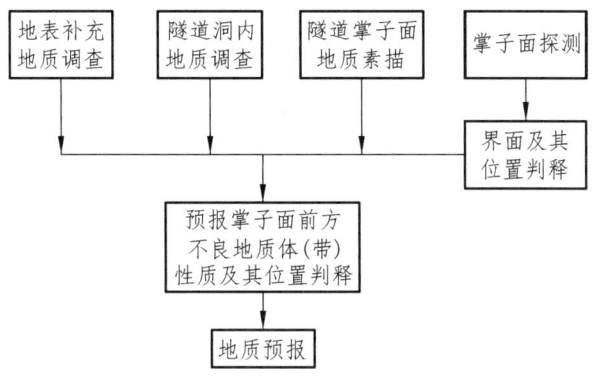

图 13-4　波反射法地质预报程序框图

13.4.1　负视速度法

当隧道前方围岩中介质存在弹性差异时,在介质间接触界面亦即波阻抗界面或波速界面处,入射波发生反射折射和透射现象。将常规地震勘探钻孔垂直地震剖面法应用于水平状态的隧道中,即在隧道掌子面后一定距离边墙上布置激振点,在激振点与隧道掌子面间边墙上布置系列接收点接收由激振点激发的地震波直达波信号和经隧道掌子面前方界面(断层、岩性分界面等)反射回来的地震波信号,利用直达波速度和反射波走时曲线与直达波走时曲线交点计算推测隧道掌子面前方反射界面距隧道施工掌子面间的距离和产状(图 13-5)。根据界面上波前质点位移原理,利用矢量法推断反射震相在测点的初始运动方向或极性,进而推断反射界面阻抗的性质,区分反射界面前方介质的相对好坏[30]。

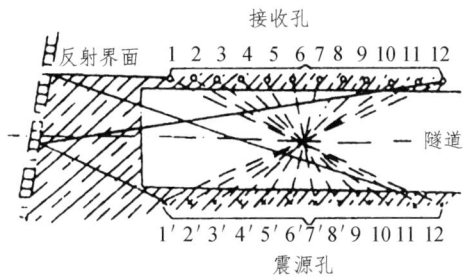

图 13-5　负视速度法隧道施工地质预报原理

13.4.2　水平声波剖面法（HSP）

水平声波剖面法以弹性波理论为基础，波的传播遵循惠更斯-菲涅尔原理和费马原理（图13-6）。

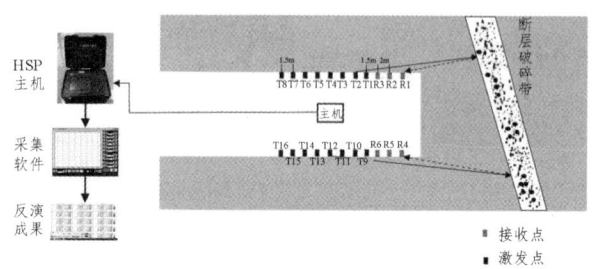

图13-6　水平声波剖面法原理

在任意介质中传播的声波，当其传播到与另一介质的分界面时，一部分产生反射，另一部分穿过界面折射继续在另一介质中传播：

$$R_{12} = \frac{\rho_2 V_2 - \rho_1 V_1}{\rho_2 V_2 + \rho_1 V_1}$$

式中　R_{12}——反射系数；

　　　ρ——介质密度（g/m³）；

　　　V——介质速度（m/s）；

　　　ρV——介质的波阻抗[g/(m²·s)]。

因此，介质的波阻抗变化越大，反射越明显，预报辨识准确度越高。声波在岩土体中的传播速度及幅度等参数和岩土体的组成成分、密度、弹性模量及岩体的结构状态等有关；岩体中存在的不良地质体（带）如断层、风化破碎带、岩溶洞穴、地下水富集带等与周边地质体存在明显的声学特性差异；介质间波阻抗差异越大，反射越易于识别。

在原有水平声波剖面法发展形成的新型阵列式HSP探测技术，从检波器布置、仪器设备A/D转换位数、采样率、采样长度、数据处理技术等多方面进行了升级，使得数据采集、数据处理更便捷，仪器设备更稳定，将成果形式上从以往的反射能量曲线，拓展到反射能量二维、三维谱图，增加了对前方纵波波速、横波波速、泊松比、杨氏模量等参数的计算，使成果展示更为直观（图13-7），能更为有效地指导隧道施工。

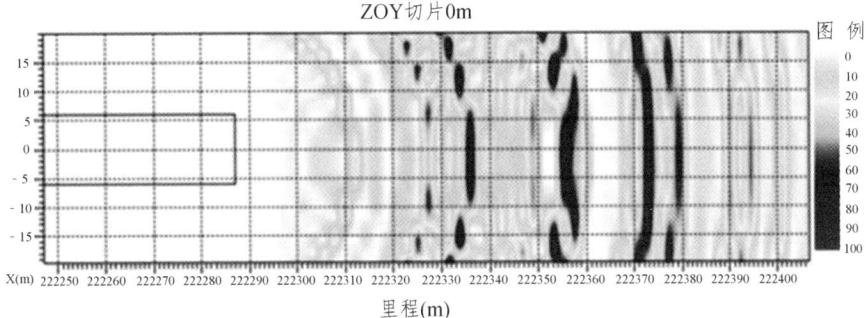

(a)二维切片

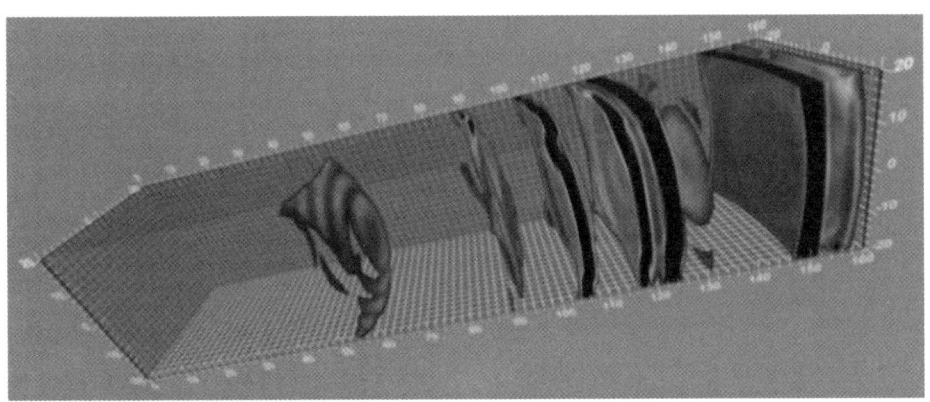

(b)三维成像

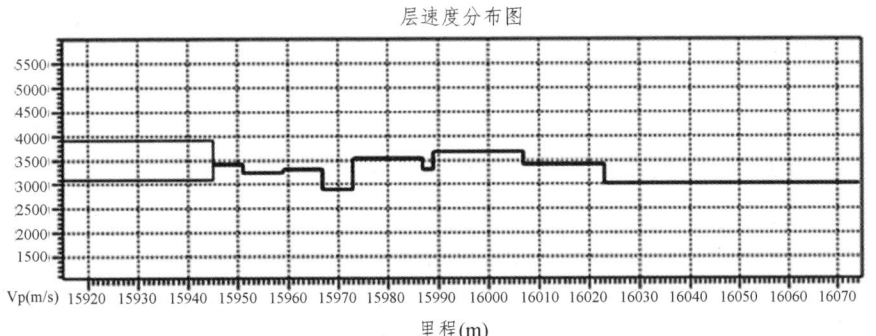

(c)速度分布图

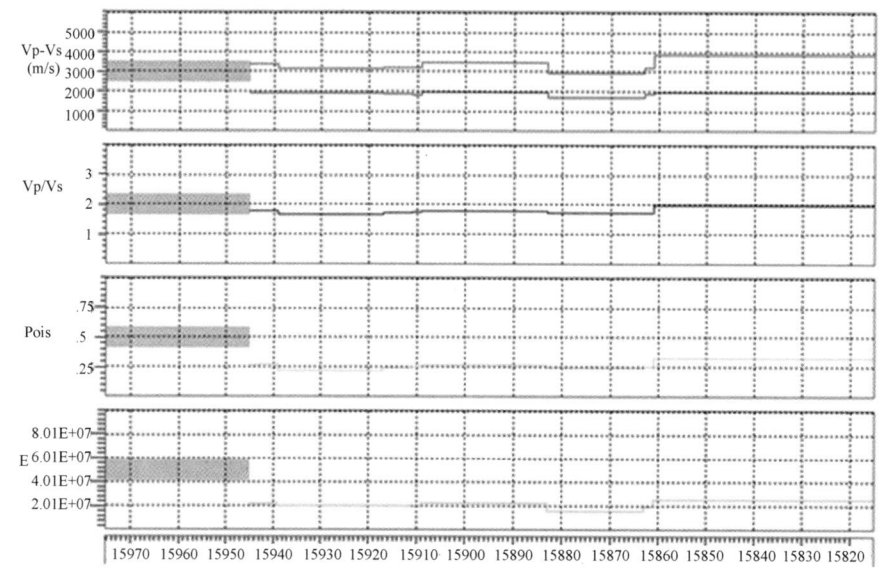

（d）岩土参数分布图

图 13-7　HSP 法地质预报成果展示图

13.4.3　地质雷达法

地质雷达法，采用的是连续扫描电磁波反射曲线的叠加，利用电磁波在隧道掌子面前方岩体中的传播、反射，根据测到的反射脉冲波走时计算反射界面距隧道施工掌子面的距离。

地质雷达被认为是目前分辨率最高的地球物理方法，但由于预报距离短，易受隧道洞内机器、管线的干扰，目前多用于岩溶洞穴、含水带和破碎带的探测预报。

采用地质雷达进行隧道地质超前预报时，雷达主机天线工作频率的选取应根据探测任务要求、探测目的体埋深、分辨率、介质特性以及天线尺寸是否符合场地条件等因素综合确定；记录时窗的选择应根据最大探测深度与上覆地层的平均电磁波速确定；仪器的信号增益应保持信号幅值不超出信号监视窗口的 3/4，天线静止时信号应稳定；宜选用所用天线的中心频率的 6～10 倍作为采样率。

在较短距离内，也可采用地质雷达进行掌子面前方断层带、岩脉、岩性分界面的探测预报。图 13-8 是采用地质雷达探测掌子面前方断层带、岩脉、岩性分界面的探测典型图像。

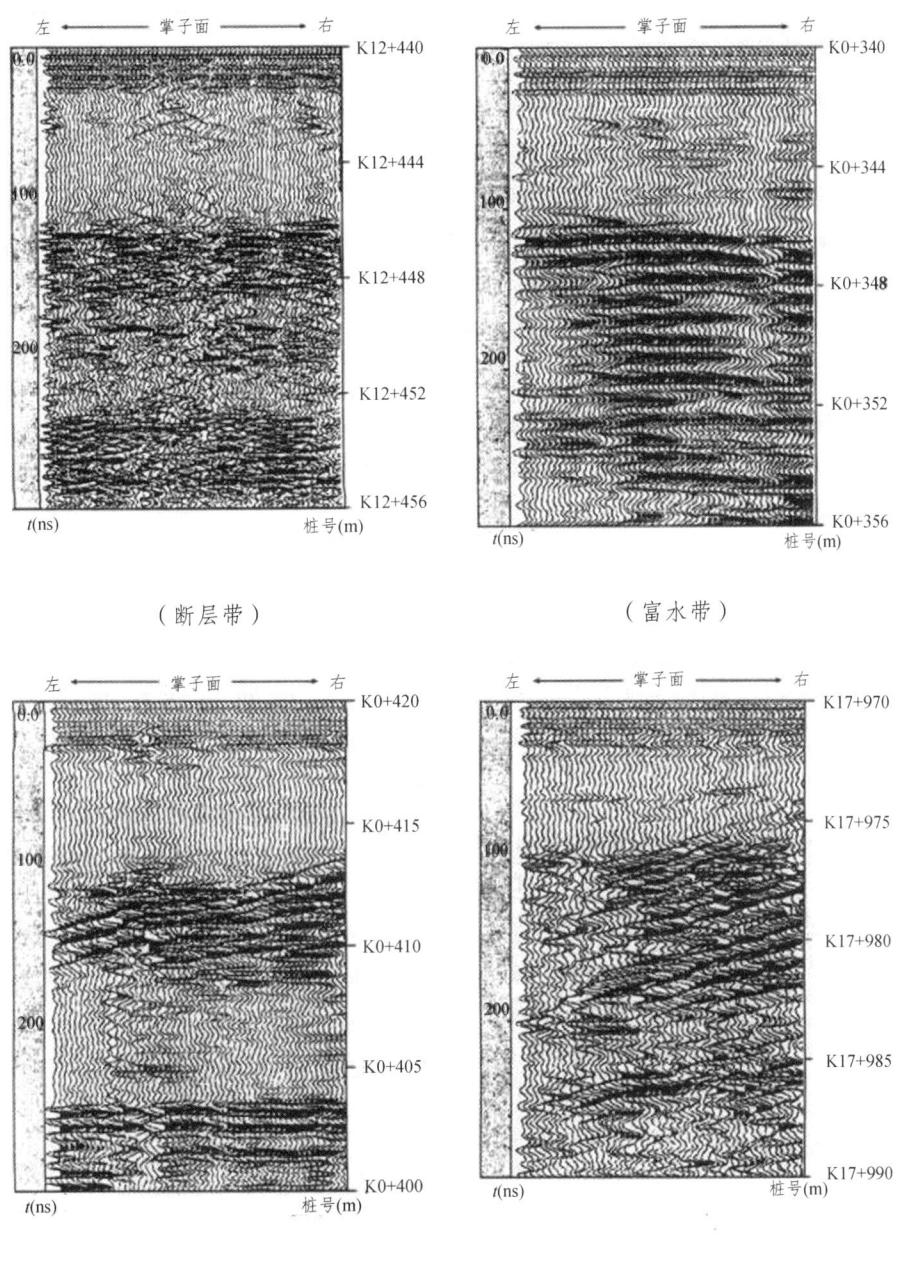

图 13-8　地质雷达探测典型图像（据巨浪等）

13.4.4 地震波反射法

以 TSP 为代表的地震波反射法隧道施工地质预报，原理与地震反射负视速度法相同（图 13-9），但其采用深度偏移方法，且在成像前进行二维 Radon 变换，利用视速度差异，消除与隧道走向近乎平行的反射界面；受观测方式限制，不可能给出准确的断层产状、位置和岩体波速。

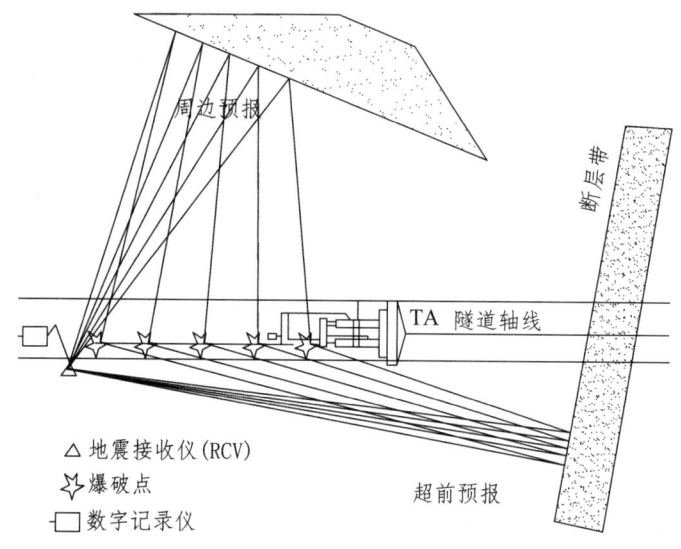

图 13-9　TSP 法隧道施工地质预报原理图

预报时，通常在隧道一侧边墙，24 个炮点按一定间距布成一条直线，用少量炸药激发，产生的地震波信号沿隧道方向以球面波的形式传播，在不同岩层中地震波以不同的速度传播。当遇到地震界面时，如断层破碎带、溶洞、大的节理面等，一部分地震波就被反射回来，反射波经过一段时间后到达传感器被记录仪接收，通过计算机软件分析前方围岩软硬状况、界面位置、界面与隧道轴线相交所呈现的角度及距掌子面的距离，初步测定岩石的弹性模量、密度、泊松比等参数以供参考。经专门的分析软件进行处理，就得到清晰的反射波图像。通过对反射波特征的分析，如发射与反射之间的时间差、相位差、反射信号强弱、纵波与横波的比率等，并结合区域地质资料、跟踪观测地质资料就可以确定隧洞前方及周围区域地质构造的位置和特性。

测试孔布设应根据隧道施工工程地质情况和主要结构面的产状，选择合理的爆破孔布置；爆破孔布置在主要结构面出现的一侧边墙；炮孔数量一般为 24 个，直径 38～45 mm，深度 1.5 m 左右；第一个爆破孔距接收器约 20 m，爆破孔孔间距约 1.5m。孔向垂直于隧道轴向，或向前与掌子面成 10°夹角，并向下倾斜 10°~20°，各孔在隧底面以上约 1.0 m，各钻孔呈直线分布（图13-10）；爆破孔完成后，为防止钻孔在不稳定的围岩中坍塌，可用薄壁塑料管（直径 30~40 mm）插入孔中，实测时取出；安设三分量检波器的钻孔完成后，用专用环氧树脂或水泥砂浆或混凝土锚固剂注满钻孔，然后将三分量检波器套管插入孔中，固化后备用，应确保套管与围岩间没有缝隙存在和三分量检波器套管的定位。

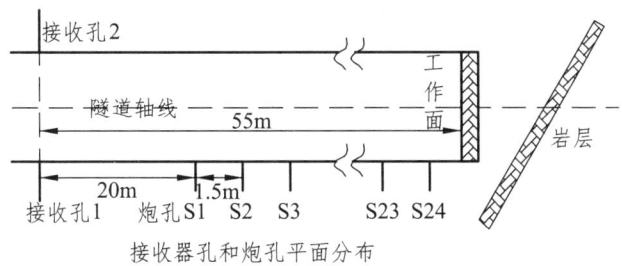

接收器孔和炮孔平面分布

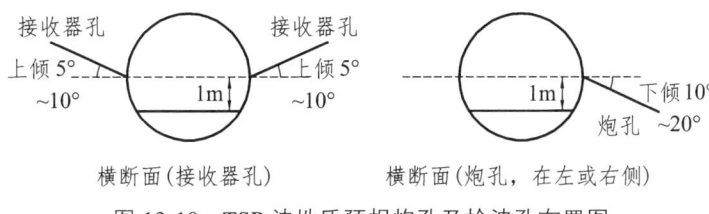

横断面（接收器孔）　　横断面（炮孔，在左或右侧）

图 13-10　TSP 法地质预报炮孔及检波孔布置图

爆破炸药可以使用一、二级岩石乳化炸药，每孔装药量介于 50~100 g；雷管采用毫秒瞬发电雷管；装药完成后，采用水封孔。

实施 TSP 地质超前预报应严格按规定布置震源和接收传感器钻孔，并保证质量，特别是孔距；操作人员的地质知识（特别是工程地质力学的知识）不足时，必须应用两个传感器，实施双壁探测；在洞内探测过程中，尽最大努力减少噪声和漏炮；TSP 探测必须有超前钻探和其他近距离预报手段的有力配合；TSP 探测对解译技术人员要求具有较丰富的地质知识，特别是工程地质力学的知识和较高的野外、洞内地质工作的基本功。

13.4.5　陆地声纳法

陆地声纳法采用十字剖面测线布置，用捶击、爆炸、电火花作震源，用 FY-20 型工程地震仪和压电式高频检波器采集从几赫兹到几千赫兹的宽频反射波信号，用分段带通滤波方法处理提取不同频率信号，计算反射界面的空间位置，预报隧道施工掌子面前方不良地质体的位置。适用于对断层、岩脉、岩溶、洞穴等不良地质的较长期地质预报。

陆地声纳法地质超前预报技术要求

（1）一般要求最浅探测层的反射角<30°。

（2）为了便于解释，当剖面构造复杂时，可进行偏移归位处理等。

（3）应尽量采用能产生高频弹性波的锤击、爆炸、电火花等震源，反射波的频率应大于4 000 Hz。

（4）采集系统应具有超短余振的功能，反射波延续周期不大于1.0~1.5个周期。

（5）为提取不同频率的信号，应采用分段带通滤波的方法处理数据。

（6）测线布置应采用十字剖面的形式。

必须指出，所有波反射法地质预报，均是利用波在介质中的传播、反射和反射波走时进行隧道施工掌子面前方界面位置的探测预报，虽然根据反射波相位与首波相位关系等可以对界面间介质性质（软硬、波阻抗大小）做出判断，但由于地球物理探测结果的多解性，界面间介质性质（如施工掌子面岩体为坚硬完整岩体，前方第一界面与第二界面间介质较掌子面到第一界面间介质软、波阻抗大，第一界面与第二界面间介质可能为密集节理发育导致的破碎岩体、岩溶洞穴及充填物、断层及其破碎带、软岩或软夹层等）仍需要结合预报人员的经验及其对隧道所在位置地质背景条件的掌握进行分析判断。

13.4.6　真地震反射层析成像法

真地震反射成像法（True Reflection Tomography，TRT），利用岩体中不均匀面的反射地震波进行超前探测，采用地震扫描成像技术。经介质传播的地震信号是由折射、反射、散射、弥散等多类波形所组成，扫描成像利用信号波形变化来估计介质性质变化的位置和范围。

真地震反射成像法地质预报，采用空间多点激发和接收的观测方式，检波点和激发点呈空间分布，以充分获取空间场波信息，提高前方不良地质体的定位精度。

真地震反射成像法地质预报数据处理关键技术，乃是速度扫描和偏移成像，不需要走时。因此，对岩体中反射界面位置的确定、岩体波速和工程类别的划分都有较高的精度，而且还具有较大的探测距离。

图13-11是真地震反射层析成像法原理图。

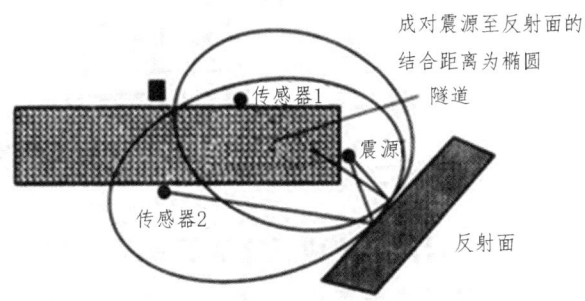

图 13-11　地震反射层析成像原理（据 D. R. Hanson 等）

图 13-12 是 TRT6000 超前预报震源点位及检波器点位剖面示意图，图 13-13 是 TRT600 典型探测成果图。

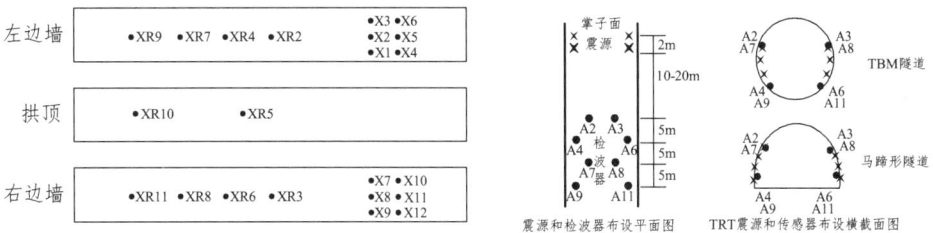

图 13-12　TRT6000 超前预报震源点位及检波器点位剖面示意图

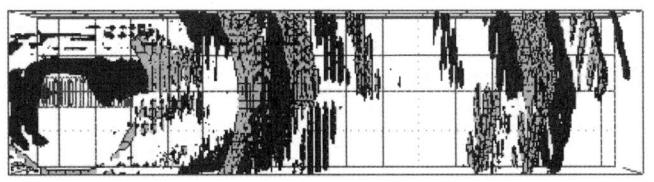

（俯视图）

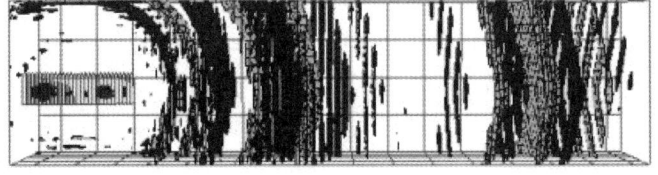

（侧视图）

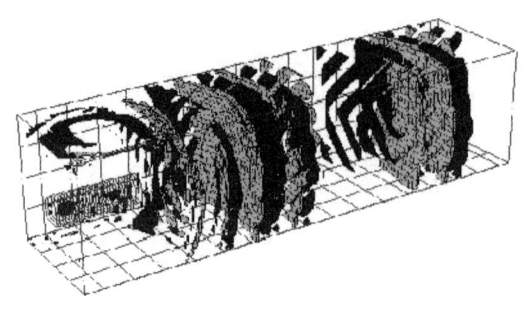

（立体图）

图 13-13　TRT600 典型探测成果图

13.5　跨孔声波透射成像法

不同种类的岩土，具有不同的波传播速度。完整坚硬岩体声波传播速度高，波的衰减弱；软弱的裂隙发育的岩体（如空洞、破碎或风化岩、土）传播速度低，波的衰减强。

速度层析成像反映在波发射源与接收传感器间岩土体速度及其变化，衰减层析成像反映探测区域内波的相对衰减率。

波总是沿信号源到检波器间具有较高速度的岩土体传播，波在各向同性岩土体中的传播路径为直线，在各向异性岩土体中的传播路径为曲线。因此，选用适当的信号源和检波器组合，重构岩土体的速度分布是可能的。

造成波速度及波衰减的变化因素包括：不同种类的岩土体具有不同的物性和地震波传播特性，岩土体中应力状态、裂隙延伸、饱水状态及土的压实度的变化等。

在破碎带、断层、沉降带或空洞等地质体中，地震波传播速度可能较低；由于地震波绕过异常中体而使传播距离增加，地震波衰减明显加大。

跨孔声波透射成像法地质预报，在隧道施工掌子面上超前钻孔进行跨孔声波透射测试（图 13-14），利用不同岩土具有不同波传播速度、各向异性岩土体中波总是沿信号源到检波器间具有较高速度岩土体传播的原理，结合岩土物理力学性质的相关分析，采用孔间声波探测射线走时和振幅来重构孔间岩土内部声速值及衰减系数的场分布，通过像素、色谱、立体网络的综合展示，达到直观反映孔间岩土体内部结构、进行隧道施工掌子面前方地质预报的目的（图 13-15）。

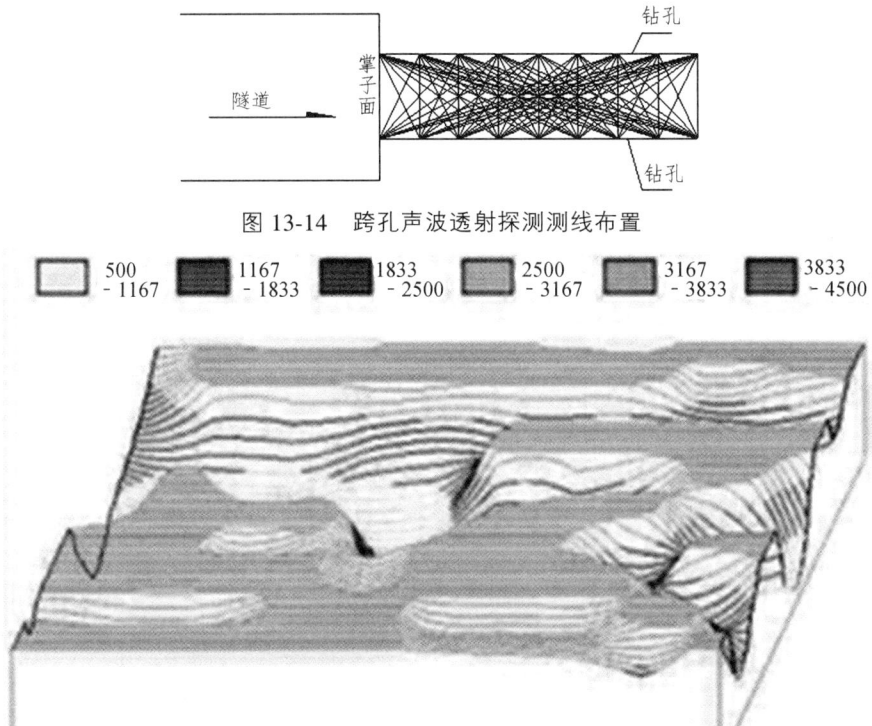

图 13-14 跨孔声波透射探测测线布置

图 13-15 跨孔声波透射成像成果

应该指出，无论是跨孔声波透射成像，还是地震波反射成像法地质预报，其成果岩土体波速度分布或反射系数成像中，不良地质体的分布范围均存在畸变现象，其分布范围并不完全等同于不良地质体的形状。

13.6 地面地球物理探测法

13.6.1 多道瞬态面波法

1. 面波探测基本原理

点状震源（锤击、落重、炸药爆破）产生的球面波向周边介质传递弹性能量，在地表自由面上，由于受界面弹性条件的限制，产生沿地表传播的压缩波和 SV 型剪切波，压缩波和 SV 型剪切波的叠合。形成瑞雷面波，其传播反映途经介质的弹性参数。在均匀介质中，面波的振幅随着介质埋藏深度的增加而减小，面波的传播深度与面波波长成正比，面波的速度与波及深度内介质弹性参数（介质密度、压缩波速度、剪切波速度）特别是剪切波速度相关。均一介质表面激发的面波,不同波长组分涉及深度范围内介质弹性参数相同,具有相同的面波传播速度;不同深度的弹性分层地层具有不同的弹性参数,其不同波长组分的面波传播速度是不同的;单一波长(或单一频率)组分面波的传播速度即该波长面波的相速度,不同波长(不同频率)组分面波传播速度(相速度)间的差异即频散。根据地层面波的频散特征求取地面下不同深度不同弹性分层的弹性参数,进而进行地下地层划分,是面波探测的基本原理。

2. 多道瞬态面波探测

采用等距线性排列多个检波器,拾取不同频率(不同深度)面波信号,根据地层面波的频散特征求取地面下不同深度不同弹性分层的弹性参数,进而进行地下地层划分。

图 13-16 是云南思(茅)小(勐养)高速公路某中浅埋隧道面波勘察成果。

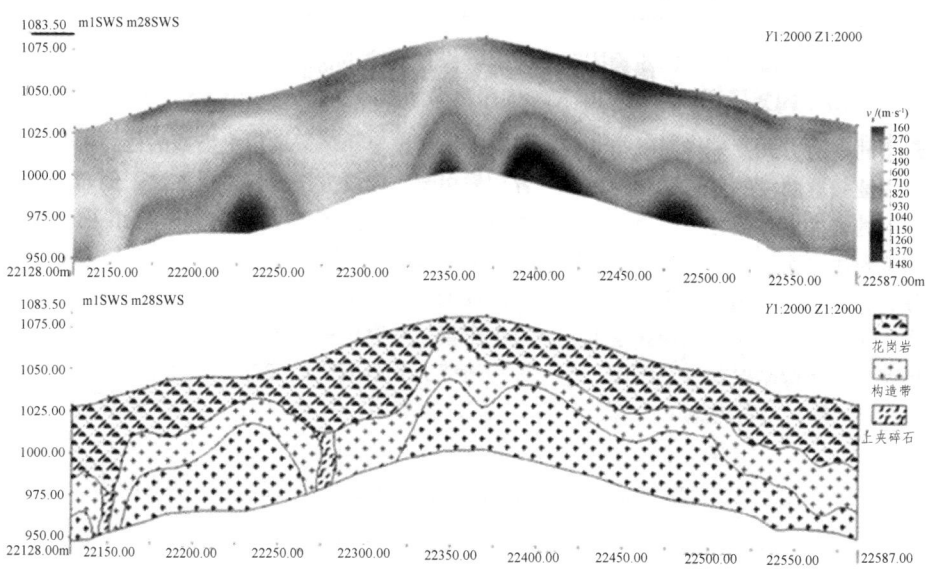

(上图—隧道纵剖面面波速度分布图,下图—隧道地质纵剖面图)

图 13-16　云南思(茅)小(勐养)高速公路某中浅埋隧道面波勘察

13.6.2　高密度地震映像法

1. 基本原理

高密度地震映像法,简称地震映像法。采用人工激发震动波,利用面波在地层界面或地下不连续地质界面发生的反射、分解、转换、传递衰减及频率变化,通过计算机数字成像技术进行地震信息分析处理和解释,计算并以不同的颜色反映地下各层介质的速度(或反射能量)和深度,显示波阻抗界面,再现地下地层(地质体)结构形态。

2. 高密度地震映像法探测

高密度地震映像法分陆域和水域高密度地震映像,前者多采用锤击和炸药爆破作为震源,后者为避免气泡效应多采用全自动大能量连续冲击震源;检波器采用等距线性排列。

图 13-17 和 13-18 分别是福建平潭海峡大桥 9 号线高密度地震映像及其解释成果和某高速公路地下溶洞高密度地震映像探测成果。

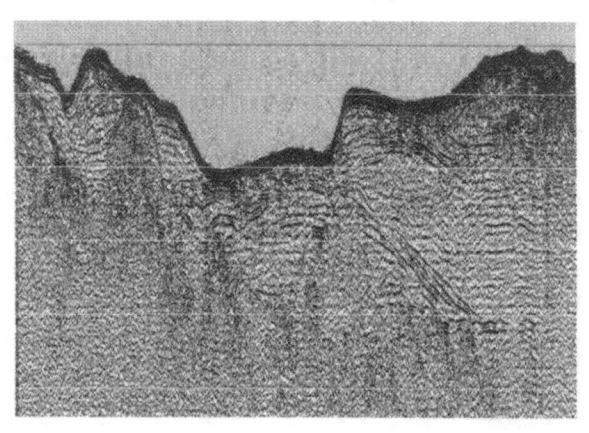

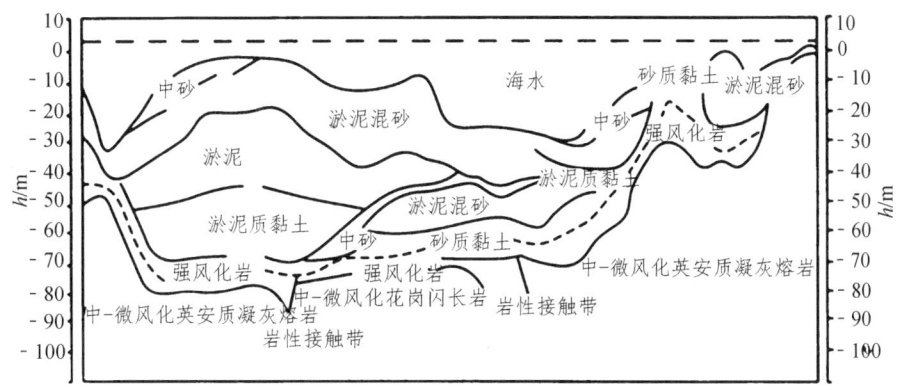

(上图—地震映像,下图—解释成果)

图 13-17 福建平潭海峡大桥 9 号线高密度地震映像及其解释成果

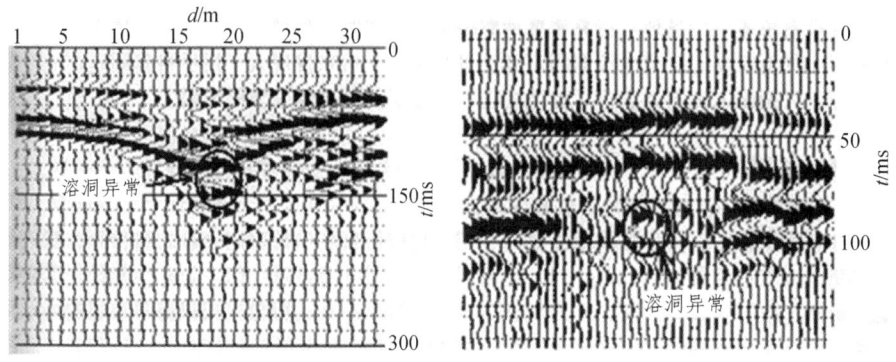

图 13-18　某高速公路地下溶洞高密度地震映像探测成果

13.6.3　高密度电法

1. 基本原理

高密度电法以岩土介质的电性差异为前提，岩土体或不良地质体的电阻率除了与其自身的组分相关外，还与其结构、构造、空隙率及含水量密切相关，高密度电法勘察通过多道电极转换开关自动转换测量电极，观测人工建立的地下稳定电流场的分布，采用计算机数字成像技术重构地下岩土体特别是不良地质体的分布。

2. 高密度电法探测

图 13-19 是福建永（安）武（平）高速公路 ZK173+800～ZK174+240 段地下电阻率等值线图及地质剖面图。可以看出，两者具有较好的对应关系。

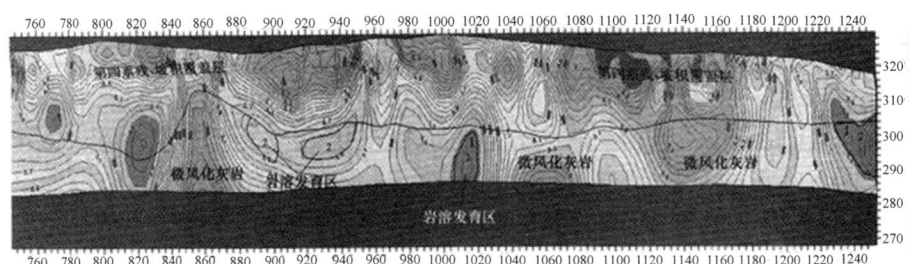

（电阻率等值线图）

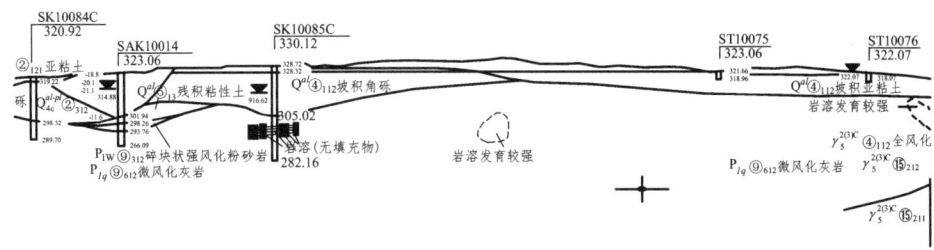

（地质剖面图）

图 13-19　福建永武高速公路 ZK173+800～ZK174+240 段地下电阻率
等值线图及地质剖面图

图 13-20 是采用高密度电法在贵州镇胜高速公路孙家寨隧道进行地面探测获得的成果图。

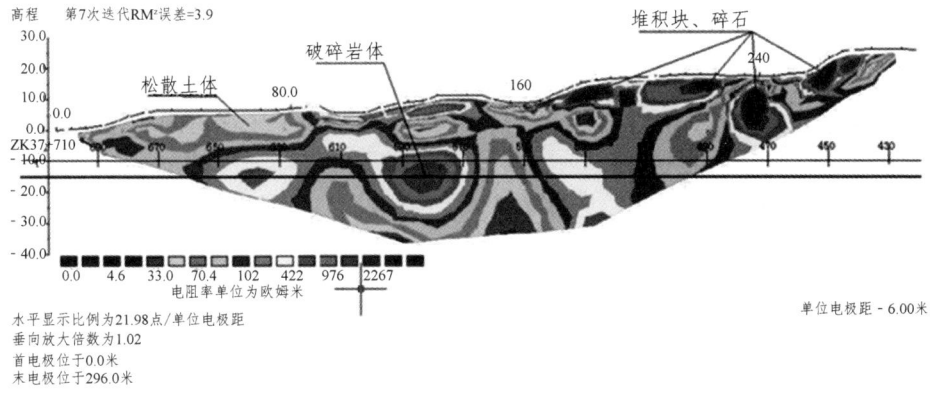

图 13-20　贵州镇胜高速公路孙家寨隧道地面高密度电法探测成果

13.6.4　可控音频大地电磁勘察技术

1. 基本原理

以人工发射的交变电磁场为场源，利用不同频率交变电磁场波信号在不同深度不同地层中传播具有不同穿透深度和不同作用的特点，根据观测信号差异反映地下地层（地质体）电性差异，了解地下地层、构造分布，地层含水状况，地下岩溶发育分布状况。

2. 可控音频大地电磁勘察

图 13-21 是福建永（安）武（平）高速公路龙井隧道左线大地电磁探测

成果图及地质剖面图。可以看出，两者具有良好的对应关系。

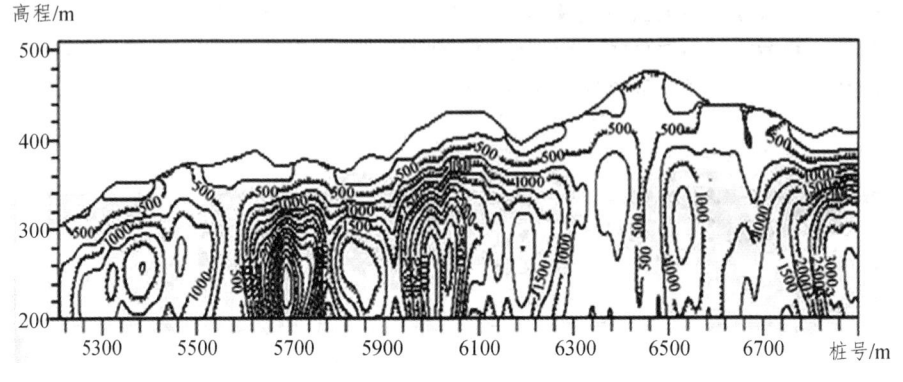

（大地电磁反演电阻率图）

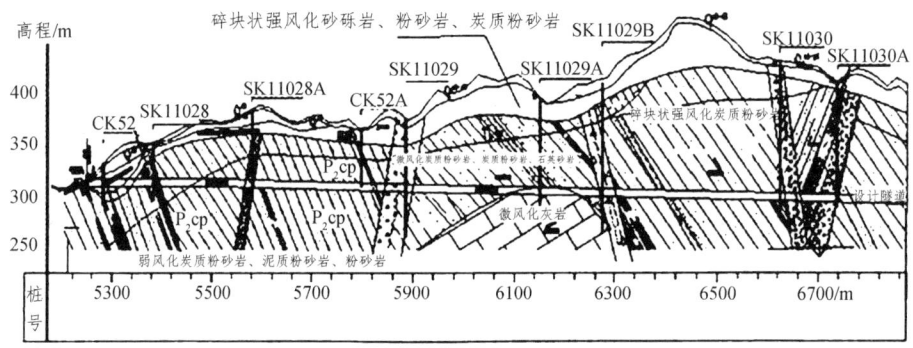

（地质剖面图）

图 13-21 福建永（安）武（平）高速公路龙井隧道左线
大地电磁探测成果图及地质剖面图

13.7 岩体温度法隧道施工掌子面前方含水体/水体探测涌水预报

13.7.1 基本原理

隧道（洞）内围岩岩体温度，取决于隧道（洞）的埋深、隧道（洞）所在地区地表温度、区域地温梯度、地层岩石的热传导特性、地层岩体中节理裂隙（包括断层）发育分布状态、地下水在岩体中的循环流动状况、区内热流场分布、隧道（洞）内施工影响。

节理裂隙发育状态一致的同种岩石，其热物理性质一致，在一定埋深、同一区域地温场条件下，围岩岩体温度除受地下水在岩体中的循环流动状况、区内热流场分布的影响外，还受隧道洞内施工的影响。采用在隧道周边钻孔内进行岩体温度测试实验，是确定不同岩石、不同节理裂隙发育状态条件下隧道围岩岩体温度测试钻孔深度，确保测试结果不受隧道洞内施工影响的前提条件。

节理裂隙（包括断层）的发育分布状态直接决定岩体的渗透性，岩体的渗透性决定地下水在岩体中的渗透流动，地下水在岩石体中的渗透流动决定岩体温度受地下含水体影响的范围。地下水（地下冷水或热水）在岩体中的循环流动，主要起到降低或提高流经位置及其周围一定范围内岩石体温度的作用，循环流动速度越大，这种作用越大，反之越小。

隧道施工掌子面前方含水体空间分布位置的不同，决定其与不同位置岩体温度测试钻孔中温度测试位置间距离的不同，距离的不同决定地下水对岩体温度影响的不同。岩体温度法隧道（洞）施工掌子面前方含水体预报，正是利用这种差异来确定隧道施工掌子面前方含水体的空间分布位置。

隧道施工掌子面前方含水体的大小，决定了对其周围岩体温度影响的范围和影响的大小。同种岩石体且节理裂隙发育分布状态一致，岩石体的热传导性质可视为相同，含水体大，影响范围大，岩体温度变化速率大；反之，影响范围小，岩体温度变化速率小。岩体温度法隧道（洞）施工掌子面前方含水体预报，正是利用这种差异来确定隧道施工掌子面前方含水体的大小，进而进行涌水量的预报。

综上所述，岩体温度法隧道（洞）施工掌子面前方含水体预报，乃是利用地下水在岩石体中的渗透流动降低或提高流经位置及其周围一定范围内岩石体温度的作用，根据隧道施工掌子面前方不同空间分布位置、不同大小含水体对不同位置岩体温度影响的不同、影响范围和影响大小的不同，进行隧道施工掌子面前方含水体的空间分布位置和含水体大小即可能的涌水量的预报。

13.7.2 岩体温度测试布置

假定隧道为圆形，隧道施工掌子面前方含水体为球状且足够大，由于水体距同一里程位置隧道拱顶及左、右两侧隧道 1/2 高度位置岩体温度测试点的距离相同，且水体对岩体温度影响相同，则有隧道拱顶及左、右两侧隧道 1/2 高度位置岩体温度变化曲线呈重合状态。当温度测试点进入含水体后，岩体温度即为水体温度。如图 13-22 为岩体温度法隧道施工掌子面前方含水体预报原理图所示。

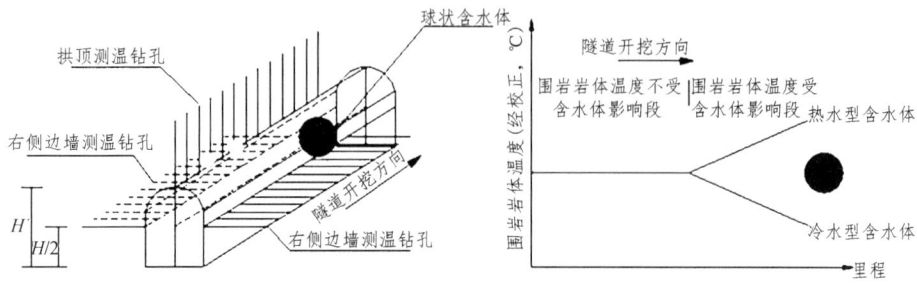

图 13-22　岩体温度法隧道施工掌子面前方含水体预报原理

13.7.3　隧道施工掌子面前方含水体/水体空间分布位置判定

根据隧道洞内围岩岩体温度校正结果，将拱顶位置、左右边墙 1/2 高度位置岩体温度变化曲线绘制在同一图上。

根据拱顶位置、左右边墙 1/2 高度位置岩体温度变化曲线明显上升或下降拐点相对位置确定隧道施工掌子面前方含水体位置（图 13-23）。

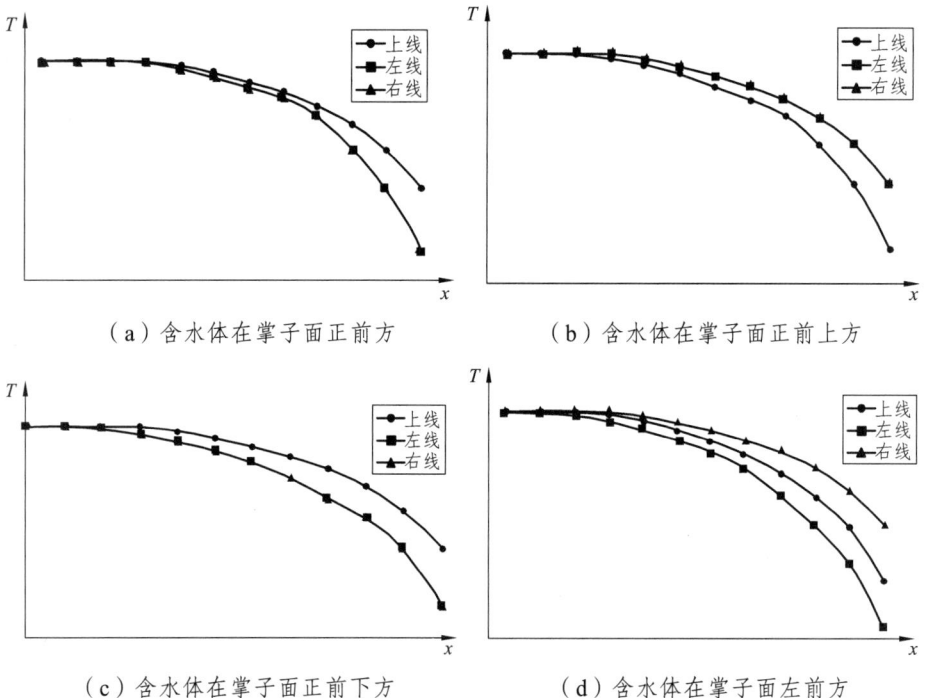

（a）含水体在掌子面正前方　　　　（b）含水体在掌子面正前上方

（c）含水体在掌子面正前下方　　　　（d）含水体在掌子面左前方

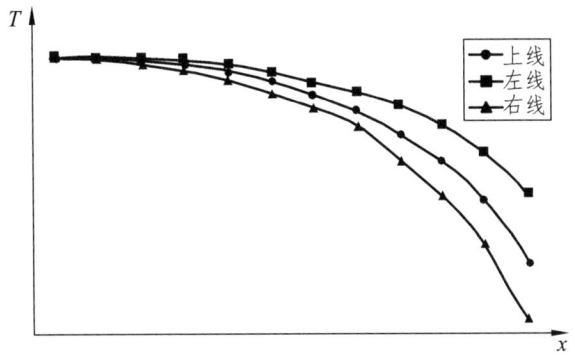

（e）含水体在掌子面右前方

图 13-23　隧道（洞）施工掌子面前方含水体空间分布与测线岩体温度变化曲线的关系

（1）含水体在施工掌子面正前方：拱顶测线岩体温度变化曲线下降拐点和 $H/2$ 高度边墙位置测线岩体温度变化曲线下降拐点基本在同一位置，或 $H/2$ 高度边墙位置测线岩体温度变化曲线下降拐点略早于拱顶测线岩体温度变化曲线下降拐点。

（2）含水体在掌子面正前上方：拱顶测线岩体温度变化曲线下降拐点早于 $H/2$ 高度边墙位置测线岩体温度变化曲线下降拐点。

（3）含水体在掌子面正前下方：拱顶测线岩体温度变化曲线下降拐点晚于 $H/2$ 高度边墙位置测线岩体温度变化曲线下降拐点。

（4）含水体在掌子面左前方：左边墙 $H/2$ 高度位置测线岩体温度变化曲线下降拐点明显早于拱顶测线岩体温度变化曲线下降拐点，右边墙 $H/2$ 高度位置测线岩体温度变化曲线下降拐点最晚出现。

（5）含水体在掌子面右前方：右边墙 $H/2$ 高度位置测线岩体温度变化曲线下降拐点明显早于拱顶测线岩体温度变化曲线下降拐点，左边墙 $H/2$ 高度位置测线岩体温度变化曲线下降拐点最晚出现。

13.7.4　隧道施工掌子面前方含水体/水体相对大小判定

根据岩体温度变化速率（岩体温度变化曲线温度上升段或下降段斜率）的大小，分析判断含水体的相对大小即隧道施工开挖可能遇到的涌水量的相对大小。

（1）岩体温度变化曲线温度上升段或下降段斜率小，含水体/水体相对较小。

（2）岩体温度变化曲线温度上升段或下降段斜率大，含水体/水体相对较大。

13.8 激发极化法隧道施工掌子面前方含水体/水体探测涌水预报

基于激发极化的隧道施工掌子面前方含水构造（含水体、水体）探测预报方法，是基于含水构造视电阻率特征，采用隧道超前探测专用激发极化仪器系统（图13-24）进行三维测量（图13-25），根据二电流激发极化半衰时之差确定隧道施工掌子面前方含水构分布，根据半衰时之差与含水构造水量关系判断含水构造中水量相对大小的隧道施工掌子面前方含水构造（含水体、水体）探测预报方法。

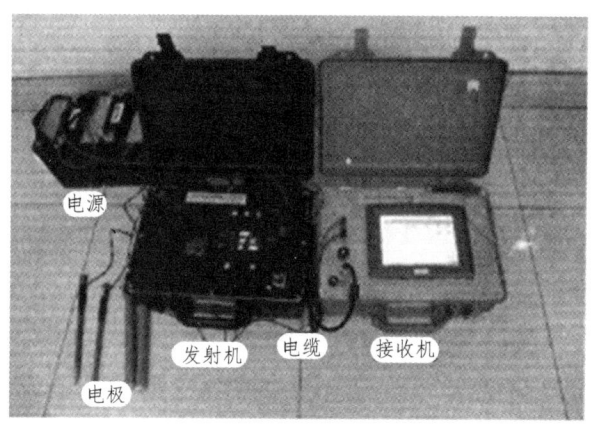

图 13-24　隧道超前探测专用激发极化仪器系统

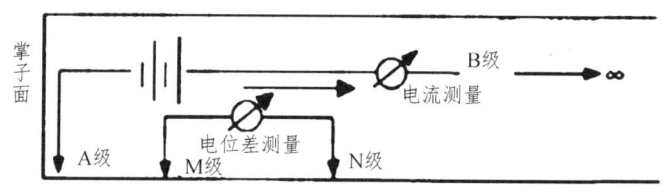

（a）单测线示意图

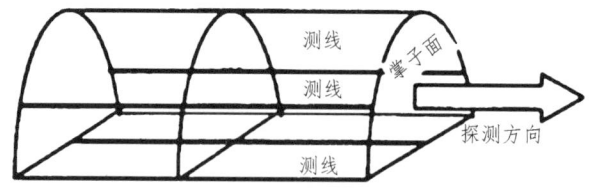

（b）多测线的三维立体布置示意图

图 13-25　激发极化法含水构造探测布置

图 13-26 是致灾构造无水和不同充水量条件下二电流激发极化半衰时之差与实测视电阻率的关系曲线。

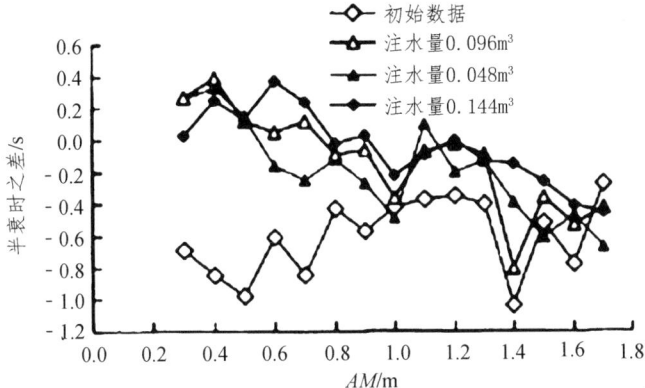

图 13-26 致灾构造无水、不同充水量二电流激发极化半衰时之差与视电阻率的关系曲线

由此，提出了含水构造及其相对水量大小判断准则：

（1）致灾构造无水时，半衰时之差为负。

（2）半衰时之差为正，致灾构造含水成为含水构造。

（3）二电流激发极化半衰时之差与视电阻率的关系曲线正值部分与横轴包络面积与含水构造含水量呈良好的线性正相关关系（图 13-27）。

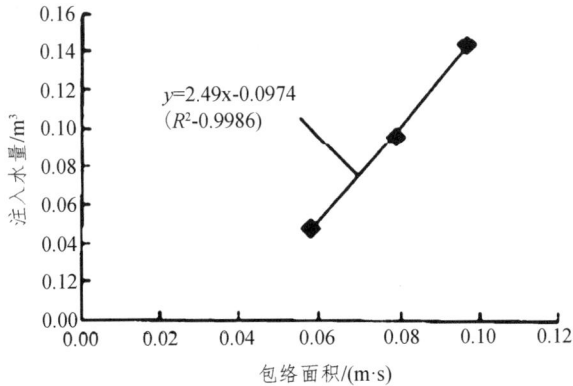

图 13-27 包络面积与致灾构造中含水量关系曲线

13.9 红外探水预报

红外探测法，通过灾害场或灾害源——隐蔽含水构造探测，来提前发现隐蔽灾害源的存在。这些灾害在尚未发生之前，总是以灾害源和灾害场两种形式同时存在。

灾害源指隐蔽含水构造或含水断层等含水体，灾害场指由灾害源形成的不同红外辐射异常场。岩体、水体由于分子或原子振动和晶格振动，每时每刻都在向外辐射电磁波场，并形成红外辐射场，不同的地质体产生不同的红外辐射场。红外探测仪就是根据一定隐蔽范围内红外辐射场的变化来进行判断，在没有其他地质灾害实体的情况下，红外探测仪所测得到的红外辐射场是一个正常场，当隐蔽的灾害实体出现后，其产生的辐射场叠加在正常场上，从而使正常场发生畸变。

在隧道施工工程中，如果在隧道掌子面前方或隧道周边有隐蔽的含水体存在，由于水的温度尤其是运移水的温度与岩体温度有较大的差别，含水体产生的辐射场叠加在正常场之上，形成较大畸变，从而更容易被发现。

遗憾的是，红外探测对围岩岩体是否含水有效，但不能确定含水量大小，且受隧道洞内施工影响。

试验研究表明，在探测隧道段无水条件下，红外探测对前方可能出现的大的股状涌水反应明显（图13-28），但对小股状涌水反映不明显（图13-29）。在探测隧道段存在散布状滴水和多处小股状涌水条件下，对前方相对集中涌水反映不明显（图13-30）。

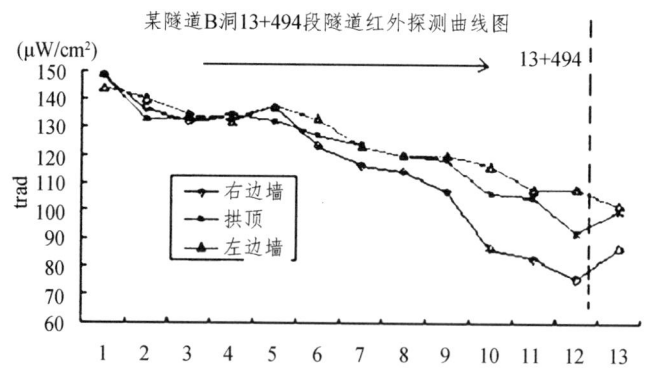

图 12-28 锦屏二级水电站交通辅助洞 A13+434～+494 段红外探测曲线图
（测试隧道段除+494 隧底和右边墙脚上方 1 m 位置大股状涌水外无其他形式涌水）

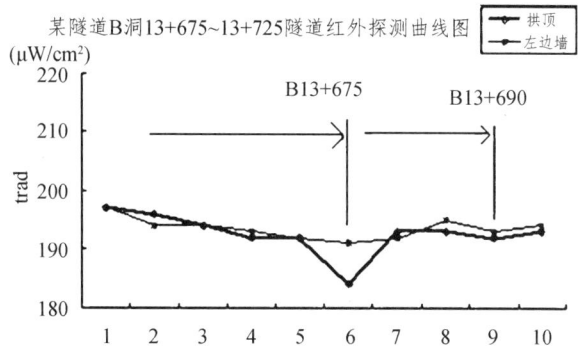

图 12-29　锦屏二级水电站交通辅助洞 B13+675～+725 红外探测曲线图

（测试隧道段内无散状滴水，B13+675 左拱腰中部有较大股状出水，
B13+690 左拱腰中部小股状涌水）

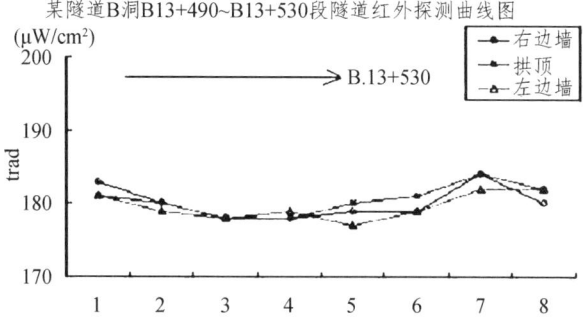

图 13-30　锦屏二级水电站交通辅助洞 B13+490～+530 段红外探测曲线图

（测试隧道段内散布状滴水和多处小股状涌水，B13+520 右边墙大股状水）

13.10　瞬变电磁法

瞬变电磁法,也称时间域电磁法（Time Domain Electromagnetic Methods），简称 TEM。早期的瞬变电磁探测，主要用于金属矿体探测，其利用发射回线供电、断电瞬间发射回线中电流突然变化产生的一次磁场向周围传播，遇导电性良好金属矿体激发产生感应电流（又称涡流或二次电流），随时间变化在导电性良好金属矿体周围产生的二次磁场（因导电性良好金属矿体内感应电流的热损耗，二次磁场大致按指数规律随时间衰减成为瞬变磁场），利用接收回线观测二次磁场，通过对观测数据的分析处理，揭示导电性良好金属矿体及其相关物理参数。在隧道施工地质预报中，利用含水地质体的导电性，通

过对二次磁场观测数据的分析处理,揭示隧道施工掌子面前方存在的含水地质体大小及其分布位置。

图 13-31 是瞬变电磁法探测工作原理,图 13-32 是瞬变电磁法探测分析成果图。

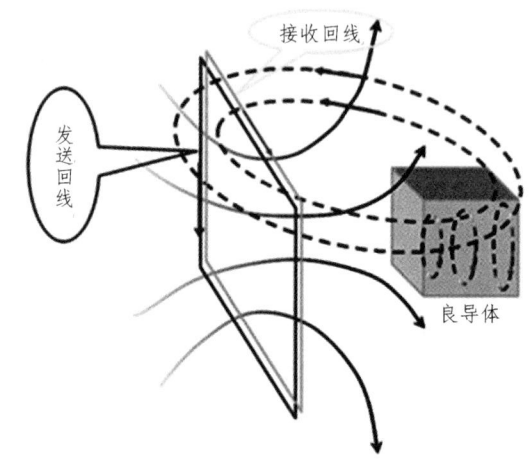

图 13-31　瞬变电磁法探测工作原理示意图

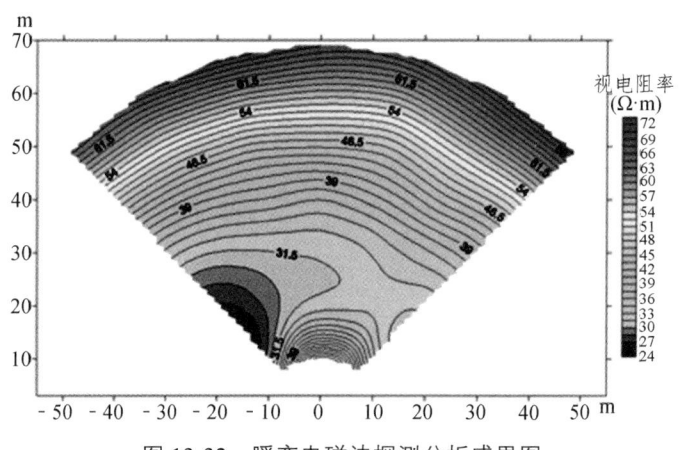

图 13-32　瞬变电磁法探测分析成果图

第14章 地质复杂隧道施工地质预报工作方法

14.1 重点预报段确定

地质复杂隧道地质条件复杂，隧道遭遇不良地质体-致灾构造可能导致的地质灾害概率高。区别一般地段和重点地段，采用不同的地质预报方法或不同的地质预报方法组合进行预报，是节约预报经费和确保不遗漏可能导致隧道施工地质灾害发生的不良地质体-致灾构造的需要。

14.1.1 地质复杂隧道重点预报段

地质复杂隧道重点预报段包括：
（1）断层分布段。
（2）密集节理裂隙发育破碎岩体分布段。
（3）岩溶分布段。
（4）废弃矿巷分布段。
（5）煤层分布段。

14.1.2 地质复杂隧道重点预报段确定方法

1. 隧道勘察成果、设计图纸资料收集分析方法

隧道勘察成果，是隧道工程设计的依据，是隧道工程地质勘察结果的集中体现。它包括了各方各面的资料，其中隧道工程穿越的地层岩石、隧道施工穿越的地质构造及其规模和性质、隧址区地下水构造单元及其分布、可采煤层的分布、隧道址区地下矿巷设计、隧道水文地质条件等，对于分析岩溶发育分布及其充填性质、矿巷分布及其充填性质等，确定地质复杂隧道重点预报段具有重要的指导意义。

隧道设计图纸，则是隧道工程地质勘察成果的重要体现。隧道施工穿越的地质构造分布位置、地球物理探测异常体分布、可溶岩分布、可溶岩与非可溶岩接触部位、煤层位置及其厚度等，均有所交代，可作为地质复杂隧道重点预报段划定的依据。

2. 补充地质调查方法

如前述，地质复杂隧道往往是长大深埋隧道，其所穿越的地质复杂地区多山高坡陡，人迹罕至，交通极为困难，或地质构造发育甚至交叠，或地层受构造运动、岩浆作用、变质作用变动严重，隧道工程地质勘察极为困难，钻探和地面地球物理勘探尤甚，遗漏可能导致隧道施工地质灾害发生的不良地质体-致灾构造在所难免。通过补充地质调查，结合隧道工程地质勘察成果，进行地表地下地质构造相关分析、废弃矿巷分布与隧道空间关系分析，是地质复杂隧道重点预报段确定的重要补充。

14.2 预报技术方法选择与预报体系建立

14.2.1 预报技术方法选择

表 14-1 是时下一些主要的隧道施工地质预报主要方法技术特点对比情况。

表 14-1 主要地质预报方法技术特点对比表

方　　法	原　　理	预报对象
地质调查分析法	趋势推断、分析判断	致灾构造性质
波反射法（HSP、TSP、GDP、TST、GPR、陆地声呐法、负视速度法）	波反射	界面位置及形状
地震波反射成像法（HSP、TRT）	波反射成像	致灾构造位置、形状
地面物探法（浅层地震、高密度电法）	波反射	界面位置及形状，致灾构造位置、形状
瞬变电磁法	电磁异常	介质含水性
激发极化法（BEAM 等）	极化特性异常	介质含水性
岩体温度法	温度场异常	含水体/水体位置及其相对大小
超前钻孔法	直接揭示	任意对象
红外探水	温度场异常	介质含水性

预报方法选择应遵循以下原则：

（1）界面位置反射波法探测预报原则。

（2）含水体、水体位置及其相对大小岩体温度法、瞬变电磁法探测预报原则。

（3）岩溶形状地质雷达法、波反射成像法探测预报原则。

（4）界面间介质性质、岩溶充填物性质综合分析判断原则。即在界面位置、岩溶形状探测预报的基础上，结合预报人员经验及其对隧道所处工程地质水文地质条件的掌握、预报掌子面的地质条件、掌子面前方地质条件变化趋势，进行综合分析判断。

（5）互为验证、跟踪预报和钻孔法精准验证原则。

14.2.2　预报体系建立

隧道所处地质条件，决定预报方法的选择。地质条件简单的隧道，可采用地质法进行；对存在重大不良地质体、可能造成重大地质灾害的隧道段或长大重点隧道，应采用超前钻孔方法进行；地质条件复杂程度中等的隧道，采用地质结合地球物理探测方法进行。

综上所述，隧道施工地质超前预报体系的构建，应遵循以下原则：

（1）简单适用。

（2）充分利用隧道设置条件。

（3）选择的地质超前预报方法适应隧道所处地质条件。

隧道施工地质超前预报体系的构建原则和隧道施工地质超前预报技术现状，决定了隧道施工地质超前预报体系。

图 14-1 是结合近年来开展隧道施工地质超前预报总结提出的通用隧道施工地质超前预报体系框图。

体系的复杂程度取决于具体隧道地质条件，具体隧道的预报体系应根据具体隧道地质条件的复杂程度调整，但不论具体隧道的地质条件如何，地质调查法是其他预报方法的基础，也是提高预报准确率的需要，必须开展。

应该指出的是，隧道施工地质超前预报应坚持宏观长距离指导性预报与短距离精细预报相结合，在熟悉隧道设计地质资料的基础上，采用地表地质调查法作宏观长距离指导性预报，采用波反射法作短距离精细预报；对可能存在重大不良地质体的隧道地段，在加强短距离精细预报的基础上，应采用超前钻孔法进行重点预报。

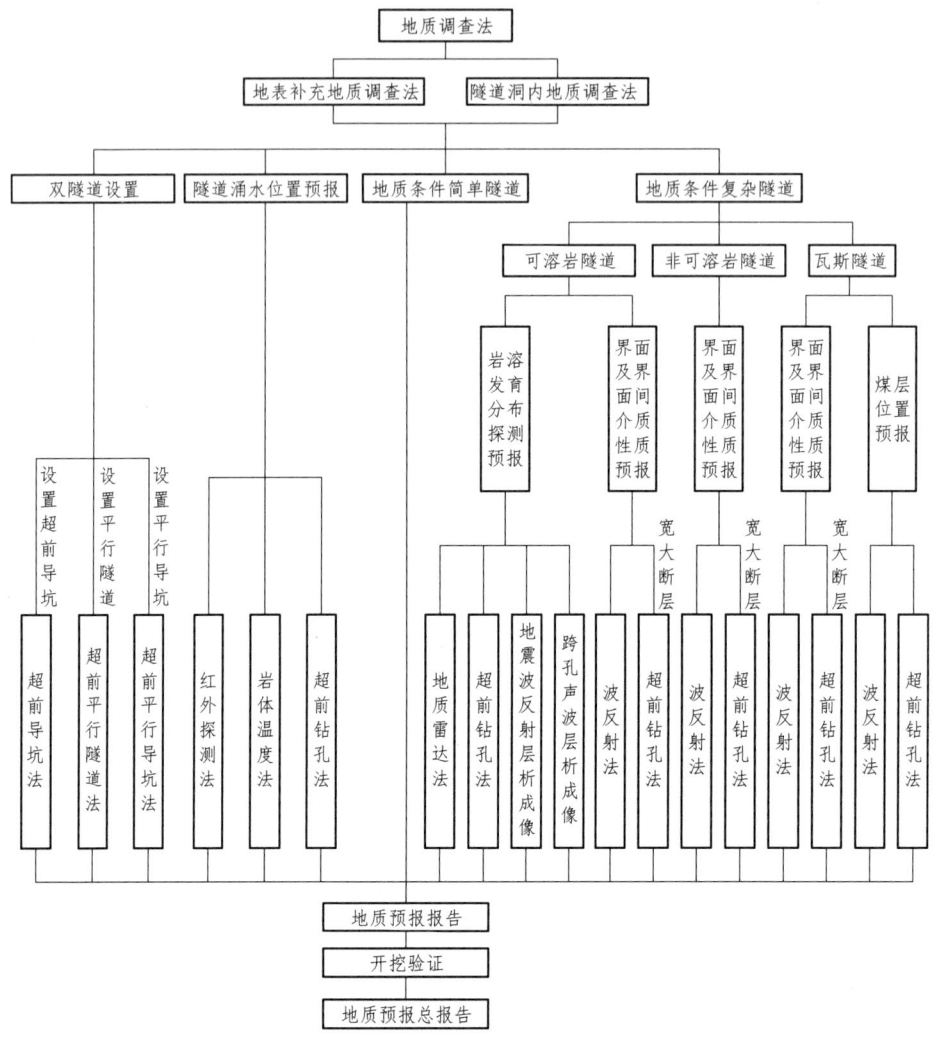

图 14-1 通用隧道施工地质超前预报体系框图

14.3 地质复杂隧道施工地质预报实施大纲编制

地质复杂隧道施工地质预报实施大纲，应提出地质复杂隧道施工地质预报实施方案及确保地质复杂隧道施工地质预报实施的组织机构、人力资源与设备保障、质量及安全保证措施，规定预报报告及总报告编制及报送等。因此，地质复杂隧道施工地质预报实施大纲，是实施地质复杂隧道施工地质预报工作的基础。

地质复杂隧道施工地质预报大纲,应包括以下内容:
(1)隧道工程概况。
(2)隧道施工主要工程地质问题分析。
(3)编制依据。
(4)隧道地质复杂程度分级。
(5)施工地质预报目的及内容。
(6)施工地质预报实施方案。
(7)施工地质预报单位组织机构。
(8)人力资源与设备保障。
(9)质量保证措施。
(10)安全保证措施。
(11)预报报告及总报告编制及报送。
(12)其他需要说明的问题。
(13)附件。

14.3.1 隧道工程概况

隧道工程概况包括:
(1)隧道工程地理位置。
(2)隧道设置。
(3)隧道进、出口里程。
(4)隧道工程地质水文地质条件(地形地貌、地质构造、地层岩性、地下水)。

14.3.2 隧道施工主要工程地质问题分析

隧道施工主要工程地质问题分析,根据隧道设计图纸文件、各阶段隧道风险评估报告,结合补充地质调查结果进行。包括:
(1)隧道施工开挖可能遭遇的不良地质体-致灾构造类型。
(2)隧道施工开挖遭遇不良地质体-致灾构造可能引发的地质灾害类型。

14.3.3 编制依据

复杂地质隧道施工地质预报实施大纲编制依据应包括:
(1)国家和行业相关技术规范、规程、文件和管理办法。
(2)隧道设计图纸、文件。
(3)业主相关管理文件、办法。

（4）施工地质预报合同文件。
（5）各阶段隧道风险评估报告。
（6）施工地质预报承担单位相关企业技术标准、管理办法。

14.3.4　隧道地质复杂程度分级

隧道地质复杂程度分级，铁路隧道按表 2-1 进行，公路隧道、水工隧洞、市政隧道参照表 2-1 进行。

14.3.5　施工地质预报目的及内容

隧道施工地质预报的目的，见 12.2 节。

隧道施工地质预报的内容，应结合隧道施工主要工程地质问题分析结果具体给出。

14.3.6　施工地质预报实施方案

施工地质预报实施方案，包括：

（1）总体方案。

（2）不同类型不良地质体-致灾构造预报实施方案。

总体方案，应是以地质调查法为基础的，采用宏观指导微观、物探与钻探结合、长距离与中短距离相结合、跟踪互为验证的预报。

不同类型不良地质体-致灾构造预报实施方案，包括围岩变形失稳塌方、涌突水、涌突泥、泥石流致灾构造及煤层位置的探测技术方法组成和涌突水致灾构造含水性或充水性探测技术方法组成。

具体而言，在满足隧道设计图纸规定基础上，围岩变形失稳塌方致灾构造的预报，应采用地质调查法为基础的带（层）状变形失稳塌方致灾构造波反射法、体状变形失稳塌方致灾构造波反射层析成像法，遇重大围岩变形失稳塌方致灾构造超前钻孔法验证的方法进行；涌突水致灾构造预报，采用地质调查法为基础的带（层）状涌突水致灾构造位置波反射法预报、体状涌突水致灾构造位置波反射层析成像法预报和含（充）水性岩体温度法、瞬变电磁法、激发极化法预报，遇重大涌突水致灾构造超前钻孔法验证的方法进行；涌突泥致灾构造预报，采用地质调查法为基础的带（层）状泥石流致灾构造位置波反射法预报、体状泥石流致灾构造位置波反射层析成像法，遇重大涌突泥致灾构造超前钻孔法验证的方法进行；泥石流致灾构造预报，采用地质调查法为基础的带（层）状泥石流致灾构造波反射法、体状泥石流致灾构造波反射层析成像法，遇重大泥石流致灾构造超前钻孔法验证的方法进行；煤层位置预报，采用地质调查法为基础的波反射法和超前钻孔法进行。

14.3.7　施工地质预报单位组织机构

施工地质预报单位组织机构，包括项目部构成和人员组成，前者包括技术保障、物资设备保障、安全保障部门和按段落划分的预报组等，后者包括项目经理、副经理、总工程师、各部门及预报组负责人。此外，应明确部门、预报组及相关人员职责。

14.3.8　人力资源与物资设备保障

人力资源，指除项目经理、副经理、总工程师、各部门及预报组负责人外的实施具体预报的技术人员及辅助工作人员，前者包括地质人员和物探人员，后者包括司机和后勤保障人员，应明确相关人员职责。

物资设备保障，包括预报物资采购与供应、预报设备及其检修标定、辅助设备及其保养维护，预报物资主要指耗材，预报设备及其数量应列表给出，辅助设备主要指交通工具。

14.3.9　质量保证措施

质量保证措施，主要包括：

（1）预报实施人员岗前技术培训制度。

（2）预报耗材采购与供应制度。

（3）预报设备定期与不定期检修标定制度。

（4）预报实施质量定期与不定期检查制度。

（5）预报报告审核批准制度。

14.3.10　安全保证措施

安全保证措施，主要包括：

（1）预报人员及辅助人员安全教育、安全培训制度。

（2）交通工具不定期检查、故障修理、定期保养制度。

（3）预报人员进洞安全管理规定。

（4）预报实施过程不定期和定期安全检查制度。

14.3.11　预报报告及总报告编制与报送

1. 预报报告

预报报告应包括以下内容：

（1）隧道工程及地质概况。

（2）预报探测时掌子面地质情况。

（3）预报采用方法原理、仪器设备型号及采集参数设置。

（4）探测布置。

（5）探测成果。

（6）结论及建议。

隧道工程及地质概况，包括隧道所在地理位置、进出口里程、隧道设置形式，隧道址区地形地貌、地质构造、工程地质水文地质条件，隧道穿越地层岩石、地质构造、特殊岩土，隧道施工可能遭遇的不良地质（体）-致灾构造分析等。

预报探测时掌子面地质情况，包括掌子面地层岩石及其产状、岩体节理裂隙发育分布及产状情况、出水情况等，附掌子面地质素描图。

预报采用方法原理及仪器设备型号，第一次在隧道中采用某种技术方法时，应给出方法原理，其后再次采用时可用"见本隧道第×××号预报报告"代替，仪器设备型号及采集参数设置必须明确给出。

探测布置，应以图形方式给出。

探测成果，是结合隧道勘察设计资料、补充地质调查结果、洞内地质调查结果进行的探测分析结果，包括文字、探测原始波形和图谱、分析成果图。

结论及建议，明确给出预报探测掌子面前方工程地质水文地质条件，特别是隧道施工开挖可能遭遇的不良地质体-致灾构造位置、规模及性质，指出隧道施工遭遇不良地质体-致灾构造可能导致的施工地质灾害类型，给出隧道施工开挖可能遭遇的不良地质体-致灾构造的处理措施建议。

2. 预报总报告

预报总报告应包括以下内容：

（1）隧道工程及地质概况。

（2）预报完成工作量统计。

（3）预报结果与开挖验证比较分析。

（4）典型预报。

（5）结论及建议。

（6）附件。

隧道工程及地质概况同预报报告。

预报完成工作量，包括采用每种预报方法实施预报次数、延长米、提交预报报告书等。

预报结果与开挖验证比较分析，针对每一预报报告，逐一进行预报结果与开挖验证的比较，分析预报准确、基本准确、偏差或错误原因。

典型预报，包括预报掌子面地质描述、探测布置图、探测典型波形图、探测典型波谱图、探测成果图、预报结论、下步施工措施建议和验证结果。

结论主要针对预报效果、预报技术方法适用性进行评价。

建议包括针对具体不良地质体类型预报技术方法选用、预报工作方法改进或预报需要注意问题建议等。

附件包括隧道地质展示图、隧道地质纵剖面图等。

3. 预报报告及总报告报送

经审核批准的预报报告，原则上应在实施洞内预报探测后 24 小时内报送相关各方；预报总报告，应在预报工作结束后按合同约定时间内提交预报委托方。

14.3.12 其他需要说明的问题

1. 隧道开挖掌子面前方围岩级别问题

近些年，预报实施单位经常遇到施工单位甚至工程业主要求给出隧道施工开挖工作面前方预报里程段内围岩级别问题。

隧道工程岩体级别的确定，基于隧道工程岩体基本质量

$$BQ = 90 + 3R_c + 250K_v \tag{14-1}$$

根据工程岩体分级影响因素，对岩体基本质量进行修正

$$[BQ] = BQ - 100(K_1 + K_2 + K_3) \tag{14-2}$$

以工程岩体基本质量修正值，按工程岩体分级国家标准确定隧道工程岩体级别。

显然，在预报测试工作面到前方第一界面间的岩体，可以通过测试时开挖工作面节理裂隙统计确定其完整性指数 K_v；根据开挖工作面岩石、出水状态，结合预报人员经验，给出岩石强度、地下水影响系数、主要软弱结构面产状影响修正系数和初始应力状态影响修正系数，给出预报测试工作面到前方第一界面间的岩体级别建议。但工作面前方第一界面至第二界面间、第二界面至第三界面间岩石、岩体节理裂隙发育状态、地下水出水状态无从得知，也就谈不上给出围岩级别建议。

2. 隧道施工地质预报列为隧道施工工序问题

隧道施工地质预报，是确保隧道施工安全的重要手段，应将其列为隧道

施工工序，确保施工地质预报实施时间，确保施工地质预报质量，不得以预报影响施工为由让预报为施工让路现象出现。

3. 致灾构造位置与涌突水量、涌突泥量预报问题

截至当下，除超前钻孔法可准确确定致灾构造位置外，以预报探测时掌子面岩体波速计算给出的掌子面前方致灾构造位置，特别是第二个及以后致灾构造位置，距离误差不可避免，只能通过跟踪预报来缩小误差；涌突水量、涌突泥量的大小的预报，仍然属于有水无水和相对大小的概念。苛求致灾构造位置、涌突水量、涌突泥量的准确预报，既不现实也不可能。

14.3.13　附　件

附件包括：
（1）预报探测掌子面地质素描记录表。
（2）加深炮孔记录表。
（3）超前钻孔钻探记录表。
（4）超前钻孔岩芯柱状图。
（5）施工地质预报报告格式。
（6）预报探测掌子面工程岩体级别判别卡等。

14.4　地质复杂隧道施工地质预报实施细则编制

如果说，地质复杂隧道施工地质预报实施大纲，解决是地质复杂隧道施工地质预报做什么和如何保证做好的问题。那么，地质复杂隧道施工地质预报实施细则，则是解决具体地质复杂隧道施工地质预报怎么做的问题。因此，地质复杂隧道施工地质预报实施细则，应包括以下内容：

（1）隧道工程概况。
（2）隧道分段工程地质水文地质问题特别是不良地质体-致灾构造分析。
（3）隧道分段施工地质预报技术方法。
（4）地质预报技术方法探测布置、参数设置、数据采集及数据处理与分析。
（5）掌子面素描。
（6）预报搭接长度规定。
（7）重大不良地质体-致灾构造超前钻孔验证规定等。
（8）图表填写要求。

14.4.1　隧道工程概况

同 14.3.1。

14.4.2　隧道分段工程地质水文地质问题特别是不良地质体-致灾构造分析

隧道分段工程地质水文地质问题，特别是不良地质体-致灾构造分析，应表列出所有分段隧道主要工程地质水文地质问题，特别是不良地质体-致灾构造。

14.4.3　隧道分段施工地质预报技术方法

应表列出所有分段隧道采用的地质预报技术方法，阐述具体地质预报技术方法原理。

14.4.4　地质预报技术方法探测布置、参数设置、数据采集及数据处理与分析

图示地质预报技术方法探测布置。
通过探测数据试采，确定合适的数据采集参数设置，开始探测数据采集。
应按规定采用相关数据处理软件对数据进行处理后方可进行数据分析。

14.4.5　掌子面素描

参见 14.7.2。

14.4.6　预报搭接长度规定

明确物探法、钻孔法预报搭接长度。

14.4.7　重大不良地质体-致灾构造超前钻孔验证规定

明确遇何种重大不良地质体-致灾构造时，需要实施超前钻孔验证，包括超前钻孔布置、钻孔数量、钻孔类型、孔径要求及钻进控制、钻孔记录、岩芯鉴定、钻孔柱状图编制等。

14.4.8　图表填写要求

图表填写要求，包括预报探测掌子面地质素描记录表、加深炮孔记录表、超前钻孔钻探记录表、超前钻孔岩芯柱状图、预报探测掌子面工程岩体级别判别卡等的填写要求。

14.5 跟踪预报与相互验证

地质复杂隧道，特别是地质复杂长大隧道和机械化施工隧道，施工地质灾害的发生，或造成施工设备被淹、掩埋、卡死，或造成重大人员伤亡事故，严重延误施工工期。因此除采用地质调查分析法进行预报外，还应采取长（距离地球物理方法预报）短（距离地球物理方法预报）结合进行跟踪预报，以长距离地球物理方法对隧道施工掌子面前方不良地质体-致灾构造分布进行宏观预报，以中短距离地球物理方法进行跟踪预报，验证长距离预报结果，确保隧道施工掌子面前方不良地质体-致灾构造无一遗漏。

14.6 钻孔验证

所有地球物理探测预报方法，均属非揭示方法。所有地球物理探测结果的判释，尽管结合了地质调查分析法预报成果、预报人员对隧道所处工程地质水文地质条件的掌握和预报人员经验，但仍不可避免地存在不良地质体-致灾构造性质误判的可能；根据地球物理方法探测，给出的不良地质体-致灾构造距预报掌子面的距离存在出入的情况极为常见；根据地球物理方法探测，给出的不良地质体-致灾构造的形状，因成像存在的畸变，与实际存在出入。因此，根据地球物理探测给出的不良地质体-致灾构造的分布位置及其距离施工掌子面的距离，采用直接揭示法-超前钻孔法，进行不良地质体-致灾构造性质、规模和距离施工掌子面距离的确定，是隧道施工采取工程措施进行施工地质灾害防控的重要举措。

14.7 洞内地质调查

隧道施工期洞内地质调查，是地质调查分析法地质预报的重要手段。其工作主要包括：
（1）随隧道施工开挖沿隧道边墙进行的地质调查。
（2）掌子面地质素描。

14.7.1 沿隧道边墙进行的地质调查

沿隧道边墙进行的地质调查包括以下内容：
（1）地层、岩性描述（包括岩石风化破碎程度、岩体结构状态等）。

（2）地层分界面产状及其里程位置确定。

（3）地层产状及其变化测定。

（4）构造（断层等）位置、产状、宽度测定，断层性质描述。

（5）节理裂隙统计，包括发育分布位置、产状、组数、节理面闭合张开状态、节理面形态、节理面充填情况，节理玫瑰花图制作。

（6）临空面涌滴水位置确定、涌滴水量测定或估算。

（7）特殊地质现象描述（矿巷的位置、形状、充填物性质，岩溶洞穴位置、形状、充填物性质，坍方体出现位置、方量等等）。

通常情况下，洞内地质调查成果是对勘察设计地质资料的核实、补充和完善，应采用隧道洞身地质展示图、隧道地质纵剖面图和专门图件来反映。隧道洞身地质展示图、隧道地质纵剖面图是对隧道所遇地质情况的汇总，专门图件是对某个专门问题的汇总。如坍方分布图（图14-2）、涌水平面位置示意图（图14-3）等。

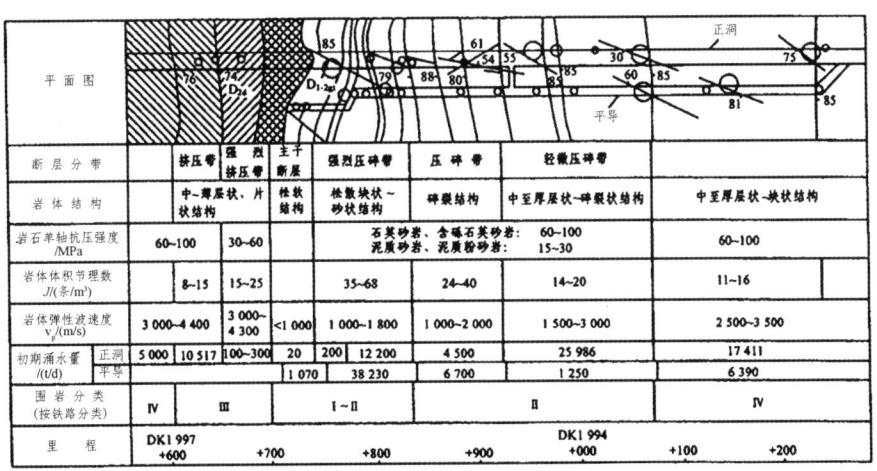

1—泥盆系中下统桂头群；2—泥盆系中统东岗岭组；3—石英砂岩、含砾石英砂岩，夹泥质砂岩、粉砂岩；4—泥灰岩；5—灰岩；6—断层泥夹断层角砾；7—次级走向断层和斜交断层；8—大型坍方（>200 m³）；9—中型坍方（100～200 m³）；10—小型坍方（<100 m³）。

图14-2 大瑶山隧道F9断层带地段工程地质及坍方分布图

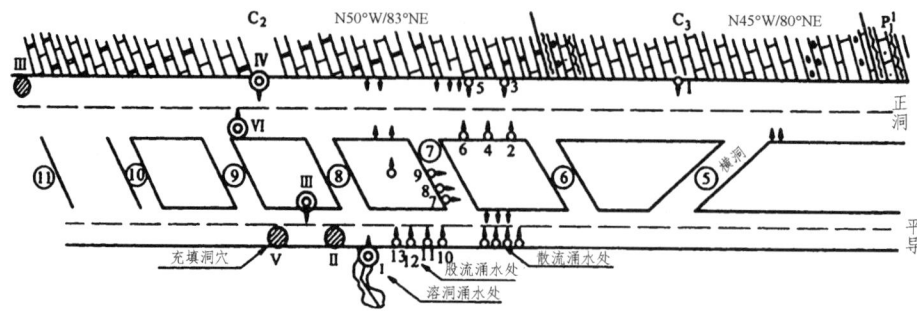

图 14-3 梅花山隧道出口端坑道涌水平面位置示意图

根据隧洞内地质调查结果编制完整的隧道地质纵剖面图和隧道地质展示图（按里程位置附隧道施工掌子面地质素描图），要准确反映隧道揭示的实际地质情况。特别是隧道施工遇到的不良地质体带的出露位置和范围，隧道围岩级别、衬砌结构类型变更位置和长度，坍方、涌水、洞内泥石流、岩爆、大变形等地质灾害发生的规模、里程位置和施工处理措施等，要提供给施工单位作为隧道竣工资料，彻底改变采用隧道设计图作为竣工图的状况。同时为隧道运营期地质灾害治理提供准确详尽的地质资料，减小隧道运营期地质灾害治理因背景地质资料的缺乏带来的盲目性，避免造成治理工程的巨大浪费和治理工程的失效。

14.7.2 掌子面地质素描

掌子面地质素描的主要内容包括：
（1）岩层、岩性描述（包括岩石风化破碎程度、岩体结构状态等）。
（2）地层分界面产状及其位置。
（3）岩层产状及其变化测定。
（4）构造（断层等）位置、产状、宽度测定，断层性质描述。
（5）节理裂隙统计，包括发育分布位置、产状、组数、节理面闭合张开状态、节理面形态、节理面充填情况。
（6）掌子面涌滴水位置确定、涌滴水量测定或估算。
（7）特殊地质现象描述（矿巷位置、形状、充填物性质，岩溶洞穴位置、形状、充填物性质，坍方体、涌泥沙出现位置、方量等）。

掌子面地质素描采用图示和说明（图 14-4）来体现。

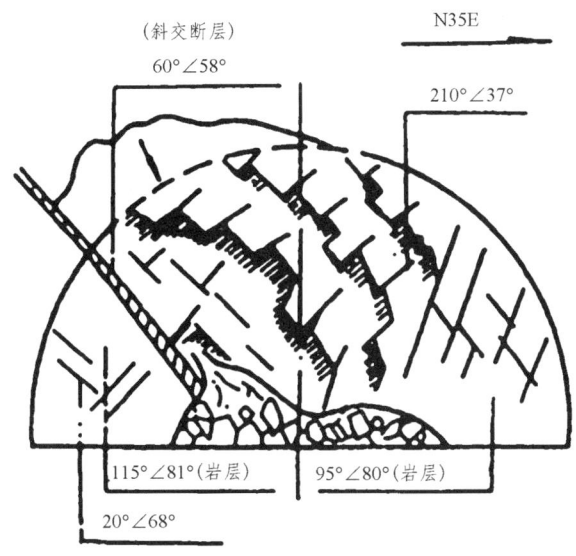

图 14-4 大瑶山隧道 94+857 掌子面地质素描图

包括隧道施工地质预报补充地质调查、洞内地质调查和施工掌子面地质素描等工作，除直接为施工地质预报提供依据外，还是积累经验，提高隧道施工地质超前预报准确率和水平的需要，是对可行性研究、勘察阶段地质工作的补充和完善，是建立隧道工程完整地质资料的需要，是隧道运营过程中隧道地质灾害治理设计、施工的重要依据。

14.8 探测成果分析

14.8.1 界面距探测掌子面距离的确定

应该说，目前用于隧道地质超前预报的物探方法，均有各自专门的数据分析处理软件，甚至是固化软件，只要将探测介质声学参数输入，即可得到掌子面前方界面在掌子面前方的位置。

必须指出的是，除了波反射层析成像、电磁波反射成像、跨孔声波透射成像外，波反射法（TSP-203、-204 采用指向性拾振换能器除外）利用次声波、声波、超声波、地震波及电磁波在地层中传播、反射，采用信号采集系统接收反射信号，通过反射信号走时计算隧道掌子面前方反射界面距隧道掌子面的距离来进行隧道施工期地质超前预报，信号采集系统采集的反射信号波在发射换能器、界面及接收换能器之间沿最短距离传播，该距离并不一定是隧道掌子面前方界面距探测掌子面所在位置的水平距离，应根据界面产状进行预报距离修正。

14.8.2　界面间介质性质确定

众所周知，在任意介质中传播的波，当其传播到该介质与另一介质的分界面时，一部分产生反射，另一部分穿过界面折射继续在另一介质中传播。假定介质 1 的声阻抗为 Z_1，介质 2 的声阻抗为 Z_2

$$Z_1=\rho_1 V_1,\ Z_2=\rho_2 V_2 \tag{14-3}$$

式中　ρ_1——介质 1 的质量密度（g/m³）；

ρ_2——介质 2 的质量密度（g/m³）；

V_1——波在介质 1 中的传播速度（m/s）；

V_2——波在介质 2 中的传播速度（m/s）。

波在两种介质分界面处的反射系数

$$R_{12}=(Z_2-Z_1)/(Z_2+Z_1) \tag{14-4}$$

由波的反射系数可知，当介质 2 声阻抗大于介质 1 声阻抗时，即介质 1 质量密度大于介质 2 质量密度时，反射系数为正，反射波相位与接收首波相位相同；反之，反射波相位与接收首波相位相反。

显然，岩溶充填物、断层破碎带、软夹层等质量密度较岩层、完整岩层、硬岩低，由岩溶充填物、断层破碎带、软夹层探测其前方结束界面，反射波相位与接收首波相位相反；反之，由岩层、完整岩层、硬岩探测前方岩溶充填物、断层破碎带、软夹层界面，反射波相位与接收首波相位相同。

界面间介质性质的确定，尚应结合具体隧道勘察设计资料、补充地质调查结果、隧道所处地下水动力坡面分带位置、洞内地质调查结果进行综合分析确定。

14.9　隧道工程岩体分级

实际上，隧道工程设计提供的围岩分级是对围岩的预分级，需要在施工过程中不断加以修正。

工程岩体分级标准（GB 50218—95）以岩体完整性、岩石质量作为分级的基本参数，以主要结构面状态、岩体含水情况和初始应力状态作为修正参数来进行。

根据岩体基本质量指标的大小将工程岩体分为五级：

$$BQ=90+3R_c+250K_v \tag{14-5}$$

根据地下水、主要软弱结构面产状、岩体初始地应力状态对岩体基本质量指标进行修正，根据修正后的岩体基本质量指标确定工程岩体的最终级别：

$$[BQ]=(90+3R_c+250K_v)-100(K_1+K_2+K_3) \qquad (14\text{-}6)$$

式中　R_c——岩石单轴饱和抗压强度（MPa）；

　　　K_v——岩体完整性指数；

　　　K_1——地下水影响修正指标；

　　　K_2——主要软弱结构面产状影响修正指标；

　　　K_3——初始应力状态影响修正指标。

《铁路隧道设计规范》（TB 10003—2005，J 449—2005）规定，铁路隧道围岩分级根据岩石的坚硬程度、岩体的完整性和岩体的声波纵波速度进行围岩的基本分级，结合隧道工程特点，考虑地下水状态、初始地应力状态的必要的因素进行修正。

《公路隧道设计规范》（JTG D70—2004）规定的围岩分级与工程岩体分级标准（GB 50218—2004）一致。

显然，在隧道地质超前预报特别是施工地质超前预报阶段，根据隧道掌子面围岩岩体体积节理数（J_v）、岩石体声波测试结果，可确定围岩岩体完整性系数 K_v；根据隧道洞内地质调查可确定主要结构面状态和岩体含水情况；但要确定岩石单轴饱和抗压强度 R_c，必须取样进行岩石单轴抗压强度试验，且岩体的初始地应力状态无法确定。

因此，目前的施工地质超前预报，不可能给出预报掌子面到掌子面前方第一界面间围岩段隧道工程岩体的分级，只能给出建议级别；第一界面与第二界面间及其后界面间工程岩体的分级，更无从谈起。

要准确提出预报掌子面带掌子面前方第一界面间围岩段的围岩级别，应在施工地质预报合同中明确规定并开展相应的岩石单轴抗压强度试验和岩体初始地应力测试工作。

14.10　验　　证

施工开挖验证是隧道地质超前预报的重要的一环，是改进探测布置、提高预报准确率的需要，也是完成预报工作的要求。

具体而言，应随开挖进行不良地质体带位置、性质、规模和地质灾害出现的位置、规模等的记录，并与预报结论进行对比（列表对比），从中分析成功和失败的原因，以利下一步工作的开展。

第15章　典型复杂地质类型及其施工预报要点

15.1　典型复杂地质类型

以我国已建及在建特长铁路隧道为例，可以将地质复杂隧道分为岩溶隧道、瓦斯及有害气体隧道、岩爆隧道和其他隧道四种基本类型。

表 15-1 是我国已建及在建特长铁路隧道类型统计表。

表 15-1　我国已建及在建特长铁路隧道类型统计表

序号	隧道名	线路名	长度/km	序号	隧道名	线路名	长度/km
1	*大瑶山隧道	衡广复线	14.295	13	*尤溪隧道	向莆铁路	14.097
2	*六盘山隧道	天平铁路	16.719	14	^高盖山隧道	向莆铁路	17.594/17.612
3	关山隧道	天平铁路	15.639	15	武夷山隧道	向莆铁路	14.659/14.673
4	^秦岭隧道	西康铁路	18.460	16	^青云山隧道	向莆铁路	22.175/21.843
5	长梁山隧道	朔黄铁路	12.782	17	^*戴云山隧道	向莆铁路	15.623/15.605
6	东秦岭隧道	宁西铁路	12.268	18	^*太行山隧道	石太高铁	27.848
7	*圆梁山隧道	渝怀铁路	11.068	19	^东秦岭隧道	宁西铁路	12.268
8	乌鞘岭隧道	兰新铁路	20.050	20	*北天山隧道	精伊霍	13.610
9	^雪峰山隧道	向莆铁路	17.772/17.842	21	大别山隧道	合武铁路	13.256
10	*金瓜山隧道	向莆铁路	12.974	22	*霞浦隧道	温福铁路	13.099
11	宝台山隧道	向莆铁路	11.500	23	*野山关隧道	宜万铁路	13.838
12	*棋盘石隧道	向莆铁路	10.808	24	^堡镇隧道	宜万铁路	11.595

续表

序号	隧道名	线路名	长度/km	序号	隧道名	线路名	长度/km
25	*齐岳山隧道	宜万铁路	10.528	44	黑山隧道	兰渝铁路	15.764
26	*吕梁山隧道	太中银	20.785	45	天池坪隧道	兰渝铁路	14.528
27	横山隧道	太中银	11.468	46	^枫相院隧道	兰渝铁路	12.130
28	吴堡隧道	太中银	12.310	47	龙池山隧道	兰渝铁路	11.291
29	*天平山隧道	贵广铁路	14.012	48	狮子洋隧道	广深港	10.800
30	*宝峰山隧道	贵广铁路	13.580	49	*乌蒙山2#隧道	六沾铁路	12.260
31	*三都隧道	贵广铁路	14.618	50	万寿山隧道	渝利铁路	13.468
32	同马山隧道	贵广铁路	13.929	51	长洪岭隧道	渝利铁路	13.299
33	岩山隧道	贵广铁路	14.693	52	大梁隧道	渝利铁路	10.942
34	^两安隧道	贵广铁路	12.620	53	大南山隧道	夏深铁路	12.697
35	黄岗隧道	贵广铁路	12.245	54	六郎山隧道	准朔铁路	15.175
36	洛香隧道	贵广铁路	11.232	55	*鹰鹞山隧道	准朔铁路	11.572
37	*高青隧道	贵广铁路	10.953	56	新关角隧道	西格复线	32.605
38	胡麻岭隧道	兰渝铁路	13.608	57	*中天山隧道	南疆铁路	22.449/22.467
39	西秦岭隧道	兰渝铁路	28.236	58	冒天山隧道	包西铁路	14.915
40	木寨岭隧道	兰渝铁路	19.025/19.068	59	*屏边隧道	蒙河铁路	10.381
41	哈达铺隧道	兰渝铁路	16.591	60	*象山隧道	龙厦铁路	15.917
42	化马隧道	兰渝铁路	12.576	61	*雁门关隧道	北同蒲	14.085
43	长寿山隧道	兰渝铁路	12.625	62	^梅花山隧道	赣龙铁路	13.778

续表

序号	隧道名	线路名	长度/km	序号	隧道名	线路名	长度/km
63	*鹅岭隧道	衡茶吉	10.455	81	*板壁坡隧道	沪昆客专	14.756
64	永寿梁隧道	西平铁路	17.159	82	*岗乌隧道	沪昆客专	13.187
65	^二青山隧道	太兴铁路	15.851	83	*大独山隧道	沪昆客专	11.820
66	*南太行山隧道	山西中南部	18.125	84	^雪峰山1#隧道	沪昆客专	11.670
67	太岳山隧道	山西中南部	16.194	85	^北武夷山隧道	合福客专	14.673
68	南吕梁山隧道	山西中南部	23.440/22.470	86	^平安隧道	成兰铁路	28.398
69	*大柱山隧道	大瑞铁路	14.484	87	岷山隧道	成兰铁路	25.047
70	石羊山隧道	大瑞铁路	17.590	88	*上漳隧道	成兰铁路	14.798
71	大坡岭隧道	大瑞铁路	14.728	89	北岭山隧道	南广铁路	11.636
72	^高黎贡山隧道	大瑞铁路	34.538	90	五指山隧道	南广铁路	12.208
73	*秀岭隧道	大瑞铁路	17.623	91	金寨隧道	合武铁路	10.766
74	*保山隧道	大瑞铁路	16.097	92	青天寺隧道	包兰铁路	21.170
75	^达板山隧道	兰新二线	15.918	93	香山隧道	包兰铁路	20.605
76	孟村隧道	云贵铁路	10.068	94	燕山隧道	张唐铁路	21.153/21.154
77	*石林隧道	云贵铁路	18.125	95	*赤城隧道	张唐铁路	15.047
78	*红石岩隧道	云贵铁路	14.580	96	*大瑶山1#隧道	武广高铁	10.081
79	*新莲隧道	云贵铁路	12.597	97	浏阳河隧道	武广高铁	10.115
80	*幸福隧道	云贵铁路	12.787	98	余家山隧道	汉十高铁	10.125

续表

序号	隧道名	线路名	长度/km	序号	隧道名	线路名	长度/km
99	^当金山隧道	敦格铁路	20.100	117	白罗山隧道	杭绍台	10.003
100	*秦岭天华山隧道	西成客专	15.988	118	九万山4#隧道	贵南高铁	15.485
101	*老安山隧道	西成客专	15.161	119	都安隧道	贵南高铁	15.151
102	大秦岭隧道	西成客专	14.846	120	永顺隧道	贵南高铁	11.010
103	得利隧道	西成客专	14.176	121	永兴1#隧道	贵南高铁	10.000
104	*福仁山隧道	西成客专	13.102	122	瑶山隧道	贵南高铁	17.200
105	清凉山隧道	西成客专	12.553	123	*朝阳隧道	贵南高铁	12.734
106	*小安隧道	西成客专	13.430	124	*小相岭隧道	成昆扩能	21.775
107	黄家梁隧道	西成客专	11.618	125	^总发隧道	成昆扩能	11.973
108	金家岩隧道	西成客专	12.029	126	营盘山隧道	成昆扩能	17.891/17.934
109	*何家梁隧道	西成客专	12.405	127	盐边隧道	成昆扩能	11.29
110	*小三峡隧道	郑万高铁	18.954	128	保安营1#隧道	成昆扩能	13.326
111	新华隧道	郑万高铁	18.770	129	*垭口隧道	成昆扩能	12.447
112	*巫山隧道	郑万高铁	16.570	130	*大坪山隧道	成昆扩能	11.344
113	香炉坪隧道	郑万高铁	15.154	131	*秀宁隧道	成昆扩能	13187
114	*奉节隧道	郑万高铁	13.472	132	冉家湾隧道	成昆扩能	12.877
115	*兴山隧道	郑万高铁	10.085	133	骄子山隧道	成昆扩能	13.406
116	东茗隧道	杭绍台	13.200	134	德昌隧道	成昆扩能	14.280

续表

序号	隧道名	线路名	长度/km	序号	隧道名	线路名	长度/km
135	*二峨山隧道	成昆扩能	10.355	153	跃龙门隧道	成兰高铁	19.981/20.042
136	*月直山隧道	成昆扩能	14.085	154	金瓶岩隧道	成兰高铁	12.773
137	*老鼻山隧道	成昆扩能	13.579	155	庆阳隧道	银西高铁	13.935
138	*吉尔木隧道	成昆扩能	11.120	156	^阿尔金山隧道	格库铁路	13.195
139	^*安禄隧道	成昆扩能	13.187	157	黄岩隧道	怀邵衡高铁	17.032
140	*斑竹林隧道	叙镇铁路	12.758	158	鹫峰山2#隧道	衢宁铁路	17.5965
141	千石岩隧道	金甬铁路	14.684	159	^长乐山隧道	衢宁铁路	14.597
142	^盆因拉隧道	拉日铁路	10.410	160	万安隧道	昌吉赣高铁	13.928
143	*上河坝隧道	成贵高铁	13.120	161	兴国隧道	昌吉赣高铁	10.345
144	*安定隧道	玉磨铁路	17.476	162	戴云山1#隧道	兴泉铁路	13.720
145	^达嘎拉隧道	拉林铁路	17.324	163	戴云山2#隧道	兴泉铁路	12.790
146	^桑珠岭隧道	拉林铁路	16.45	164	将军岭隧道	金台铁路	12.808
147	^巴玉隧道	拉林铁路	13.073	165	天目山隧道	杭黄高铁	12.013
148	*林保山隧道	大林铁路	14.076	166	*龙南隧道	赣深高铁	10.240
149	新华隧道	大林铁路	12.332	167	敖包梁隧道	呼准鄂铁路	14.123
150	*祥和隧道	广大复线	10.220	168	正盘台隧道	京张高铁	12.974
151	^平安隧道	成兰高铁	28.400	169	新八达岭隧道	京张高铁	12.010
152	云屯堡隧道	成兰高铁	22.923	170	泽州隧道	太焦高铁	

续表

序号	隧道名	线路名	长度/km	序号	隧道名	线路名	长度/km
171	*珏山隧道	太焦高铁	13.421	174	辽西隧道	京沈高铁	13.205
172	*神农隧道	太焦高铁	11.540	175	*梨花顶隧道	京沈高铁	12.245
173	*榆社隧道	太焦高铁	10.670	176	七星峰隧道	牡佳高铁	10.291

备注：*大柱山隧道—岩溶隧道及隧道名称；斑竹林隧道—瓦斯与有害气体隧道及隧道名称；^盆因拉隧道—岩爆隧道及隧道名称。

由表 15-1 可以发现，其中岩溶隧道 67 座，占我国已建及在建特长铁路隧道总数的 38.07%；已遭遇和可能遭遇不同程度瓦斯及有害气体隧道 37 座，占 21.02%；已遭遇和可能遭遇不同程度岩爆隧道 25 座，占 14.20%；其他隧道 65 座，占 36.93%。

需要说明的是，因有的隧道既是岩溶隧道也遭遇不同程度瓦斯或有害气体，有的隧道既遭遇或可能遭遇不同程度瓦斯及有害气体也遭遇或可能遭遇不同程度岩爆，统计出现双计隧道数量情况。

因此，可将地质复杂类型分为岩溶发育、可能遭遇瓦斯与有害气体、可能遭遇施工岩爆和其他复杂地质四种类型。

15.2 岩溶发育及岩溶预报要点

15.2.1 岩溶隧道与我国碳酸盐岩分布及岩溶分区

顾名思义，隧道施工穿越可溶岩地层、可能遭遇岩溶地质灾害的隧道，称为岩溶隧道。

我国是一个碳酸盐岩分布广泛的国家，碳酸盐岩出露面积约 1 250 000 km^2，包括覆盖和掩埋的碳酸盐岩的总面积在 2 000 000 km^2 以上，约占我国领土面积的 1/5 以上。已建及在建特长铁路隧道中近 2/5 为岩溶隧道，也说明了我国碳酸盐岩的广泛分布。

我国碳酸盐岩广泛分布于各地质年代地层中，且年代越老越多。南方扬子准地台主要为元古代至中生代碳酸盐岩系，华南褶皱系主要为晚古生代及中生代碳酸盐岩系，北方中朝准地台主要为太古代至奥陶纪碳酸盐岩系。

以秦岭—淮河为界，秦岭—淮河以南为南方岩溶区，以北为北方岩溶区；

以呼和浩特—银川—兰州—成都—大理为界,以西为西部岩溶区。

南方岩溶区属热带、亚热带湿润气候侵蚀—溶蚀型岩溶,北方岩溶区属暖温带干旱、亚湿润气候溶蚀—侵蚀型岩溶,西部岩溶区为青藏高原气候溶蚀—剥蚀型岩溶。

15.2.2 岩溶与岩溶发育分布及充填规律

1. 岩溶

岩溶作用,指地表水和地下水对可溶性岩石(碳酸盐岩、石膏、岩盐等)进行的以化学溶蚀作用为主,流水冲蚀、潜蚀和淘蚀等机械作用为辅的地质作用。岩溶,指由岩溶作用所产生的现象的总称,包括地面峰丛和石林、溶蚀洼地、溶沟、溶槽、竖井、漏斗及其间充填物(空气、水、黏土、黏土夹块体等)和地下溶洞、溶缝、溶孔、溶隙及其间充填物(空气、水、黏土、黏土夹块石、粉细砂等)及地下暗河等。

2. 岩溶发育分布规律

可溶岩、地下水动力条件与构造条件是岩溶发育的3个充分必要条件。

可溶性岩石是岩溶发育的前提条件。岩石的可溶性越强,就越有利于岩溶发育。在常见的碳酸盐类岩石中,纯石灰岩比白云质灰岩及白云岩易受溶蚀;白云岩比硅质灰岩易受溶蚀。在各种碳酸盐类岩石分布地区,岩溶主要在厚层纯灰岩中发育。

在碳酸盐类岩石中,不溶于酸的物质(黏土、二氧化硅、沥青等)含量越多,岩石的可溶性就越低,岩溶就不易发育。由于这些非可溶物质的存在,阻碍了水同岩石中可溶成分的接触,尤其是这些非可溶物质呈分散状态或以胶结构形式存在时,更是如此。

一般而言:

(1)质纯厚层石灰岩岩溶最发育,多以溶隙和中小型溶洞为主,并有一定数量的大型溶洞。

(2)白云质灰岩及白云岩岩溶次之。

(3)大理岩岩溶发育较弱。

(4)泥质灰岩、泥灰岩及泥质、白云质角砾岩岩溶发育很弱。

(5)蚀变灰岩、矽卡岩岩溶发育甚微。

地下水的运动,决定岩溶的发育分布。一般而言:

(1)泥灰岩中一般很少发现有强烈的岩溶现象。

(2)存在有非可溶性岩石夹层时,岩溶发育较弱且分布不均。

（3）岩溶多沿着可溶岩层与非可溶岩层接触带一侧的可溶岩中发育分布（图 15-1）。

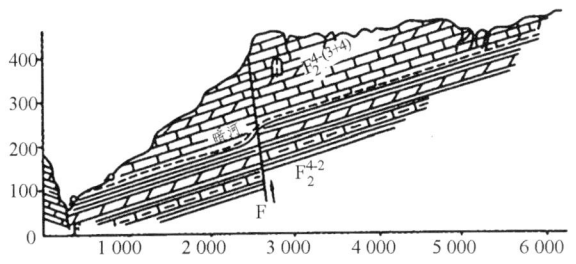

图 15-1　沿可溶岩与非可溶岩接触带一侧的可溶岩中发育的岩溶

（4）当产状倾斜的可溶岩层与上覆和下伏的非可溶岩层接触时，常在其上覆接触带形成一系列溶井，落水洞等垂直形态的岩溶，在下伏接触带常形成系列岩溶接触泉。

地质构造的分布对岩溶发育的影响主要是通过岩体破裂和变形形成的结构面表现出来的，构造裂隙的延伸方向常常控制着地下岩溶的发展方向。可溶性岩石中的构造裂隙，为地下水的运动提供了空间，地下水不断沿着岩石裂隙运移，对可溶岩进行化学溶蚀，形成空洞。

一般而言：

（1）沿可溶岩中的断层破碎带发育（图 15-2）。

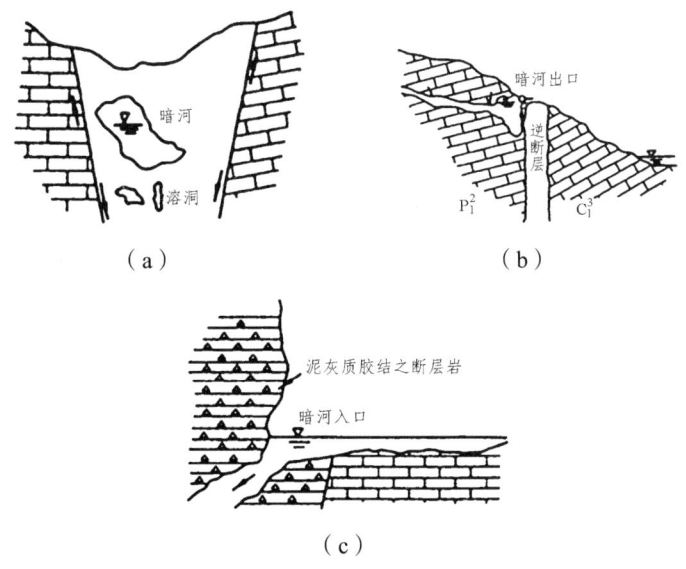

图 15-2　沿断层发育的岩溶

断层与裂隙是岩体在构造应力作用下形成的破裂构造形迹,可溶岩层中的断层破碎带,特别是张性断层破碎带,利于地下水的运移,地下岩溶特别发育,常发育有地下暗河等大型岩溶,在断层交叉的部位常形成大型溶洞、地下河天窗及地下湖泊等。

（2）在褶皱轴部可溶岩中发育。

在褶曲构造的轴部,纵张裂隙（断层）较多,有利于地下水活动,地下水易沿着张裂隙溶蚀扩展,形成溶蚀裂隙和溶洞,进一步发展成为大型岩溶或暗河。

（3）沿可溶岩层面构造裂隙发育。

在原状水平岩层褶皱过程中,岩层往往发生层间错动或滑动,在层间可产生层面张裂隙或层面扭裂隙,为地下水活动提供运移通道,易发育顺层岩溶。

（4）沿可溶岩层面或垂直节理发育（图 15-3）。

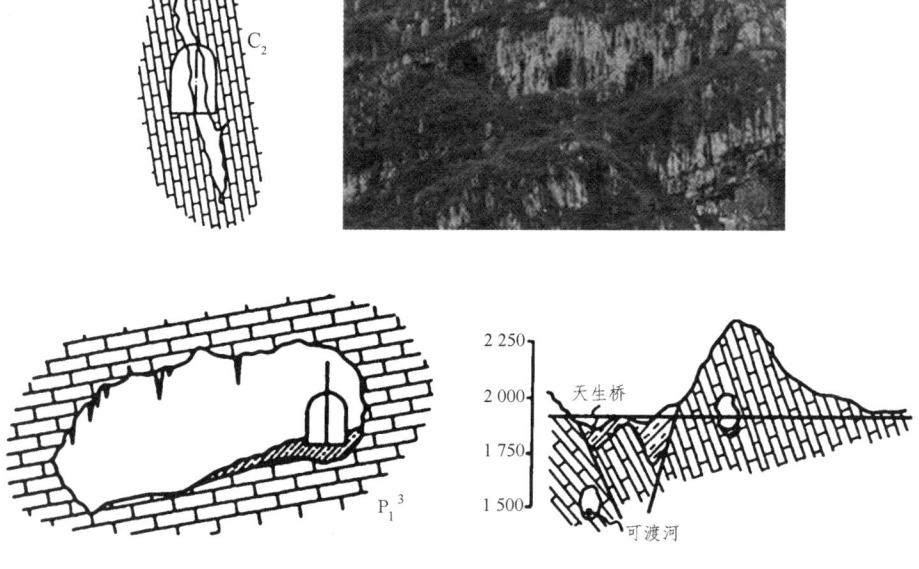

图 15-3　沿可溶岩层面或垂直节理发育分布的岩溶

3. 充填规律

岩溶的充填,与其在岩溶地下水动力剖面中的位置相关。

（1）岩溶洼地多覆盖第四系松散土石堆积物。

（2）岩溶沟槽或直接裸露,或充填黏土,上覆第四系松散土石。

（3）岩溶竖井、漏斗或无充填，或充填黏土。

（4）混流带岩溶多无充填。

（5）水平循环带和深部循环带岩溶底部充填黏土或粉细砂或黏土夹破碎岩石块体上部充填地下水。

（6）深部循环带岩溶底部充填黏土或粉细砂或黏土夹破碎岩石块体上部充填地下水。

15.2.3 隧道岩溶地质灾害及其危害

岩溶隧道施工地质灾害，几乎囊括了除的煤与瓦斯突出、瓦斯燃烧爆炸外有的岩爆灾害燃烧爆炸灾害以外的所有地质灾害，但岩溶地质灾害包括：

（1）黏土、粉细砂、黏土夹块石等充填岩溶围岩的变形、失稳塌方。

（2）充水岩溶涌水、突水。

（3）泥水混合充填岩溶涌水、涌泥和突水、突泥。

（4）黏土充填岩溶涌泥、突泥。

（5）黏土夹块石充填岩溶涌泥、泥石流。

（6）底部粉细砂上部水充填岩溶涌砂、涌水、突水。

（7）因隧道洞内岩溶突涌水、突涌泥灾害诱发的隧道上方地表塌陷、地表水源枯竭、地面河流断流、水库水位急剧下降甚至枯竭、地面植物枯死、石漠化和沙漠化。

岩溶隧道地质灾害危害包括：

（1）坠砸、淹没、掩埋施工机具设备。

（2）威胁洞内施工人员人身安全。

（3）造成初支侵限。

（4）冲毁洞口外临时工程甚至永久工程。

（5）工期延误。

（6）造成隧道上方地表生态环境不同程度破坏甚至灾害。

（7）中断隧道运营。

渝怀铁路武隆隧道 2003 年"6·25"特大涌水、圆梁山隧道施工 DK354+879 突泥及其造成的施工人员重大伤亡事故，宜万铁路野山关隧道 2011 年"7·19"突水突泥及其造成的施工人员重大伤亡事故、齐岳山隧道 F_{11} 突水突泥及其因此带来的处理，衡广复线大瑶山隧道因洞内施工涌水造成的上方班古坳地区大量地表塌陷及农田失水与运营期因洞内涌水携带泥沙淤埋轨道造成的运营中断，以及贵南客专朝阳隧道 2018 年"6·10"突水突泥及造成的鱼胆山水库水位大幅下降等，无不印证了岩溶隧道施工地质灾害的危害严重性。

15.2.4 岩溶施工预报要点

基于以上岩溶隧道地质灾害、岩溶发育分布及充填规律分析，岩溶隧道施工地质预报的要点因主要包括：

（1）岩溶分布位置、规模的探测确定。

（2）岩溶充填性质的探测及分析判定。

15.3 可能遭遇瓦斯与有毒气体及其施工预报要点

15.3.1 瓦斯与有毒气体隧道

存在主要成分为甲烷的瓦斯逸（涌、突）出的隧道，称为瓦斯隧道。

存在主要成分为甲烷的瓦斯逸（涌、突）出的工区，称为瓦斯工区。

存在除瓦斯外的其他有毒气体逸（涌、突）出的隧道，称为有毒气体隧道。

15.3.2 瓦斯与我国含煤地层分布

瓦斯主要来源于煤层、窝煤、煤线，还原环境条件下的炭质泥岩、炭质页岩，隧道下方深处天然气田和隧道周边存在的炭质淤泥体，与煤系地层中的可采煤层、我国南方地区分布较多的窝煤关系最为密切。

晚石炭世至早二叠世海陆交互相石炭—二叠系含煤地层，主要分布在华北地区，含煤面积 $80 \times 10^4 \, km^2$，西起贺兰山—六盘山，东临渤海—黄海，北迄阴山—燕山，南至秦岭—大别山，区内还广泛发育下—中侏罗统含煤地层，见零星上三叠统和第三系含煤地层；晚二叠世含煤地层广泛分布于秦岭—大别山以南、龙门山—大雪山—哀牢山以东的华南地区，区内还有上石炭统、上三叠统—下侏罗统和第三系含煤地层；下—中侏罗统含煤地层主要分布在秦岭—昆仑以北、贺兰山—六盘山以西的西北地区，区内局部地带还有石炭—二叠系和上三叠统含煤地层；下白垩统含煤地层主要分布在东北地区，区内还有石炭—二叠系和上三叠统含煤地层。

15.3.3 隧道瓦斯灾害及其危害

瓦斯隧道灾害主要包括：

（1）煤与瓦斯突出。

（2）瓦斯燃烧爆炸。

瓦斯灾害与有毒气体危害：

（1）掩埋施工机具设备。

（2）威胁洞内施工人员甚至洞口外人员人身安全。

（3）工期延误。

2015年都（江堰）汶（川）高速公路董家山隧道"12·22"瓦斯燃烧爆炸、2017年成（都）贵（阳）铁路七扇岩隧道"5·2"瓦斯爆炸、2017年大临铁路工程4标红豆山隧道1#斜井"6·21"硫化氢气体突出，无不印证了瓦斯灾害及有毒气体的危害严重性。

15.3.4 隧道施工瓦斯与有毒气体预报要点

地层岩石体中发育分布的贯通性节理裂隙、断层及其破碎带，为来源于煤层、窝煤、煤线、还原环境条件下的炭质泥岩炭质页岩、隧道下方深处天然气田和隧道周边存在的炭质淤泥体的瓦斯及有毒气体提供了运移的通道。只有通过贯通性节理裂隙、断层及其破碎带进入已开挖隧道中的瓦斯、有毒气体和煤与瓦斯突出、集聚瓦斯燃烧爆炸，才构成对洞内施工人员人身安全和洞内施工机具设备安全的威胁。通过贯通性节理裂隙、断层及其破碎带进入已开挖隧道中的有毒气体、瓦斯及其集聚，通过瓦斯及有毒气体监控量测、瓦斯集聚场所（隧道拱部坍腔、隧道洞内施工通风死角）消除和加强隧道施工通风和瓦斯隧道施工安全管理来解决；煤样物理力学性质及其化学成分通过钻孔煤样物理力学测试和化学分析确定，煤层瓦斯参数（瓦斯及天然气含量、涌出量、压力等）通过现场钻孔测试确定。

因此，瓦斯与有毒气体隧道施工预报要点包括：

（1）煤层分布位置探测确定。

（2）煤层厚度的探测确定。

（3）废弃矿巷位置探测确定。

《铁路隧道超前地质预报技术规程》（Q/CR 9217—2015）明确指出，"煤层瓦斯预报应以地质调查法为基础，以超前钻探法为主，结合多种物探手段进行"，"根据区域地质资料、工程地质勘查报告、工程地质平面图与纵断面图、煤层地表钻探资料和必要的地表补充地质调查，通过地质作图进一步核实煤层的位置与厚度等"，采用地质调查法"分析确定煤层的里程位置"，采用物探法"确定煤层在隧道内的大致位置和厚度"，"接近煤层前，必须对煤层位置进行超前，标定各煤层准确位置，掌握其赋存情况及瓦斯状况"。

15.4 可能遭遇施工岩爆及其预报要点

15.4.1 隧道施工岩爆发生条件

隧道施工岩爆发生的条件包括：

（1）内部集聚由远高于完整脆性岩体破坏所需能量的应变能：包括高地应力环境条件下的完整脆性岩体、深埋条件下的完整脆性岩体、局部应力集中的地表地形陡变点正下方的完整脆性岩体。

（2）隧道开挖为内部集聚有远高于完整脆性岩体破坏所需能量应变能的完整脆性岩体弹性应变释能猛然释放、岩体表层爆裂弹射提供空间。

15.4.2 岩爆预报要点

建立在工程经验基础上的岩爆预报，或根据先验信息和某些判据（岩石或岩体强度、能量等）判断围岩岩体岩爆倾向性和可能性，或通过监测施工过程中围岩岩体的某些参数或先兆现象（应力应变、微震、声发射、电磁辐射等）对岩爆发生的可能性和烈度进行预测和评估；研究尽管发现了岩爆发生前声发射和电磁辐射事件存在异常增加、较大岩爆发生前微震存在多发期现象，但先兆现象与岩爆发生与否间关系远未建立、岩爆与岩体应变能卸载速率间定量关系研究仍处于初步阶段、岩爆滞后性研究尚处于空白阶段、隧道工程施工造成的局部应力场与地应力场及地质构造间的相互作用、岩体内部应变能释放途径与释放机制未得到足够的重视。

《铁路隧道超前地质预报技术规程》（Q/CR 9217—2015）对隧道施工岩爆的预报亦未做任何规定。

因此，当下的隧道施工岩爆预报要点，仍是基于隧道围岩所处地应力环境、隧道埋深和围岩岩体完整性，给出的围岩岩体发生岩爆可能性的预测。

15.5 其他复杂地质及其隧道施工预报要点

15.5.1 其他复杂地质

除岩溶发育、可能遭遇瓦斯及有毒气体和可能遭遇施工岩爆以外的其他复杂地质，包括：

（1）软弱围岩，包括由薄层岩石构成的岩体、软岩，断层破碎带破碎岩体、节理裂隙密集发育岩体破碎带破碎岩体，顺层错动破碎带破碎岩体、土，第四系覆盖层松散土石堆积体，全强风化槽中全强风化岩体，废弃矿巷底部松散堆积物，等。

（2）富水断层破碎带。

（3）富水压性断层强烈挤压破碎带。

（4）地下向斜蓄水构造。

（5）富水节理裂隙密集发育岩体破碎带。

（6）富水顺层错动破碎带。

15.5.2　其他复杂地质可能导致的隧道施工地质灾害及其危害

其他复杂地质可能导致的隧道施工地质灾害包括：

（1）软弱围岩变形失稳塌方。

（2）软弱围岩大变形。

（3）富水断层破碎带涌水、突水。

（4）富水压性断层强烈挤压破碎带涌水、涌泥、突水、突泥及洞内泥石流。

（5）地下向斜蓄水构造涌水、突水。

（6）富水节理裂隙密集发育岩体破碎带涌水。

（7）富水顺层错动破碎带涌水。

其他复杂地质隧道施工地质灾害的危害包括：

（1）坠砸、淹没、掩埋隧道洞内施工机具设备。

（2）威胁隧道洞内施工人员人身安全。

（3）隧道初支侵限。

（4）冲毁洞口外临时工程甚至永久工程。

（5）导致工期延误。

15.5.3　其他地质复杂隧道施工预报要点

隧道施工遭遇地下向斜蓄水构造的涌水和突水，实际上是隧道施工接近或揭穿将地下向斜中原本各自独立的含水层连通形成统一的地下向斜含水构造的断层破碎带、顺层错动错动破碎带所致。

因此，其他地质复杂隧道施工预报要点包括：

（1）软弱围岩分布位置探测确定，特别是软岩、断层破碎带、节理裂隙密集发育岩体破碎带、顺层错动破碎带、土体、第四系覆盖层松散土石堆积体、全强风化槽、底部堆积松散岩石块体废弃矿巷分布位置的探测确定。

（2）断层破碎带、节理裂隙密集发育岩体破碎带、顺层错动破碎带含水性及废弃矿巷充水性探测确定。

第 4 篇

隧道施工地质预报技术研究

第 16 章　浅孔岩体温度法隧道施工涌水预报技术

16.1　浅孔岩体温度法施工涌水预报原理

岩体温度法隧道施工掌子面前方涌水预报具有以下优势：

（1）避免了隧道施工（掌子面爆破作业、洞内通风、运输等）对岩体温度测试结果的影响。

（2）根据岩体温度变化曲线进行隧道施工掌子面前方是否涌水判断，直观明了，排除了人为因素和经验的作用。

（3）测试在隧道施工掌子面后实施，对隧道掌子面施工无干扰。

（4）避免了采用钻孔探水遇岩溶水、与地表水有直接联系的导水性极好的断层破碎带钻孔涌水的风险。

但是，最佳岩体温度测试孔深度，需根据不同岩石体中岩体温度测试钻孔深度试验（图 16-1）确定，深度较大且钻孔困难。

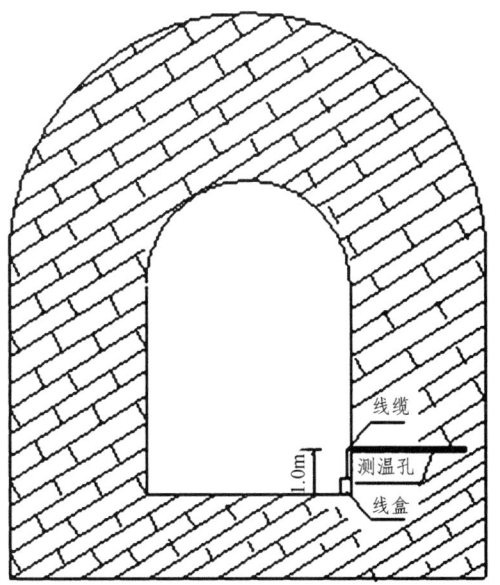
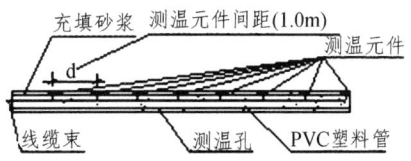

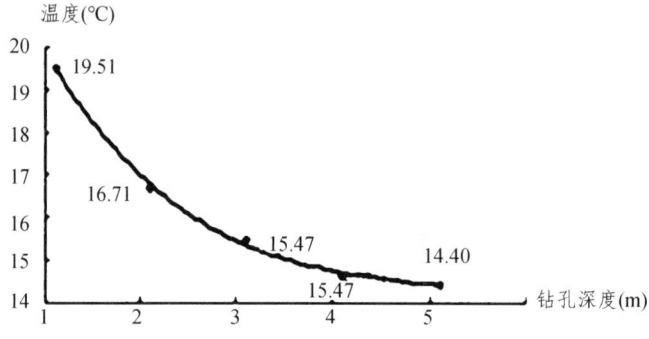

图 16-1　不同岩石体中岩体温度测试钻孔深度试验

因此，针对具体预报隧道，开展不同岩石不同空气温度条件下的岩体温度随测温钻孔深度变化试验，进行温度测试结果地温梯度校正，建立不同岩石在不同空气温度条件下岩体温度-钻孔深度的函数关系（图 16-2），实现具体岩石具体钻孔深度位置岩体温度（理论岩体温度或称计算岩体温度）计算；按岩体温度法隧道施工涌水预报温度测试钻孔布置，在隧道左、右边墙 1/2 高度位置和拱顶位置，布置岩体温度测试浅孔，实施浅孔岩体温度测试，进行温度测试结果地温梯度校正；进行同种岩石体相同空气温度条件下实测浅孔岩体温度校正值与等深度钻孔位置理论岩体温度比较，实现了浅孔岩体温度法施工涌水预报。

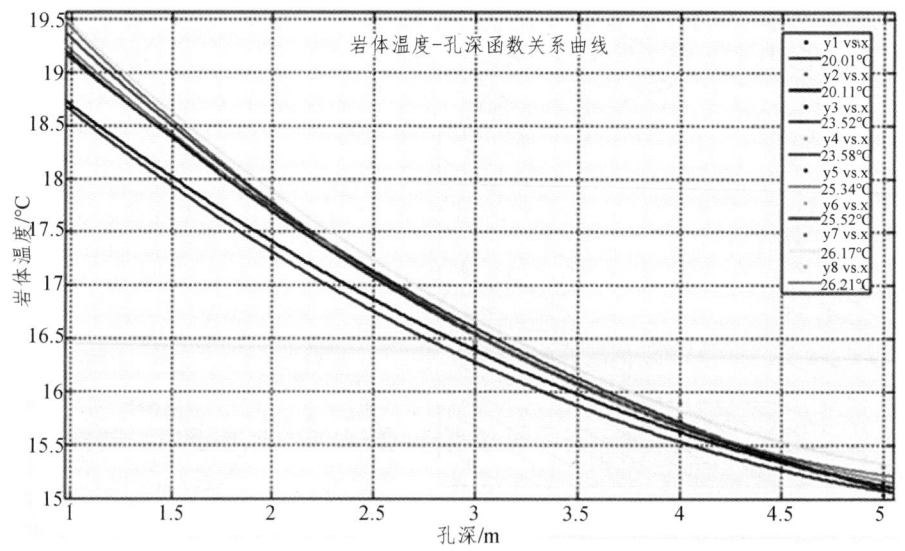

图 16-2　东岳庙隧道砂岩不同空气温度条件下岩体温度随钻孔深度变化关系

16.2 隧道址区地温梯度确定

隧道所在地区的不同，区域地温场的地温梯度是不同的。要对隧道洞内岩体测试温度进行修正，必须通过隧道所在位置勘探深孔进行不同深度岩体温度测试，建立岩体温度随深度变化关系曲线，确定隧道所在区域地温梯度。

无法进行隧道所在位置勘探深孔不同深度岩体温度测试时，地温梯度也可以通过隧道施工掌子面前方无含水体条件下的不同埋深位置的岩体温度测试来计算求取：

$$G_{loc}=(G_{loc1}+G_{loc2}+G_{loc3}+\cdots+G_{locn})/n \quad (16\text{-}1)$$

$$G_{loci}=(T_{pri}-T_{si})/d_i \quad (16\text{-}2)$$

上两式中　　G_{loc1}——第 1 测试点计算地温梯度值；
　　　　　　G_{loc2}——第 2 测试点计算地温梯度值；
　　　　　　G_{loc3}——第 3 测试点计算地温梯度值；
　　　　　　　　⋮
　　　　　　G_{locn}——第 n 测试点计算地温梯度值；
　　　　　　G_{loci}——第 i 测试点计算地温梯度值；
　　　　　　T_{pri}——第 i 测试点的岩体温度；
　　　　　　T_{si}——第 i 测试点隧道正上方地面点的温度；
　　　　　　d_i——第 i 测试点位置隧道的埋深。

16.3 隧道洞内围岩岩体温度测试结果的校正

众所周知，随着埋深的加大，地下岩体温度逐渐升高，如果不考虑三维地形效应，有

$$T_{pr}=T_s+G_{loc}d \quad (16\text{-}3)$$

式中　T_s——隧道内该点正上方地面点的温度；
　　　G_{loc}——区域地温梯度；
　　　d——隧道内该点的埋深。

一般情况下，若隧道开挖由埋深小向埋深大的方向进行，由于隧道洞内岩体温度是逐渐增加的，当施工掌子面前方存在含水体时，岩体温度下降更为明显，因此可校正可不校正，校正后的围岩岩体温度为

$$\left.\begin{array}{l}T'_{pr2}= T_{pr2}-G_{loc}\cdot(d_2-d_1)\\ T'_{pr3}= T_{pr3}-G_{loc}\cdot(d_3-d_1)\\ T'_{pr4}= T_{pr4}-G_{loc}\cdot(d_4-d_1)\\ \vdots\\ T'_{prn}= T_{prn}-G_{loc}\cdot(d_n-d_1)\end{array}\right\} \quad (16\text{-}4)$$

但当隧道开挖由埋深大向埋深小的方向进行时，由于隧道洞内岩体温度逐渐降低，施工掌子面前方存在含水体造成岩体温度下降的影响，显然较隧道埋深造成的岩体温度下降小，为突显由于施工掌子面前方存在含水体造成的岩体温度下降，应进行隧道洞内围岩岩体温度测试结果的校正。

即校正后的围岩岩体温度为

$$\left.\begin{array}{l}T'_{pr2}= T_{pr2}+G_{loc}\cdot(d_2-d_1)\\ T'_{pr3}= T_{pr3}+G_{loc}\cdot(d_3-d_1)\\ T'_{pr4}= T_{pr4}+G_{loc}\cdot(d_4-d_1)\\ \vdots\\ T'_{prn}= T_{prn}+G_{loc}\cdot(d_n-d_1)\end{array}\right\} \quad (16\text{-}5)$$

16.4 隧道施工掌子面前方含水体/水体空间分布位置判定

假设 i、$i+1$、$i+2$、$i+3$ 为同种岩石体围岩、同一空气温度条件的浅孔围岩岩体温度测试点，$T_{sgi2.0}$、$T_{szi2.0}$、$T_{syi2.0}$、$T_{L2.0}$ 分别为第 i 岩体温度测试点拱顶、左侧边墙 1/2 高度位置、右侧边墙 1/2 高度位置 2.0 m 浅孔底部经地温梯度校正的岩体温度和 2.0 m 浅孔底部同岩石同空气温度条件下的理论岩体温度，则隧道拱顶、左边墙 1/2 高度、右边墙 1/2 高度分别与同种岩石同深度同空气温度的比较情况如下：

（1）隧道拱顶 i、$i+1$、$i+2$、$i+3$ 测试点经地温梯度校正的岩体温度与同种岩石同深度同空气温度条件下的理论岩体温度的比较为

$$\left.\begin{array}{l}\Delta_{gi}=T_{sgi2.0}-T_{L2.0}\\ \Delta_{g(i+1)}=T_{sg(i+1)2.0}-T_{L2.0}\\ \Delta_{g(i+2)}=T_{sg(i+2)2.0}-T_{L2.0}\\ \Delta_{g(i+3)}=T_{sg(i+3)2.0}-T_{L2.0}\end{array}\right\} \quad (16\text{-}6)$$

（2）隧道左边墙 1/2 高度位置 i、$i+1$、$i+2$、$i+3$ 测试点经地温梯度校正的岩体温度与同种岩石同深度同空气温度条件下的理论岩体温度的比较为

$$\left.\begin{array}{l}\Delta_{zi}=T_{szi2.0}-T_{L2.0}\\ \Delta_{z(i+1)}=T_{sz(i+1)2.0}-T_{L2.0}\\ \Delta_{z(i+2)}=T_{sz(i+2)2.0}-T_{L2.0}\\ \Delta_{z(i+3)}=T_{sz(i+3)2.0}-T_{L2.0}\end{array}\right\} \quad (16\text{-}7)$$

（3）隧道右边墙 1/2 高度位置 i、$i+1$、$i+2$、$i+3$ 测试点经地温梯度校正的岩体温度与同种岩石同深度同空气温度条件下的理论岩体温度的比较为

$$\left.\begin{array}{l}\Delta_{yi}=T_{syi2.0}-T_{L2.0}\\ \Delta_{y(i+1)}=T_{sz(i+1)2.0}-T_{L2.0}\\ \Delta_{y(i+2)}=T_{sz(i+2)2.0}-T_{L2.0}\\ \Delta_{y(i+3)}=T_{sz(i+3)2.0}-T_{L2.0}\end{array}\right\} \quad (16\text{-}8)$$

（1）隧道开挖工作面前方存在冷型含水体：$\Delta_{i+3}<\Delta_{i+2}<\Delta_{i+1}<\Delta_i<0$

$\Delta_{gi}<\Delta_{zi}<\Delta_{yi}$ 或 $\Delta_{gi}<\Delta_{yi}<\Delta_{zi}$，含水体及可能的施工涌水在开挖工作面前上方；

$\Delta_{zi}<\Delta_{gi}<\Delta_{yi}$ 或 $\Delta_{zi}<\Delta_{yi}<\Delta_{gi}$，含水体及可能的施工涌水在开挖工作面前左方；

$\Delta_{yi}<\Delta_{gi}<\Delta_{zi}$ 或 $\Delta_{yi}<\Delta_{zi}<\Delta_{gi}$，含水体及可能的施工涌水在开挖工作面前右方；

$\Delta_{gi}=\Delta_{zi}=\Delta_{yi}$，含水体及可能的施工涌水在开挖工作面正前方。

（2）隧道开挖工作面前方存在热型含水体：$\Delta_{i+3}>\Delta_{i+2}>\Delta_{i+1}>\Delta_i>0$

$\Delta_{gi}>\Delta_{zi}>\Delta_{yi}$ 或 $\Delta_{gi}>\Delta_{yi}>\Delta_{zi}$，含水体及可能的施工涌水在开挖工作面前上方；

$\Delta_{zi}>\Delta_{gi}>\Delta_{yi}$ 或 $\Delta_{zi}>\Delta_{yi}>\Delta_{gi}$，含水体及可能的施工涌水在开挖工作面前左方；

$\Delta_{yi}>\Delta_{gi}>\Delta_{zi}$ 或 $\Delta_{yi}>\Delta_{zi}>\Delta_{gi}$，含水体及可能的施工涌水在开挖工作面前右方；

$\Delta_{gi}=\Delta_{zi}=\Delta_{yi}$，含水体及可能的施工涌水在开挖工作面正前方。

（3）隧道开挖工作面前方无含水体：Δ_{i+3}、Δ_{i+2}、Δ_{i+1} 在 Δ_i 上下波动，无施工涌水可能。

第17章　利用 TBM 破岩震动为震源的 HSP 反射法地质预报技术

17.1　TBM 施工隧道特殊工作条件对地质预报的要求

（1）现场探测时间应尽量短、探测长度比较长，减少对 TBM 正常工序的干扰。

（2）预报方法应能适应隧道 TBM 施工环境，包括狭小的工作空间及 TBM 机体、机体供电对探测的干扰或影响。

（3）不能在掘进机机头附近放炮作为震源。

17.2　利用 TBM 破岩震动为震源的 HSP 反射法地质预报试验

17.2.1　初步试验

图 17-1 为 TBM 工作条件下采用 HSP-1 型 16 通道地质超前预报仪进行测试的布置，图 17-2 为 HSP-1 型 16 通道地质超前预报仪参数设置，图 17-3 为采集的典型波形曲线，图 17-4 为采集波形曲线的波谱分析图。

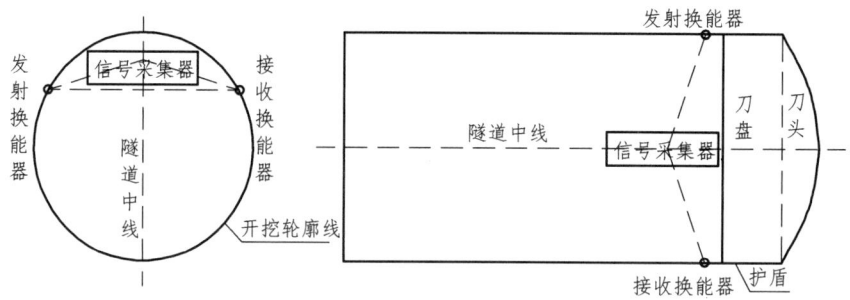

（a）

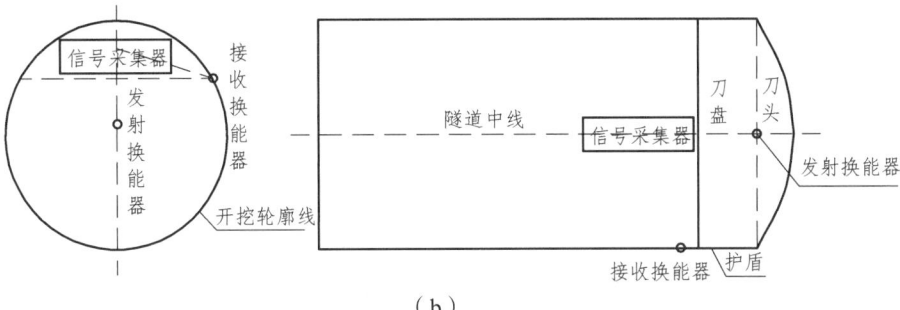

(b)

图 17-1　TBM 工作条件下的 HSP 反射法测试布置

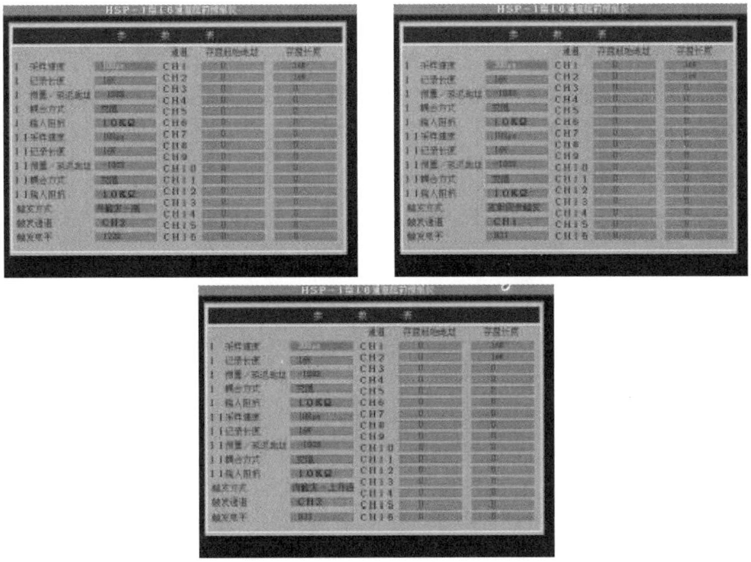

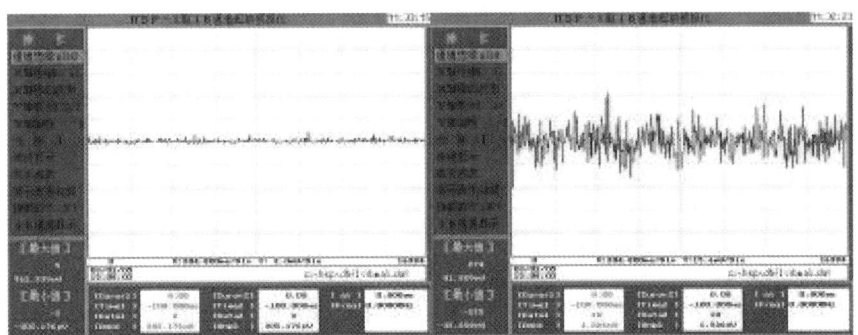

图 17-2　TBM 工作条件下 HSP 反射法测试参数设置

发射接收

图 17-3　TBM 工作条件下 HSP 反射法预报典型波形曲线

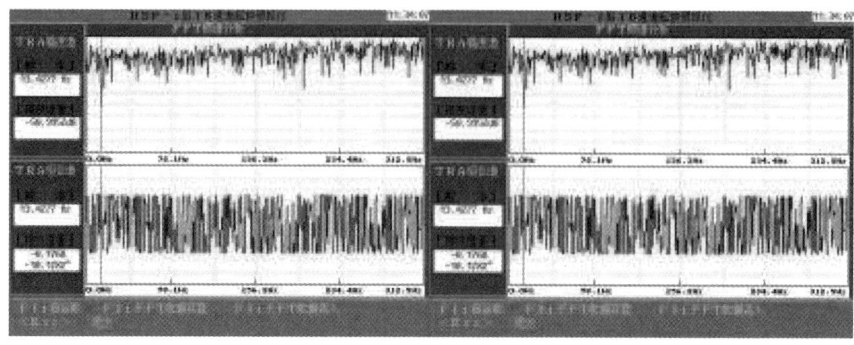

发射接收

图 17-4　TBM 工作条件下 HSP 反射法预报波谱分析图

显然：

（1）系统接收到了来自 TBM 刀盘与岩石摩擦或切割所激发的信号。也就是说，TBM 刀盘与岩石摩擦或切割所激发信号可以作为声波仪系统激发信号。

（2）HSP-1 型 16 通道地质超前预报仪所采集的 TBM 工作所激发声波信号频率复杂、紊乱，尚需进一步开展试验，研究其所激发信号的主频。

17.2.2　二次试验

采用 ZGS-1610 型智能工程探测声波仪系统进行信号采集。

测试布置仍如图 17-1 所示。

测试参数设置如表 17-1 所示。

表 17-1　TBM 工作条件下采用 ZGS-1610 型智能工程探测声波仪系统 HSP 反射法地质预报测试参数设置

换能器布置方式	文件名	采样速度/μs	记录长度/K	预置延迟地址/点	触发方式	触发电平方式	触发电平	接收通道 CH1 量程	触发通道 CH4 量程/mV	耦合方式
(a)	DHF2A	5	32	−2000	CH4	上升沿	57	500 mV	5 mV	交流
	DHF2B	10	32	−2000	CH4	上升沿	57	500 mV	5 mV	交流
	DHF2C	20	32	−2000	CH4	上升沿	57	500 mV	5 mV	交流
	DHF2D	2	32	−2000	CH4	上升沿	57	500 mV	5 mV	交流
	DHF2E	1	32	−2000	CH4	上升沿	57	500 mV	5 mV	交流
	DHF2F	0.5	32	−2000	CH4	上升沿	57	500 mV	5 mV	交流
	DHF2G	2	32	−2000	CH4	上升沿	57	5V	5V	交流
	DHF2H	0.5	32	−2000	CH4	上升沿	57	5V	5V	交流
	DHF2I	10	32	−2000	CH4	上升沿	57	5V	5V	交流

续表

换能器布置方式	文件名	采样速度/us	记录长度/K	预置延迟地址/点	触发方式	触发电平方式	触发电平	接收通道 CH1 量程	触发通道 CH4 量程/mV	耦合方式
(b)	DHF3A		32	-2000	CH4	上升沿	127	5V	5mV	交流
	DHF3AA		32	-2000	CH4	上升沿	57	5mV	20mV	交流
	DHF3B		32	-2000	CH4	上升沿	127	5V	5mV	交流
	DHF3C		32	-2000	CH4	上升沿	127	5V	5mV	交流
	DHF3D		32	-2000	CH4	上升沿	127	5V	5mV	交流
	DHF3E		32	-2000	CH4	上升沿	127	5V	5mV	交流
	DHF3F		32	-2000	CH4	上升沿	127	5V	5mV	交流
	DHF3G		32	-2000	CH4	上升沿	113	5mV	1V	交流
	DHF3H		32	-2000	CH4	上升沿	113	1V	5V	交流
	DHF3I		32	-2000	CH4	上升沿	113	1V	5V	交流
	DHF3J		32	-2000	CH4	上升沿	113	1V	5V	交流
	DHF3K		32	-2000	CH4	上升沿	113	1V	5V	交流

图 17-5 为测试按（b）布置的典型波形时域、频域分析结果。

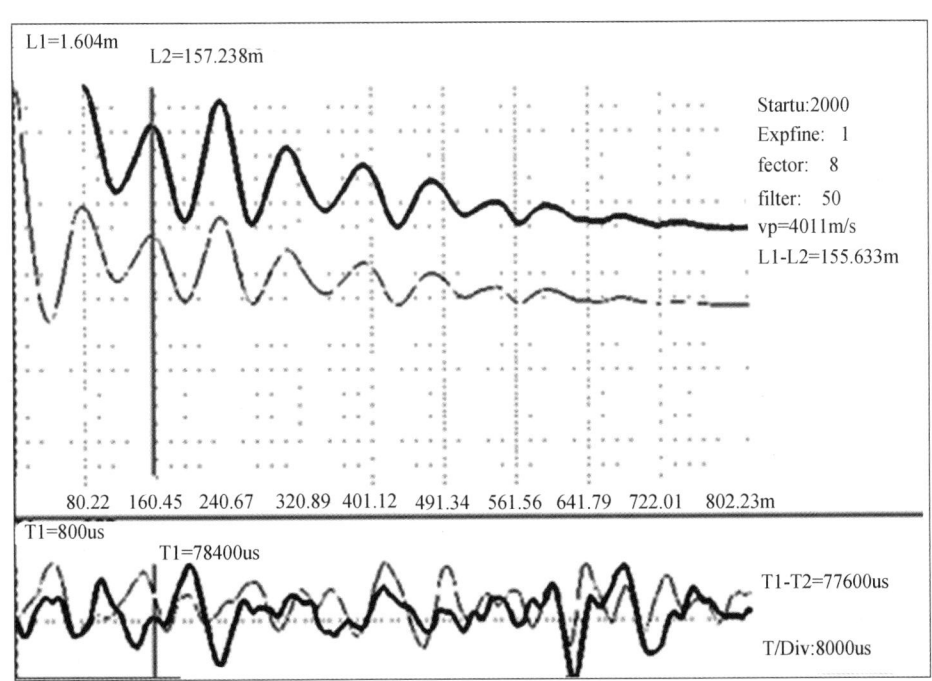

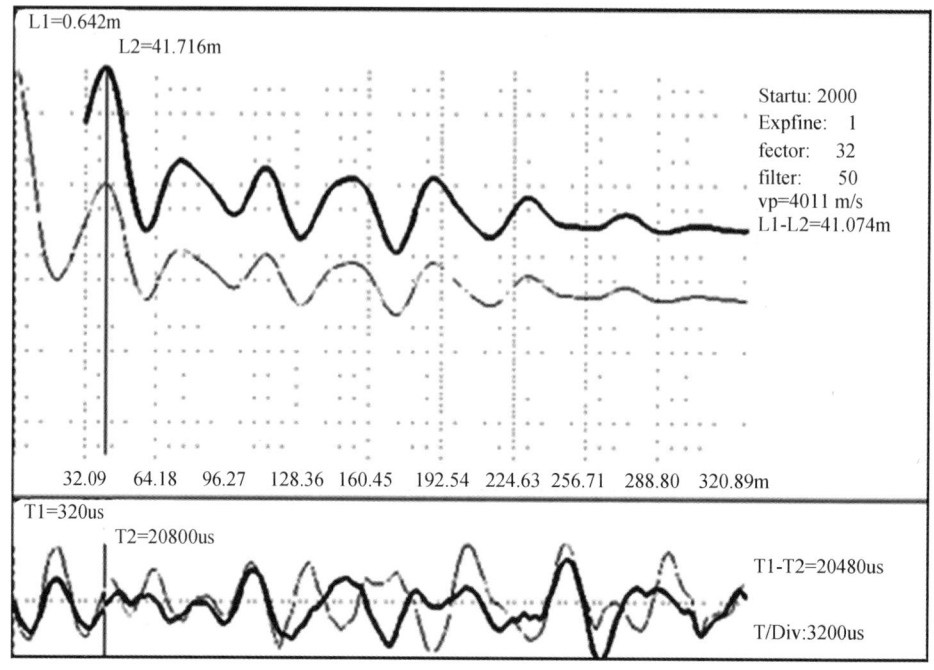

图 17-5　测试按（b）布置的典型波形时域、频域分析结果

图 17-6 为两种测试布置掌子面前方地质预报分析成果图。

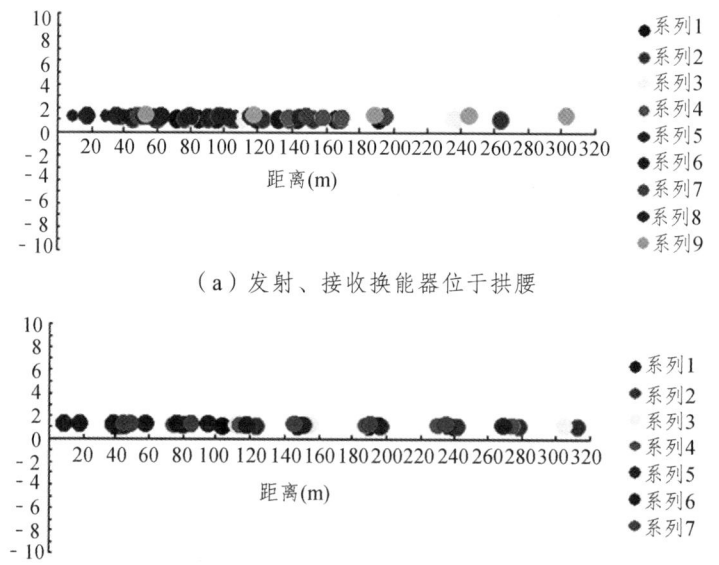

（a）发射、接收换能器位于拱腰

（b）发射换能器位于刀盘面中心、接收换能器位于拱腰

图 17-6　两种布置测试的预报成果图

表 17-2 为按（a）布置的各种参数条件所采集波形的频谱分析结果汇总。

表 17-2　按（a）布置的测试波形 TRA 幅度谱主要频率值统计

文件名	通道	主要频率值/Hz	文件名	通道	主要频率值/Hz
DHF2A1	CH1	6.6\1214.6\2142.3\2587.9	DHF2B1	CH1	48.8\720.2
	CH4	1208.5\2429.2\2600		CH4	567.6\662\1230
DHF2A2	CH1	48.8\677\1208.5\2142.3\2588	DHF2B2	CH1	45.8\643.9
	CH4	1221\2435\2588		CH4	573.7\656\1233
DHF2A3	CH1	36.6\659	DHF2B3	CH1	48.8\671
	CH4	1221\2447.5\2582		CH4	577\656\1236
DHF2A4	CH1	48.8\696	DHF2B4	CH1	48.8\772
	CH4	1227\2447.5\2576		CH4	585.9\650\1236
DHF2A5	CH1	30.5\72.6	DHF2B5	CH1	790
	CH4	1227\2453.6\2570		CH4	595\643\1239
DHF2C1	CH1	小于 781.2，密集、杂乱	DHF2D1	CH1	915.5\2136\5707
	CH4	317\635		CH4	1861.6\3738\5600\7461
DHF2C2	CH1	小于 781.2，密集、杂乱	DHF2D2	CH1	748\3235
	CH4	315.9\630		CH4	1861.6\3738\5600\7461
DHF2C3	CH1	小于 781.2，密集、杂乱	DHF2D3	CH1	45.8\839\6180
	CH4	312.8\625.6		CH4	1846\3738\5600\7462
DHF2C4	CH1	317\710	DHF2D4	CH1	808.7
	CH4	311\621		CH4	1861.6\3723\5600\7461
DHF2C5	CH1	小于 781.2，密集、杂乱	DHF2D5	CH1	824
	CH4	310\618		CH4	1861.6\3723\5585\7446
DHF2E1	CH1	854.5，之后密集、杂乱	DHF2F1	CH1	793
	CH4	3693\7446\10040\13763		CH4	7385\13733\21179\27527
DHF2E2	CH1	15.6KHz 内密集、杂乱	DHF2F2	CH1	671
	CH4	3723\7446\10040\13763		CH4	7385\13794\21179\27527
DHF2E3	CH1	885 之后密集、杂乱	DHF2F3	CH1	854
	CH4	3693\7416\10040\13763		CH4	7385\13733\21179\27527
DHF2E4	CH1	946	DHF2F4	CH1	732
	CH4	3693\7416\10040\13763		CH4	13794\21179\27527

续表

文件名	通道	主要频率值/Hz	文件名	通道	主要频率值/Hz
DHF2E5	CH1	915	DHF2F5	CH1	854
	CH4	3693\7416\10070\13794		CH4	7385\13733\21179\27588
DHF2G1	CH1	密集、杂乱	DHF2H1	CH1	6714\11545\16663\20874
	CH4	961		CH4	976\6165，高频密集、杂乱
DHF2I1	CH1	密集、杂乱			
	CH4	密集、杂乱			

由表可以看出：

（1）发射换能器所采集的波形其主频均较大，多数在 1 000 Hz 以上，但总体上是各频带的信号都有。

（2）接收换能器所采集的波形其主频变化大，一般在数十赫兹到 2 000 Hz 以内，同样是频带密集、杂乱。

分析认为，TBM 机械振动产生高频信号，TBM 刀盘摩擦或切割岩石产生的信号中既有高频也有低频。因此，通过将高频信号进行滤波处理，可以利用低频信号在岩石中的传播特性来进行 TBM 施工条件下的地质超前预报。

17.3　TBM 施工条件下的 HSP 反射法地质预报

根据图 17-6（a），通过聚类分析判别，测试掌子面（或刀盘）前方 130 m 范围内存在 3 个岩体破碎带，分别距前方距离为：31.4～59.2 m、94.0～103.2 m 和 112.3～118.7 m。

图 17-7　预报探测掌子面前方 31.4～59.2 m 处岩体破碎带现场照片

在掘进机工作 1 天后，遇第一个岩体破碎带。现场施工及时采取了加固措施，并调整按惯例应在通过第一个岩体破碎带是的停机检修，顺利通过了该岩体破碎带破碎岩体。图 17-7 为施工揭示的现场照片。

施工掘进通过第一个岩体破碎带后，利用停机检修空隙实施的按（b）布置的 TBM 工作条件下的 HSP 反射法地质预报分析结果显示，测试掌子面前方 120 m 范围内主要存在 2 个岩体破碎带，距离分别为 30.5~40.8 m 和 67.1~72.2 m，与之前预报的第二和第三个岩体破碎带相当。

17.4　TBM 工作条件下的 HSP 反射法地质预报软、硬件改进

17.4.1　硬件改进

在前述可行性试验基础上，为了适合于 TBM 施工地质预报，对 HSP 声波反射法的硬件系统进行了如下改进：

（1）将系统主机 ZGS-1610 型智能工程探测声波仪并口传输改进为 USB 接口传输，传输速度比原来有大幅度提高，且性能稳定，实施计算机命令控制主机系统的速度比原来提高近十倍。

（2）拾震器（或换能器）的频率选择在 50 到 100 Hz 范围，并在拾震器前端安设一个特制的螺冒，通过螺栓与 TBM 刀盘连接，从而将发射拾震器安装在刀盘背后。

（3）加长该传输线。

（4）对仪器系统进行必要的防震防护，或在主机箱体底增加缓冲防震泡沫，或将仪器系统背在测试人员的身上。

17.4.2　软件系统改进

包括测试采集软件和时域、频域分析两个软件系统的改进。

（1）将原来的 DOS 系统下运行的软件改为可在 Windows 系统下运行的软件。

（2）将时域、频域分析软件也改为 Windows 系统下运行。

17.5　一种适合于 TBM 施工的 HSP 声波反射地质预报方法

基此，中铁西南科学研究院有限公司以"一种适合于 TBM 施工的 HSP

声波反射地质预报方法"获国家发明专利，方法在大伙房输水隧洞后续施工及引黄济石、引汉济渭、华能西藏水电辅助公路隧道 TBM 施工等项目中得到成功应用，实现了 TBM 施工条件下利用 TBM 破岩震动为震源的 HSP 反射法地质预报。

第18章 基于无线传输和大功率电火花震源的HSP反射层析成像法地质预报技术

18.1 问题的提出

长期的HSP反射法隧道施工地质预报实践发现：

（1）HSP反射法隧道施工地质预报采用锤击震源能量偏低，导致的预报距离偏短。

（2）有线信号传输，限制了HSP反射法隧道施工地质预报技术在TBM和盾构施工隧道的应用。

（3）成果直观反映性差，影响了HSP反射法隧道施工地质预报技术的推广应用。

基此，中铁西南科学研究院有限公司提出了基于信号无线传输和大功率电火花震源的HSP反射层析成像法地质预报技术。

基于信号无线传输和大功率电火花震源的HSP反射层析成像法地质预报技术的实现，包括大功率电火花震源的研制、信号无线传输系统的开发、一发多收空间阵列式测试布置方法的研究、新型高分辨弯扭式压电检波器的研制、HSP反射法地质超前预报仪一体机的研制、HSP反射与散射联合成像方法研究和数据处理软件系统的研发。

18.2 大功率电火花震源的研发

早期的地球物理勘探（简称物探），是利用地球物理原理，根据各种岩土体间密度、磁性、电性、弹性波、放射性等物理性质差异，选用不同的物理方法和物探仪器，对测区地球物理场变化进行探测，了解测区内介质结构、物质组成及水文地质工程地质条件。随着地球物理勘探技术的推广应用，近几十年来也广泛应用于构件质量、地基加固效果检测等领域。地震法利用介质间弹性波速度或波阻抗的差异，观测弹性波在介质中传播的运动学和动力学特征，了解测区内介质结构、物质组成及水文地质工程地质条件。其由于探测方法的多样性、探测深度的多层次性、探测结果的代表性等优点有着不可取代的优势。

弹性波探测主要由震源激发、信号接收及信号分析处理构成。在弹性波探测中，接收信号质量是确保弹性波探测效果的第一要素，震源能量是保证探测距离的需要，而除了城市地勘以外多数地勘属于野外作业。因此，便携、大功率、激发能量可控的震源激发系统，无疑成为弹性波探测技术发展的关键。

18.2.1 震源类型分析

现阶段国内外震源类型主要有炸药震源和非炸药震源。

炸药震源：激发震波频谱带宽、能量强，但可控性差，即便是等量炸药在不同环境条件下起爆能亦不相同。此外，炸药购买、运输受到严格控制，操作存在安全风险。非炸药震源主要有内触发、人工锤击、高频震源枪，电火花。

内触发，重复性好，但能量小，穿透距离有限，不适合大距离物探工作使用。

人工锤击，重复性差，能量小，穿透距离有限，不适合大距离物探工作使用。

高频震源枪，定向发射，利于能量定向传播，高频成分丰富，但价格昂贵且需要办理相关持有和携带手续。

既有电火花震源：高频成分丰富，能量可控，但缺陷为能量不足，大多在1 000到2 000 J尚可实现便携，若是能量到10 000 J或更大便携则无从谈起。此外，升压系统停留在模拟技术层面，对能量的可控性方面存在缺陷。

18.2.2 电火花震源应用现状

电火花震源作为地震法探测中震源的一种，具有无环境污染，同时可在水下、小口径孔内等条件下使用的优点。

电火花震源作为弹性波探测震源未能得到大范围推广应用的原因主要有：

（1）小体积电火花震源功率低，致使探测深度和距离（跨孔）有限，难以满足要求。

（2）大体积电火花震源功率足够大，但质量过大，不便于野外作业。

18.2.3 ZDF-3电火花震源研制

针对以上现状，中铁西南科学研究院有限公司工程地质研究所在充分调研的基础上，利用自身长期坚持弹性波仪器设备研发的优势，成功研发便携可控大功率震源——ZDF-3电火花震源（图18-1）。

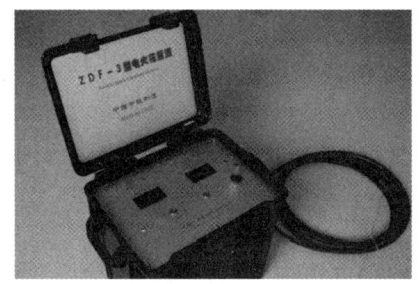

图 18-1　ZDF-3 型电火花源

与其他电火花震源一样，ZDF-3 电火花震源也是利用电容器储存高压电能，瞬间释放，形成地震波。

ZDF-3 型电火花震源采用了特殊的线路方式，将储能、升压、控制和供电四套系统集成，内置充电电池，解决大功率电火花震源体积大、质量大及不便携带，小体积电火花震源功率低等传统电火花震源未能广泛应用的问题。

（1）ZDF-3 电火花震源采用内置 22 Ah 锂电池，直流充电，可持续工作 8 h 以上。解决了传统电火花震源需要自带发电机供电的模式，大大提高了野外的工作效率。

（2）功率大。最大能量超过 10 000 J，地层穿透能力在 100 m 以上，突破了传统电火花能量不足的瓶颈。

（3）激发能量可控。激发能量智能调节，根据需要设定升压电压以达到能量可控的目的，实现了激发过程的可控性。同时储能系统、升压系统、控制系统采用独特集成线路技术，实现单件集成，减少了接线柱连接烦琐、外置等安全隐患，保证了操作人员的安全，操作可控性更强。

（4）体积小，质量轻，更便携。ZDF-3 型电火花震源体积为 45 cm×35 cm×46 cm，质量仅 35 kg，与既有同功率电火花相比更轻便，便于野外使用。

18.3　信号无线传输技术开发

图 18-2 是 TBM 施工条件下 HSP 探测信号有线传输实际。显然：

（1）TBM 庞大而独特的空间结构，造成探测信号传输线路布设的困难。

（2）TBM 施工刀盘的转动，极易导致信号传输线路的破损，维护极为困难。

（3）探测信号传输线路依附在 TBM 机体上，TBM 施工供电系统产生的干扰信号，造成接收信号的失真进而影响预报的准确率。

图 18-2 TBM 施工条件下 HSP 探测信号有线传输

因此,采用探测信号无线传输,确保采集数据的高保真,是实现 TBM 施工条件下 HSP 地质预报的关键所在。

18.3.1 信号采集无线收发模块开发

图 18-3 是 TBM 施工条件下 HSP 地质预报信号采集无线收发模块结构示意图,图 18-4 是无线收发模块电路图,图 18-5 是无线电路框图。

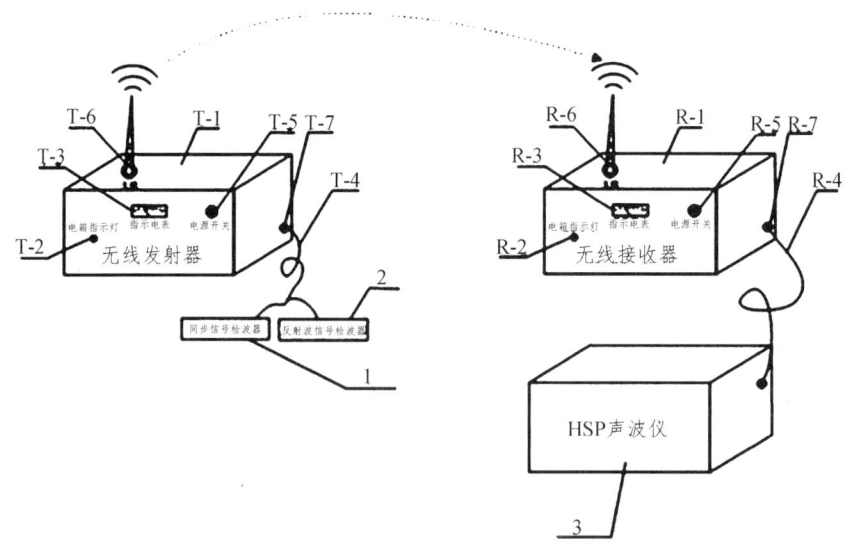

图 18-3 无线收发模块结构示意图

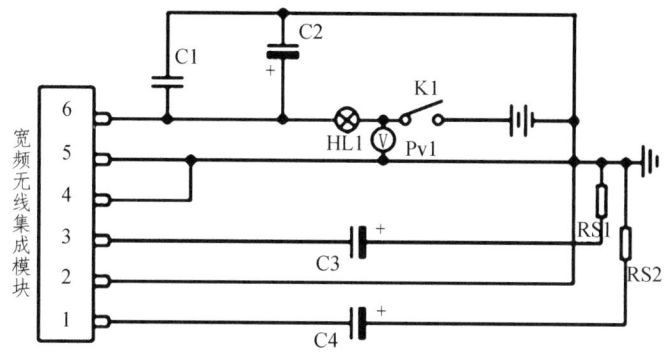

图 18-4 无线模块电路图

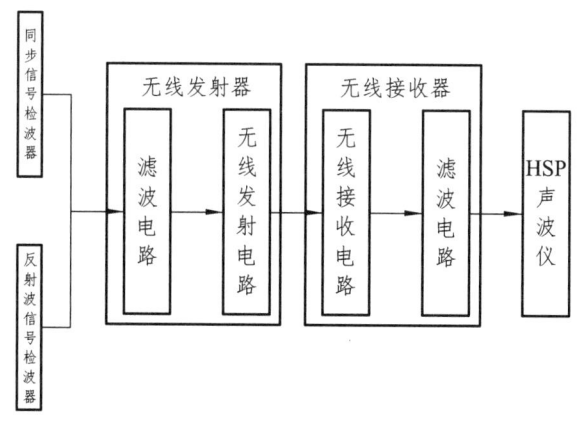

图 18-5 无线电路框图

采用信号采集无线收发模块,将 TBM 刀盘转动切削岩石产生的震源信号与 HSP 声波仪间的传输方式由原来的有线传输改为无线传输,省去了信号传输线路的布设和维护,大大提高了地质预报工作效率;设置在震源信号和界面反射信号接收前的滤波电路,确保了采集信号的真实性。

18.3.2 信号无线传输测试

图 18-6 是采用 5 Hz、20 Hz、50 Hz、200 Hz、500 Hz、1 000 Hz 标准正弦信号进行有线传输和无线传输的信号采集对比试验结果。对比结果表明,有线传输波形与无线传输特征相似,无畸变,但存在一定的延迟,需进行延迟校正。

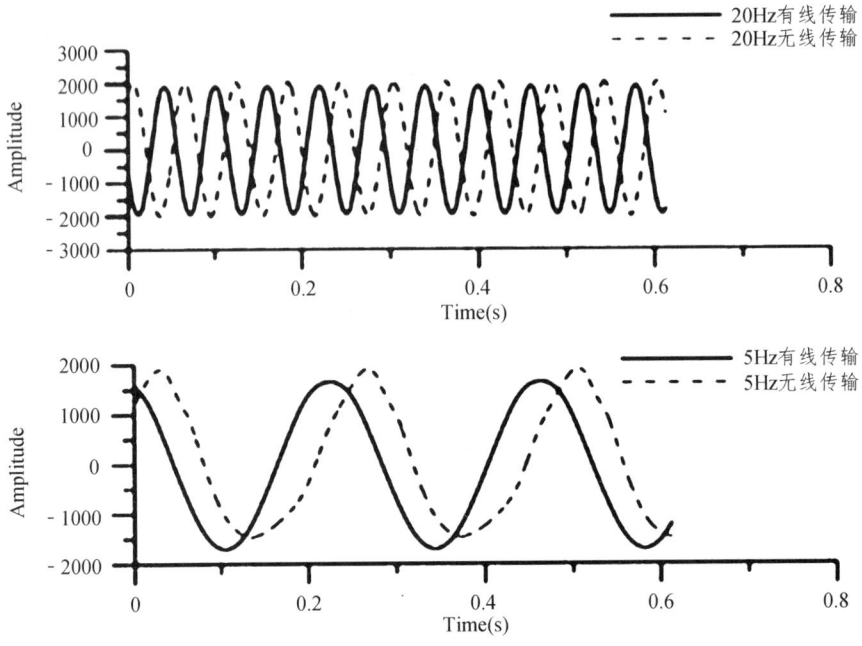
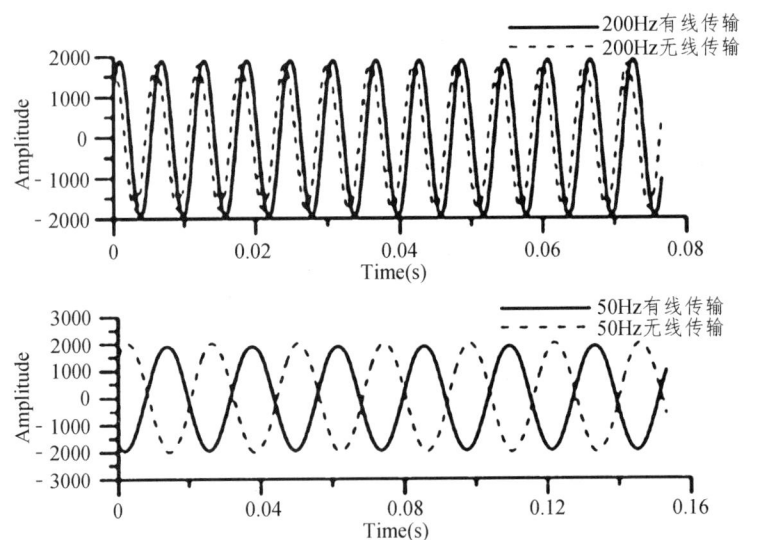

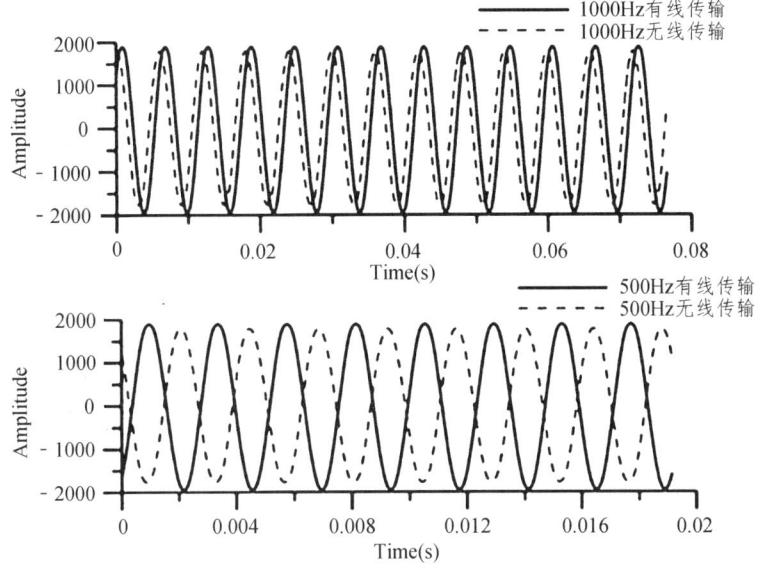

图 18-6 正弦信号有线与无线传输对比图

图 18-7 是采用榔头敲击产生的宽带子波信号作为震源进行有线和无线传输实验得到的结果。发射波形是经有线系统采集的信号,接收波形是经无线系统延迟修正后的信号。可以看出,无线采集系统具有非常好的信号采集性能,采集信号频率可达 65 kHz。

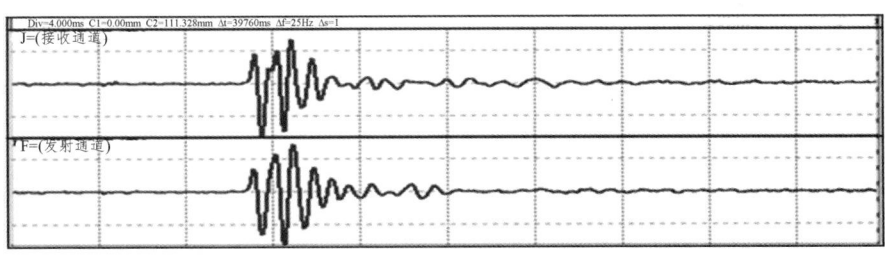

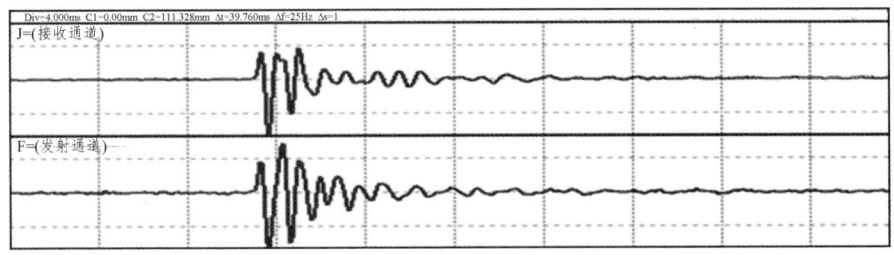

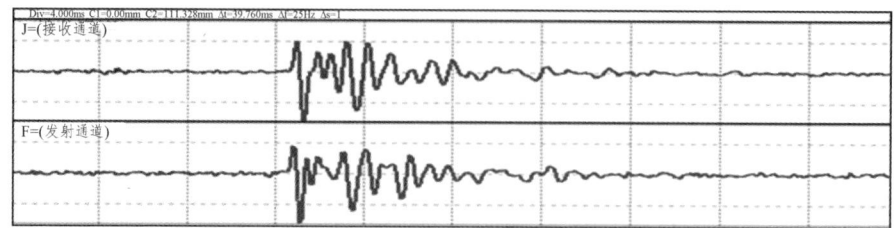

图 18-7 榔头敲击宽带子波震源信号有线和无线接收实验结果

（JS 为无线接收信号，FS 为有线接收信号）

地震波的频率一般都较低。因此，对于 HSP 系统而言，能采集到高达 65kHz 频率的波已足够。

图 18-8 是利用 TBM 破岩震动作为震源、采用有线和无线信号传输接收实验得到的结果，发射波形是经有线系统采集的信号，接收波形是经无线系统延迟修正后的信号。可以看出，无线采集系统具有非常好的信号采集性能。

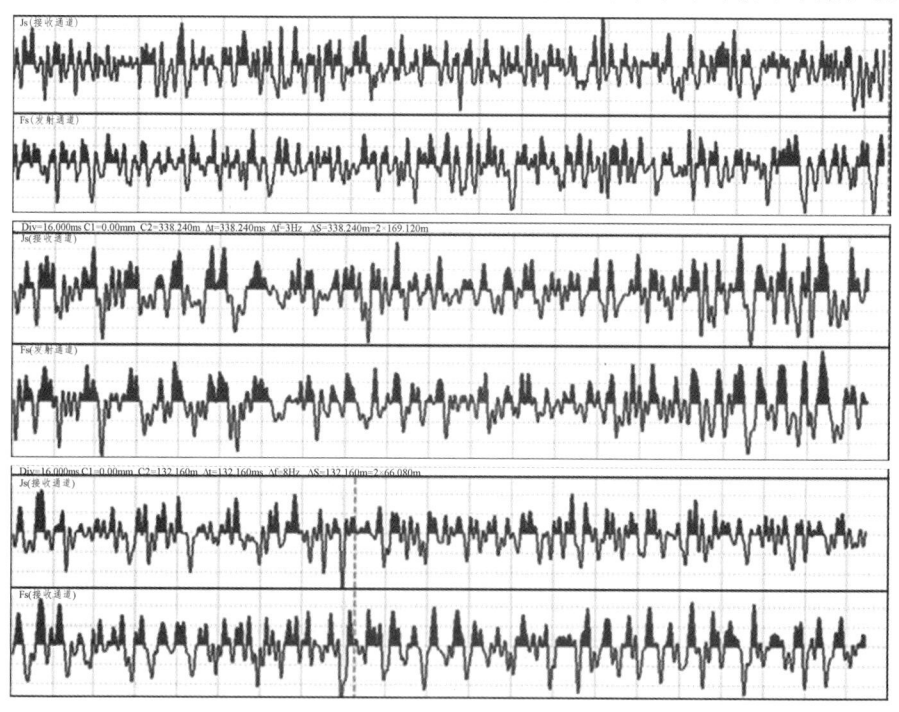

图 18-8 利用 TBM 破岩震动作为震源信号有线与无线接收试验结果

（JS 为无线接收信号，FS 为有线接收信号）

图 18-9 为研制的信号无线传输采集模块。信号无线传输采集模块体积小，内置锂电池供电，充满可累计工作 30 h。

图 18-9　信号无线传输采集模块（左为接收模块、右为发射模块）

18.4　一发多收空间阵列式测试布置方法

图 18-10 为新型一发多收空间阵列式测试布置方法，即：在 TBM 刀头布置声波激发检波器，在两侧壁分别布置一排声波接收检波器。测试时，两排声波接收检波器同时接收 TBM 掘进产生的声波信号，每次接收都形成一个共炮记录阵列（如图 18-11）。

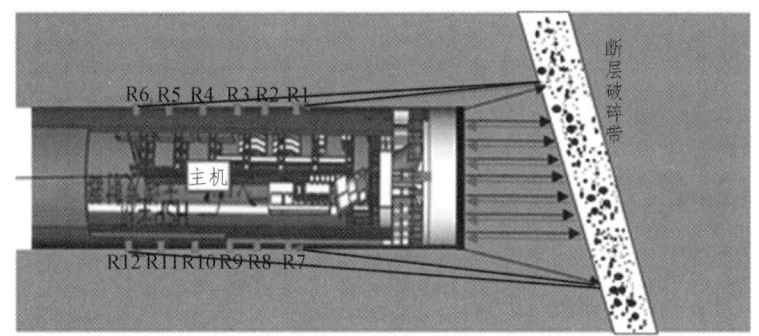

图 18-10　新型一发多收空间阵列式布置方法

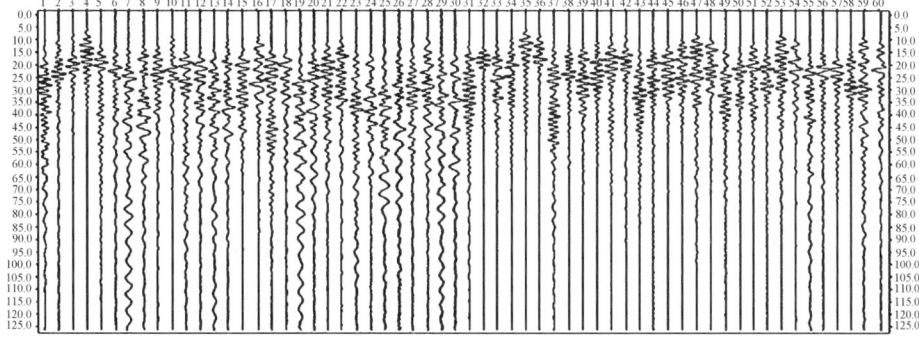

图 18-11　新型空间阵列式布置波形曲线

新的测试布置方法具有如下优点：

（1）空间阵列式的布置方法，能在空间多个位置对同一界面进行规律性观察，避免偶然性，提高准确率。同时测试波形记录形成共炮排列，反射波呈双曲线形态，也为建立科学的反射波分析模型、采用能量叠加最大化原理进行反射成像提供了条件。

（2）具有信号叠加滤波功能，将不同激发点得到的反射双曲线叠加，可以使反射波相干叠加加强，随机干扰波、侧面回波等干扰波叠加相消滤除，起到了很好的滤波效果，避免了因干扰波而造成的误判。

（3）相对于目前地质预报的单发单收方式，新的一发多收方式，避免了单发单收重复测试工作量大的缺点，能有效提高采集效率。

18.5 新型高分辨弯扭式压电检波器的研制

18.5.1 检波器类型的确定

常用于地质勘探的地震检波器多为速度型检波器。受工作原理限制，这类检波器普遍存在灵敏度低、动态范围小、频带窄、抗干扰能力差等诸多问题，限制了勘探分辨率和信噪比的提高。

常用的动圈式检波器，主频常设置在 4 Hz、38 Hz、100 Hz，而压电检波器主频在 2 kHz、5 kHz 等，带宽较窄，频率响应范围较窄，难以适应利用 TBM 破岩震动作为震源的探测频带宽度（15~130 Hz）；利用 TBM 破岩震动作为震源的信号采集要求检波器稳定性高，原测试系统采用 38 Hz 主频检波器无法同时满足微弱振动和剧烈振动两种状态振动灵敏度，难以有效地接收有用信号，且长时间工作后出现基准点漂移问题。

动圈式检波器微弱振动时性能较好，压电式检波器在剧烈振动时性能较好。

压电检波器是基于压电效应研制开发的加速度型检波器，加速度检波器将测点的加速度信号转换为相应的电信号，进入前置放大电路，经过信号调理电路改善信号的信噪比，再进行模数转换得到数字信号，最后送入计算机，计算机再进行数据存储和显示。较动圈式检波器而言，压电检波器在稳定性、频率带宽、信噪比和体积重量上都有很大的改善和提高。因此，近些年来，压电检波器被越来越多应用于较高精度的勘探。

采用压电检波器实施 TBM 施工条件下的利用掘进机破岩震动作为震源的 HSP 地质预报试验发现，尽管目前的压电检波器能基本满足较高精度的探测要求，但其主频偏高，无法响应较低频率范围振动信息，仍然不能满足高灵敏度、高信噪比的探测要求，需要进一步改进。因此，急需融合动圈式与压电式检波器优点，开发新型检波器。

加速度传感器是根据压电效应的原理来工作的。所谓的压电效应，就是"对于不存在对称中心的异极晶体加在晶体上的外力除了使晶体发生形变以外，还将改变晶体的极化状态，在晶体内部建立电场，这种由于机械力作用使介质发生极化的现象称为正压电效应"。

一般加速度传感器，就是利用了加速度造成晶体变形这个特性。由于晶体变形会产生电压，故只要计算出产生电压和所施加的加速度之间的关系，就可以将加速度转化成电压输出。当然，还有很多其他方法来制作加速度传感器，比如压阻技术、电容效应、热气泡效应、光效应，但是其最基本的原理都是由于加速度产生某个介质产生变形，通过测量其变形量并用相关电路转化成电压输出。

18.5.2 新型高分辨弯扭式压电检波器的研制

图 18-12 是中铁西南科学研究院自行研制的新型高分辨弯扭式压电检波器芯体结构图，图 18-13 是自行研制的不同类型的弯扭式压电检波器。

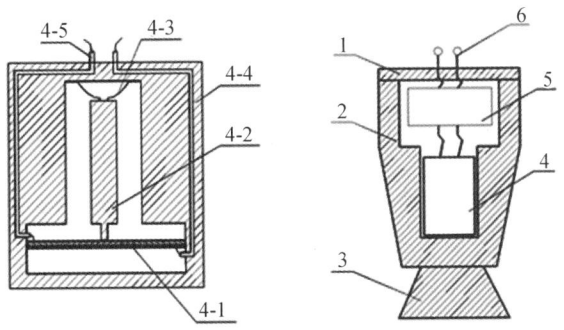

图 18-12 弯扭式压电检波器芯体结构图

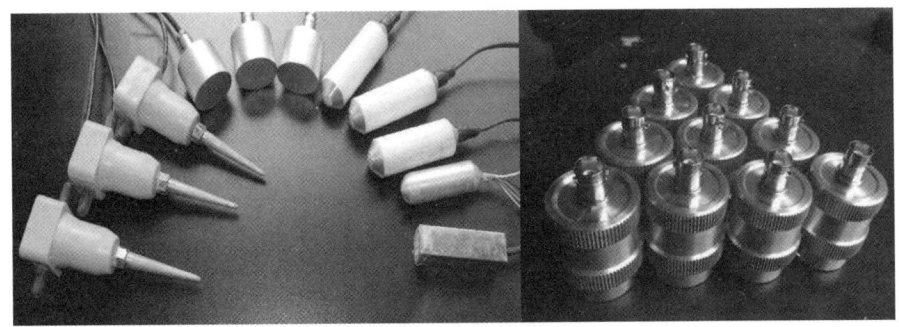

图 18-13 不同类型的弯扭式压电检波器

自行研制的新型高分辨弯扭式压电检波器采用弯扭式压电结构，使压电材料在受到较小震动时产生的较小压力时也会产生较大应力变形，因此弯扭式压电检波器拥有极高的灵敏度和分辨率；检波器频带宽，动态范围大，失真小，可以与现在的 24 位信号接收处理机良好匹配；结构简单，体型小，质量小，性能稳定，尤其适合在隧道等特殊场地进行高分辨探测和预报。

自行研制的新型高分辨弯扭式压电检波器最大输出值为 12 V。

18.5.3　新型高分辨弯扭式压电检波器性能测试

图 18-14~18-19 分别是采用 25K 压电传感器激发信号作为震源采用自行研制的新型高分辨弯扭式压电检波器与常用检波器作为接收检波器接收震源信号的对比试验结果。

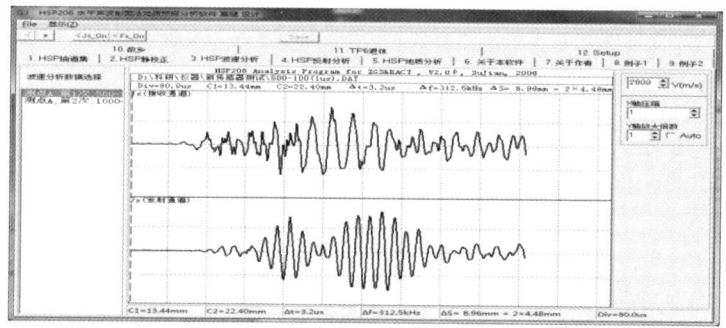

图 18-14　信号接收对比试验结果

上图：采用新型高分辨弯扭式压电检波器，采样 1μs 2ch（500 mV）；
下图：采用常用测桩传感器，1ch（100 mV）

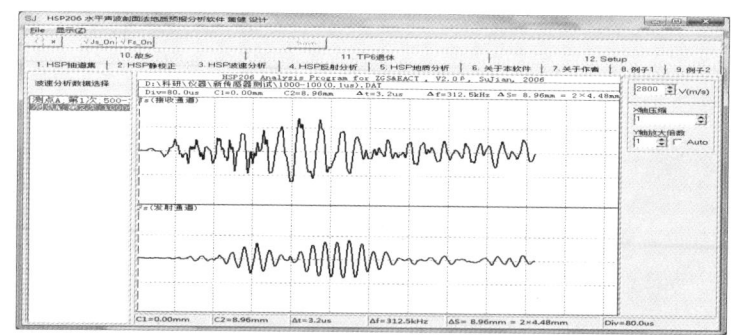

图 18-15　信号接收对比试验结果

上图：采用新型高分辨弯扭式压电检波器，采样 0.1μs，2ch（1 V）；
下图：采用常用测桩传感器 1ch（100 mV）

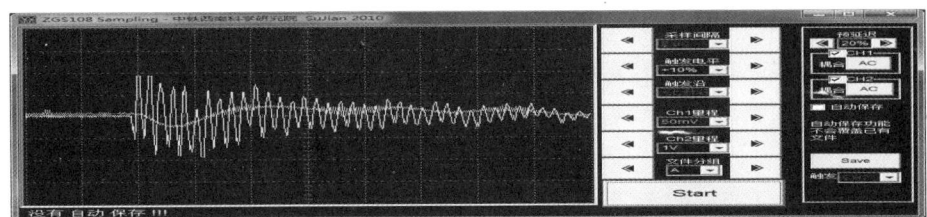

图 18-16　信号接收对比试验结果

（黄色：采用新型高分辨弯扭式压电检波器；绿色：采用动圈传感器）

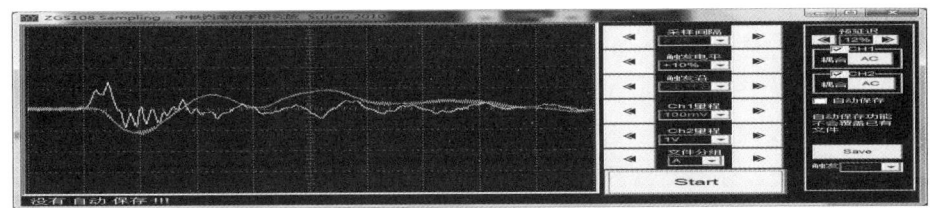

图 18-17　信号接收对比试验结果

（黄色：采用新型高分辨弯扭式压电检波器；绿色：采用动圈传感器）

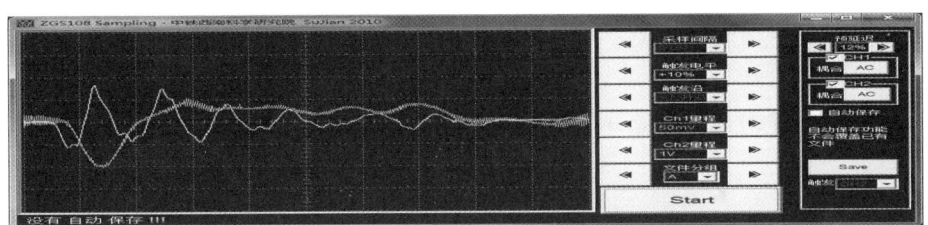

图 18-18　信号接收对比试验结果

（黄色：采用新型高分辨弯扭式压电检波器；绿色：采用动圈传感器）

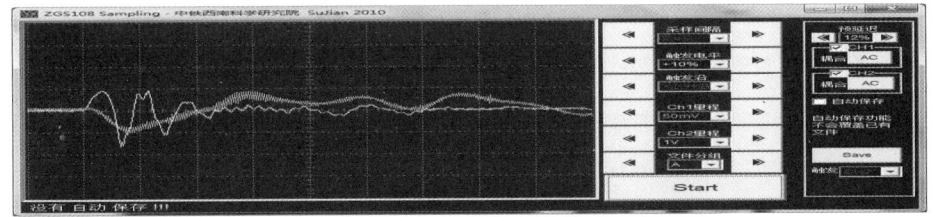

图 18-19　信号接收对比试验结果

（黄色：采用新型高分辨弯扭式压电检波器；绿色：采用动圈传感器）

显然：

（1）与常用动圈传感器相比，采用新型高分辨弯扭式压电检波器灵敏度提高了 5 倍。

（2）采用新型高分辨弯扭式压电检波器，频率响应达到 40K，与老式传感器相比，频率响应没有降低。

（3）采用新型高分辨弯扭式压电检波器，测试过程中表现稳定。

18.6　HSP 反射法地质超前预报仪一体机研制

18.6.1　HSP 反射法地质超前预报仪一体机

图 18-20 为研制的 TBM 施工专用 HSP 地质超前预报仪一体机。

仪器集主控装置、A/D 转换模块、数显屏幕、滤波电路、供电电路、过电保护电路等于一体；A/D 转换精度为 24 bit；通道可根据实际测量需求在 8/16/24 通道变换；内置直流充电电源；内置信号采集、存储、处理及成果图件输出控制子系统，仪器操作实现智能化；USB 接口传输；箱体采用防震高强仪器外箱，内置系统与箱体间缝隙、与控制面板间采用密封材料密封，达到系统的防震、防潮。

采集软件由主控屏显示，为电阻式触摸屏。

图 18-20　新型 HSP 地质预报仪

可通过人机互动模式设置采样速率（0.1 μs～1 s）、通道记录长度（1～32 K）、量程等参数（1 mV～10 V）。

采集软件含环境噪声调查、自动道间均衡、自动道内均衡、手动增益、信号叠加、BP 滤波、自动保存等功能，测试波形信号更稳定。

18.6.2　HSP 反射法地质超前预报仪一体机运行稳定性测试

针对不利环境情况下探测，课题组采用 ZGS 型地质预报仪（原系统）和 HSP 反射法地质超前预报仪一体机（新系统）分别进行稳定性测试，共计 333 次，其中原系统测试 246 次、新系统测试 87 次。

统计表明：原系统测试出现测试异常次数 64 次，占 26%；新系统测试出现测试异常次数 2 次，占 2.3%。

具体异常统计情况见表 18-1、图 18-21、图 18-22。

表 18-1 TBM 施工地质预报测试统计表

稳定性测试	原系统测试	新系统测试	小 计
温差异常	15	0	15
水影响	8	1	9
测线异常	24	0	24
信号异常	17	1	18
正常测试	182	85	267
合 计	246	87	333

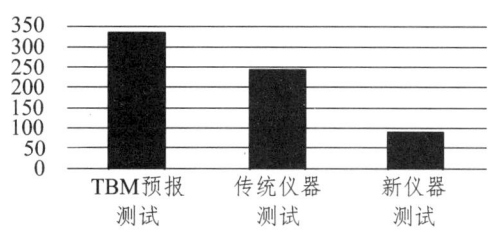

图 18-21 TBM 施工地质预报探测统计

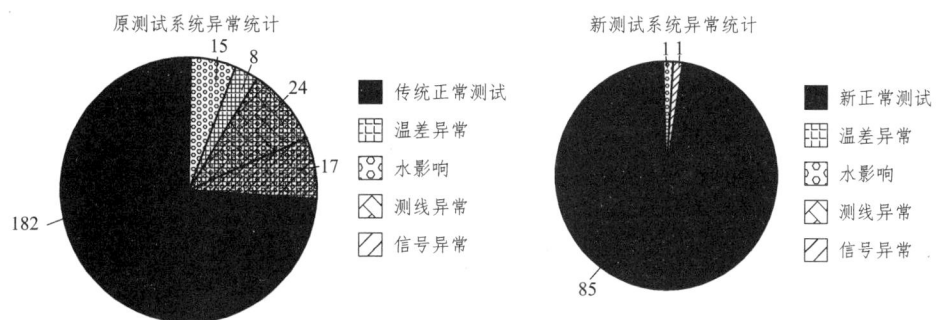

图 18-22 测试系统异常探测统计

稳定性测试统计表明,传统 HSP 地质预报仪在稳定性、防水性、防震性等不能满足 TBM 施工恶劣环境中应用,新型 HSP 地质预报仪工作稳定性、防水性、防震性等可满足 TBM 施工恶劣环境应用。

18.7 基于反射与散射联合成像的预报成果展示

18.7.1 数据预处理

将野外原始数据进行初步加工,以满足计算机及处理系统中各处理方法的要求。包括：解编、编辑、抽道、真振幅恢复、零漂归位等步骤（图 18-23、图 18-24）。

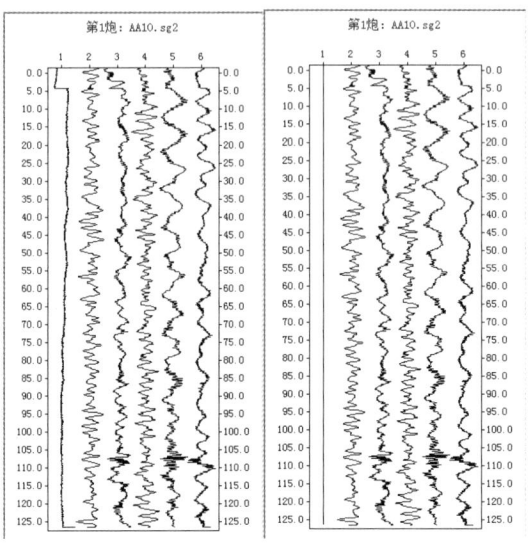

图 18-23 坏道清零

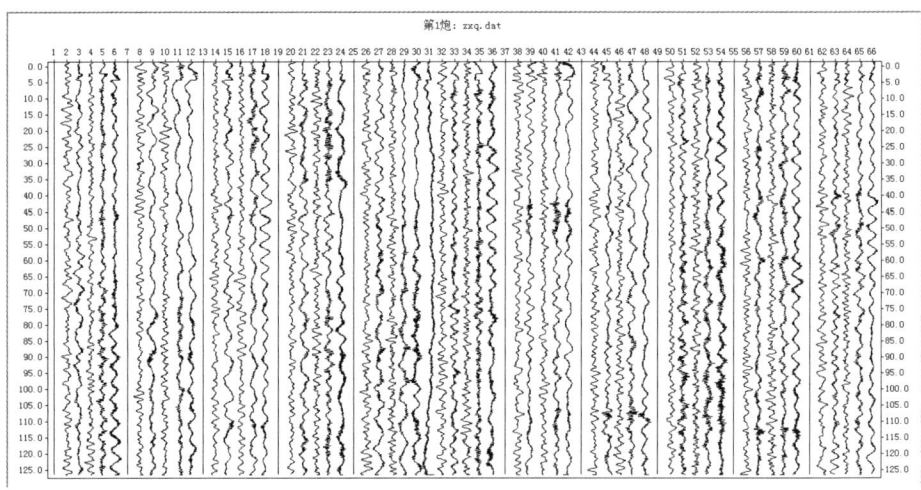

图 18-24 道编辑合并抽道

18.7.2 参数提取与分析

1. 频谱分析

弄清有效波及干扰波的频率特性差异，以便设计合适的频率滤波器来压制干扰，突出有效信号。

$$F(\omega) = \int_{-\infty}^{+\infty} f(t) e^{-i\omega t} dt$$

设地震道为 $f(t)$，其频谱为 $F(\omega)$，则其振幅谱为

$$|F(\omega)| = \sqrt{[\operatorname{Re} F(\omega)]^2 + [\operatorname{Im} F(\omega)]^2}$$

相位谱为

$$\varphi(\omega) = \arctan \frac{\operatorname{Im} F(\omega)}{\operatorname{Re} F(\omega)}$$

我们可以采用分频滤波：

$$F'(\omega) = F(\omega) \cdot H(\omega)$$

$$f'(t) = \int_{-\infty}^{+\infty} F'(\omega) e^{i\omega t} dt$$

式中　$H(\omega)$——带通滤波器。

然后做反傅里叶变换。

考察一系列的 $f'(t)$，我们便可以看出浅、中、深层有效信号、干扰等的频带范围（图 18-25、图 18-26）。

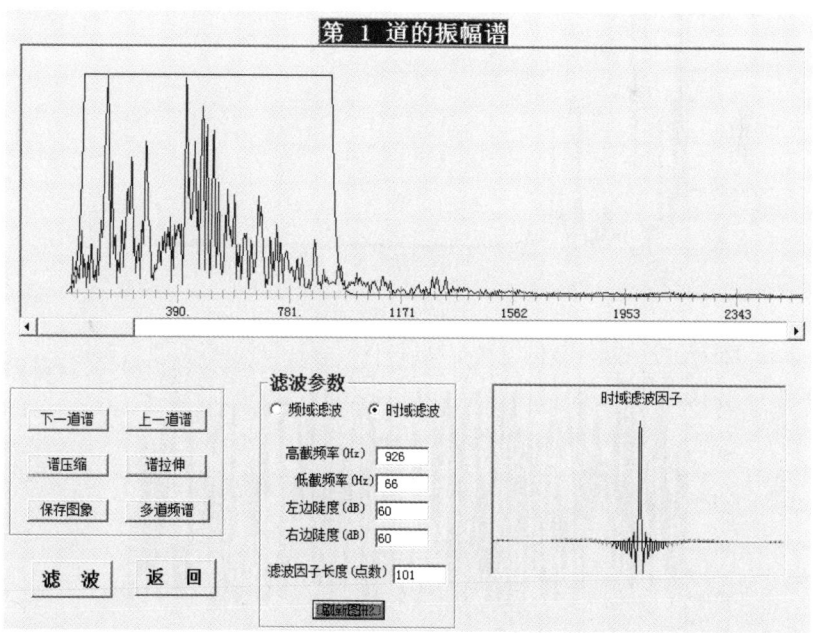

图 18-25　频谱分析

2. 相关分析

相关分析可以分析道间相似程度、求取静校正时移量，进行地震子波求取和相关滤波。

相关系数定义：$r_{xy}(0) = \dfrac{1}{N}\sum\limits_{n=1}^{N} x_n y_n$

或归一化相关系：

$$\tilde{r}_{xy}(0) = \dfrac{2\sum\limits_{n=1}^{N} x_n y_n}{\sum\limits_{n=1}^{N}(x_n^2 + y_n^2)}$$

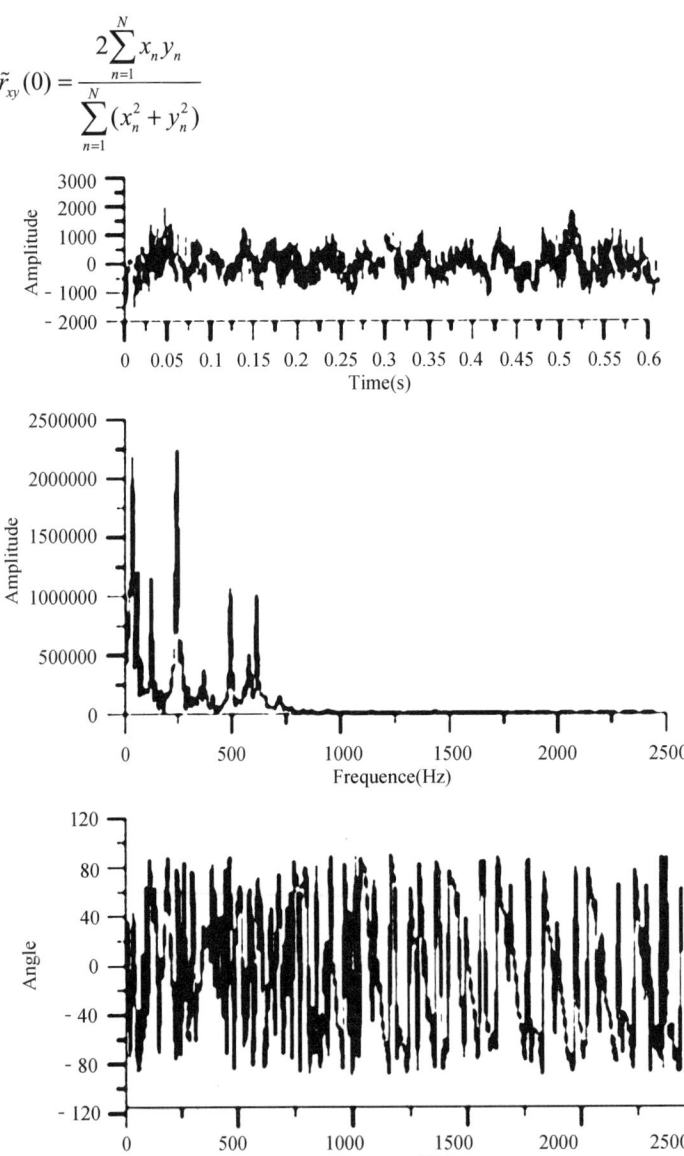

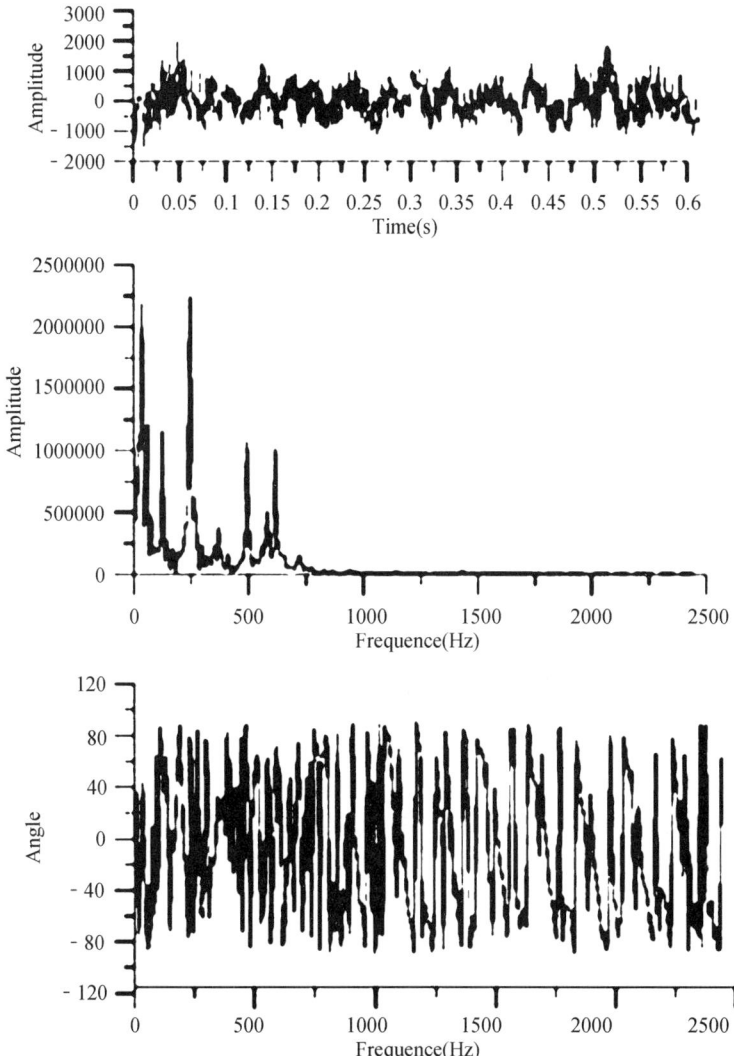

图 18-26 时域波形-振幅谱-相位谱分析图

(上：兰渝铁路西秦岭；下：陕西引水工程引红济石)

相关程度描述：

（1）正相关：如果 x, y 变化的方向一致，$r>0$。一般地：

$|r|>0.95$ 存在显著性相关；

$|r|\geqslant 0.8$ 高度相关；

$0.5\leqslant |r|<0.8$ 中度相关；

$0.3\leqslant |r|<0.5$ 低度相关；

|r|<0.3 关系极弱，认为不相关。

（2）负相关：如果 x，y 变化的方向相反，如吸烟与肺功能的关系，$r<0$。

（3）无线性相关：$r=0$。

如果变量 y 与 x 间是函数关系，则 $r=1$ 或 $r=-1$；如果变量 y 与 x 间是统计关系，则 $-1<r<1$，如图 18-27 所示。

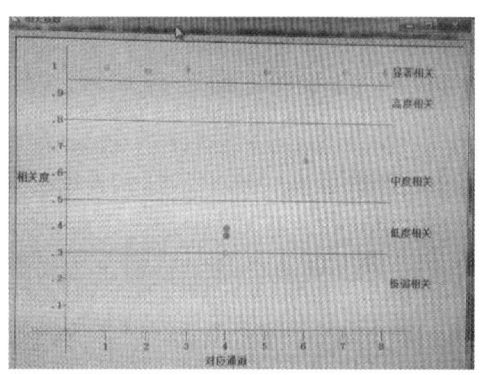

图 18-27　实验数据相关分析图

18.7.3　波场分离

隧道中的波场非常复杂，检波器接收的声波信号除直达波外，存在复杂的反射回波。概括来讲，反射波分为掌子面前方回波、后方回波和周边回波，并且每组回波都包含纵波和横波。进行波场处理的目的就是从复杂的波场中分离出掌子面前方反射纵波和反射横波，以便后面能对这些有用数据进行进一步处理。

波场分离方法较多，分离主要利用波场视速度特性和偏振特性差异，HSP 地质预报技术利用波场视速度特征进行波场分离，采用 F-K 滤波方法去除后方及周边反射波信号，保留掌子面前方回波。在目前许多隧道超前地质预报方法中都未进行波场分离，从而导致预报结果不够准确。

F-K 滤波的原理见图 18-28 所示，图 18-28（a）是 HSP 原始波场示意图，掌子面后方回波用细实线表示，掌子面前方回波用粗实线表示，图 18-28（b）是对原始波场进行二维傅里叶变换，将原始波场（时间-空间域）变换为频率-波数域（F-K），这时掌子面后方回波位于正波数平面，掌子面前方回波位于负波数平面。图 18-28（c）是做滤波处理，滤掉正波数平面的波，既滤掉了掌子面后方回波，保留掌子面前方回波。最后经傅里叶反变换，回到时间-空间域，这时波场中掌子面后方回波被滤除，仅剩下掌子面前方回波如图 18-28（d）所示，达到波场分离的目的。

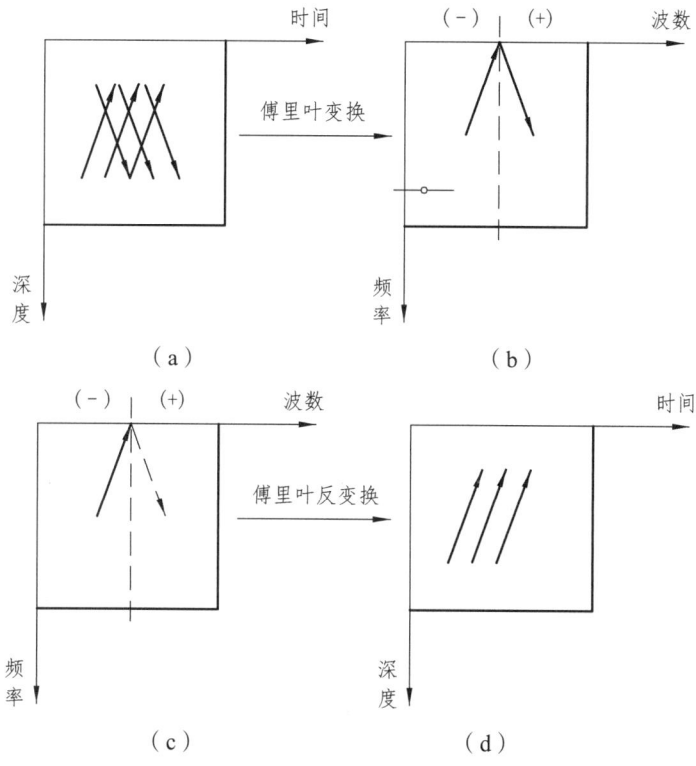

图 18-28 波场分离方法原理示意图

图 18-29 为 HSP 预报技术波场分离技术程序实现。图 18-29（a）为采集的原始波场，波场中包含多组不同视速度的声波，将原始波场进行傅里叶变化，将原始波场转化到频率-波数域，如图 18-29（b）所示。可以看到，掌子面后方回波位于正波数平面，掌子面前方回波位于负波数平面，另外还有较弱的一组干扰信号。图 18-29（c）所示，在做滤波处理后在 F-K 域仅存在前方回波信号，通过傅里叶反变换转化为时间-空间波场，如图 18-29（d）所示波场中滤掉了后方回波和干扰波，达到了波场分离的目的。

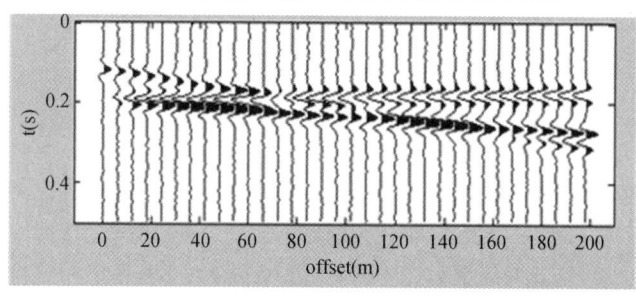

（a）

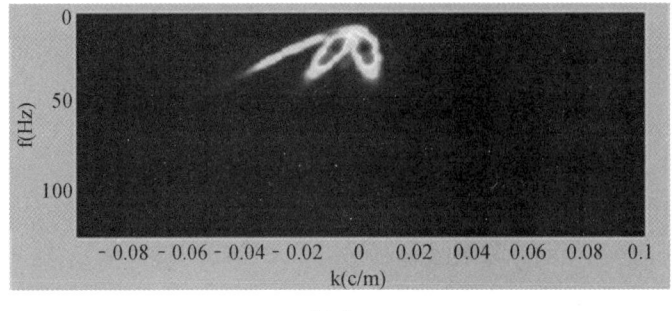

（b）

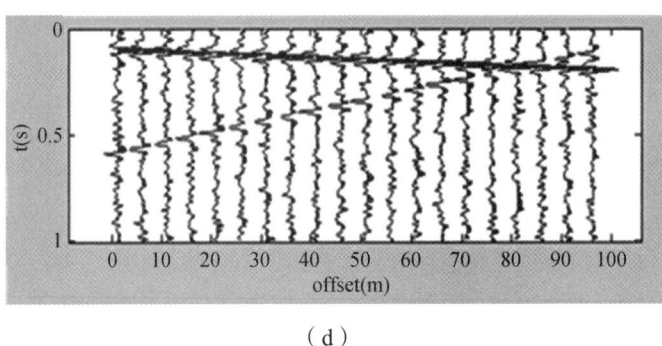

（c）

（d）

图 18-29　波场分离程序实现

18.7.4　反褶积

反褶积处理的目的是压缩子波的长度，同时可以压制噪声和多次波，提高成像剖面的分辨率。在普通波形记录上，一个界面的反射波往往延续时间较长，由于前方地层反射界面间距离一般为几米至几十米，它们的到达时间差和子波延续时间重叠、彼此干涉、难以区分。为了提高反射波的分辨能力，HSP 技术将每个界面的反射波表现为一个窄脉冲，每个脉冲的强弱与界面的反射系数的大小成正比，而脉冲的极性反映界面反射系数的符号，这样就将延续时间较长的子波压缩成为一个反映反射系数的窄脉冲,这就是反褶积的目的。

已知子波 $w(t)$,则反子波 $w(t)=1/w(t)$,将反子波与波形记录 $x(t)$ 褶积,即可求出反射系数。图 18-30 为原始波形记录和经过反褶积处理后的效果。

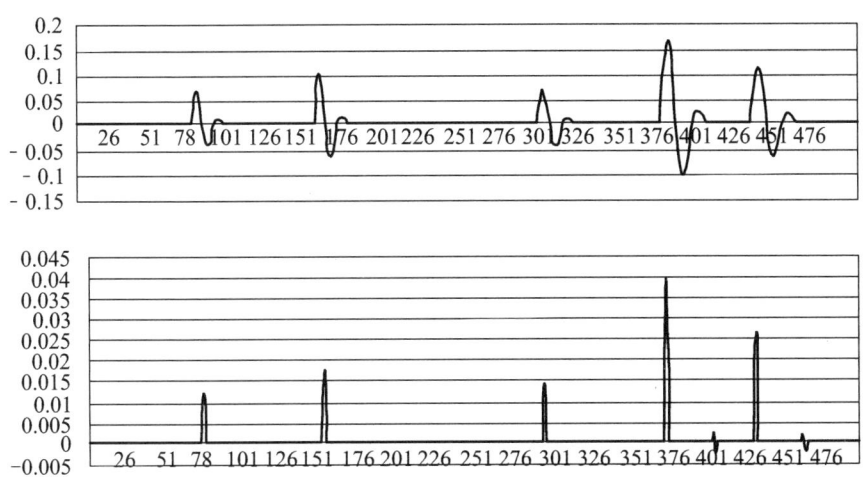

图 18-30　子波记录及反褶积效果

18.7.5　HSP 反射与散射联合成像方法

当弹性波遇到几何尺寸与其波长基本相当的不均匀地质体,如断层错位造成的棱、角点(简称断点)、地层尖灭点、洞穴等时,往往形成波的散射(绕射),散射波(绕射波)在声波信号记录上的形态是一条规则的双曲线(图 18-31)。借此,可判定断层(特别是反射法难以分辨的倾斜断层)、地层尖灭点、洞穴等不良地质体的存在。

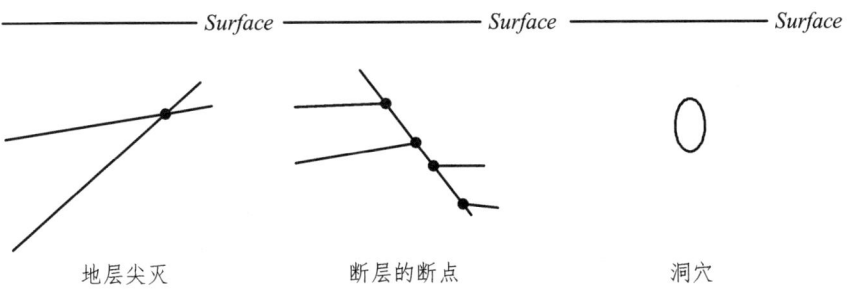

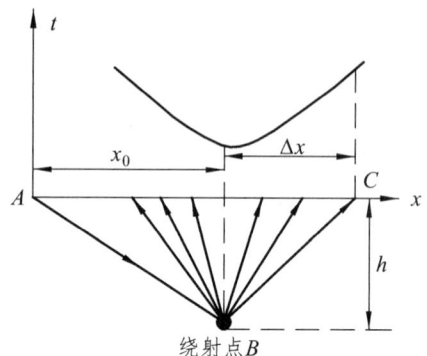

图 18-31 弹性波遇到几何尺寸与其波长基本相当的不均匀地质体
散射（绕射）在声波信号记录上的反映

如图 18-32 所示，对于任一接收点检波器 S_i，其坐标为 x_i，其接收到的反射波走时 t_i 为

$$t_i = f(x_i, x_0, d_0, v)$$

可见，反射波走时 t_i 是异常点坐标 (x_0, d_0)、异常体所在围岩岩体声波传播速度 V 的二次函数。

t_i、x_i 为与检波器位置对应的多组已知量。

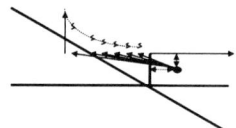

图 18-32 隧道中接收前方反射波示意图

因此，通过多组方程解析的方法可以确定异常点的位置信息（图 18-33）。

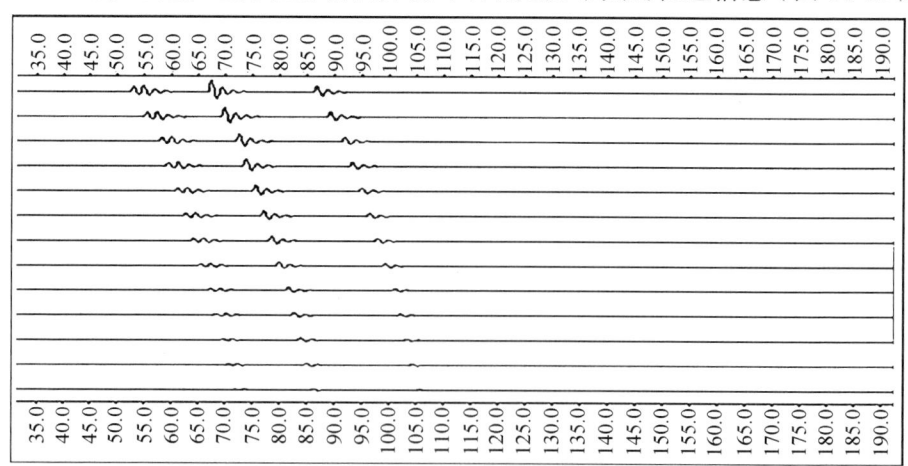

图 18-33 隧道中接收前方反射波正验模拟试验

在分析 HSP 测试布置方式下反射波与散射波特征规律的基础上，充分发挥反射法和散射法各自的优点，以叠加能量最大化原理确定扫描速度进行深度偏移联合成像。

将反射和散射偏移成像剖面联合，组成反射与散射联合成像剖面，这种成像方法具有速度快，精度高，适用性广泛的优点，有力地提高了隧道超前地质预报的分辨能力。图 18-34 为经过速度扫描和反射、散射联合成像得出的预报成果图，成果图中包括了断层、褶皱和空洞等多种典型不良地质体的组合成像，预报结果直观、准确。

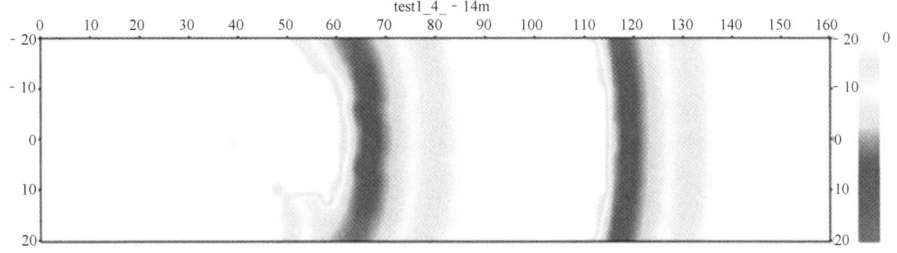

图 18-34　反射与散射联合成像成果图

18.8　数据处理软件系统开发

弹性波数据处理与解释系统包含数据处理模块、数据反演模块、分析解释模块、正演模拟模块。图 18-35 为软件主界面图。

图 18-35　软件主界面

数据处理模块，含数据打开、数据预处理（坏道去除、去除零漂、道编辑等）、数据滤波（频谱分析、频率滤波、小波变换等）功能模块。

图 18-36 为数据频谱分析及滤波，可根据信号主频及地层反射特点，设置相应带通滤波窗口，从而获取有效信号，为下一步反演做基础。

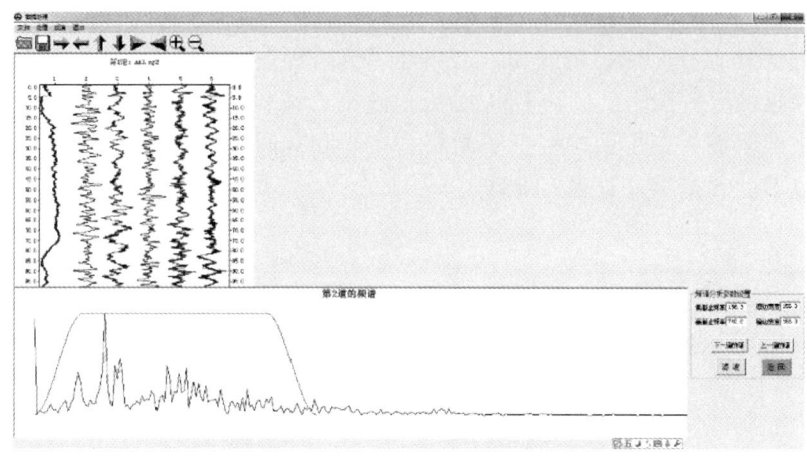

图 18-36　数据处理-频谱分析及滤波

图 18-37 为数据小波分析，可选用不同的母小波进行重构，获取数据内不同细节成分，进一步分析数据成分，为数据成果解释提供依据。

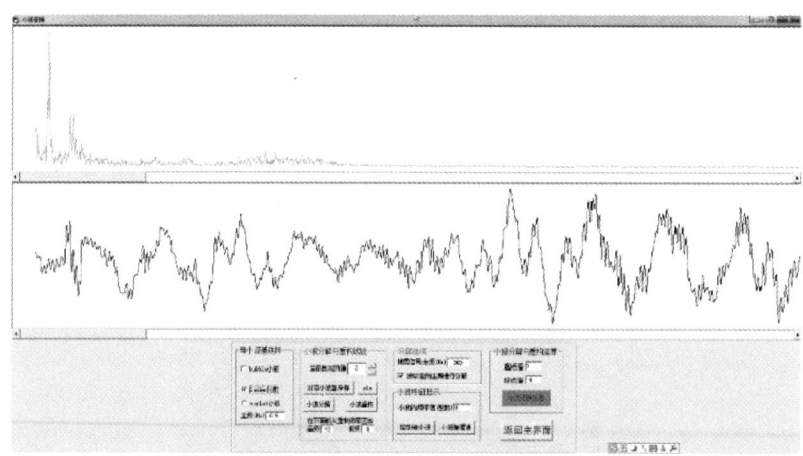

图 18-37　数据处理-小波分析

图 18-38 为数据反演界面，数据经预处理、滤波处理等处理过程后，已基本实现噪声滤除和有效信号放大。针对处理过后数据，我们可根据实测情况调用钻爆法施工或 TBM 施工反演模块，并打开参数文件，进行反演计算，获取成果数据。

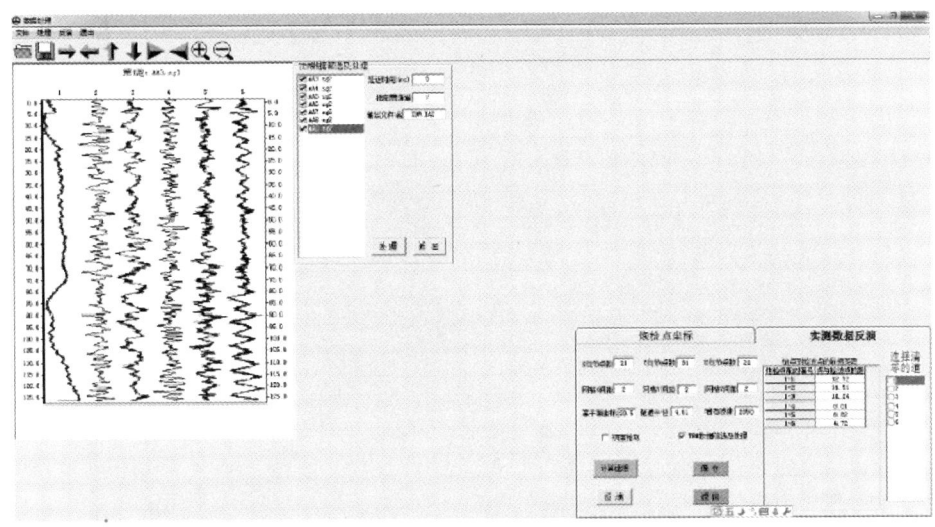

图 18-38 数据反演界面

图 18-39 为反演成果展示所在坐标系。

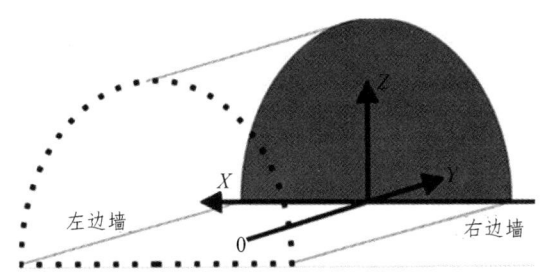

图 18-39 反演成果展示所在坐标系

经数据反演处理后，获取的地层特征数据为空间三维数据。图 18-40 为反演成果展示界面-XOY 面切片，从图中可以看出针对不同位置的 Z 值获取了地层 XOY 面切片，从而了解在 Z 方向上地层特征变化；同理，图 18-41 为反演成果展示界面-XOZ 面切片，从图中可以看出针对不同位置的 Y 值获取了地层 XOZ 面切片，从而了解在 Y 方向上地层特征变化；图 18-42 为反演成果展示界面-YOZ 面切片，从图中可以看出针对不同位置的 X 值获取了地层 YOZ 面切片，从而了解在 X 方向上地层特征变化。从 3 个不同角度切片成果图，获取地层全空间特征信息，用以指导施工，最有重要的意义。

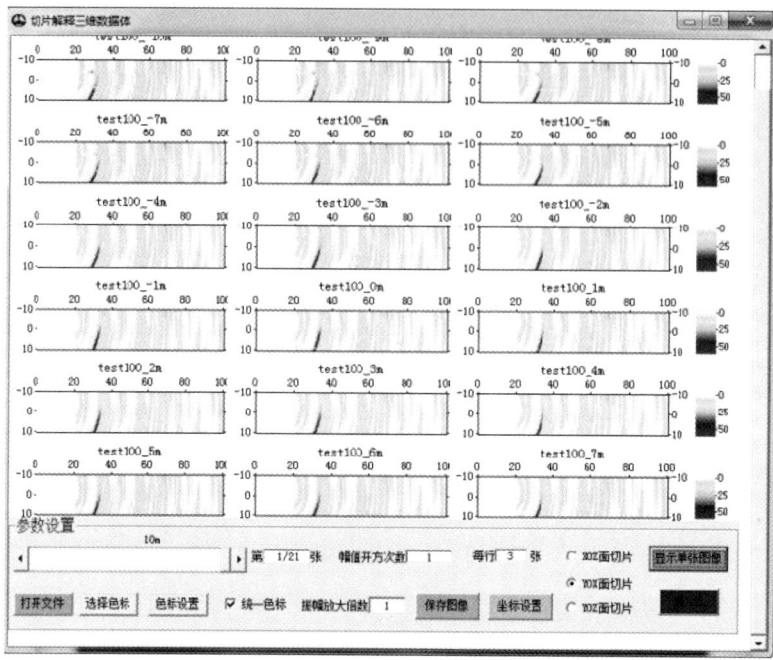

图 18-40　反演成果展示界面-*XOY* 面切片

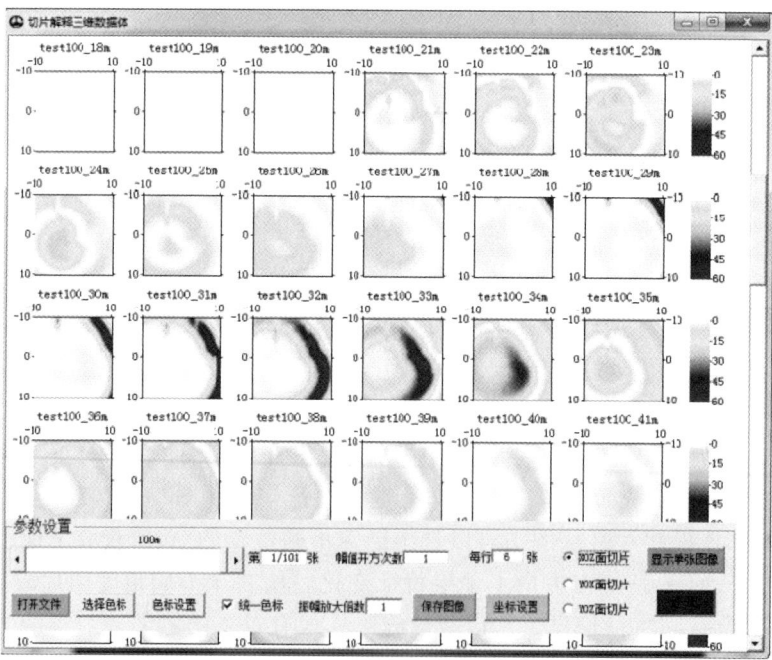

图 18-41　反演成果展示界面-*XOZ* 面切片

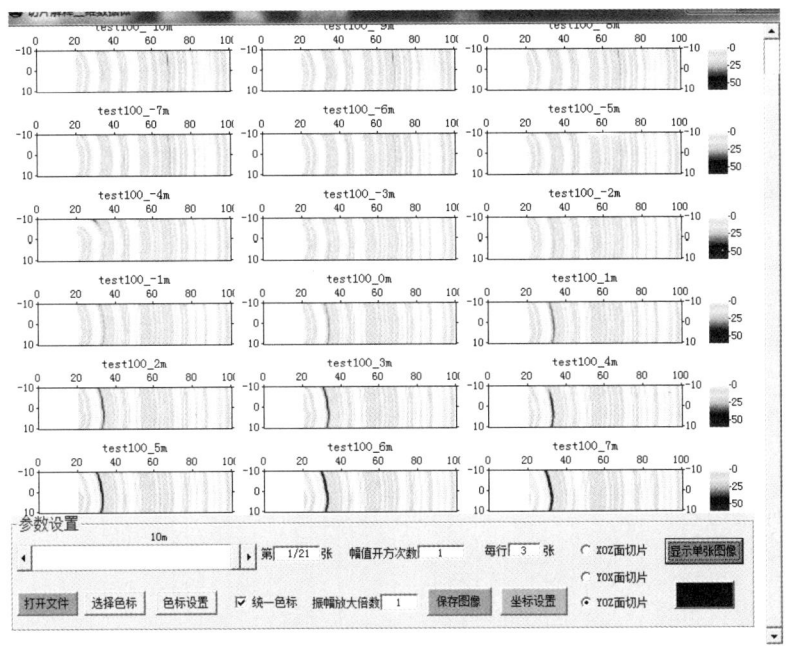

图 18-42　反演成果展示界面-*YOZ* 面切片

为验证软件系统的可信度，设计一正演模型，进行正反演分析。图 18-43 是正演模型参数。

```
******N异常个数，M采样点数，m炮点数，n记录道数，NX、NY、NZ空间网格节点数******
 3          2048       10         6          21         81         21
******空间网格间距，隧道半径，掌子面y坐标******
 2          2          2          6.2        58
******采样间隔，延迟时间******
 .000125    .002
******介质传播的纵波速度，nzb子波长度******
 2500       101
******震源信号的衰减系数，震源子波主频******
 500        500
******保存数据的文件路径及文件名******
G:\研究相关\2015HSP相关\正演20150731\3（30-60-100）异常6接收10炮-
******所有炮点坐标：X、Y、Z******
 5.823338   16.1       2.128083
 5.823338   19.5       2.128083
 5.798088   22.9       2.195946
 5.823338   26.5       2.128083
 5.798088   30.3       2.195946
-5.745218   9.1        2.330764
-5.745218   12.8       2.330764
-5.745218   17.1       2.330764
-5.745218   20.8       2.330764
-5.717607   24.9       2.3977
******所有检波点坐标：X、Y、Z******
-5.798088   1.1        2.195946
-5.772047   5.2        2.26351
 5.717607   .3         2.3977
 5.772047   4.1        2.26351
 5.745218   8          2.330764
 5.745218   12         2.330764
******模型中的缺陷位置坐标：X、Y、Z******
 0          88         0
 0          118        2
 0          158        0
```

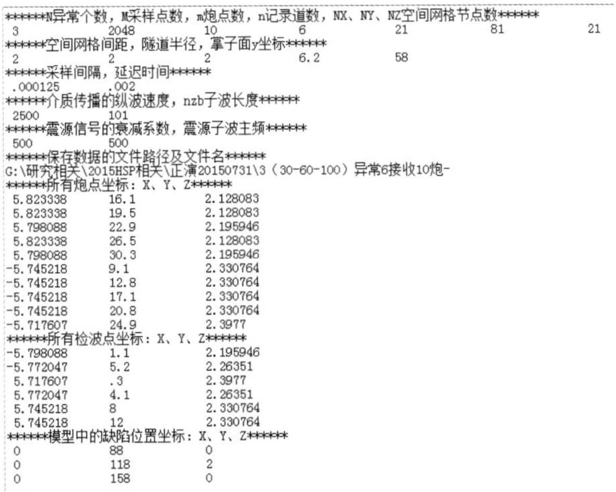

图 18-43　正演模型参数

模型设置：设置接收道数 6 道，采样点数 2 048 点，延迟 0.25 μs，采样间隔 0.125 μs，隧道半径 6.2 m，掌子面坐标 60 m，缺陷分别设置在：88 m、

118 m、158 m。

图 18-44 为正演结果。从时域波形中可以看出，波形图像清晰、初至明显。

图 18-45 为反演计算。

经数据反演处理后，获取的地层特征数据为空间三维数据，其中图 18-46 为反演成果展示界面-*XOY* 面切片，图 18-47 为反演成果展示界面-*XOZ* 面切片，图 18-48 为反演成果-*YOZ* 面切片。从 3 个不同角度切片成果图，获取地层全空间特征信息，可以看出异常位置分别在 88、118、158 位置。

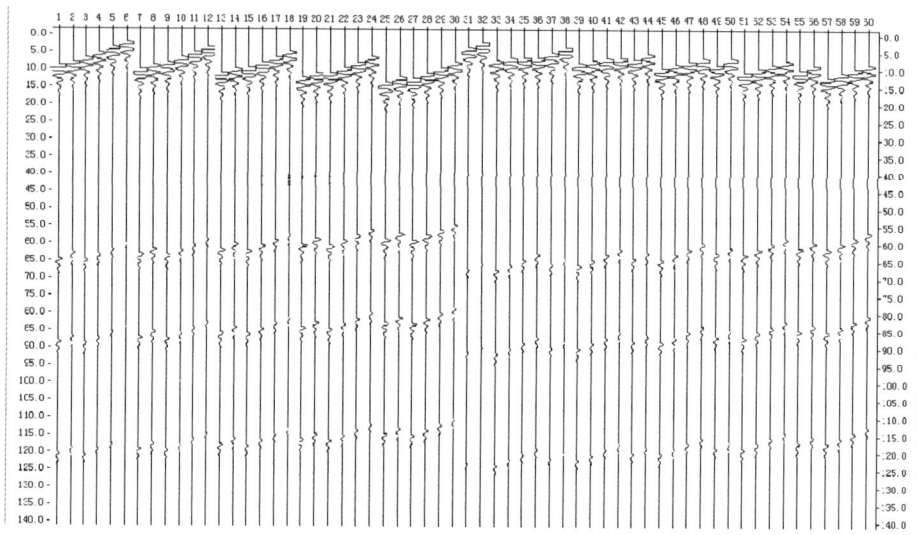

图 18-44　正演模型模拟波形图

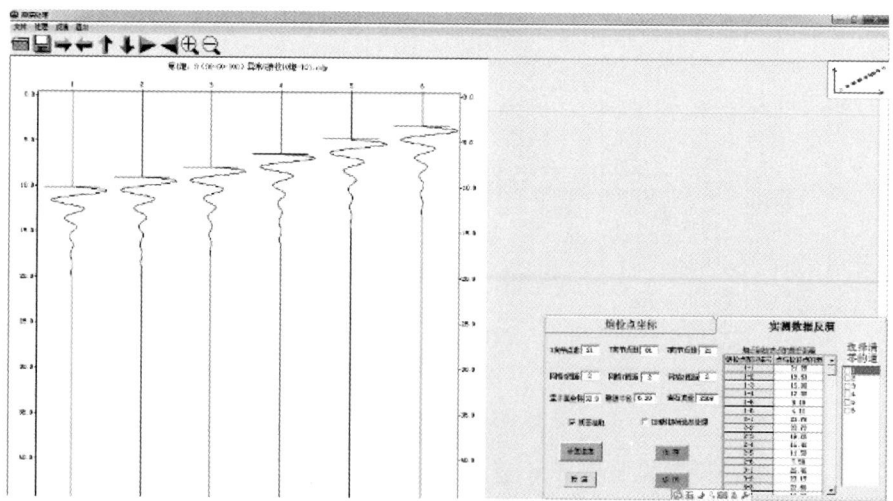

图 18-45　反演计算

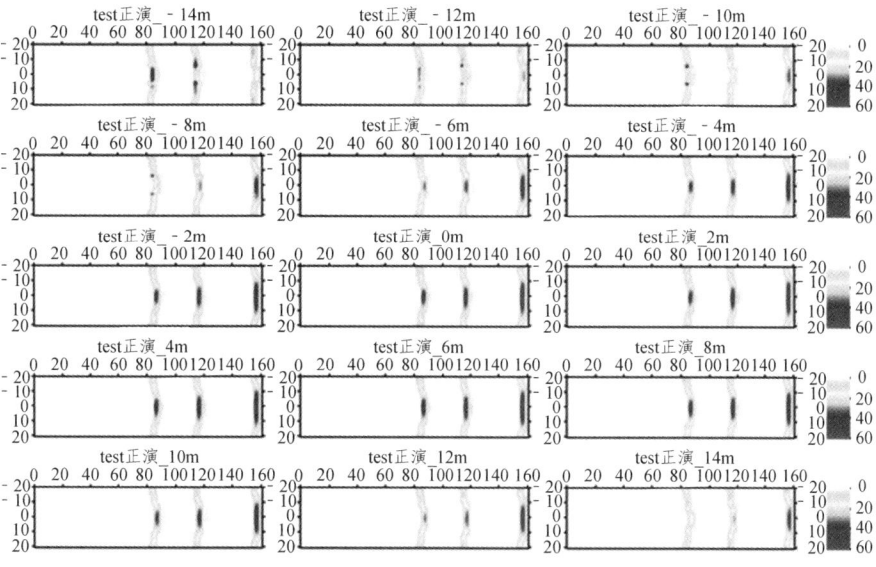

图 18-46　正演模型反演成果-XOY 面切片

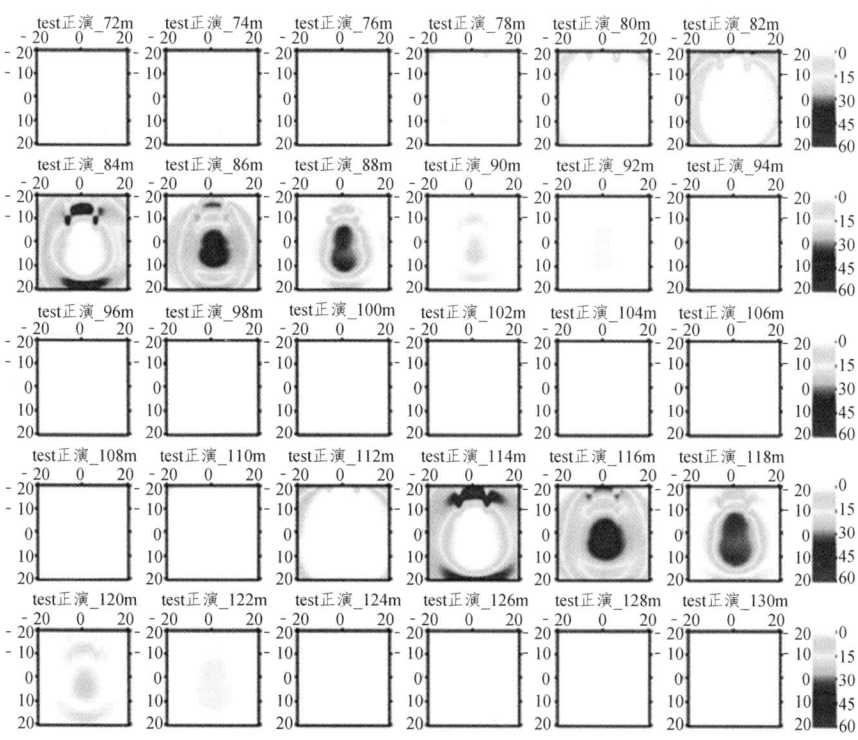

图 18-47　正演模型反演成果-XOZ 面切片

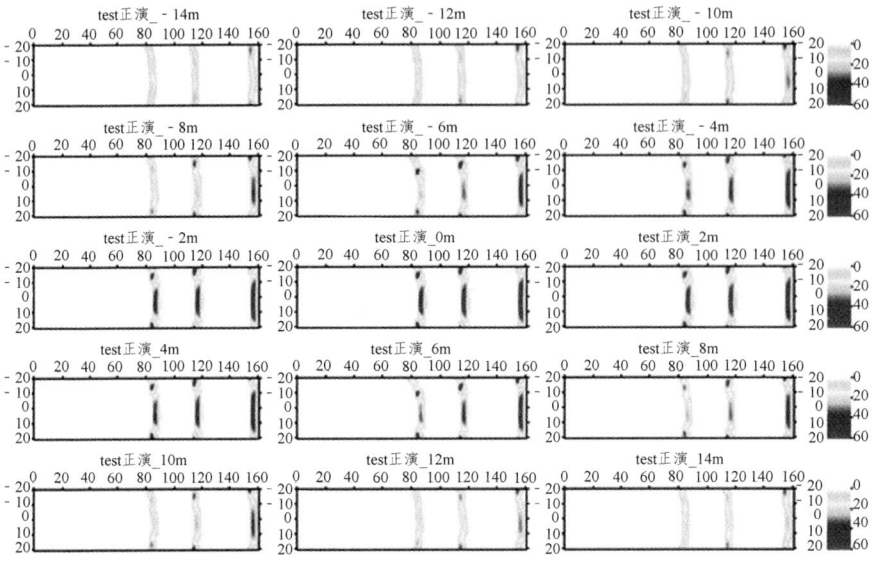

图 18-48　正演模型反演成果-*YOZ* 面切片

第19章　大跨距孔间波透射层析成像探测技术

不同种类的岩土，具有不同的波传播速度：在完整坚硬岩体中地震波传播速度高，在软弱的裂隙发育的岩体（如空洞、破碎或风化岩、土）中传播速度低，波的衰减强。

速度层析成像反映在地震波发射源与接收传感器间岩土体速度及其变化，衰减层析成像反映探测区域内地震波的相对衰减率。

在各向同性岩土体中，由已知信号源传播到检波器位置间的距离即信号源到检波器间的直线距离；但在各向异性岩土体中，波总是沿信号源到检波器间具有较高速度的岩土体传播，其传播路径是一曲线。只要选用适当的信号源和检波器组合，重构一个准确的勘察岩土体的速度分布是可能的。作为岩土体特性和信号源与检波器组合的结果，不同程度的岩土体的速度分布畸变不可避免。

造成地震波速度及地震波衰减的变化因素包括：不同种类的岩土体具有不同的物性和地震波传播特性，岩土体中应力状态、裂隙延伸、饱水状态及土的压实度的变化等。

在破碎带、断层、沉降带或空洞等地质体中，地震波传播速度可能较低；由于地震波绕过异常中体而使传播距离增加，地震波衰减明显加大。

应该指出的是，地震波在较硬、强度较高的岩石中传播的速度比在较软、强度较低或固结程度较低的岩石中的传播速度高。

震波岩、土体层析成像，借助医学 X 射线断层扫描的基本手段，结合岩、土体与震波参数关系，采用射线走时和振幅来重构岩、土体内部声速值及衰减系数的场分布，通过像素、色谱、立体网络的综合展示，以期达到直观反映岩、土体内部结构图像之目的。

震波岩、土体层析成像主要采用震波透射、反射和绕射层析成像中的震波透射层析成像。

震波岩、土体层析成像技术主要应用包括于工程地质条件勘探、混凝土构件和堤坝防渗墙质量检测、地基处理或加固效果评价、路基病害探测等方面。受观测系统和测试精度、成像方法和误差控制等众多因素影响决定的成像精度的限制，有时成像结果与实际情况相差较大，或不能准确判定隐患具体位置，或遗漏较小异常体，或发生异常体性质错判。此外，探测距离短更严重制约了跨孔声波透射层析成像技术的推广应用。

因此，研究制大功率震源、高灵敏检波器、智能化测试声波仪，开发成像精度高、图形直观的系统软件，是实现大距离跨孔声波透射层析成像探测技术推广应用的关键。

19.1 大功率震源电火花震源研制

19.1.1 常用震源分析

1. 震波地层探测分辨率

震波地层探测分辨率也即是采用震波探测分辨最薄地层厚度的能力。

如图 19-1 示，τ 为地层顶、底界面反射时差，Δt 为地震子波延续度，则有 $\tau > \Delta t$ 可分辨；否则，不可分辨。因此，要提高分辨率，需要压缩地震子波的延续度。

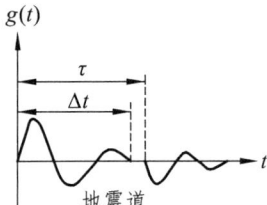

图 19-1　震波地层探测分辨率分析

一般地，对于反射地震勘探而言，当地层单层厚度 $\Delta h > \lambda/4$ 时可分辨，否则无法分辨。因此，称 $\Delta h < \lambda/4$ 的地层为薄层，其中 λ 为反射波波长，它与频率 f（或周期 T）和波速 V 有关（$\lambda = VT = V/f$）。而 V 是客观的，只有 f 在一定程度上是可受人们控制的。所以，要提高垂向分辨率，需要提高震波频率 f。

2. 常用震源

跨孔声波探测常用震源为电火花声波震源和超磁致声波震源。

超磁致声波震源，针对工程岩体质量快速精细检测提出，采用新型超磁致伸缩材料制成，具有小体积、高频率、短余振、功率较大等优点，广泛用于基桩超声波透射法完整性检测、混凝土裂缝深度检测、混凝土超声回弹综合法强度检测等多个领域。但超磁致声波震源能量相对较小，适合较小跨度的检测，而无法满足大距离跨孔探测的需要。

作为弹性波法中震源的电火花震源，利用电容器储存的高压电能瞬间水中释放，产生压力作用于地质体形成地震波，具有无环境污染、高频成分丰富、能量可调且可在水下、小口径孔内等条件下使用的优点,在一些领域有所应用,可惜的当前的电火花震源未能得到大范围推广。

目前市场上的电火花震源,能量一般仅数百焦耳,最大达到数千焦;震源能量与体积和质量成正比。能量足够大的电火花震源体积及质量过大,不适合野外作业或需要增加作业成本。

19.1.2 ZDF-3 型大功率可控直流电火花震源研制

一般电火花震源主要有储能系统、升压系统、控制系统,另外可能还存在供电系统,电源经过升压系统形成高压能量储存于储能系统中,经控制系统控制,高压能量瞬间释放形成爆炸。

ZDF-3 型大功率可控直流电火花震源采用了特殊的线路方式,将以上 4 套系统集成处理,内置充电电池,12 V 直流电源供电,解决了大能量、质量轻、体积小及防水防潮等传统电火花震源未能广泛应用等问题。

图 19-2 为 ZDF-3 型大功率可控直流电火花震源电路框图,图 19-3 为 ZDF-3 型大功率可控直流电火花震源电路图,图 19-4 为 ZDF-3 型大功率可控直流电火花震源。

ZDF-3 型大功率可控直流电火花震源具有:

(1)高电容量、高额定电压、耐高压,适合急充急放。

(2)实现了能量与体积的相融统一,与同类产品在同体积同重量条件下比较,ZDF-3 电火花震源实现了最大能量。

(3)外置直流电源购电;内置 22 Ah 充电锂电池,可持续工作 8 h 以上;单次发射最大能量所需充电时间仅为 0.5~1 min。打破了传统电火花震源需自带发电机供电的野外工作模式,提高了野外工作效率。

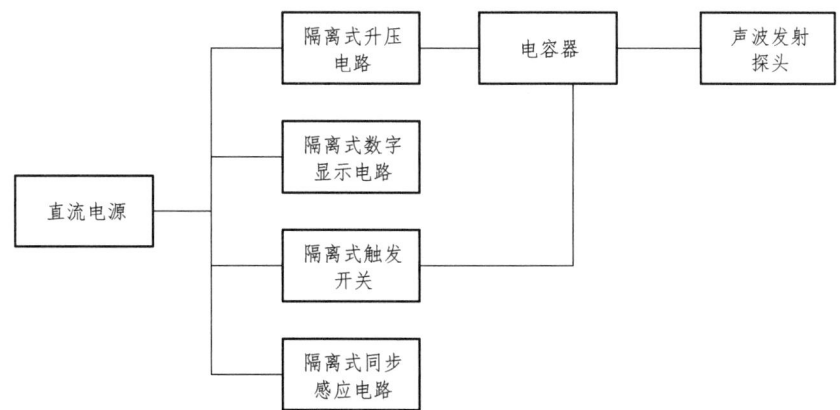

图 19-2　1ZDF-3 型大功率可控直流电火花震源电路框图

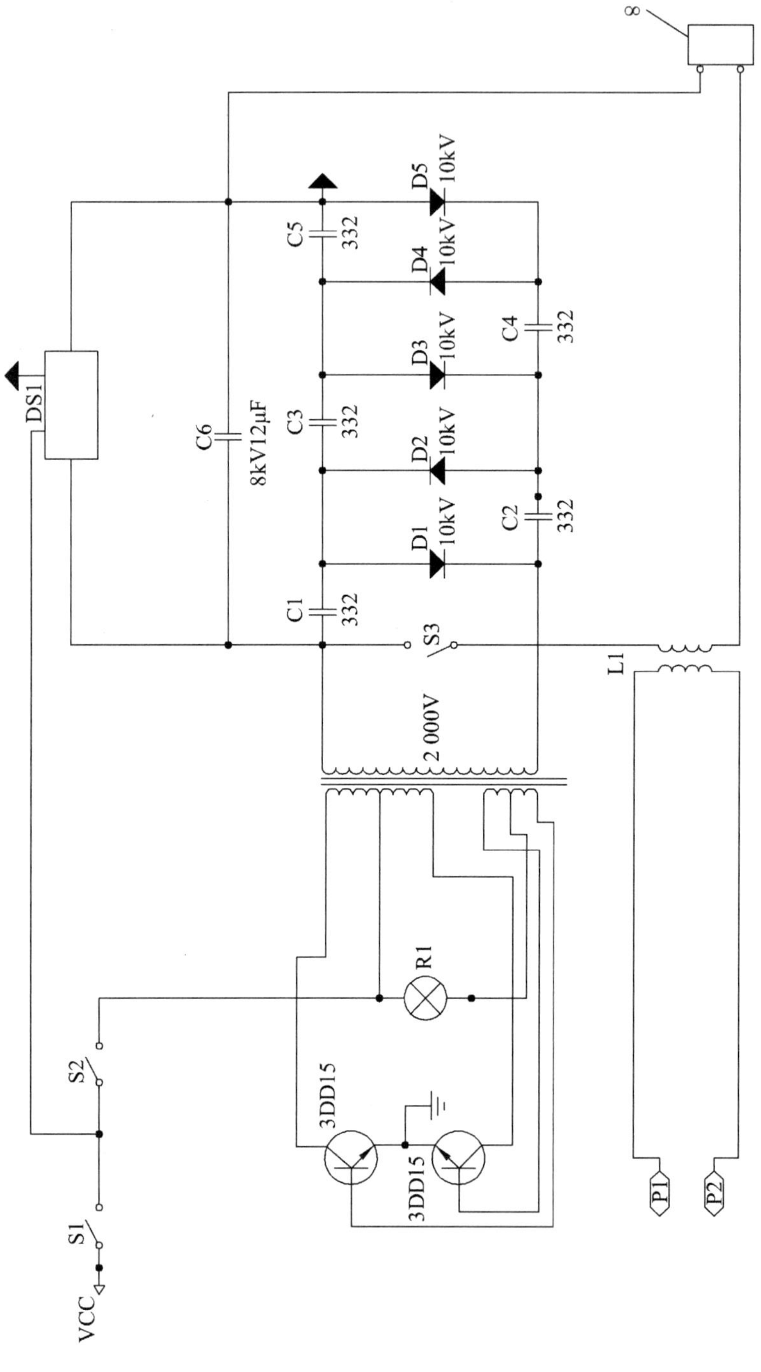

图 19-3 ZDF-3 型大功率可控直流电火花震源电路图

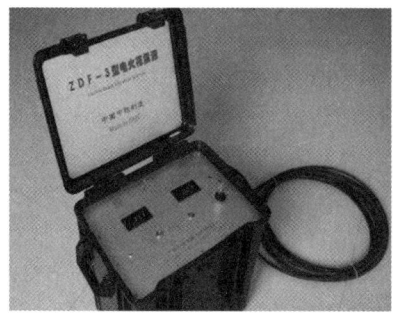 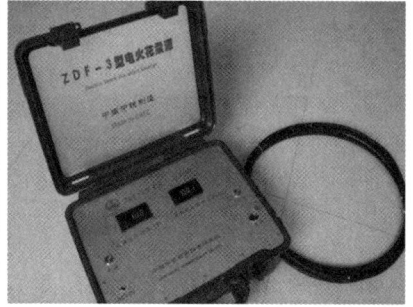

图 19-4　ZDF-3 型可控直流电火花震源（左-大功率型，右-轻便型）

（4）将储能系统、升压系统、控制系统采用独特集成线路技术，实现单件集成，减少了接线柱连接烦琐、外置等安全隐患，保证了操作人员的安全。

（5）激发震源频带宽、高频成分丰富。

图 19-5 为采用 ZDF-3 型大功率可控直流电火花震源进行地表传播距离试验情况。

 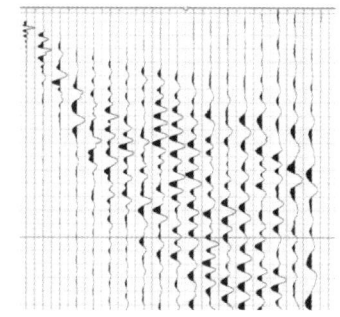

图 19-5　ZDF-3 型大功率可控直流电火花震源地表传播距离试验

试验表明，采用 ZDF-3 型大功率可控直流电火花震源进行地层透射层析成像探测，地层穿透距离大于 100 m。

19.2　适合孔中探测用大能量电火花发射头研制

作为电火花震源的一部分，电火花能量发射头是高压电能释放的地方，爆炸时具有高温、高压的特点。

普通发射头正、负极间绝缘材料易损坏。

直接用电缆作为发射头，虽然简单，但每工作一段时间后电缆线头损坏，需将损坏部分切除方能正常工作；如发射能量超过 10 000 J，这种损坏更严重，经常每放电三四次就要将损坏部分切除。

为克服上述缺点，研究一种大能量爆炸下不易损坏、具有定向能量发射的电火花发射头是实现大距离声波探测的一项重要内容。

图 19-6 为设计的适合孔中探测涌大能量电火花发射头。由基座、装在基座上的发射头、安装在基座上的定向器组成。其中，发射头、定向器都安装在基座上，发射电缆通过基座与发射头相连接，电能通过电缆经基座到发射头，在定向器中爆炸形成定向震源。发射头的爆炸点周围不需要特种绝缘材料，达到大能量爆炸下不易损坏的目的。

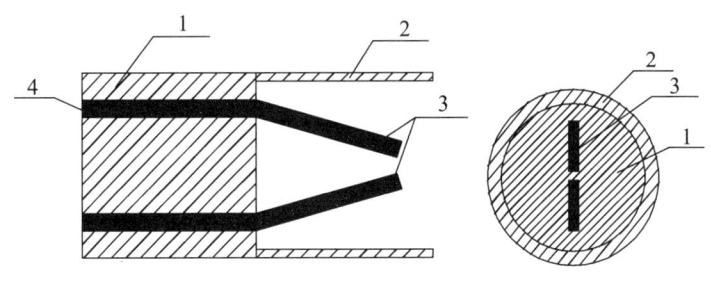

1—基座；2—定向器；3—正/负电极。

图 19-6　适合孔中探测用大能量电火花发射头

19.3　新型高分辨率传感器研究

19.3.1　加速度传感器发展现状

目前国内外地质勘探常用地震检波器多为速度型检波器，这种检波器灵敏度低、动态范围小、频带窄、抗干扰能力差、体积质量大、易退磁老化等诸多问题，是制约勘探提高分辨率和信噪比的制约瓶颈。

近年来，压电检波器被越来越多地应用于较高精度的地质勘探。基于压电效应研制开发的加速度型检波器，将测点的加速度信号转换为相应的电信号，进入前置放大电路，经过信号调理电路改善信号的信噪比，再进行模数转换得到数字信号，最后送入计算机，计算机再进行数据存储和显示。

总体而言，相较于动圈式检波器，压电检波器在灵敏度、频带、信噪比和体积质量上都有很大的改善和提高，基本满足较高精度的探测要求，但仍然不能满足高灵敏度、高信噪比的探测要求，并且存在体积和质量较大的缺点。

19.3.2　弯扭式压电检波研制

为解决检波器高灵敏度、高信噪比探测要求和体积及质量偏大的问题，基于压电和变形-电压测量原理，提出了弯扭式压电检波的研制。

图 19-7 为弯扭式压电检波器芯体结构图。

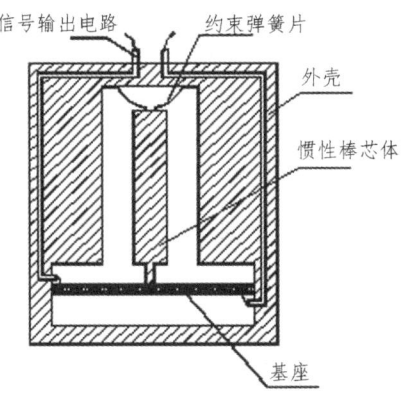

图 19-7　弯扭式压电检波器芯体结构

芯体由外壳、安装在外壳上的基座、安装在基座上的压电片、嵌固在压电片中心点上的惯性棒、连接外壳与惯性棒上端间的约束弹簧片、置于外壳中并从外壳上盖引出的信号输出电路构成。

检波器利用惯性棒直接作用在压电片的中心点，使力的作用线和支点（压电片边缘固定端）之间形成较大的力臂，因此，在受到即便是很轻微的振动时，惯性棒在其惯性力和与其上端连接的约束弹簧片的弹力作用下向压电陶瓷片中心作用外力，使压电片产生较大的弯扭变形，从而产生较大的压电信号，使检波器的分辨率和灵敏度得以提高。

图 19-8 为研制的不同类型弯扭式压电检波器。

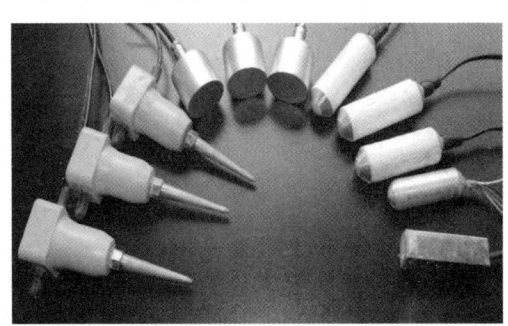

图 19-8　研制的不同类型弯扭式压电检波器

本检波器优点在于：

（1）采用弯扭式压电结构，使压电材料在受到较小震动产生较小压力时也会产生较大应力变形，具有极高的灵敏度和分辨率。

（2）检波器频带宽，动态范围大，失真小，可以与现在的 24 位信号接收处理机良好匹配。

（3）检波器结构简单，体型小，质量小，性能稳定，尤其适合在隧道等特殊场地进行高分辨探测和预报。

对比实验表明，与常用测桩传感器和地震探测用动圈传感器相比：

（1）弯扭式压电检波器灵敏度提高了 5 倍。

（2）频率响应达到 40 K，与常用测桩传感器和地震探测用动圈传感器频率响应相当。

（3）测试稳定。

19.4 新型多通道声波 CT 仪主机研发

对于声波探测仪来说，数据采集模块是仪器系统的核心，其性能直接影响采集数据的质量，以及岩体地质情况分析的精度。

新型多通道声波 CT 仪——ZGS202 地层声波 CT 探测仪（图 19-9），在保持原有 ZGS 工程声波仪最小采样间隔、记录长度等外，采用 24 位 $\Sigma\Delta ADC$ 技术，保证了数据采集的高保真、高精度要求；采用独创的通道间光电隔离技术，通道间可耐瞬时高压超 2 000 V，解决了因使用电火花震源产生电磁干扰导致的数据干扰问题；16 通道设置，为数据快速采集提供了保障；采用硬件功能软件化和数字集成技术，实现了仪器的小型化、低耗能和便携性。

图 19-9　ZGS202 地层声波 CT 探测仪

19.5 大距离声波探测技术方法研究

19.5.1 一发多收阵列式测试

ZGS202 地层声波 CT 探测仪测试通道数的增加，为实现一发多收阵列式测试提供了条件。

图 19-10 是两孔间 CT 探测 1 发 6 收测试示意图，采用 ZGS202 地层声波 CT 探测仪，最高可实现两孔间 CT 探测 1 发 15 收测试。

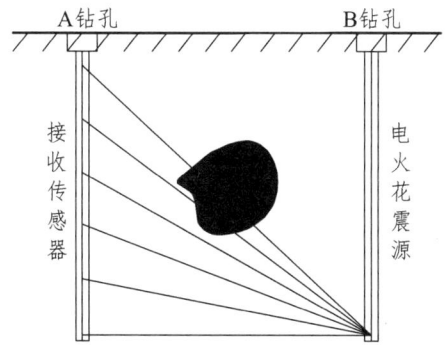

图 19-10　两孔间 CT 探测 1 发 6 收测试示意图

以孔深 10 m、测点间距采用 0.5 m 的两孔间 1 发 6 收和 1 发 15 收测试为例，计算射线对数为 20×20=400 对，分别需激发 80 和 27 次。如采用一发一收进行测试，则需激发 400 次。

显然，采用一发多收采集方式，有：
（1）提高工作效率。
（2）减小了采集传感器线缆因多次升降而引起的人为误差。
（3）减小了电火花震源激震频谱的差异。
（4）减小了因系统延迟不均而导致的系统误差。

19.5.2 以射线追踪为基础的全波反演 CT 成像方法研究

地层声波 CT 算法，通常采用走时射线追踪算法。射线追踪所需条件简单，计算速度快，但波场动力学特征无法得到很好的反映。

全波形反演方法，利用叠前地震波场运动学和动力学信息，重建地下速度结构，具有揭示复杂地质背景下构造与岩性细节信息的潜力。

以射线追踪 CT 成像为基础，结合全波反演算法，由于反演系统中采用有限元法来计算理论波场和雅可比矩阵，反演所用资料为野外采集的包括面波、直达波、一次反射波、多次反射波、转换波及其他一切波动效应的含有最充分的地震波运动学和动力学信息的第一手资料，大大地提高了 CT 成像的精度。全波反演，无须进行波场的识别、分离及其他有关处理工作，减小了反演的多解性，提高了解的精度。

新的 CT 数据处理软件，以波动方程正演中的非均匀介质二维声波、粘声波、弹性波以及黏弹性波交错网格高阶有限差分正演模拟为基础，以走时、相位、振幅和波速相结合，对地层的参数进行反演，得到了较好的效果。

19.6 数据采集和分析软件升级

19.6.1 数据采集软件升级

ZGS202 地层声波 CT 探测仪数据采集，采用智能采集界面，参数设置界面稳定，采集通道数、采集数据长度、预延迟、采样率和数据保存模式（自动/手动）可快速设置，且可实现采集数据的现场回放、数据质量察看等功能（图 19-11）。

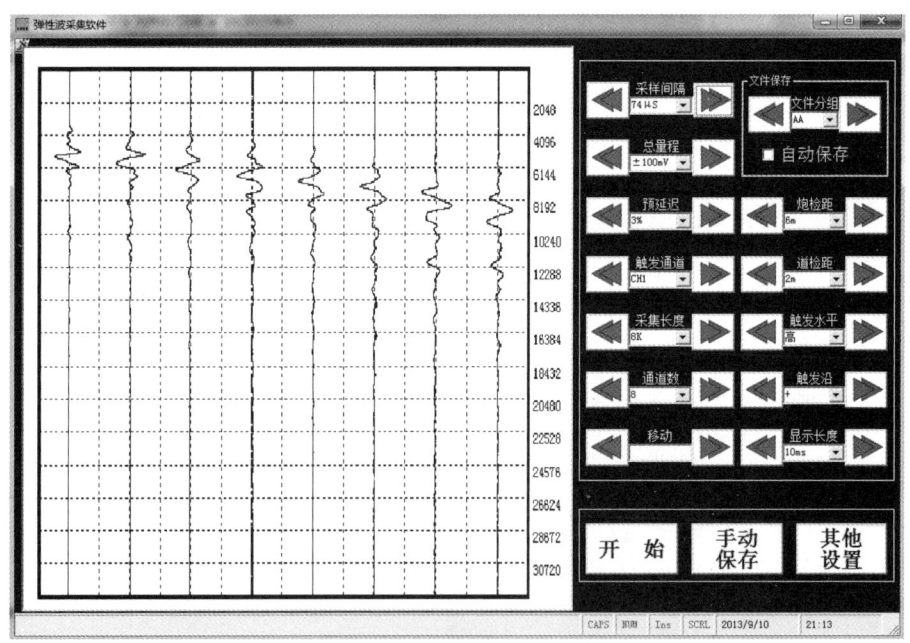

图 19-11 ZGS202 地层声波 CT 探测仪数据采集参数设置及采集数据回看及质量查看界面

19.6.2 数据处理软件开发

数据处理软件开发包括：

（1）一发多收手动/自动波形初至时间读取（图 19-12）。
（2）发射、接收点位置坐标录入。
（3）图形显示长度、幅值等参数设置。
（4）数据保存固有格式。
（5）反演后纵波速度数据进行画图预处理，如 CT 数据加高程信息网格化处理（图 19-13）。

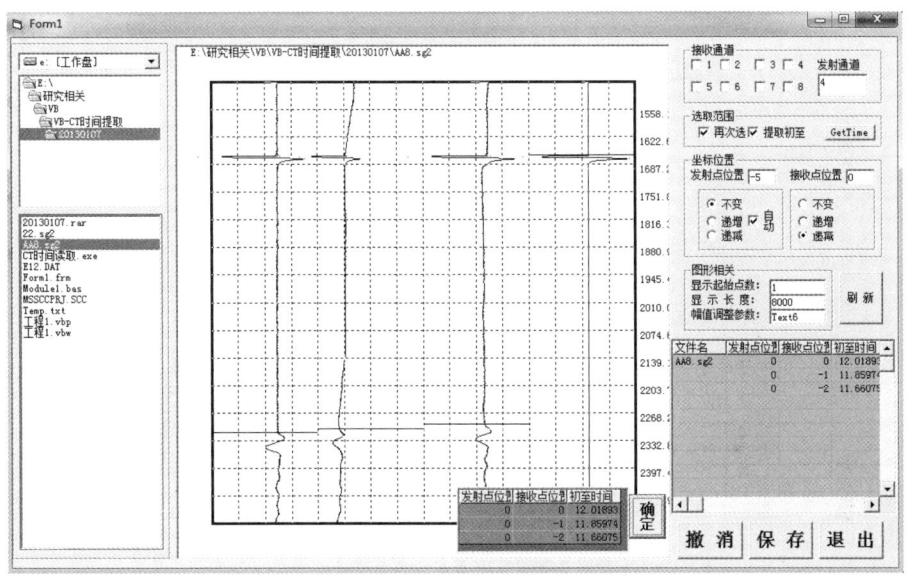

图 19-12　初至时间自动读取软件界面

图 19-13　CT 数据高程信息网格化软件界面

19.6.3 CT 全波形反演及其成果

图 19-14～19-17 分别为全波反演原理框图、波形图、波场图和信息网格化成果图。

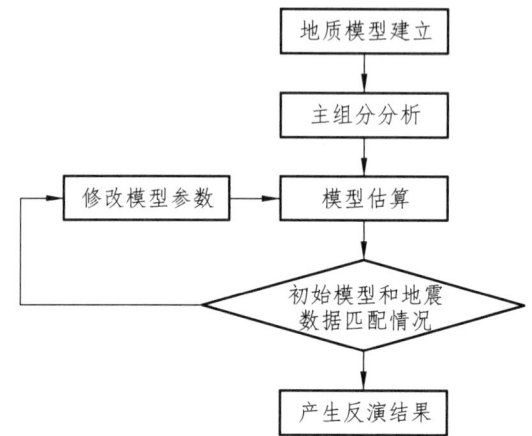

图 19-14 CT 全波形反演原理框图

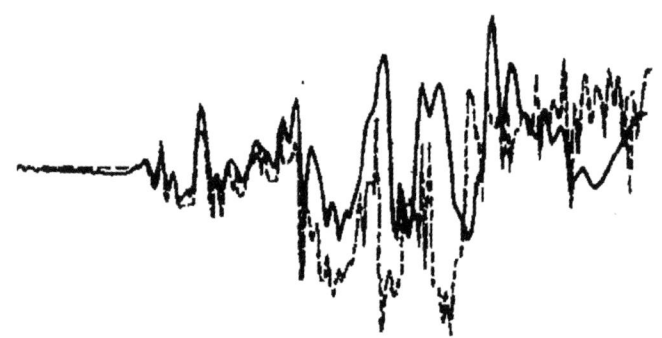

图 19-15 CT 全波形反演波形图

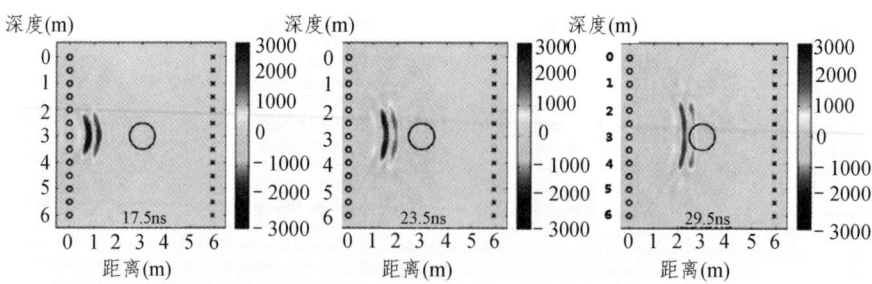

图 19-16 CT 全波形反演波场图

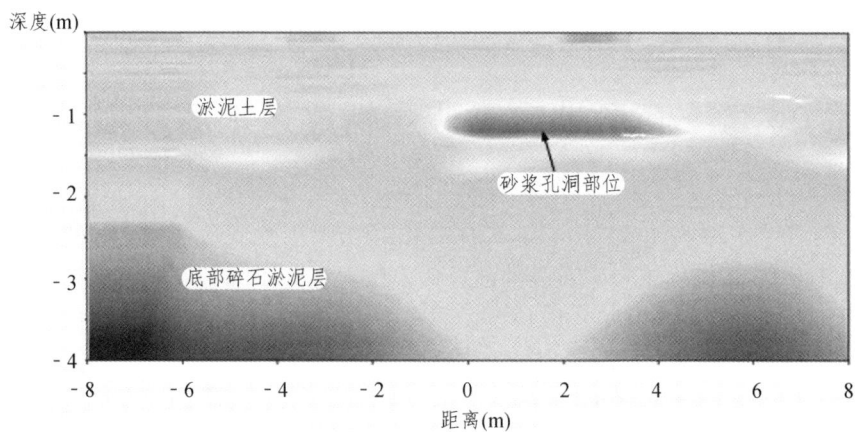

图 19-17 CT 全波形反演信息网格化成果图

第 20 章　多源地震干涉层析成像地质预报技术

随着"一种适合于 TBM 施工的 HSP 声波反射地质预报方法"的成功实现，利用 TBM 掘进施工破岩震动甚至矿山法隧道施工掌子面爆破震动作为预报用震源，进行隧道施工地质预报探测被提上研究日程。显然，利用 TBM 掘进施工破岩震动作为震源的"一种适合于 TBM 施工的 HSP 声波反射地质预报方法"，探测采集的是 TBM 前端刀盘上某个刀头破岩产生的单次震动信号，受 TBM 掘进施工条件影响，干扰信号消除后信号偏弱，给后续数据处理带来极大的困难。

TBM 施工掘进刀盘上系列刀盘破岩和矿山法隧道施工掌子面爆破破岩，产生的震动为间断持续的破岩震动，即多源地震。

因此，采用连续采集间断持续的破岩震动的方法，通过地震波的叠加；采用地震干涉方法对所采集的地震波信号进行处理；根据物性差异（异常）区形成不同振幅能量信号差异，判定 TBM 刀头前方存在的物性异常区位置、规模和性质，即多源地震干涉层析成像地质预报。

20.1　多源地震干涉技术及地震监测仪器现状

20.1.1　多源地震干涉技术现状

近年来，干涉成像技术广泛应用于地震勘探中。干涉成像地震勘探的关键，是采用互相关或多维反褶积技术对测量结果进行处理，达到去噪和提高目标信号精度的目的。按发射源模式，可分为主动源和被动源干涉成像地震勘探。被动源干涉成像地震勘探，无须发射信号源，仅需要长时间接收来自周围的噪声信号源，通过对观测到的噪声信号进行干涉处理，得到新的包含了原始信号特性且能反映原始信号所不具有的某些重要目标特征的信号。

1968 年，克拉伯首次证明了利用观测记录进行自相关运算可以合成水平层状介质模型自激自收地震剖面，并将这种方法推广到多维模型中，命名为"日光成像（Daylight imaging）"。

1975 年，巴斯基尔和韦勒采用被动源地震观测数据进行了成像。

1989 年，张林利用平面波分解方法证明了"日光成像"在三维介质中的可行性。

1996 年，里克特和克拉伯采用相移法合成地震虚炮集记录（任意两道集记录间的互相关）和零偏剖面（道集记录自相关），反射界面与真实炮集记录和零偏剖面基本吻合。

1999 年，舒斯特采用互相关地震观测记录，处理并获得了不错的偏移成像结果。

2002 年，斯奈德应用地震干涉方法，从地震尾波中提取了有用信息。

同年，瓦彭纳尔用格林定理证明了克拉伯推断，其在 2004 年提出的相关型互易方程，被认为是各种相关型干涉重构地震数据的数学基础。

随后，瓦彭纳尔教授领导的荷兰代尔夫特理工大学研究小组，论证了地震波干涉法对不同非衰减介质和不同震源均成立，并对模拟地震数据和实际数据进行了验证，将透射和反射响应之间的克拉伯关系正式推广到 3D 非均匀及弹性介质中，在模拟地震数据和实际地震数据方面取得了很好的应用效果，为地震干涉法提供了坚实的数学基础，形成了地震干涉的理论依据。

美国科罗拉多矿业学院的斯奈德等人提出尾波干涉理论，利用不同地震仪记录到的尾波进行互相关，推断介质参数随时间的变化。该理论随后被应用于地震监测中，用以推断地震波速度、震源位置等参数变化与岩石应力变化、火山活动等的关系。

柯蒂斯等人将地震干涉技术应用于地形监测，采用反褶积技术对任意多维介质实现干涉技术成像，成像结果不受震源的影响。

从被动源地震数据中恢复地震脉冲响应，是地震干涉应用的重要突破。研究表明，通过对背景噪声信号的互相关运算，可以提取格林函数，进而对地下深部地质构造进行地震成像。阿特曼证实，被动源地震波场数据的直接偏移，可产生地下地质构造的适当成像。从背景噪声中恢复地震反射响应并对地下反射体进行成像，是反射波干涉方法的一个重要突破。从重构的地震记录中提取的面波频散特性，可被进一步用于构建地下地质构造的速度剖面。

美国科罗拉多矿业学院采用地震波干涉技术，通过大楼基底沉降变化监测，为大楼安全监控提供了可靠的技术指标。

董术前、盛建明和 T·舒斯特杰拉德等在圣安蒂斯断层监测中，将反褶积干涉方法应用于随钻地震资料，进行高精度成像，在没有参考信号的条件下获得了很好的成像效果。

在干涉理论基础上，卡茨发展了干涉成像随钻地震、RVSP 随钻地震数据处理方法。舒斯特等人将干涉成像随钻地震、RVSP 随钻地震数据处理方法推广到二维和三维介质中，并发展了新的偏移算法，提高了干涉成像处理的质量。

2007 年，王宝善等人以云南昆明为期一个月的地震数据为依据，利用尾波干涉方法对地下界面的速度变化进行检测，估计地震波速度变化，发现了速度变化趋势及其日周期变化，解释了引起这种变化的可能原因。

2009 年，王宝善等人利用四川台网地震前后各 50 天的连续波形记录，得到很好的互相关格林函数，计算了面波的走时变化，利用面波成像方法得到了因汶川"5·12"地震导致该地区的地震波速变化。

房立华等人利用华北地震科学台站 2007 年 1 到 4 月份的地震噪声数据记录，通过互相关提取瑞利波的经验格林函数，处理得到瑞利波面波群速度频散曲线，计算获得多层瑞利面波速度分布图，揭示了地壳内部的横向变化。

齐诚等将背景噪声天然地震信号成像技术用于北京及周边地区城市活动地震动态监测，取得了很好的应用效果。

王德利、陶毅、黄伟传等，完成了基于互相关和反褶积的主动源、被动源干涉地震成像，通过数值模拟研究了被动源干涉成像的实现方法。

20.1.2　地震监测仪器现状

自公元前 132 年我国东汉时期的张衡发明候风地动仪以来，地震仪已经从事件响应、模拟记录发展到目前广泛应用的数字记录地震仪。计算机技术的出现，使地震观测方法、地震观测技术以及地震观测设备发生了革命性的变化，极大地推动了地震学研究的发展，模拟地震仪的诞生开辟了近代地震学研究新纪元。

1875 年，意大利科学家菲利波切奇成功研制了最早的模拟地震仪——两分向地震仪。

1881 年，日本人约翰·米尔恩等研制了采用熏烟式记录的三分向摆式地震仪，实现了对地震动 3 个方向的同时观测，成功记录到了 1880 年 11 月 3 日发生的一次地震。

1889 年，维歇尔特研制了阻尼地震仪，提高了记录信号的频带宽度。

1906 年，俄国人伽利津成功地研制出世界上第一台电磁式地震仪，并首次引入了电流计记录，是模拟地震仪技术的又一次革新。

1922 年，J. A. 安德森和 H. O. 伍德设计了伍德·安德森扭力地震仪，摆的自由周期为 0.8 s，放大倍数为 2 800 倍，该地震仪的测量值目前仍是地震震级确定的基准。

1930 年贝尼澳夫研制出变阻地震仪，放大倍数达 20 万倍，大大提高了模拟地震仪的分辨力。

1935 年拉科斯特设计了零长弹簧的长周期垂直向地震仪。

自 1875 年第一台近代地震仪诞生到 20 世纪 70 年代，地震学家主要用模拟地震仪进行地震观测，并在这个基础上发展起了近代地震学。模拟地震仪的动态范围较小、频带不够宽、分辨率不高，而最大的缺点是不能直接用于计算机处理，限制了其进一步发展。计算机技术、芯片集成技术在 20 世纪 70 年代得到迅速发展，客观上推动了数字地震仪的出现。1976 年，两项关键技术研究取得突破并被应用到地震仪设计中：一是电子反馈技术，即将地层振动产生的变化转换为传感器的电流变化作为地震仪的输出，并驱动地震仪记录地震信号，从而突破了传感器固有周期的限制，使拓宽地震仪频带成为可能。二是数字化技术，即可以根据地面运动的强度调整信号放大倍数，实现了大动态地震观测，并使数字化存储和处理变成现实。第一代数字化地震计是由瑞士科学家于 1976 研制成功的，它采用了力平衡负反馈技术，大大地拓宽了频带，提高了动态范围（120 dB），利用了模数转换技术，实现了计算机存储、显示和处理。该系统首先用于德国格拉芬堡台阵观测，地震仪运行稳定，数据质量好。此后该类型地震计包括 STS2 一直是标定其他地震计的标准设备。在美国 IRIS 以及全球大多数国家和地区的地震台站都安装有该类型地震计。1994 年蔡亚先等研制了 JCZ1 甚宽频带数字地震仪，该仪器由一个垂直分向和两个水平分向地震计、反馈和控制系统、24 位高精度数据采集器和数字记录系统组成，采用了力平衡式负反馈系统，使摆的自振周期达到了 360 s，动态范围大于 140 dB。此后研制的一些数字化地震仪基本上采用了这两类仪器的设计思路，只是在功能和性能上做了改动，如实现网络化、智能化、小型化和低功耗等。地震仪的发展与地震产生的地面振动信号的频带范围、强度密切相关。地震激发的地震波的频带范。

在以纳米技术为代表的材料技术、智能化为代表的信息技术以及以极端制造、高度集成为代表的加工制造技术的推动下，近年来出现了 MEMS 地震传感器，扭矩地震传感器，光电、电化学、磁悬浮地震传感器，等一批新型传感器，极大地推动了地震仪的发展。

地震勘探仪器是地震勘探的关键设备，它与现代先进的科学技术发展息息相关。地震勘探仪器的发展是以地震勘探的发展与需求为前提条件和动力源泉，反过来又直接制约和促进着地震勘探的发展。地震勘探仪器至今已经发展几十年了，关于仪器发展的时代如何划分问题，并没有专题研究的文献。涉及这个问题的信息基本上都是散见于有关教科书、仪器制造厂商的商业宣传，以及本行业科技工作者的观点。文章总结了地震勘探仪器发展的时代划分原则、划分的主要标志、发展时代的命名、发展的技术条件、各代地震仪器的主要特点、仪器发展所面临的关键问题等。

地震勘探仪器的发展可划分为：第一代电子管地震仪，通常称为模拟光点记录地震仪；第二代晶体管地震仪，通常称为模拟磁带记录地震仪；第三代集成电路地震仪，通常称为数字磁带记录地震仪，也称为常规数字仪；第四代大规模集成电路地震仪，通常称为遥测地震仪（文中定义为早期遥测地震仪）；第五代超大规模集成电路地震仪，通常称为新一代遥测地震仪；第六代全数字遥测地震仪。目前，包括我国在内的世界地震勘探仪器的发展正处于第五代末期和第六代开始的过渡阶段。

第一代：电子管地震仪，即模拟光点记录地震仪。从 20 世纪 30 年代初期到 50 年代末期，大约经历了 30 多年，是地震勘探的初期，也是地震勘探仪器发展经历时间最长的一代。主要标志是采用电子管器件和模拟波形感光照相纸记录。

第二代：晶体管地震仪，即模拟磁带记录地震仪。从 20 世纪 50 年代末期到 60 年代末期，在地震仪器发展历史上是时间比较短的一代。主要标志是采用分立半导体器件和模拟磁带记录。

第三代：集成电路地震仪，即数字磁带记录地震仪，也叫常规数字仪。从 20 世纪 70 年代初期至 80 年代初期，主要标志是采用中小规模集成电路、逻辑控制、模拟/数字转换和数字磁带记录。

第四代：大规模集成电路地震仪，即遥测地震仪。在这里定义为早期遥测地震仪。从 20 世纪 80 年代初期至 90 年代初期，主要标志是采用大规模集成电路、计算机控制，将采集电路部分（模拟电路和模/数转换电路）做成采集站与控制和记录系统（主机系统）分离，并把采集站分散布置到外线排列中，所以这类仪器也被称为分布式数据采集系统。

第五代：超大规模集成电路地震仪。在这里定义为 24 位遥测地震仪。这一代地震仪是从 20 世纪 90 年代初到现在，已经经历了 10 年。主要标志是采用超大规模集成电路、多计算机控制和 24 位 ADC（模数转换）技术。

第六代：全数字遥测地震仪。从 21 世纪初（2002 年）开始。主要标志是采用微机械电子技术成功制造数字地震传感器，从而从技术上解决了多年来传统模拟地震检波器制约地震勘探发展的瓶颈问题。

20.2 多源地震干涉理论、地震波干涉与多源地震技术

20.2.1 干涉理论

两个或两个以上频率相同的波相遇时，在一定情况下相互影响的现象，

叫干涉现象。

日常生活中较为常见的干涉现象为水波的干涉（图 20-1）。

频率相同的两列波叠加，使某些区域的振动加强，某些区域的振动减弱，振动加强和减弱的区域互相间隔。

相应的，振动最激烈的质点相连接，就是振动加强区域；振动较为平静的质点相连接，即振动减弱区；振动加强的区域总是加强，振动减弱的区域总是减弱（图 20-2）。

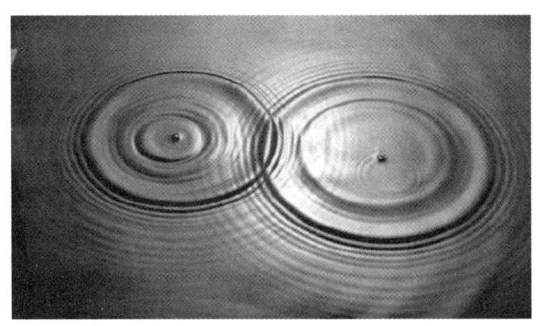

图 20-1　水波干涉示意图

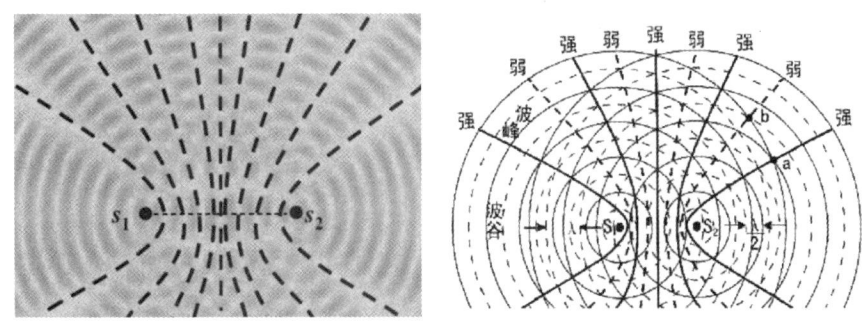

图 20-2　波的干涉示意图

两列频率相同的波在同一介质中传播发生重叠时，重叠范围内介质的质点同时受到两个波的作用。若波的振幅不大，此时重叠范围内介质质点的振动位移等于各别波动所造成位移的矢量和，即波的叠加原理。若两波的波峰（或波谷）同时抵达同一地点，称两波在该点同相，干涉波会产生最大的振幅，称为相长干涉；若两波之一的波峰与另一波的波谷同时抵达同一地点，称两波在该点反相，干涉波会产生最小的振幅，称为相消干涉。

20.2.2　地震波干涉

在笛卡尔坐标下，∂D_0 和 ∂D_m 分别为地表下不同深度的两个平面。A 和 B

为两个独立声波形态。在∂D_0和∂D_m间的介质中不存在震源，且A和B的参数一致时，上、下行波的相关互易定理表示为

$$\int_{\partial D_0}\{D_A^*(\boldsymbol{x},\omega)D_B(\boldsymbol{x},\omega)-U_A^*(\boldsymbol{x},\omega)U_B(\boldsymbol{x},\omega)\}\mathrm{d}^2\boldsymbol{x}_\mathrm{H}=$$

$$\int_{\partial D_m}\{D_A^*(\boldsymbol{x},\omega)D_B(\boldsymbol{x},\omega)-U_A^*(\boldsymbol{x},\omega)U_B(\boldsymbol{x},\omega)\}\mathrm{d}^2\boldsymbol{x}_\mathrm{H} \quad (20\text{-}1)$$

式（20-1）中，$D(\boldsymbol{x},\omega)$和$U(\boldsymbol{x},\omega)$分别表示下行波和上行波场，$\boldsymbol{x}=(x_1,x_2,x_3)$，$\boldsymbol{x}_\mathrm{H}=(x_1,x_2)$为水平向量，*表示共轭算子。

引入一点震源，即 Dirac 震源，位于地表面的 A 点处，∂D_0 位于地表面的下方，则点震源入射下行波可表示为 $\delta(x_\mathrm{H}-x_{\mathrm{H},A})$，$x_{\mathrm{H},A}=(x_{1,A}-x_{2,A})$为震源在 x_A 处水平分量；上行反射波可以表示为 $R(x,x_A,\omega)$，x 为∂D_0上的任意接收点。

对于自由表面，下行波可以表示为$-R(x,x_A,\omega)$，那么在∂D_0上的上、下行波可以表示为

$$D_A(\boldsymbol{x},\omega)=\delta(\boldsymbol{x}_\mathrm{H}-\boldsymbol{x}_{\mathrm{H},A})-R(x,x_A,\omega) \quad (20\text{-}2)$$

$$U_A(\boldsymbol{x},\omega)=R(x,x_A,\omega) \quad (20\text{-}3)$$

同理，震源点 B 在∂D_0上的下行波和上行波可以表示为

$$D_B(\boldsymbol{x},\omega)=\delta(\boldsymbol{x}_\mathrm{H}-\boldsymbol{x}_{\mathrm{H},B})-R(x,x_B,\omega) \quad (20\text{-}4)$$

$$U_B(\boldsymbol{x},\omega)=R(x,x_B,\omega) \quad (20\text{-}5)$$

根据式（20-5）可得

$$\int_{\partial D_0}\{D_A^*(\boldsymbol{x},\omega)D_B(\boldsymbol{x},\omega)-U_A^*(\boldsymbol{x},\omega)U_B(\boldsymbol{x},\omega)\}\mathrm{d}^2\boldsymbol{x}_\mathrm{H}=$$
$$\delta(x_{\mathrm{H},A}-x_{\mathrm{H},B})-R(x_A,x_B,\omega)-R^*(x_A,x_B,\omega) \quad (20\text{-}6)$$

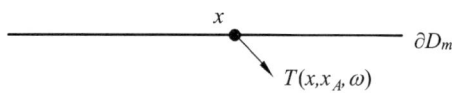

图 20-3　A 震源点激发的波场图

对于最低边界∂D_m，假设其下方介质为均匀的，则只存在上行透射波，可表示为 $T(x,x_A,\omega)$和 $T(x,x_B,\omega)$，所以式（20-6）可表示为

$$\int_{\partial D_m} D_A^*(\boldsymbol{x},\omega) D_B(\boldsymbol{x},\omega) \mathrm{d}^2 x_H = \int_{\partial D_m} T^*(x,x_A,\omega) T(x,x_B,\omega) \mathrm{d}^2 x_H \quad (20\text{-}7)$$

根据式（20-6）、式（20-7）可得

$$\begin{aligned} & R(x_A,x_B,\omega) + R^*(x_A,x_B,\omega) \\ & = \delta(x_{H,A} - x_{H,B}) - \int_{\partial D_m} T^*(x,x_A,\omega) T(x,x_B,\omega) \mathrm{d}^2 x_H \end{aligned} \quad (20\text{-}8)$$

对式（20-8）采用反射波和透射波的激发-接收互易定理，可得

$$\begin{aligned} & R(x_A,x_B,\omega) + R^*(x_A,x_B,\omega) \\ & = \delta(x_{H,A} - x_{H,B}) - \int_{\partial D_m} T^*(x_A,x,\omega) T(x_B,x,\omega) \mathrm{d}^2 x_H \end{aligned} \quad (20\text{-}9)$$

式中：$T(x_A,x,\omega)$ 和 $T(x_B,x,\omega)$ 表示自由表面 x_A 和 x_B 接收由 ∂D_m 上的 x 处脉冲点震源激发的上行波；$T^*(x_A,x,\omega)$ $T(x_B,x,\omega)$ 的时间域为 x_A 和 x_B 两点记录的互相关计算；$R(x_A,x_B,\omega)$ 表示在 x_B 点激发，在 x_A 点接收的记录。

对式（20-9）进行傅里叶逆变换并将积分离散化，可得：

$$\begin{aligned} & R(x_A,x_B,t) + R(x_A,x_B,-t) \\ & = \delta(x_{H,A} - x_{H,B}) - \sum_i T(x_A,x_i,-t) * T(x_B,x_i,t) \end{aligned} \quad (20\text{-}10)$$

从式（20-10）可得，互相关地震波干涉法提取的地震信号包含了因果部分、非因果部分和零时刻脉冲。$R(x_A,x_B,t)$ 为因果地震记录，$R(x_A,x_B,-t)$ 为负时地震记录，即非因果部分，并与 $R(x_A,x_B,t)$ 关于 $t=0$ 对称。

20.2.3 多源地震技术

多震源地震技术是近年来发展起来的地震快速采集技术。它不考虑相邻时间激发炮之间前一炮信号对后一炮的影响，可以同步或近同步激发两个或两个以上的震源。采集效率的提高和计算效率的提高是地震采集技术一直追求的目标，传统观测系统的设计受一定的放炮时间间隔门槛值的制约，而导致施工周期都较长。为了缩短采样周期，在观测系统设计的时候总是尽可能地减少激发炮数，从而导致激发炮点不足，资料品质差。多震源地震勘探技术则可以克服这些缺点。该技术的发展经历了由完全同步（Simultaneous）激发到近似同步（Nearly Simultaneous）激发的过程，形成的地震记录广义上一般称之为混合（Blended）地震记录。

西尔弗曼通过一组震源同时激发的实验，开创性地揭示了多震源技术可以加快地震数据采集。

比斯利通过海洋同步震源测试，揭示了同步激发多震源可以提高采集效

率、降低勘探成本；其通过震源空间位置分离信号进行相关处理（DMO 和叠加）的尝试，取得了一定效果。

莫里格应用级联扫描同步震源激发方法进行的测试试验表明，相比常规采集方法，级联扫描数据采集可减少 20%~30%时间，应用级联扫描同步震源激发方法则可以减少 60%~70%时间。

巴嘎尼概括总结了 3 类同步震源采集方法，即同步激发、级联扫描与滑动扫描，认为各种方法的结合是未来采集技术发展的方向。

汉普森等在简述多震源数据采集方法的基础上，结合共炮域的相干性和共偏移距域、共检波点域等的非相干性处理，通过在墨西哥湾的 2D 和 3D 试验，得出了在基底反射率较小深水区可以直接处理和在基底反射率大浅水区须进行炮数据分离技术处理的结论。

弗罗米尔在 2008 年和 2009 年做了多震源宽方位角的测试。

赵庭伟在常规宽方位角采集（WAZ）的基础上，通过宽方位角模拟试验，揭示了多震源干涉噪音不影响 RTM 偏移剖面但严重影响 Kirchhoff 道集和可通过控制梁迁移（CBM）来减小噪声影响的规律。

亚伦等对不同震源结构多震源进行了控制试验，采用 BP 宽方位角拖缆（Wide-Azimuth Towed Streamer，WATS）合成数据，研究多次波去除、深度偏移和震源波场分离的影响，试验采用了首尾结构（Front/Tail）和并排结构（Side by Side）两种震源。试验结果表明，首尾结构在多次波去除、深度偏移之后可以给出干净的剖面，但需进行震源波场分离，深度偏移不足以压制所有的次震源干扰。

震源地震波数值模拟，是探究多震源地震激发技术的手段，是多震源观测系统设计、数据采集与处理的理论基础。近年来，国内外地震波数值模拟技术有了快速发展，从传统单一震源发展到了多震源；而在多震源上，由同步激发（Simultaneous）向混合激发（Blended）方向发展。

2008 年，伯克豪特在同步激发的基础上，提出了随机延迟激发进行混合激发地震数据采集，并提出相关数据处理方法。

实际上，随着对多震源同步激发研究慢慢深入，宽方位角数据采集和处理效率优势逐渐显现，但多震源波场传播理论研究仍有待深入；国内多震源技术研究几乎处于空白状态，研究基于多震源地震技术研究和发展现状，基于弹性波方程，利用交错网格法进行数值模拟；或从影响多震源结构的震源数目、分布位置以及激发的随机延迟时间等不同角度开展研究；模拟多从理论上对多震源激发地震波场传播、地震数据采集与处理等方面进行，一定程度上促进了多震源技术的发展和进步。

多震源激发产生的是一种非相干波场，在混合采集中，通过较小的时间间隔激发震源，得到的宽方位角分布的非相干记录波场。多个震源的响应在时间上的重叠得到的连续的混合地震记录；震源由不同偏移距、方位角和延迟时间为特征的多个震源组成，延迟时间可以很大（达到秒级），这和同步激发震源是不同的。该方法理论原理推导如下：

波场传播的波动方程可以表示为

$$\frac{1}{v^2}\frac{\partial^2 u}{\partial t^2} = \nabla^2 u + s(t)\delta(\vec{X} - \vec{X_0}) = \nabla^2 u + S(t,\vec{X}) \quad (20\text{-}11)$$

其中，u 为波场。$s(t)\delta(\vec{X} - \vec{X_0})$ 为震源函数，$\vec{X} = (x,y,z)$ 为空间位置。$\vec{X_0} = (x_0, y_0, z_0)$ 为震源位置。相应地，多震源地震波动方程可以表示为

$$\frac{1}{v^2}\frac{\partial^2 u}{\partial t^2} = \nabla^2 u + s(t)\delta(\vec{X} - \vec{X_0})\vec{\Gamma}(\vec{X}) = \nabla^2 u + \vec{S_{bl}}(t,\vec{X}) \quad (20\text{-}12)$$

其中，$\vec{S_{bl}}(t,\vec{X})$ 为多震源地震波动方程的震源项，有

$$\vec{S_{bl}}(t,\vec{X}) = S(t,\vec{X})\vec{\Gamma}(\vec{X}) \quad (20\text{-}13)$$

在上述公式中矩阵 $\vec{\Gamma}(\vec{X})$ 为多震源混合矩阵算子，可以表示为

$$\vec{\Gamma}(\vec{X}) = [\gamma_1, \gamma_2, ..., \gamma_n], \gamma_n = e^{-j\omega T_n(\vec{X})} \quad (20\text{-}14)$$

其中，$T_n(\vec{X})$ 为位置 $\vec{X}$ 处震源 n 的延迟激发时间。图 20-4 为公式（20-13）的矩阵运算示意图。

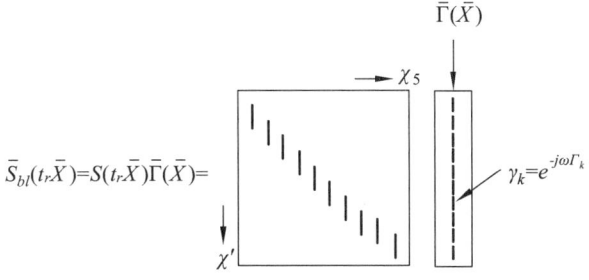

图 20-4　多震源混合模型示意图

从上述公式可以看出，多震源是单个震源的线性组合，对应的多震源地震记录也可以表示为单震源地震记录的线性组合，即：

$$\vec{P_{bl}}(t,\vec{X}) = P(t,\vec{X})\vec{\Gamma}(\vec{X}) \quad (20\text{-}15)$$

综上所述，影响多震源波场的因素主要包括震源个数、震源位置和随机

延迟时间。

当这 3 个参数按照一定的方式取值时，就有可能产生相干性较小的波场，即一种非相干波场。

20.3 多源地震干涉法层析成像地质预报技术原理

20.3.1 多源地震干涉法透射层析成像地质预报技术原理

利用隧道一端掌子面开挖爆破震动或 TBM 施工掘进破岩震动作为发射源，在开挖隧道另一端掌子面、边墙布设地震检波器，采集地震信号，对地震记录进行地震干涉处理，获得隧道未开挖区岩体地震波透射层析成像特征图谱，达到对两掌子面间未施工段隧道岩体中不良地质体进行预报的目的（图 20-5）。

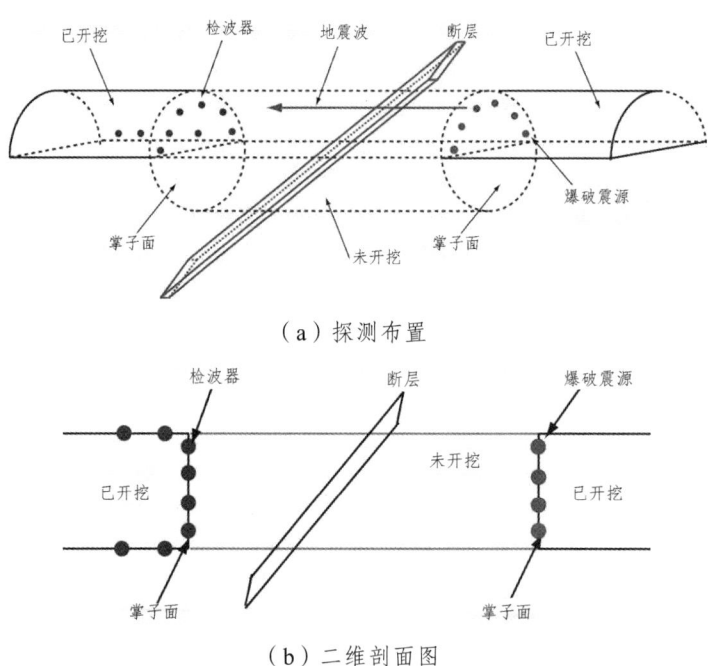

图 20-5 多源地震干涉法透射层析成像地质预报技术原理图

20.3.2 多源地震干涉法反射层析成像地质预报技术原理

利用隧道掌子面开挖爆破震动或 TBM 施工掘进破岩震动作为发射源，在掌子面后方边墙布设地震检波器,采集地震信号,对地震记录进行地震干涉处理,获得掌子面前方未开挖岩体地震波反射层析成像特征图谱,达到对掌子面前方不良地质体进行预报的目的(图 20-6)。

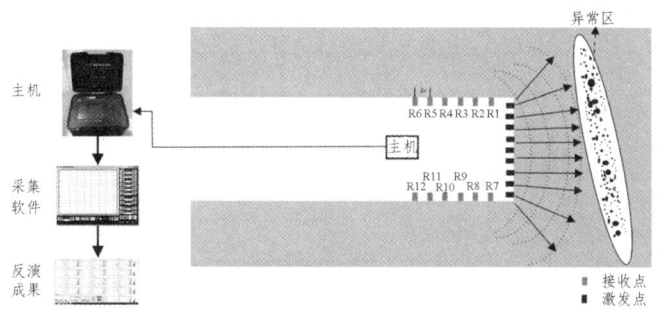

图 20-6　多源地震干涉法反射层析成像地质预报技术原理图

20.4　多源地震干涉法层析成像地质预报可行性研究

20.4.1　TBM 施工多源地震干涉法透射数值模拟

1. 圆形空溶洞

溶洞模型图如图 20-7 所示。

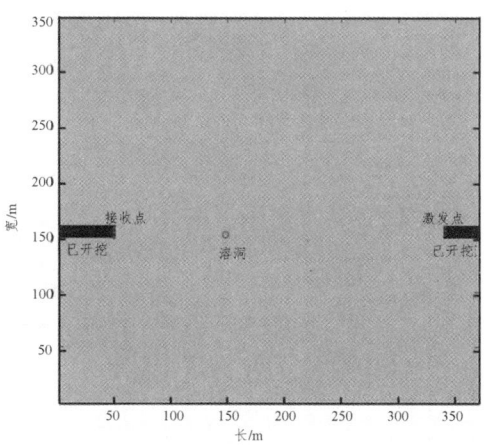

图 20-7　多源地震干涉法数值模拟溶洞模型

模型高 350 m,长 400 m,隧道截面宽 10 m,接收点位于左侧,已开挖 50 m,震源点位于右侧,已开挖 30 m,溶洞半径 2 m。

数值模拟采用时域有限差分法,依托 MATLAB 数据平台实现。

数值模拟的主要参数见表 20-1。

表 20-1　多源地震干涉法溶洞数值模拟主要参数

参数项	数值
离散化网格/m	1×1
被动源	随机噪声与雷克子波卷积
围岩 v_p/(m/s)	2 200
围岩密度/(kg/m³)	2 600
泊松比	1.732
溶洞 v_p/(m/s)	340

为了确保数值模拟更接近于钻爆法施工实际，爆炸源布设在掌子面上，沿掌子面均匀布设，共 50 个；接收点位于隧道另一端，也布设与掌子面上，同样沿掌子面均匀布设，共 21 个（图 20-7）。

图 20-8 和图 20-9 分别为溶洞模型数值模拟原始记录波形图和传播时间为 450 ms 和 650 ms 的数值模拟波场图。

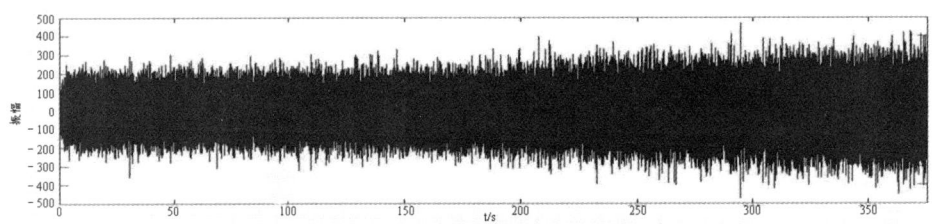

（a）第 5 道原始记录波形图

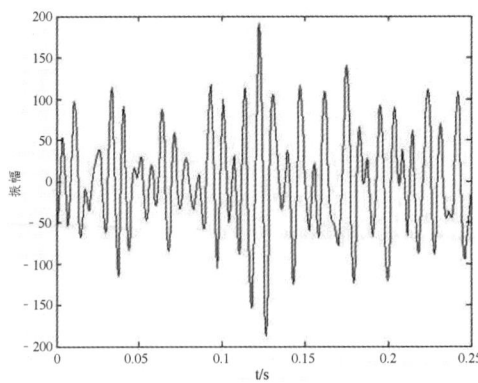

（b）第 5 道 0.25～0.5 s 原始记录波形图

图 20-8　多源地震干涉法溶洞模型数值模拟原始记录波形图

由图 20-8（a）可知，整个记录时间为 375 s，信号记录杂乱，未发现有用目标信息；而数值模拟波场图显示在溶洞位置处有明显反射。

为直观认识原始记录，从图 20-8（a）中抽出第 5 道原始记录，即在 0.25～0.5 s 范围内的波形图，其波形如图 20-8（b）。图 20-8（b）显示，原始信号振幅随时间连续变化关系，且信号的起始和结束都位于零点；信号振幅过于紧密，呈现毛刺状排列，无明显规律和异常变化；信号源的振幅、相位各不相同，没有统一的波形。因此，常规的数据分析方法不能有效提取其隐含的有效信息。

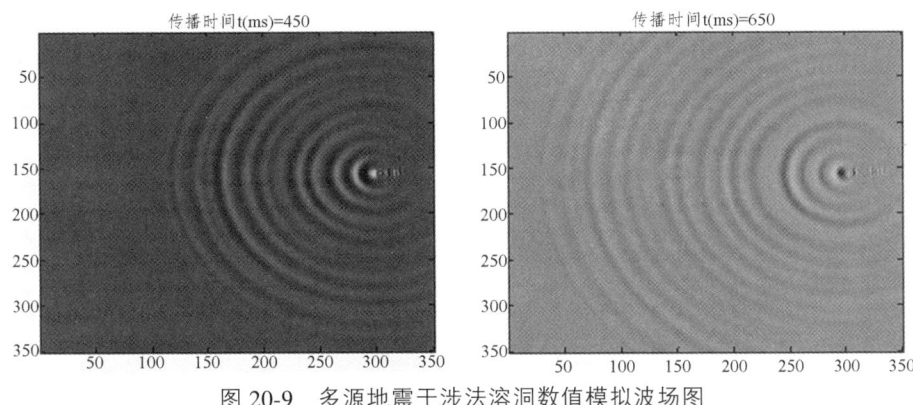

图 20-9　多源地震干涉法溶洞数值模拟波场图

图 20-10（a）和（b）分别是根据第 10 道接收信号进行数值模拟的原始记录图和根据干涉理论将第 10 道接收信号与其他各道接收信进行互相关运算，生成的虚拟共炮点记录图。

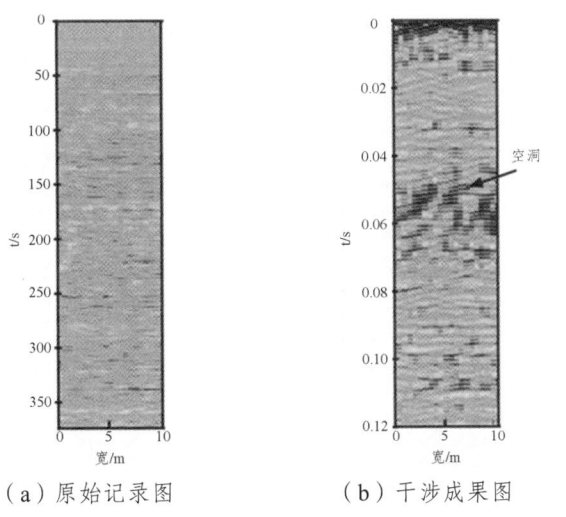

（a）原始记录图　　　　（b）干涉成果图

图 20-10　多源地震干涉法溶洞数值模拟原始记录与干涉成果图

从图 20-10（b）可见，在 0.045 s 附近区域存在明显异常，异常区中部异常波形连续且呈圆弧状。计算获得其位置在 99 m，同模型中的溶洞位置基本吻合。但由于溶洞较小，产生的非相关成分信号较弱，互相关处理结果信号也较弱。此外，震源数量、检波器空间布设、接收时间亦可能是造成互相关处理结果信号较弱的原因，需进一步研究。溶洞周围存的较强的不连续杂波干扰，分析应为信号在溶洞内多次反射及绕射造成，需进行偏移、反褶积等方法处理来提高溶洞分辨率。

2. 断　层

断层模型示意图如图 20-11。

模型高 350 m，宽 400 m，隧道截面宽 10 m，接收点位于左侧，已开挖 50 m，震源点位于右侧，已开挖 30 m，断层宽 2 m。

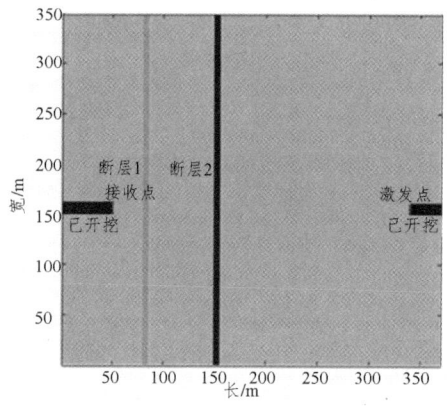

图 20-11　多源地震干涉法数值模拟断层模型示意图

数值模拟的主要参数见表 20-2。

表 20-2 多源地震干涉法断层数值模拟主要参数

参数项	数　值
离散化网格/m	1×1
被动源	随机噪声与雷克子波卷积
围岩 v_p/（m/s）	2 200
围岩密度/（kg/m³）	2 600
泊松比	1.732
断层 1v_p/（m/s）	2 800
断层 2v_p/（m/s）	1 000

数值模拟采用时域有限差分法，依托 MATLAB 数据平台实现。

图 20-12 和图 20-13 分别为溶洞模型数值模拟原始记录波形图和传播时间为 450 ms 和 650 ms 的数值模拟波场图。

从图 20-12（a）可见，第 5 道原始记录整个记录时间为 350 s，原始记录信号杂乱，不能反映出断层具体位置及特征。

从图 20-12（b）可见，第 5 道 0.25~0.5 s 波形原始信号振幅随时间连续变化关系，且信号的起始和结束都位于零点；信号振幅过于紧密，呈现毛刺状排列，无明显规律和异常变化；信号源的振幅、相位各不相同，没有统一的波形。因此，常规的数据分析方法不能有效提取其隐含的有效信息。

图 20-14 为数值模拟记录的第 10 道接收信号同其他各道数据进行互相关运算处理的成果图。从图可见，在 0.0135 s 和 0.038 s 附近区域存在异常界面，计算获得其位置分别在 29.7 m 和 84 m，第一异常界面位置与模型中的断层 1 位置基本吻合，第二异常界面与模型中断层 2 位置存在误差。

分析认为，由于断层 1、断层 2 和非断层围岩纵波速度存在差异，地震波沿最短距离由震源激发点传播至接收检波器导致的时间误差，是造成断层位置误差的重要原因。

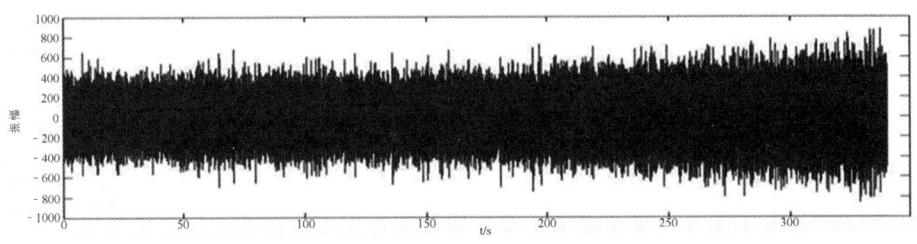

（a）第 5 道原始记录波形图

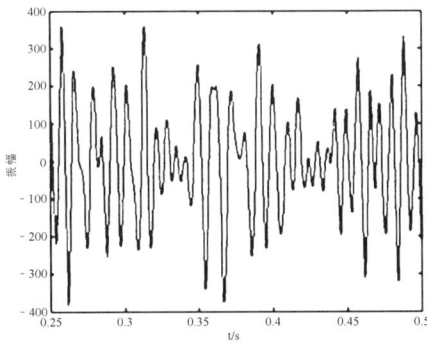

（b）第 5 道 0.25~0.5 s 原始记录波形图

图 20-12　多源地震干涉法断层模型数值模拟原始记录波形图

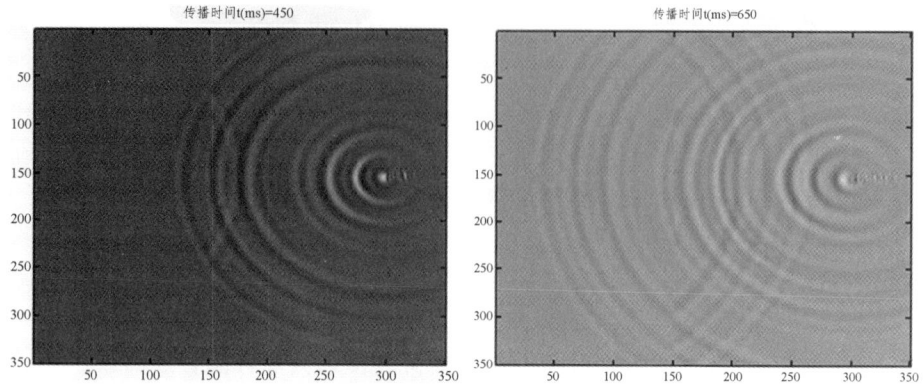

图 20-13　多源地震干涉法断层模型数值模拟波场图

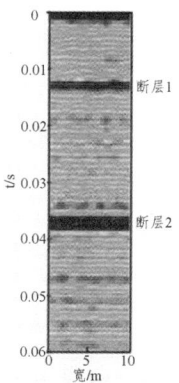

图 20-14　多源地震干涉法断层模型数值模拟干涉成果图

20.4.2　钻爆法施工多源地震干涉法透射数值模拟

1. 圆形空溶洞

钻爆法施工溶洞模型图如图 20-15 所示。

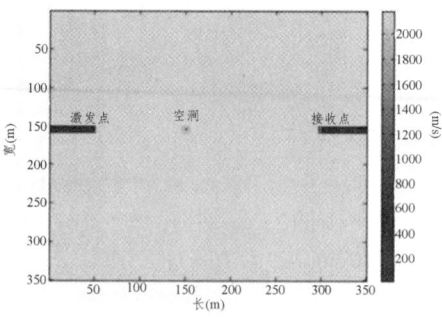

图 20-15　钻爆法施工溶洞数值模拟模型

第4篇　隧道施工地质预报技术研究　243

模型高 350 m，宽 350 m，隧道截面宽 10 m，接收点位于右侧已开挖掌子面处，开挖 50 m，震源点位于左侧，已开挖 30 m，溶洞半径 2 m。

数值模拟采用时域有限差分法，依托 MATLAB 数据平台实现。

数值模拟的主要参数见表 20-3。

表 20-3　钻爆法施工溶洞数值模拟主要参数

参数项	数值
离散化网格/m	1×1
被动源	雷克子波
围岩 v_p/（m/s）	2 200
围岩密度/（kg/m³）	2 600
泊松比	1.732
溶洞 v_p/（m/s）	340

模拟时采用的震源为单纯的地震子波。

为确保数值模拟更接近于钻爆法施工实际，爆炸源布设在掌子面上，沿掌子面均匀布设，共 10 个；接收点位于隧道另一端，也布设于掌子面上，同样沿掌子面均匀布设，共 21 个。

图 20-16 为数值模拟波场图，从图中可看出，在空洞位置处，波场发生了明显的反射。

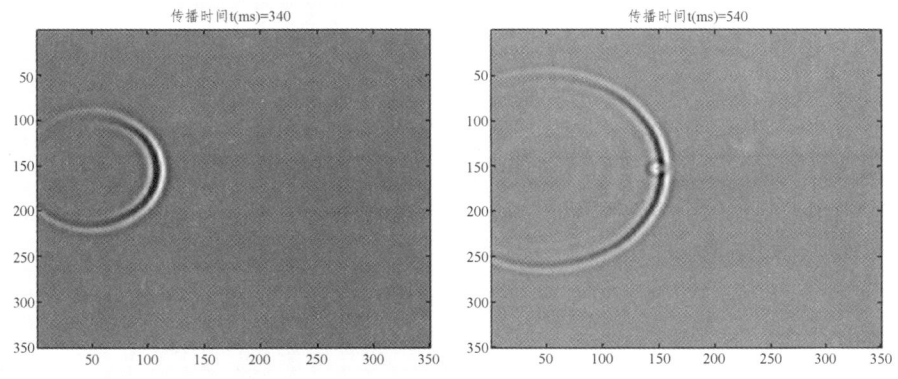

图 20-16　钻爆法施工溶洞多源地质干涉法空溶洞数值模拟波场图

图 20-17 是根据干涉理论，将第 10 道接收信号与其他各道进行互相关运算生成的虚拟共炮点记录图。由图可见，在 0.045 s 附近区域存在明显异常，在异常区中部异常波形连续且呈圆弧状，计算获得其位置在距震源点 99 m 处，

同模型中的溶洞位置基本吻合。

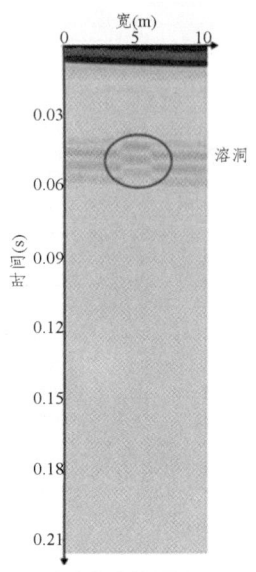

图 20-17　钻爆法施工溶洞数值模拟数据干涉成像图

2. 断　层

钻爆法施工断层模型图如图 20-18 所示。

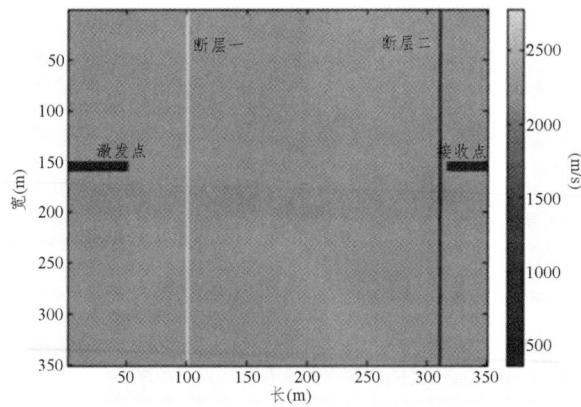

图 20-18　钻爆法施工断层模型

模型高 350 m，宽 350 m，隧道截面宽 10 m，接收点位于右侧，已开挖 30 m，震源点位于左侧，已开挖 50 m，两断层均宽 2 m。断层 1 位于震源激发掌子面垂直距离 100 m，贯穿整个模型，断层 2 距震源激发掌子面垂直距离

260 m，贯穿掌子面。

数值模拟的主要参数见表 20-4。

表 20-4 钻爆法施工断层数值模拟主要参数

参数项	数值
离散化网格/m	1×1
被动源	雷克子波
围岩 v_p/(m/s)	2 200
围岩密度/(kg/m³)	2 600
泊松比	1.732
断层 1v_p/(m/s)	2 800
断层 2v_p/(m/s)	1 000

图 20-19 为断层模型数值模拟波场图。由图可见，波场在两个垂直断层处均发生了较为明显的反射。此外，在已开挖隧道掌子面处也有反射。

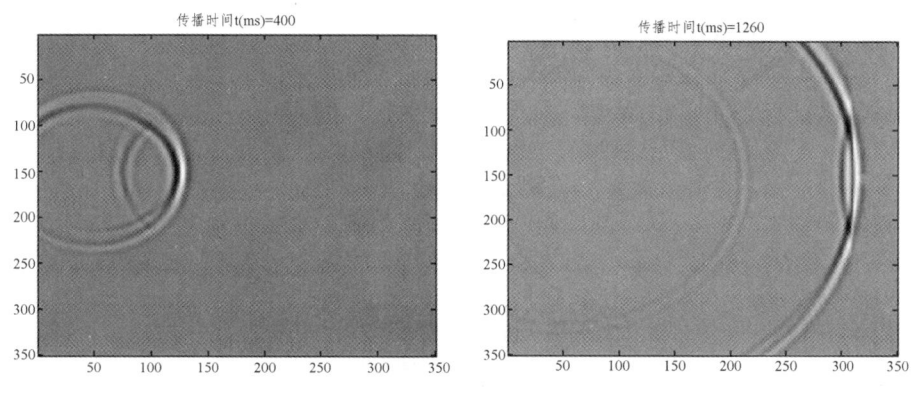

图 20-19 钻爆法施工断层数值模拟波场图

图 20-20 为数据模拟记录的第 10 道接收信号同其他各道数据进行互相关运算处理的成果图。从图可见，在 0.044 s 和 0.115 s 附近区域存在异常界面，计算获得其位置分别为距震源激发掌子面 96.8 和 253 m，同模型中的断层 1 和断层 2 位置基本吻合。

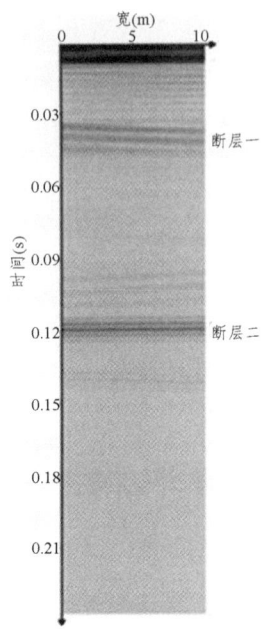

图 20-20　钻爆法施工断层模型数值模拟数据干涉成像图

20.4.3　TBM 施工多源地震反射干涉数值模拟

利用某隧道实际采集的 TBM 破岩信号(图 20-21)作为激发震源,对 TBM 施工环境下所产生地震波的传播规律进行了模拟。

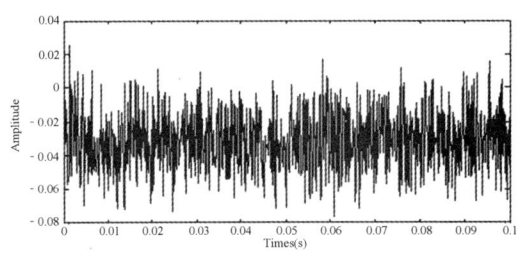

图 20-21　TBM 滚刀破岩信号

1. 圆形空溶洞

溶洞模型如图 20-22 所示。

模型高、宽均为 400 m,隧道宽度为 10 m,位于模型垂直方向的 195~205 m,已开挖长度为 40 m,溶洞中心距离掌子面水平距离 110 m,半径为 2 m。数值模拟主要参数见表 20-5。

为了确保数值模拟更接近于 TBM 实际施工,震源布设在掌子面上,沿掌子面均匀布设，共 10 个，震源为扫描信号并持续激发。

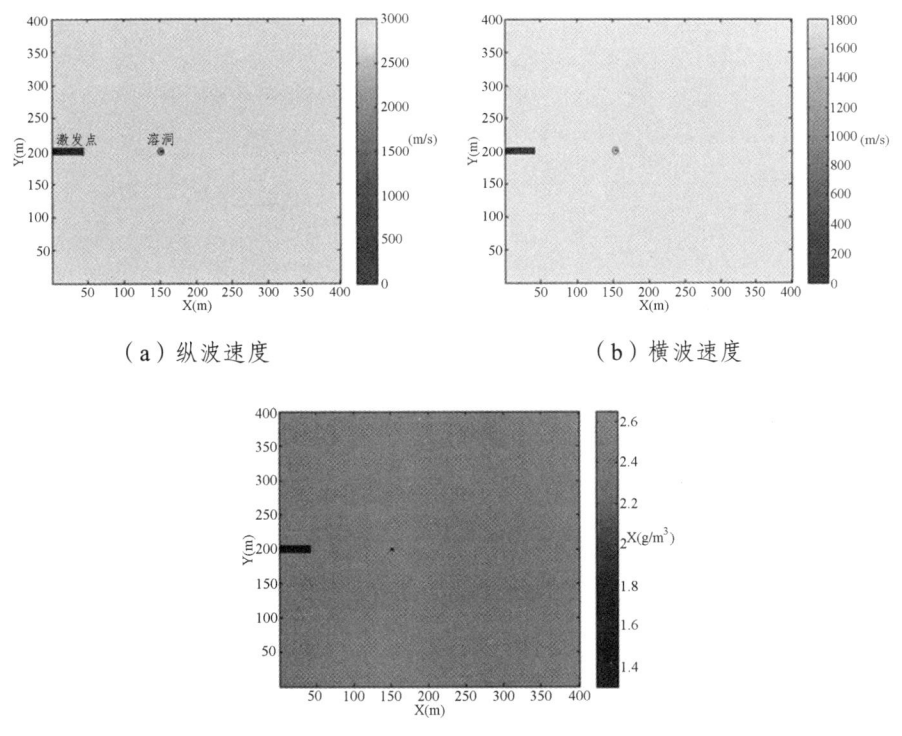

(a) 纵波速度　　(b) 横波速度

(c) 密　度

图 20-22　TBM 施工溶洞模型参数图

表 20-5　TBM 施工溶洞数值模拟主要参数

参数项	数　值
离散化网格/m	1×1
被动源	TBM 掘进实际破岩信号
围岩 v_p/(m/s)	3 000
围岩 v_s/(m/s)	1 800
围岩密度/(g/cm^3)	2.6
溶洞 v_p/(m/s)	340
溶洞 v_s/(m/s)	0
溶洞密度/(g/cm^3)	1.3

图 20-23 为 TBM 施工多源地震反射干涉溶洞模型数值模拟波场图。

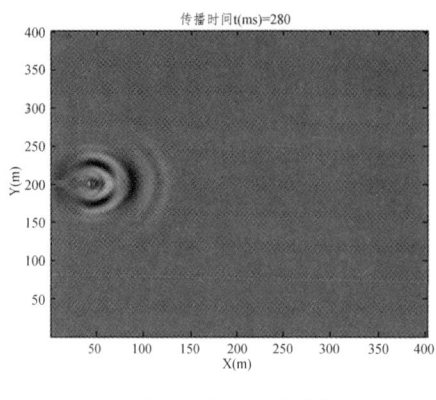 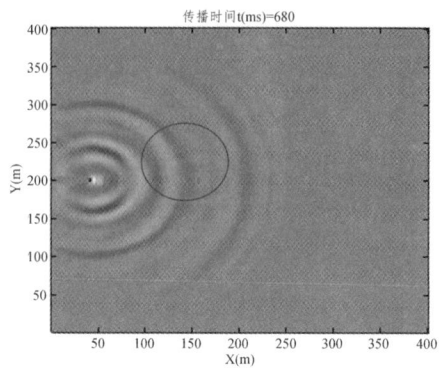

（a）280 ms 波场图　　　　　　　　（b）680 ms 波场图

图 20-23　TBM 施工溶洞数值模拟波场图

从图 20-23 可见，由于 TBM 在掘进时，滚刀持续破岩，震源也持续激发，波场较为杂乱，但在空洞位置处，波场具有明显的反射现象。

2. 充水圆形溶洞

充水溶洞模型与图 20-22 相同。

数值模拟主要参数见表 20-6。

表 20-6　TBM 施工充水溶洞数值模拟主要参数

参数项	数 值
离散化网格/m	1×1
被动源	TBM 掘进实际破岩信号
围岩 v_p/（m/s）	3 000
围岩 v_s/（m/s）	1 800
围岩密度/（g/cm³）	2.6
溶洞 v_p/（m/s）	1 300
溶洞 v_s/（m/s）	0
溶洞密度/（g/cm³）	1.0

图 20-24 为 TBM 施工多源地震反射干涉充水溶洞模型数值模拟波场图。

与无填充溶洞模型相比，参数设置上主要是纵波速度及密度所有变化，所得波场图与空溶洞相似。

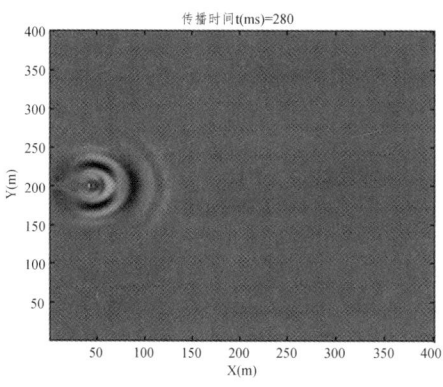 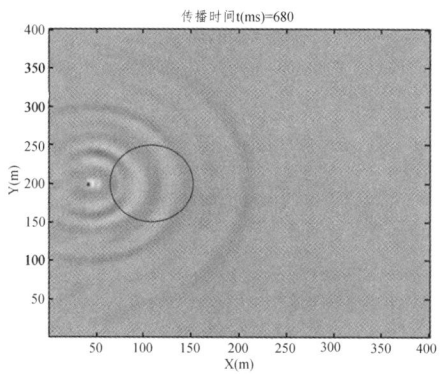

（a）280 ms 波场图　　　　　　　　（b）680 ms 波场图

图 20-24　TBM 施工多源地震反射干涉充水溶洞数值模拟波场图

3. 无水断层

断层模型如图 20-25 所示。

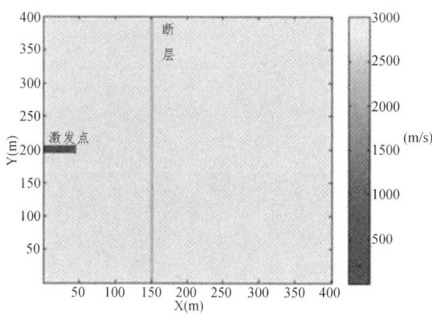 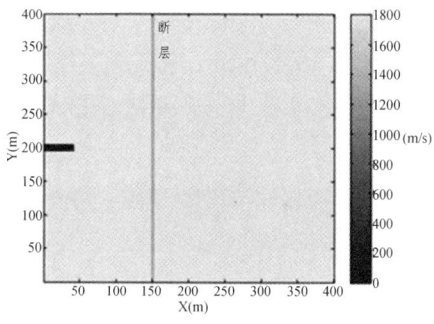

（a）纵波速度　　　　　　　　　　（b）横波速度

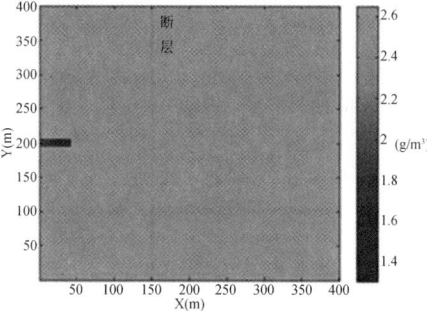

（c）密　度

图 20-25　TBM 施工断层模型

模型高、宽均为 400 m，隧道截面宽 10 m，位于模型垂直方向的 195～205 m。震源点位于掌子面上，隧道已开挖 40 m。断层距离掌子面水平距离 110 m，宽度为 2 m，贯穿整个模型。

数值模拟参数见表 20-7。

表 20-7 TBM 施工断层数值模拟主要参数

参数项	数值
离散化网格/m	1×1
被动源	TBM 掘进实际破岩信号
围岩 v_p/（m/s）	3 000
围岩 v_s/（m/s）	1 800
围岩密度/（g/cm³）	2.6
断层 v_p/（m/s）	2 200
断层 v_s/（m/s）	1 300
断层密度/（g/cm³）	2.4

图 20-26 为 TBM 施工断层模型数值模拟的波场图。

从图中可看出，在断层位置处，波场同样发生了明显的反射。

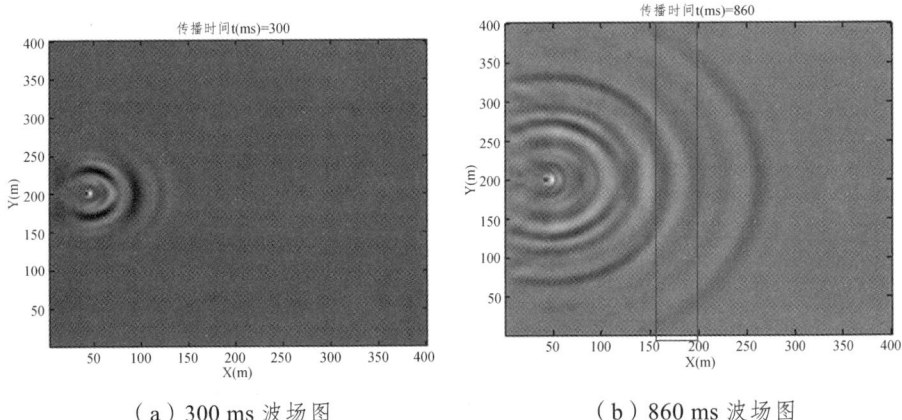

（a）300 ms 波场图　　　　（b）860 ms 波场图

图 20-26 TBM 施工多源地震反射干涉断层模型数值模拟波场图

4. 富水断层

富水断层模型如图 20-27 所示。

模型高、宽均为 400 m，隧道截面宽 10 m，位于模型垂直方向的 195～205 m，已开挖 40 m，富水破碎带宽度 2 m，距离掌子面垂直距离位 110 m，并贯穿整个模型，震源点位于左侧。

数值模拟主要参数见表 20-8。

图 20-28 为 TBM 施工多源地震反射干涉断层模型数值模拟波场图。

由图 20-28 可以看出，波场在富水破碎带发生了明显的反射，且与不含水的断层相比，反射更为强烈，反射界面也更加清晰，但由于 TBM 施工时为连续震源，波场较为杂乱，因此对于横波的吸收，在图中并不明显。

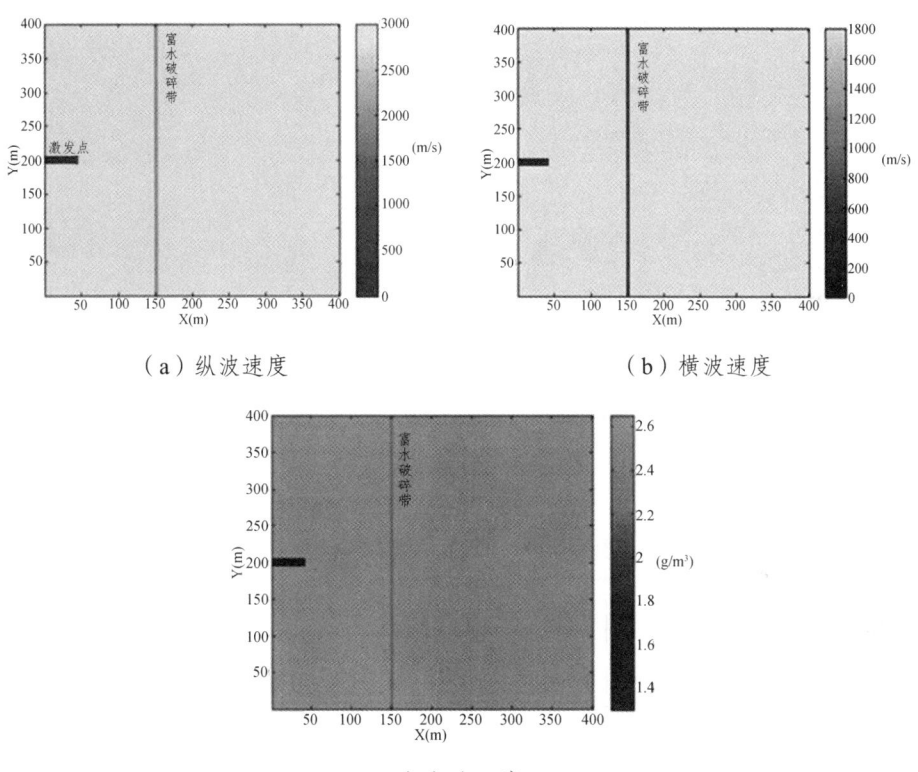

（a）纵波速度　　　　　　　　（b）横波速度

（c）密　度

图 20-27　TBM 施工富水断层模型

表 20-8　TBM 施工富水区数值模拟主要参数

参数项	数　值
离散化网格/m	1×1
被动源	TBM 掘进实际破岩信号
围岩 v_p/（m/s）	3 000
围岩 v_s/（m/s）	1 800
围岩密度/（g/cm³）	2.6

续表

参数项	数 值
富水区 v_p/(m/s)	1 800
富水区 v_s/(m/s)	300
富水区密度/(g/cm³)	2.2

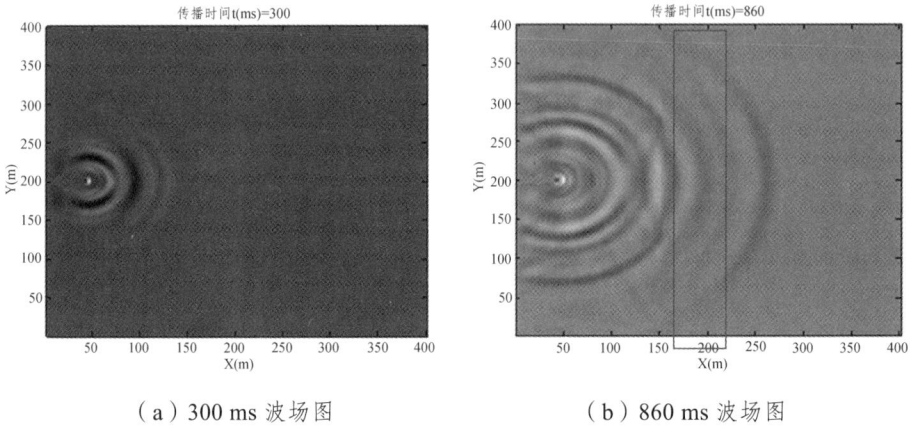

(a) 300 ms 波场图　　　　　(b) 860 ms 波场图

图 20-28　TBM 施工多源地震反射干涉富水断层数值模拟波场图

20.5　多源地震干涉成像效果影响因素

20.5.1　震源子波类型

首先，对子波因素进行分析，这里我们分别采用 3 种不同的地震子波，分别采用雷克子波[图 20-29（a）]、Zinc 子波[图 20-29（b）]以及正弦指数衰减子波[图 20-29（c）]与随机时间序列褶积对图 20-30 的速度模型进行正演。因生成的原始模拟数据均杂乱无章，无法反映地下介质的信息，无法进行对比，故原始数据不在此展示。正演最终成像结果如图 20-31 所示。

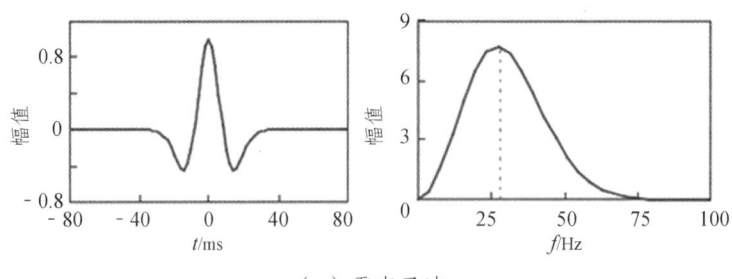

(a) 雷克子波

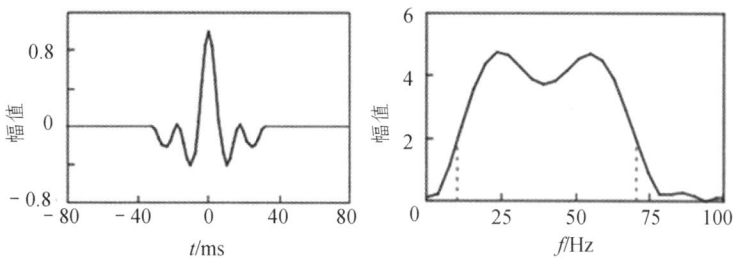

(b) Zinc 子波

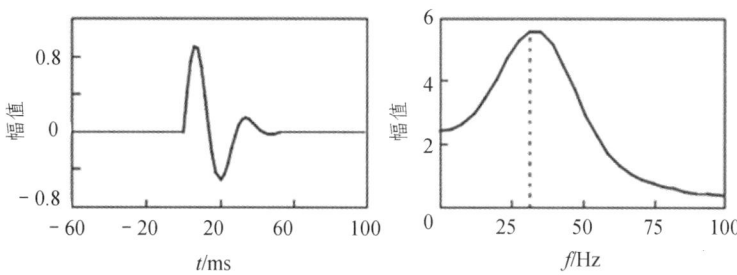

(c) 正弦指数衰减子波

图 20-29 不同子波波形曲线及其振幅谱

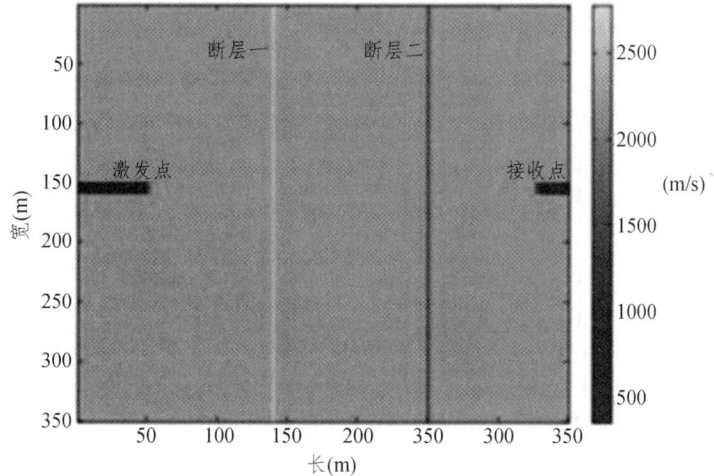

图 20-30 速度模型图

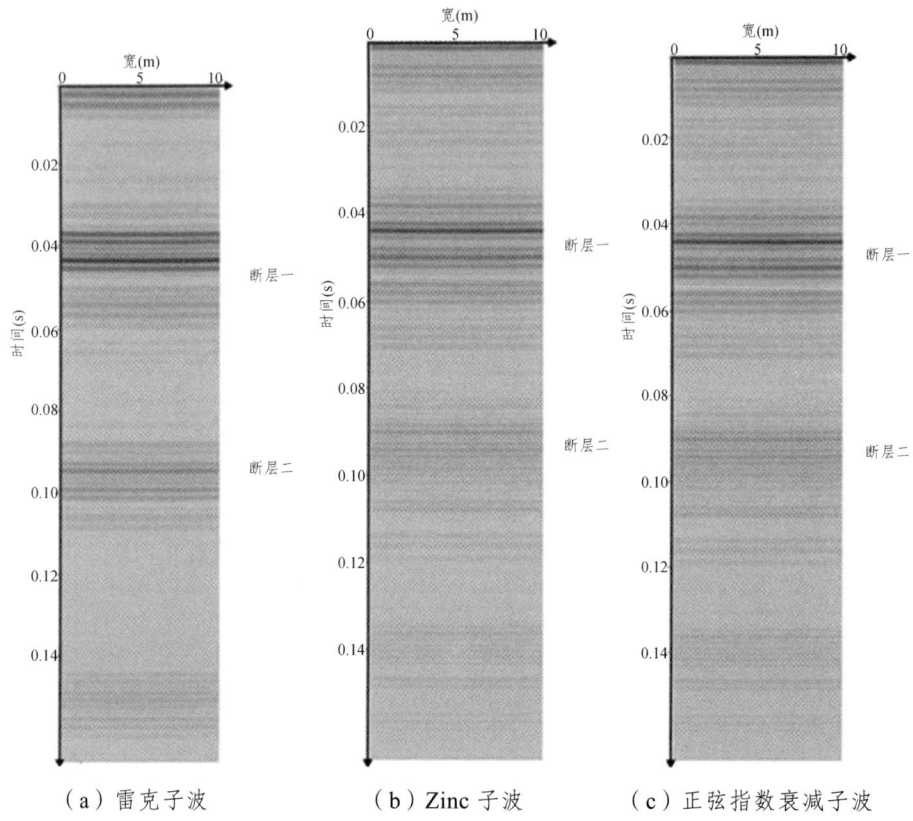

(a)雷克子波　　　　　(b)Zinc 子波　　　(c)正弦指数衰减子波

图 20-31　采用不同子波与随机时间序列褶积对图 20-30 速度模型正演成果图

由图 20-31 可以看出，地震子波的变化对于成像结果的分辨率并没有太大的影响，都能够清晰地反映出前方的地质信息。从三幅图可以看出，所合成的同相轴的形态基本一致，所反映的地下垂直断层的信息也一致。因此，地震子波的变化不会对成像效果造成太大的影响，合成反射波同相轴的能量略有差异。

20.5.2　采集时长

图 20-33 是采用采集时长分别为 2 min、4 min、7 min 和 9 min 得到的对于图 20-32 所示速度模型的模拟数据干涉成果图。

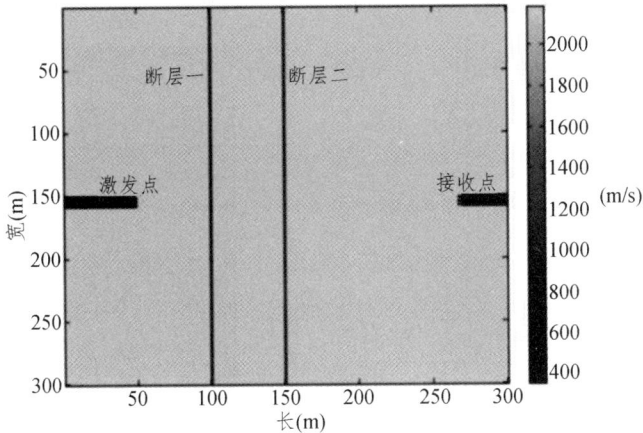

图 20-32 速度模型图

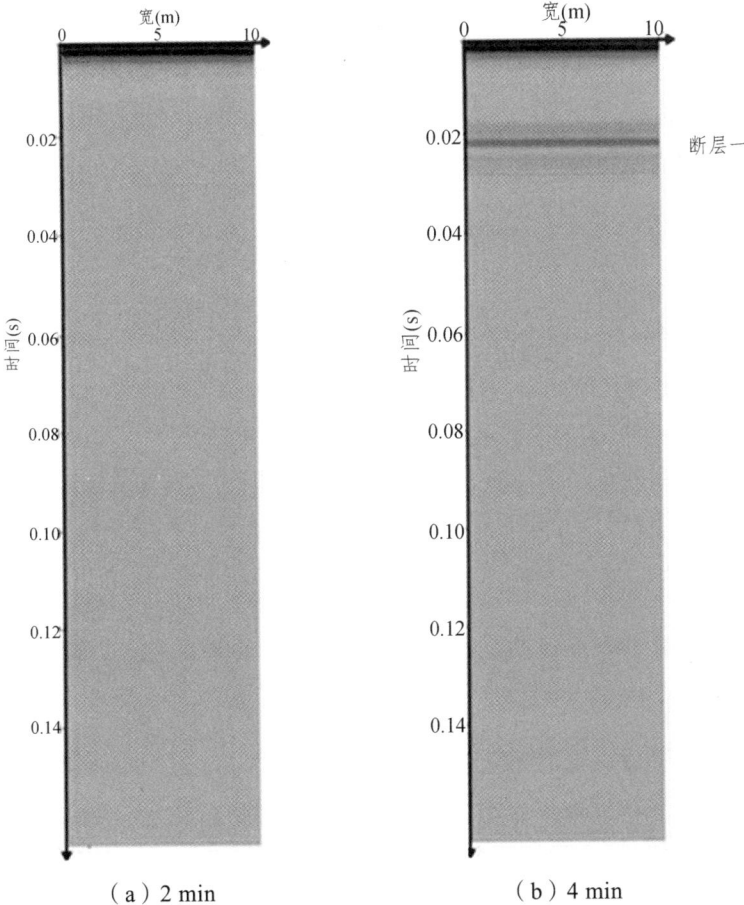

（a）2 min　　　　　　　　　　　（b）4 min

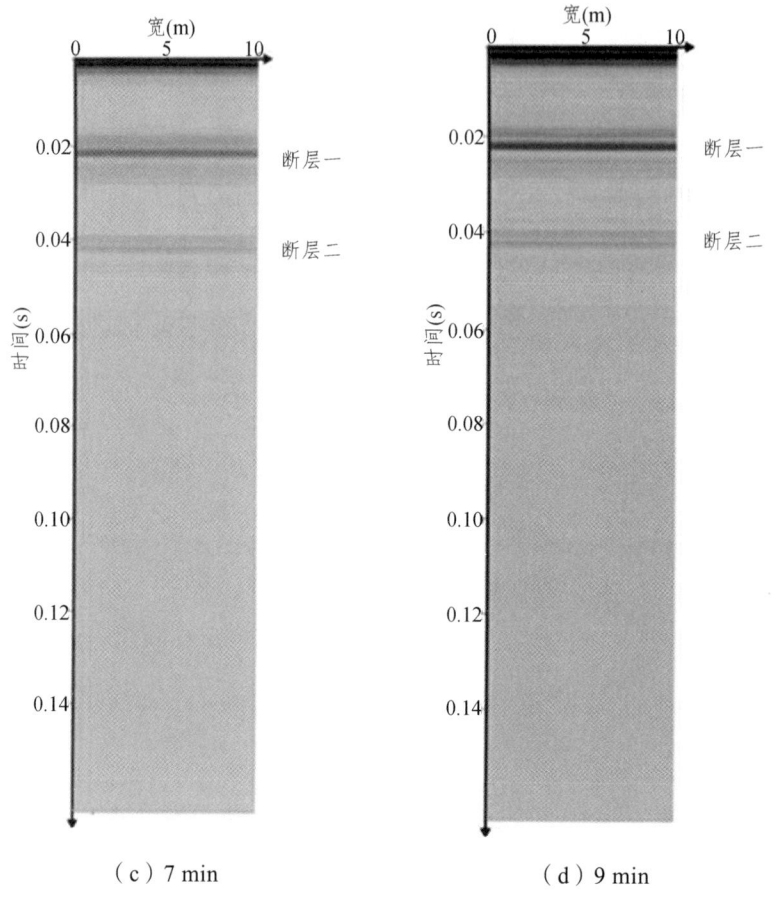

图 20-33 采用不同采集时长得到的图 20-32 速度模型模拟数据干涉成果图

显然,采集时长为 2 min 时,没有合成地下界面的反射波;采集时长为 4 min 时,成像对断层一有了较明显反映,但对断层二未能反映;采集时长为 7 min 和 9 min,成像对断层一和断层二均有较明显的反映。此外,随着接收时间的增加,断层界面的反射波同相轴清晰度提高。因此,为了提高记录的质量,需要较长的记录时间。一般情况下,记录的时间越长,合成的反射波的质量越好。

20.5.3 震源点及接收点位置分布

从理论上讲,被动源地震成像不需要知道震源的信息,因为通过地震干涉技术对数据进行重建后,生成了新的虚拟震源。但对于采用干涉技术对数据进行处理时,需考虑震源分布所产生的干涉作用,因此我们对相同数目震源不同位置分布的情况下进行了数值模拟。

图 20-35、20-36 分别是采用震源数目相同（10 个）、震源间距为 0.5 和 2.0 m 对图 20-34 速度模型模拟数据得到的数值模拟波场图和干涉成果图。

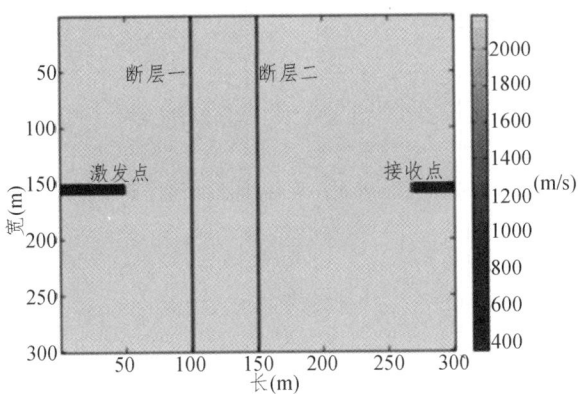

图 20-34　不同震源分布数值模拟模型图

由图 20-35 可以看出，与震源点间距为 2 m 的相比，在同样震源数条件下，震源点间距为 0.5 m 时，震源间的关联性较强，波场间的相互作用较弱，干涉作用不明显。

由图 20-36 可以发现，震源点间距为 0.5 m 时，成像没有形成明显的反射波同相轴，模型中的垂直断层也没有出现；震源点间距为 2 m，成像形成了较为完整的反射波同相轴，能够反映出垂直断层的信息。

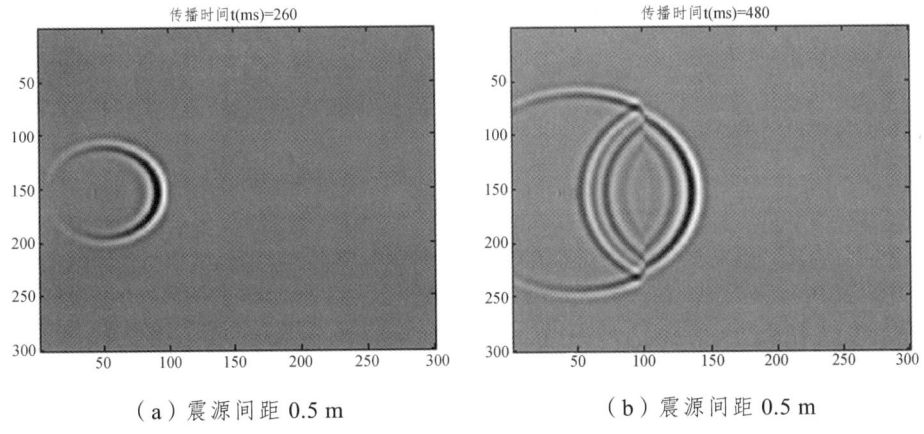

（a）震源间距 0.5 m　　　　　　（b）震源间距 0.5 m

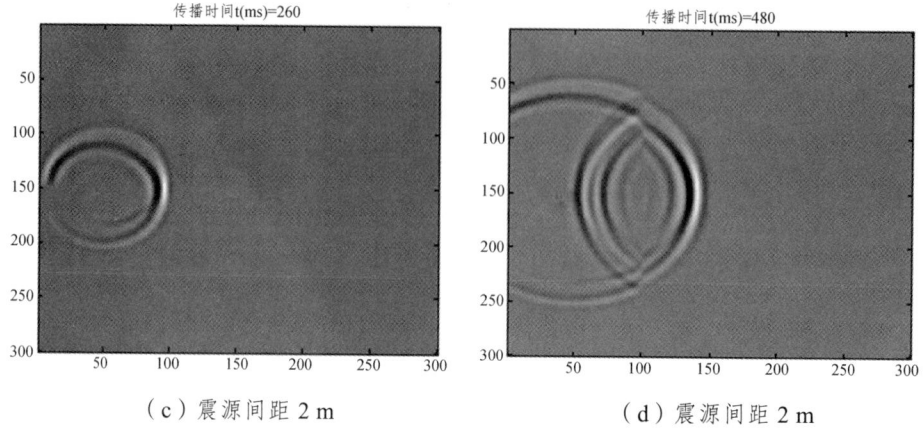

（c）震源间距 2 m　　　　　　　（d）震源间距 2 m

图 20-35　不同震源分布数值模拟波场图

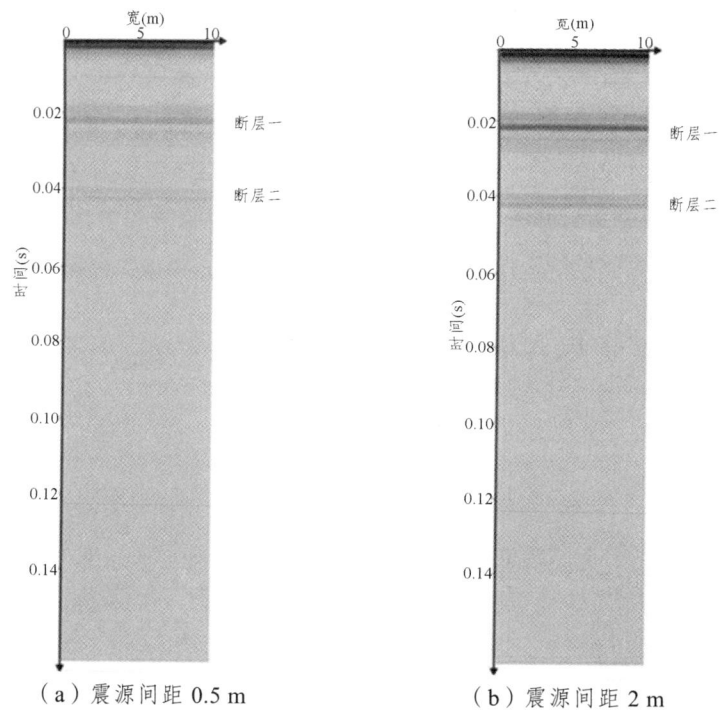

（a）震源间距 0.5 m　　　　　　（b）震源间距 2 m

图 20-36　不同震源位置分布模拟数据干涉成果图

综上，震源的分布范围越广，地震波之间干涉作用越强，同相位子波能量叠加就越强。因此，震源之间应保持一定的间距，否则会产生强相干波场，影响采集的有效性。

图 20-37（a）和（b）分别为 21 个接收检波器沿掌子面布置和沿一侧边

墙布置对图 20-34 速度模型模拟数据干涉成果图。

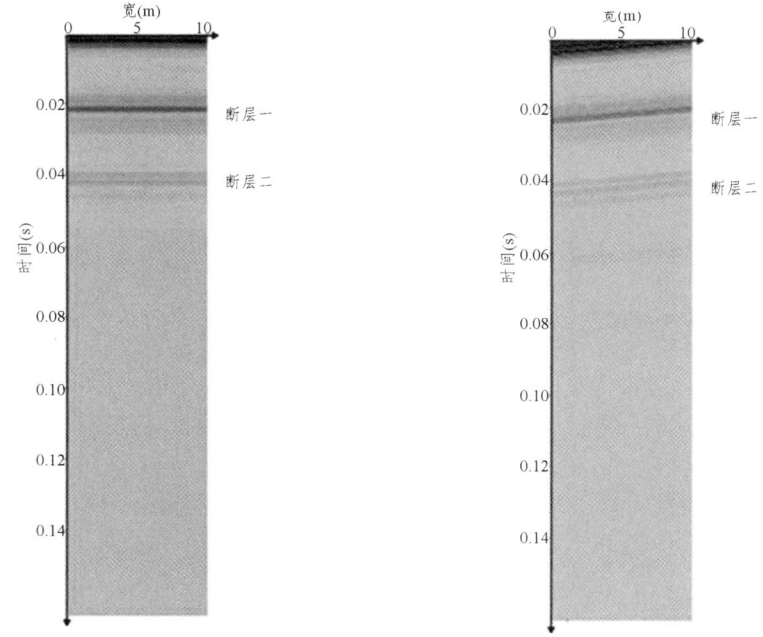

（a）接收检波器沿掌子面布置　　　　（b）接收检波器沿一侧边墙布置

图 20-37　不同接收点位置分布模拟数据干涉成果图

显然，接收点的布设位置变化对于成像结果的分辨率并没有太大的影响，都能够清晰地反映出前方的地质信息，对于前方的两个断层都有明显的反映，有所区别的是：当检波器沿边墙布设时，由于所接收的信号存在较大的时差，成像结果中同相轴有所倾斜，但对于异常体的识别影响不大。

20.6　多源地震干涉法隧道超前地质预报数据处理方法

隧道施工环境复杂、噪声干扰强，为此我们采用了多种数据处理方法，最大程度上使原始波形达到归整排列、去燥和振幅恢复的目的。

20.6.1　预处理

将野外原始数据进行初步加工，以满足计算机及处理系统中各处理方法的要求。包括：解编、编辑、抽道、真振幅恢复、零漂归位等步骤。

图 20-38 和图 20-39 分别为坏道清零和道编辑合并抽道。

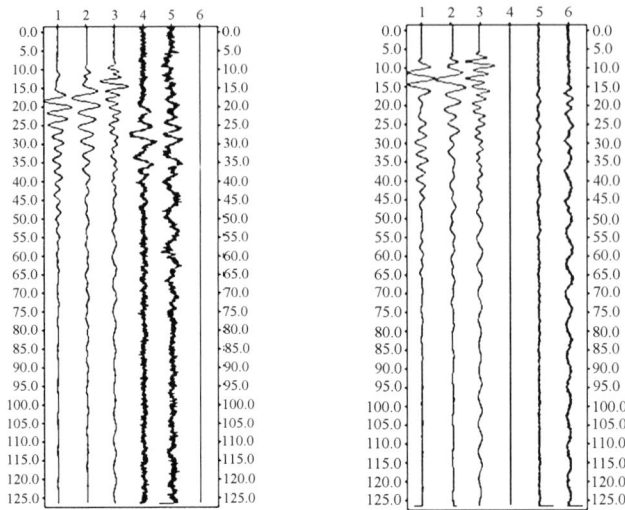

图 20-38 坏道清零

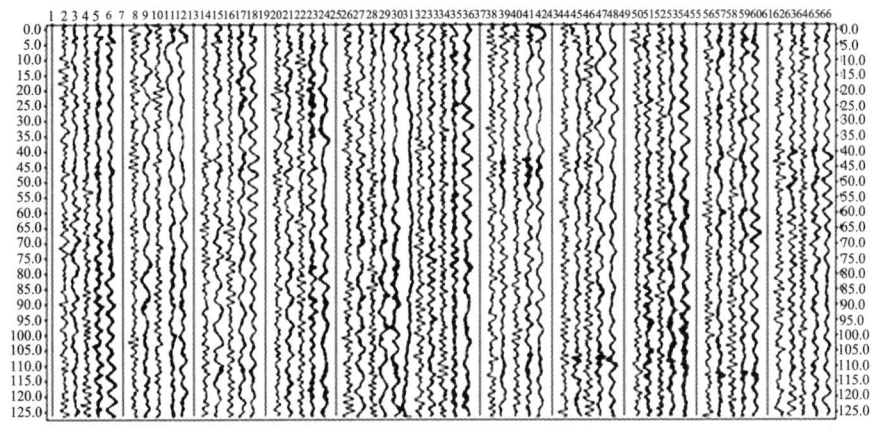

图 20-39 道编辑合并抽道

20.6.2 信号滤波

1. 频谱分析

弄清有效波及干扰波的频率特性差异，以便设计合适的频率滤波器来压制干扰，突出有效信号。

设地震道为 $f(t)$，其频谱为 $F(\omega)$，则

$$F(\omega) = \int_{-\infty}^{+\infty} f(t)\mathrm{e}^{-i\omega t}\mathrm{d}t \quad (20\text{-}16)$$

其振幅谱为

$$|F(\omega)| = \sqrt{[\mathrm{Re}\,F(\omega)]^2 + [\mathrm{Im}\,F(\omega)]^2} \quad (20\text{-}17)$$

相位谱为

$$\varphi(\omega) = \arctan\frac{\mathrm{Im}\,F(\omega)}{\mathrm{Re}\,F(\omega)} \quad (20\text{-}18)$$

我们可以采用分频滤波：

$$F'(\omega) = F(\omega) \cdot H(\omega) \quad (20\text{-}19)$$

式中：$H(\omega)$ 为带通滤波器。

然后做反傅里叶变换得

$$f'(t) = \int_{-\infty}^{+\infty} F'(\omega)\mathrm{e}^{i\omega t}\mathrm{d}t \quad (20\text{-}20)$$

考察一系列的 $f'(t)$，我们便可以看出浅、中、深层有效信号与干扰等的频带范围。

2. 相关分析

相关分析的作用可以分析道间相似程度、求取静校正时移量，进行地震子波求取和相关滤波。

相关系数定义：

$$r_{xy}(0) = \frac{1}{N}\sum_{n=1}^{N} x_n y_n \quad (20\text{-}21)$$

或归一化相关系数：

$$\tilde{r}_{xy}(0) = \frac{2\sum_{n=1}^{N} x_n y_n}{\sum_{n=1}^{N}(x_n^2 + y_n^2)} \quad (20\text{-}22)$$

若 $\tilde{r}_{xy}(0) = 0$，表示 x、y 不相关；
若 $\tilde{r}_{xy}(0) = 1$，表示 x、y 密切相关，甚至一致；
若 $\tilde{r}_{xy}(0) = -1$，表示 x、y 负相关，甚至刚好相反。

3. 其他滤波处理

滤波：原始信号经过某个装置后变为一个新信号的过程。

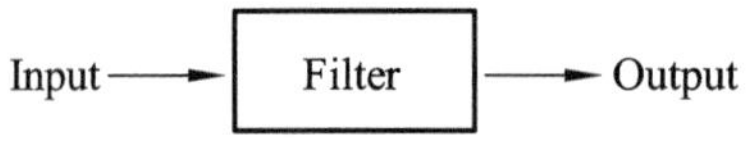

Input
Filter
Output

图 20-40 滤波示意图

数字滤波针对单道，根据频率差异而设计的频率滤波（或一维滤波）；针对多道，根据频率和视速度差异协同设计的视速度滤波（或二维视速度滤波）。

一维频率理想滤波器有高通滤波器、低通滤波器、带通滤波器等形式。

存在下述情况时，需要进行二维视速度滤波：

（1）某些信号之间（如一次波和多次波）频率差异不大，但有视速度差异。此时，靠频率滤波无法区分它们，而通过频率-波数域内的二维滤波就可达到目的。

（2）在一张二维记录 $g(t,x)$中，波数的表达式为：$k_x=f/V^*$。即波数既与频率 f 有关，又与视速度 V^*有关。因此，针对（f,k_x）进行的二维滤波可对记录的频率和波数进行同时滤波。

二维滤波原理如图 20-41 所示。

f
f=V2kx
f=V1kx
f 2
f 1
V1<V2
kx

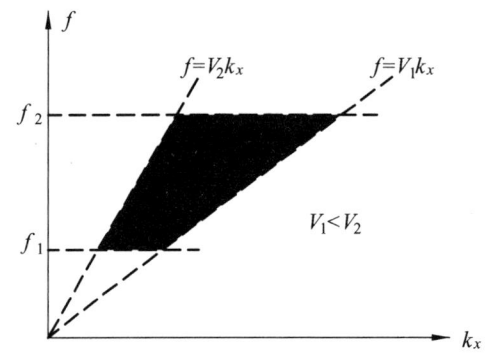

图 20-41 二维频率-波数域滤波示意图（单象限带通）

首先进行二维傅氏变换：

$$G(\omega,k_x)=\frac{1}{2\pi}\int_{-\infty}^{\infty}\int_{-\infty}^{\infty}g(t,x)\mathrm{e}^{-i(\omega t-k_x x)}\mathrm{d}t\mathrm{d}x \tag{20-23}$$

$$g(t,x)=\frac{1}{2\pi}\int_{-\infty}^{\infty}\int_{-\infty}^{\infty}G(\omega,k_x)\mathrm{e}^{i(\omega t-k_x x)}\mathrm{d}\omega\mathrm{d}k_x \tag{20-24}$$

二维滤波器 $h(t,x)$对应的频率-波数特性用 $H(\omega,k_x)$表示。如图所示，若令黑色区域为 1，而其他区域为 0，则表示频率介于 f_1 到 f_2 之间，且速度介于 V_1 到 V_2 之间的信号被通过，而其他信号将被压制。

滤波实现如图 20-42 所示。

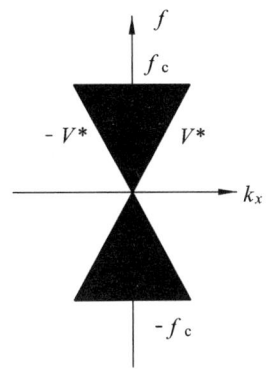

图 20-42 二维频率-波数域滤波示意图（多象限低通型）

时空域

$$h(t,x) = \frac{1}{2\pi} \int\int_{-\infty}^{\infty} H(\omega,k_x) e^{i(\omega t - k_x x)} d\omega dk_x \qquad (20\text{-}25)$$

$$y(t,x) = \int\int_{-\infty}^{\infty} g(\tau,\xi) h(t-\tau, x-\xi) d\tau d\xi \qquad (20\text{-}26)$$

频率波数域

$$Y(\omega,k_x) = G(\omega,k_x) \cdot H(\omega,k_x) \qquad (20\text{-}27)$$

$$y(t,x) = \frac{1}{2\pi} \int\int_{-\infty}^{\infty} Y(\omega,k_x) e^{i(\omega t - k_x x)} d\omega dk_x \qquad (20\text{-}28)$$

20.6.3　旅行时转换与地震道互相关

在图 20-43（a）（舒斯特，2009）所示的模型中，A 为要探测的目标岩体，其上部是具有一定厚度的非均匀介质，检波器沿地表排列，得到自激自收记录，从记录中可以看出由于上覆介质的存在，所得到的记录不能准确地显示有关目标岩体结构的信息。因为介质的不均匀性导致地震波的横向速度发生变化，使反射波同相轴发生弯曲。在地震剖面上，地震波在上覆介质中沿垂直方向的传播时间等于从岩体顶部反射回地表的时间，这里我们用 τ_{AyA} 表示，τ_{AyA} 指在地表上的 A 点到岩体表面上 y 点间地震波的往返传播时间。由于上覆介质的性质不同，每一道 τ_{AyA} 时间是不同的。因此对每一道记录对其相应的 τ_{AyA} 时间进行迁移，就可以得到正确的目标岩体的结构。如图 20-43（b）所示。经时间迁移后得到的记录与当震源和检波器在目标岩体表面时得到的数据相似。

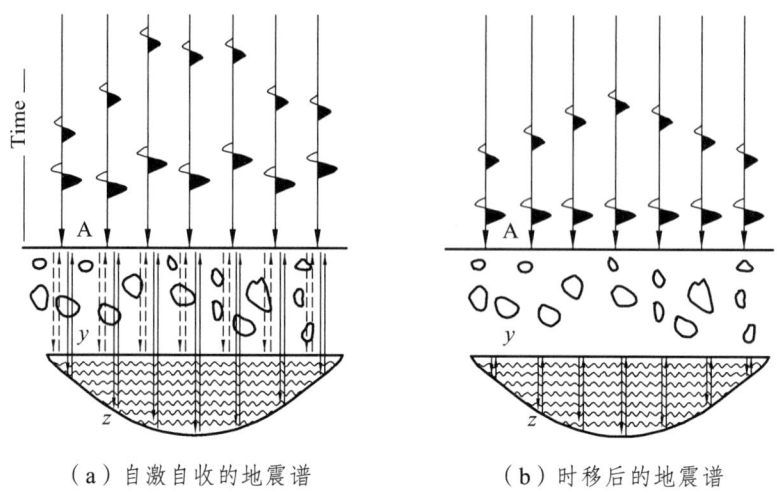

（a）自激自收的地震谱　　　　　　（b）时移后的地震谱

图 20-43　舒斯特模型

为了说明时移的数学原理，我们从图 20-43 中抽取一道数据如图 20-44 所示，中间的响应表示的是地震波从地面 A 点到岩体上表面上 y 点的往返传播时间，记为 τ_{AyA}。上部的响应是地震波从地面 A 点到岩体下表面 z 点的往返传播时间，记为 τ_{AzA}。将单道地震记录对时间 τ_{AyA} 进行时间迁移，得到如图 20-43（b）所示的记录。

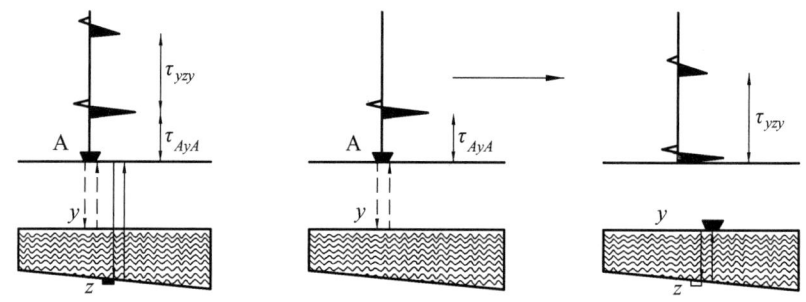

图 20-44　单炮时移变换过程（Schuster 2009）

为了得出时间迁移与互相关运算之间的关系，我们假设该震源是用 Dirac delta 表述的脉冲震源。因此，图 20-44 中的零偏移距响应可以表示为

$$d(A,t\,|\,A,0) = \delta(t-\tau_{AyA}) + \delta(t-\tau_{AzA}) \tag{20-29}$$

这里，我们假设反射系数是相同的，而且直达波已被去除；在 $d(A,t\,|\,A,0)$ 中，竖线右侧的 A 代表的是震源的位置，其左侧的 A 表示的是接收点的位置。

震源激发的起始时间为零，t 为接收时间。一般情况下，由在 A 点脉冲震源以初始时间 t_s 激发，在位于 B 点的检波器接收的准确波场可用格林函数 $g(A,t|B,t_s)$ 来表示。

对 $d(A,t|A,0)$ 做傅里叶变换得

$$D(A|A) = \frac{1}{2\pi}[e^{i\omega\tau_{AyA}} + e^{i\omega\tau_{AzA}}] \quad (20\text{-}30)$$

这里，$D(A|A)$ 是 $d(A,t|A,0)$ 的傅里叶谱。对地震谱做 τ_{AzA} 的时间迁移所得的结果等价于将傅里叶谱 $D(A|A)$ 乘以 $e^{-i\omega\tau_{AyA}}$，得到的时移后的傅里叶谱为

$$D(A|A)' = D(A|A)e^{-i\omega\tau_{AyA}} = [1+e^{i\omega(\tau_{AzA}-\tau_{AyA})}]/(2\pi) \quad (20\text{-}31)$$

对上述方程两端进行平方后得

$$\begin{aligned}4\pi^2|D(A|A)|^2 = 4\pi^2 D(A|A)'D(A|A)'^* &= |1+e^{i\omega(\tau_{AzA}-\tau_{AyA})}|^2 \\ &= 2+2\cos[\omega(\tau_{AzA}-\tau_{AyA})] \\ &= 2+2\cos(\omega\tau_{yzy})\end{aligned} \quad (20\text{-}32)$$

式中，$\tau_{AyA}=2|z-y|/v$ 是地震波在岩体中竖直传播的往返时间，v 是 p 波在岩体中的传播速度，*代表共轭，$z-y$ 为岩体厚度，从该式可以看出；式（20-32）中的 $|D(A|A)|^2$ 大小只取决于地震波在岩体中的传播时间。相当于将炮点在岩体表面激发，检波器在岩体表面接收时得地震谱。

互相关函数是两组数据之间相似性的量度，一组数据以不同的量相对于另一组数据放置，两组中的对应值相乘并对其求积就得到了互相关值，其表达式为

$$h(t) = f(t) \otimes g(t) = f(-t)*g(t) = \int_{-\infty}^{\infty} f(\tau)g(t+\tau)d\tau \quad (20\text{-}33)$$

式中 $\otimes$ 是互相关运算算子，*为褶积算子。互相关运算的一个重要性质是可以缩短传播时间或传播路径，如图 20-45 所示；从图中这个例子可以看出，在经过互相关运算后，震源位置已经被重新转换至原来震源右侧检波器的位置。

对（20-33）式进行傅里叶变换可得

$$H(\omega) = 2\pi F(\omega)^* G(\omega) \quad (20\text{-}34)$$

对振幅谱 $d(A,t|A,0)$ 进行自相关运算，并对其进行傅里叶变换，可得

$$\frac{1}{2\pi}F(d(A,t\mid A,0))\otimes d(A,t\mid A,0)) = D(A\mid A)D(A\mid A)^*$$
$$= |e^{i\omega\tau_{AyA}} + e^{i\omega\tau_{AzA}}|^2 \quad (20\text{-}35)$$
$$= 2 + 2\cos(\omega\tau)$$

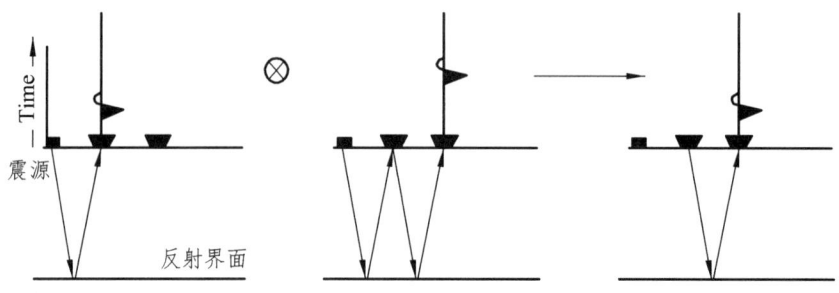

图 20-45　基于互相关方法合成一次反射波的示意图

上式中所得结果与方程（20-32）中的结果相同。因此，道集记录的自相关运算与地震剖面的时间迁移是等价的，相当于去除了上覆介质的影响，通过基准面的重置将炮点和检波点移动到目标体的上表面。

通常情况下爆炸震源是埋藏在深度 Z_A 处来尽可能地解释地下介质情况，而不是与检波器同一水平面，因此图 20-43（a）地震图中的反射波将会比正常情况更早到达检波器，但这并不会改变转换后的地震图 20-43（b），这是因为利用互相关移除覆盖层的双程走时，这一影响被消除了，只需要震源深度小于地质体埋深即可。因此，在震源埋深 Z_A 情况下，重建基准面后的地震记录加和后可以得到这样的结果：

$$\Phi(B\mid A) = \sum_{Z_A} D(B\mid A)D(B\mid A)^* \quad (20\text{-}36)$$

式中，$A=(x_A,y_A,z_A)$ 表示震源位置，$B=(x_A,y_A,0)$ 表示位于震源正上方的检波器位置。对得到的互相关函数进行傅里叶变换得

$$\phi(B,t\mid A) = N[2\pi\delta(t+\tau_{yzy}) + 4\pi\delta(t) + 2\pi\delta(t-\tau_{yzy})] \quad (20\text{-}37)$$

该式中的因果部分表达式 $4\pi\delta(t)+2\pi\delta(t-\tau_{yzy})$ 表示震源上方检波器接收到的数据记录，这些数据可以通过偏移技术进行地震成像。

20.6.4　反褶积处理

反褶积处理的目的是在压缩子波长度的同时，压制噪声和多次波，提高成像剖面的分辨率。在普通波形记录上，一个界面的反射波往往延续时间较

长，由于前方地层反射界面间距离一般为几米至几十米，它们的到达时间差和子波延续时间重叠、彼此干涉，难以区分。为了提高反射波的分辨能力，HSP 技术将每个界面的反射波表现为一个窄脉冲，每个脉冲的强弱与界面的反射系数的大小成正比，而脉冲的极性反映界面反射系数的符号，这样就将延续时间较长的子波压缩成为一个反映反射系数的窄脉冲，这就是反褶积的目的。

把延续几十至 100 ms 的地震子波压缩成原来的震源脉冲形式，地震记录变为反映反射系数序列的窄脉冲组合，这就是反滤波所要完成的工作。反褶积的目的就是把地震子波压缩成尖脉冲，使实际的地震记录变成反射系数序列。

假设地震记录为

$$x(t) = S(t) + n(t) = \sum_{\tau=0}^{\infty} b(\tau)\xi(t-\tau) + n(t) \quad (20\text{-}38)$$

其中 $S(t)$ 为有效信号，$n(t)$ 为干扰波。

首先假设不存在干扰波 $n(t)$，即

$$x(t) = S(t) = b(t) * \xi(t) \quad (20\text{-}39)$$

对两边求傅氏变换，则得到频率域的地震记录表示式：

$$X(\omega) = B(\omega) \cdot \xi(\omega) \quad (20\text{-}40)$$

式中，$X(\omega)$、$B(\omega)$ 和 $\xi(\omega)$ 分别为地震频谱、子波频谱和反射系数的频谱。显然：

$$\xi(\omega) = \frac{1}{B(\omega)} \cdot X(\omega) \quad (20\text{-}41)$$

如果令

$$A(\omega) = \frac{1}{B(\omega)} \quad (20\text{-}42)$$

则有

$$\xi(\omega) = A(\omega) \cdot X(\omega) \quad (20\text{-}43)$$

再对

$$\vec{\psi} = \psi_x \vec{i} + \psi_y \vec{j} + \psi_z \vec{k}$$

做反傅氏变换至时间域，就可得到

$$\xi(t) = a(t) * x(t) = a(t) * b(t) * \xi(t) \quad (20\text{-}44)$$

式中，$a(t)$ 为 $A(\omega)$ 的时间函数。

由于：

$$a(t)*b(t) = \delta(t) \tag{20-45}$$

因为 $b(t)$ 为地震子波，而 $a(t)$ 和为 $b(t)$ 之间又存在着频谱互为倒数的关系，即 $A(\omega)=1/B(\omega)$。

由此可知，如已知地震子波，利用数学方法求出 $a(t)$，再利用（20-44）式让反子波 $a(t)$ 与地震记录 $x(t)$ 做褶积，就可以求出反射系数序列 $\xi(t)$，即

$$\xi(t) = \sum_{\tau} a(\tau)x(t-\tau) \tag{20-46}$$

经过这样的处理，就可以达到把地震子波压缩成尖脉冲，从而达到提高地震记录纵向分辨能力的目的。脉冲反褶积的基本思想在于设计一个滤波算子，用它把已知的输入信号转换为与给定的期望输出信号在最小平方误差的意义下是最佳接近的输出。若将地震子波作为反滤波的输入，期望输出则为 δ 尖脉冲。

若设计另一滤波器输入信号 $g(t)$ 是某滤波器的输出，而期望输出 $\delta(t)$ 是该滤波器的输入，则按此思想求得的滤波因子 $a(t)$ 即称为脉冲反滤波因子，用它进行的滤波就是脉冲反滤波，即脉冲反褶积。先假设期望输出为窄脉冲 $d(t)$，在子波已知的情况下，设待求的反滤波因子 $a(t)$ 起始时刻为 $-m$，延续长度为 $(m+1)$。即

$$a(t) = [a(-m_0), a(-m_0+1), a(-m_0+2), \cdots, a(-m_0+m)] \tag{20-47}$$

当已知输入—地震子波 $b(t)=[b(0),b(1),\cdots,b(n)]$ 时，实际输出为

$$c(t) = a(t)*b(t) = \sum_{\tau=-m_0}^{-m_0+m} a(\tau)b(t-\tau) \tag{20-48}$$

实际输出与期望输出的误差平方和为

$$Q = \sum_{t=-m_0}^{-m_0+m+n} [\sum_{\tau=-m_0}^{-m_0+m} a(\tau)b(t-\tau) - d(t)]^2 \tag{20-49}$$

要使 Q 为最小，数学上就是求 Q 的极值问题，即求满足

$$\frac{\partial Q}{\partial a(l)} = 0 \quad (l = -m_0, -m_0+1, \cdots, -m_0+m) \tag{20-50}$$

的滤波因子 $a(t)$。

$$\sum_{t=-m_0}^{-m_0+m+n} b(t-\tau)b(t-l) = r_{bb}(l-\tau) \tag{20-51}$$

公式（20-51）为地震子波的自相关函数。

$$\sum_{t=-m_0}^{-m_0+m+n} d(t)b(t-l) = r_{bd}(l) \qquad (20\text{-}52)$$

为地震子波与期望输出的互相关函数，故

$$\begin{cases} u = \dfrac{\partial \varphi}{\partial x} - \dfrac{\partial \psi}{\partial z} \\ v = \dfrac{\partial \psi_x}{\partial z} - \dfrac{\partial \psi_z}{\partial x} \\ w = \dfrac{\partial \varphi}{\partial z} + \dfrac{\partial \psi}{\partial x} \end{cases}$$

可写为

$$\begin{bmatrix} r_{bb}(0) & r_{bb}(1) & \cdots & r_{bb}(m) \\ r_{bb}(1) & r_{bb}(0) & \cdots & r_{bb}(m-1) \\ \vdots & \vdots & & \vdots \\ r_{bb}(m) & r_{bb}(m-1) & \cdots & r_{bb}(0) \end{bmatrix} \begin{bmatrix} a(-m_0) \\ a(-m_0+1) \\ \vdots \\ a(-m_0+m) \end{bmatrix} = \begin{bmatrix} r_{bd}(-m_0) \\ r_{bd}(-m_0) \\ \vdots \\ r_{bd}(-m_0+m) \end{bmatrix} \qquad (20\text{-}53)$$

此方程系数矩阵即为拖布利兹矩阵。

若期望输出是 δ 脉冲，则互相关系为

$$r_{bd}(l) = \sum_{t=-m_0}^{-m_0+m+n} \delta(t)b(t-l) = b(-l) \qquad (20\text{-}54)$$

基本方程（公式 20-54）变为

$$\begin{bmatrix} r_{bb}(0) & r_{bb}(1) & \cdots & r_{bb}(m) \\ r_{bb}(1) & r_{bb}(0) & \cdots & r_{bb}(m-1) \\ \vdots & \vdots & & \vdots \\ r_{bb}(m) & r_{bb}(m-1) & \cdots & r_{bb}(0) \end{bmatrix} \begin{bmatrix} a(-m_0) \\ a(-m_0+1) \\ \vdots \\ a(-m_0+m) \end{bmatrix} = \begin{bmatrix} b(m_0) \\ b(m_0-1) \\ \vdots \\ b(m_0-m) \end{bmatrix} \qquad (20\text{-}55)$$

一般情况下，地震子波为未知的，为在未知子波的情况下求出反滤波因子，必须对地震子波及反射系数序列加上一定的假设条件，它们包括：

A. 假设反射系数序列 $R(t)$ 是随机的白噪序列，即其自相关为

$$r_{RR}(\tau) = \delta(\tau) = \begin{cases} 1, \tau = 0 \\ 0, \text{其他} \end{cases} \qquad (20\text{-}56)$$

B. 假设地震子波是最小相位的。

根据假设 A，地震子波的自相关 $r_{bb}(\tau)$ 可以用地震记录 $x(t)$ 的自相关 $r_{xx}(\tau)$ 代替。根据假设 B，可知地震子波的 Z 变换 $B(z)$ 的零点全部在单位圆外，亦

即反滤波因子 $a(t)$ 的 Z 变换 $A(z)=1/B(z)$ 的分母多项式的零点全在单位圆外，故 $a(t)$ 是稳定的、物理可实现的。因此，$m_0=0$，自由项变为 $[b(0), b(-1), \cdots, b(-m)]^T$。又因 $b(t)$ 必为物理可实现的，故 $b(-1)=0$，$b(-2)=0$，$\cdots$，$b(-m)=0$。令 $a'(t)=a(t)/b(0)$，则基本方程变为

$$\begin{bmatrix} r_{xx}(0) & r_{xx}(1) & \cdots & r_{xx}(m) \\ r_{xx}(1) & r_{xx}(0) & \cdots & r_{xx}(m-1) \\ \vdots & \vdots & & \vdots \\ r_{xx}(m) & r_{xx}(m-1) & \cdots & r_{xx}(0) \end{bmatrix} \begin{bmatrix} a'(0) \\ a'(1) \\ \vdots \\ a'(m) \end{bmatrix} = \begin{bmatrix} 1 \\ 0 \\ \vdots \\ 0 \end{bmatrix} \quad (20-57)$$

这就是脉冲反褶积的基本方程，其系数矩阵中各元素可直接由地震记录求得。求出的反滤波因子 $a'(t)$ 仅与 $a(t)$ 相差常数倍，不影响压缩子波、提高分辨率的反滤波作用。当求取了反褶积因子 $a(t)$ 后，令其与地震记录 $x(t)$ 进行褶积运算，即 $S(t)=a'(t)*x(t)$，则 $S(t)$ 即为经过脉冲反褶积之后输出地新的地震记录。

例如：已知子波 $w(t)$，则反子波 $w'(t)=1/w(t)$，将反子波与波形记录 $x(t)$ 褶积，即可求出反射系数。图 20-46 为原始波形记录和经过反褶积处理后的效果。

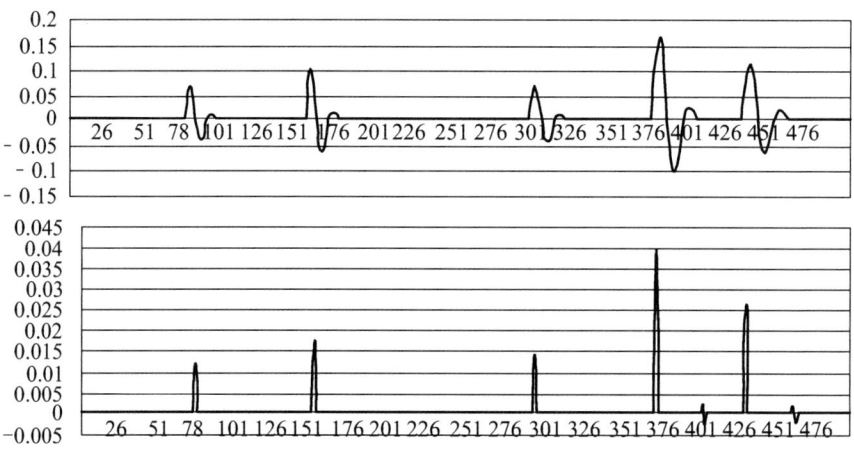

图 20-46 子波记录及反褶积效果

20.6.5 干涉成像

地震干涉成像的方法主要是互相关处理，通过互相关处理，可以得到一个检波器作为震源，另一台站接收时的格林函数。在互相关处理基础上，Sineder 等又发展了反褶积干涉处理技术，三维的格林函数在接收点之间的关系是互相关的负时间导数：

$$-\frac{\mathrm{d}}{\mathrm{d}t}[C_{ij}^{\mathrm{disp}}(r_1,r_2,t)] \approx G_{ij}^{\mathrm{disp}}(r_1,r_2,t) - G_{ij}^{\mathrm{disp}}(r_1,r_2,-t) \quad (20\text{-}58)$$

这里的 G_{ij}^{disp} 是单位力在 i 方向 r_1 接收点对 j 方向 r_2 点的位移响应。[ ]表示一段很长时间的平均，在处理中通常需要特别长时间的记录。在较窄的频带时，对时间的导数，就近似为它们的互相关函数：

$$C_{ij}(t) = G_{ij}(t) \quad (t>0) \quad (20\text{-}59)$$

利用互相关处理，对地下构造成像，结果稳定，信噪比高，获得了很好的效果。

近年来，在瑞利波和勒夫波成像基础上，又开发了利用小间距台站间数据处理技术得到体波反射特征的体波高分辨率成像。

反褶积干涉，依据格林函数的互易理论，利用任意两个接收点的地面地震资料进行反褶积处理，得到任意两个接收点间的格林函数。

对于同一域内的两个点接收点 a、b，在频率域内 a 点的褶积为

$$u(r_a,s,\omega) = W(s,\omega)G(r_a,s,\omega) \quad (20\text{-}60)$$

其中：G 为格林函数，W 为频率域源函数。b 点的褶积为

$$u(r_b,s,\omega) = W(s,\omega)G(r_b,s,\omega) \quad (20\text{-}61)$$

两点地震信息做互相关处理，那么它们的频率域为

$$C_{ab} = |W(s)|^2 G(r_a,s)G^*(r_b,s) \quad (20\text{-}62)$$

其中 $|W(s)|^2$ 为震源影响因子，是非常复杂的频率函数，随震源 s 的变化而变化，*表示是复数的共轭。从方程得到，互相关 C_{ab} 受到 $W(s)$ 能量谱的影响。对接收点 a，b 点的记录信息 $u(r_a,s)$ 和 $u(r_b,s)$ 反褶积处理的频率域为

$$D_{ab} = \frac{u(r_a,s)}{u(r_b,s)} = \frac{u(r_a,s)u^*(r_b,s)}{|u(r_b,s)|^2} = \frac{G(r_a,s)G^*(r_b,s)}{|G(r_b,s)|^2} \quad (20\text{-}63)$$

通过反褶积处理，去掉了震源函数特征对处理结果的影响。在不知震源特征的条件下，可以对信号进行波场分离和速度成像。对于弹性介质中的反褶积干涉方法，就像在声波介质中一样，可以定义为

$$D_{AB}^{(p,q)} = D_{AB,k}^{(p,q)} = \frac{u_{(p,k)}^{(v,\varphi)}(r_A,s,\omega)}{u_{(q,k)}^{(v,\varphi)}(r_B,s,\omega)} = \frac{G_{(p,k)}^{(v,\varphi)}(r_A,s,\omega)}{G_{(q,k)}^{(v,\varphi)}(r_B,s,\omega)} \quad (20\text{-}64)$$

$U_{(p,k)}^{(v,\varphi)} = W_k G_{(p,k)}^{(v,\varphi)}$ 是测量的响应在频率域，下标 p 和 q 表示一个特定的

记录粒子速度的一个分量（上标 v 表示场的离子速度大小）。

20.7 软硬件研发

20.7.1 数据采集主机研发

地震仪是将埋置于介质表面的检波器所接收到的地震波信号进行放大，显示并记录下来的专门仪器，一般皆具有滤波、放大、模数转换以及数字记录和微机处理等功能。其功能原理见图 20-47。

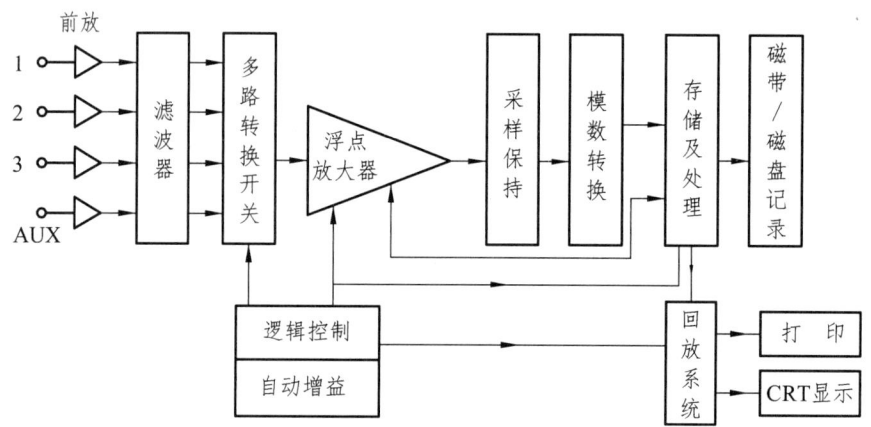

图 20-47　地震信息多波记录仪电路原理图

从实际勘探考虑，目前对地震仪的要求主要有下述几点：
（1）可选择、可扩展的仪器道数和激发方式。
（2）较宽的通频带以及灵活多样的滤波方式。
（3）采用瞬时浮点增益放大器的主放，前置放大倍数可选。
（4）较大的动态范围，A/D 转换器最好在 12 位以上，并具有信号增强功能。
（5）范围较广的采样率，即从 s 级→ms 级。
（6）灵活多样的存储、记录和显示方式。
（7）带微机或微处理器及实时处理系统。
（8）具有一机多用的性能。

对于浅层多波地震勘探仪来说，数据采集模块是仪器系统的核心，其性能直接影响采集数据的质量，以及岩体地质情况分析的精度。

采集模块在不断地升级换代。A/D 变换精度从最初的 8 bit 到准 16 bit（12 bit A/D+4 bit AGC），再到 1996 年开始实现了 16 bit A/D，A/D 变换精度在不断提高。主机的最小采样间隔、记录长度和通道也提高迅速。

地震信息多波记录仪，采用 24 位 A/D 转换技术，保证了数据采集的高保真、高精度要求，主机通道间采用独创的光电隔离技术，使通道间可耐 2 000 V 以上瞬时高压，解决了数据干扰问题，为电火花震源的使用清除了电磁干扰的技术瓶颈。利用硬件功能软件化和数字集成技术，将硬件功能利用软件技术来实现，在国内外率先实现集仪器、采集及数据处理平台于一体的一体机，实现小型化、低耗能、便携式、功能集成和高分辨的特点。仪器参数见表 20-9，图 20-48 为仪器照片（24 道）。

表 20-9　地震信息多波记录仪参数表

仪器	地震信息多波记录仪
通道数	8/16/24/32
仪器设计	一体机
A/D 转换位数	24 bit
采样间隔	7.6 μs～500 ms（多挡可调）
支持无线传输	支持（6 道）
数据采集长度	1024/2048/4096/8192/16384（点）
通频模式	全通/低通/高通/带通（选择）
触发模式	通道触发

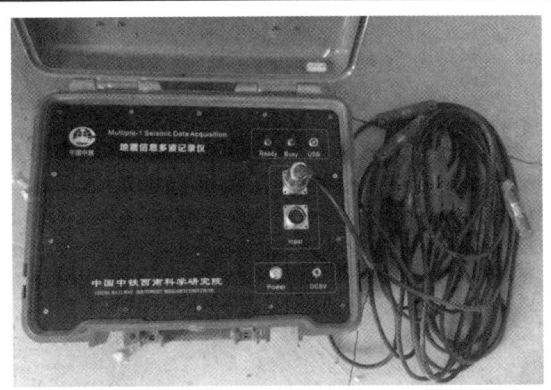

图 20-48　地震信息多波记录仪

20.7.2　采集软件设计

采集软件采用模块式进行调用相应的采集参数，如地震面波信息采集、反射波信息采集，根据有用信号的频率要求，选择合适的采样率和采样长度。

采集软件包含系统设置、采集参数设置、曲线编辑、曲线处理、数据保存等模块区。方便于触摸屏设置。

图 20-49~20-55 分别为采集软件主界面、采集参数编辑界面、曲线编辑界面、曲线处理界面、环境噪声调查界面、滤波设置界面和系统参数设置界面。

采集软件主界面左侧为波形显示区（主区），每次实测的震动信号排列于显示区内，横标为采集通道数，按空间顺序排列，纵向为时间轴。

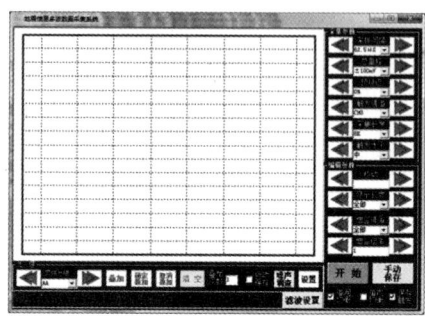

图 20-49 采集软件主界面

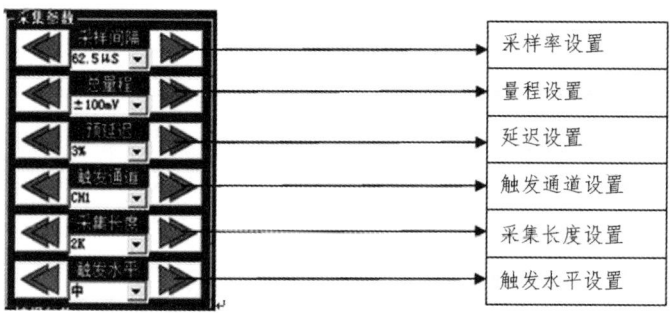

图 20-50 采集参数编辑界面

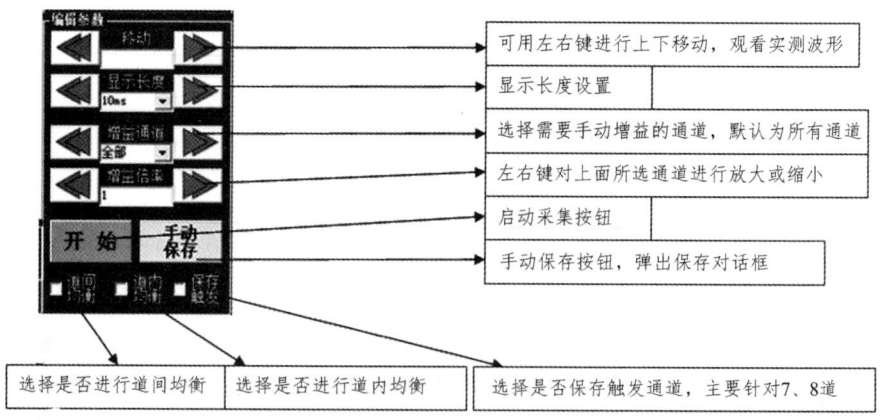

图 20-51 曲线编辑主界面

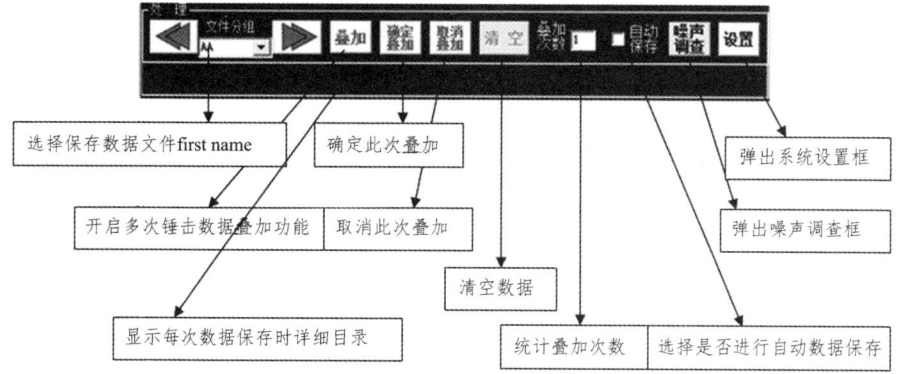

图 20-52　曲线处理主界面

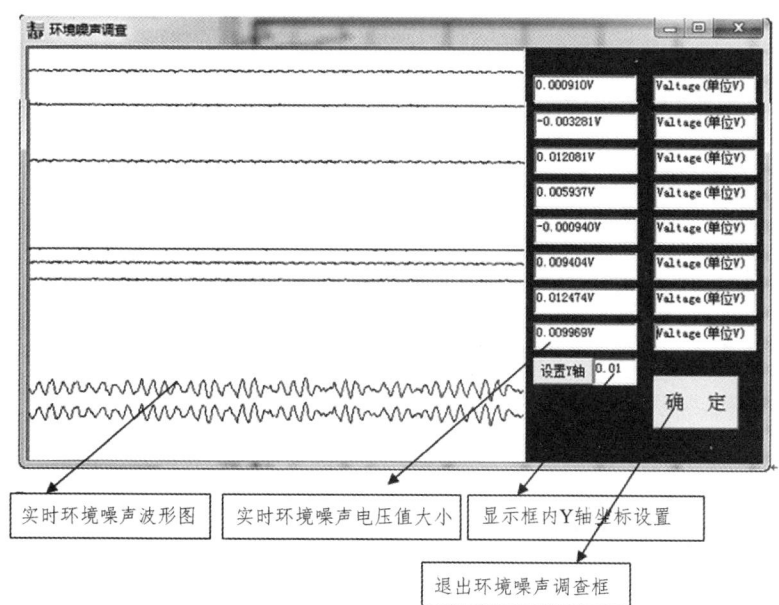

图 20-53　环境噪声调查主界面

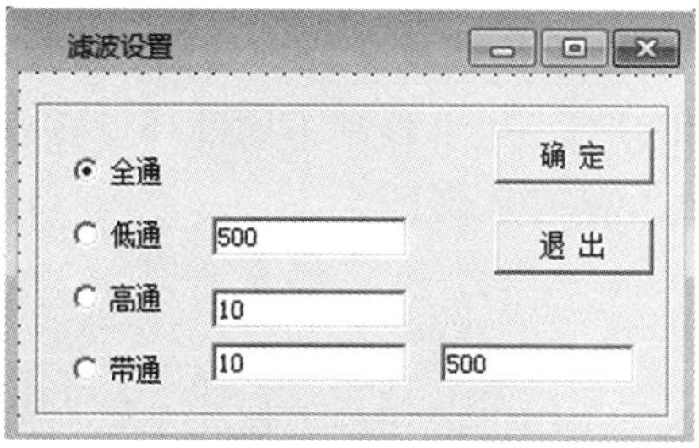

图 20-54　滤波设置界面

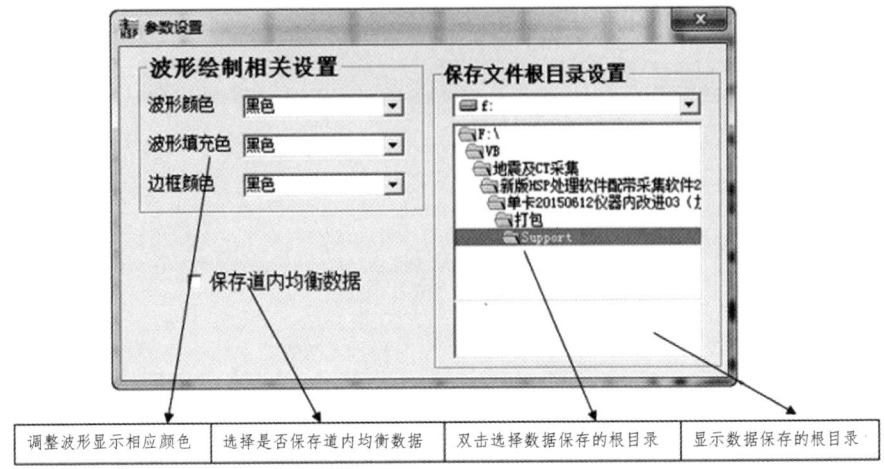

图 20-55　系统参数设置

在采集参数编辑界面，可以根据探测要求及分辨率，设置采样间隔、总量程、预延迟、触发通道、采集长度、触发水平。如做瞬态面波探测时，采样间隔通常设置为 125~500 μs，采集长度 4 k；做地震映像探测时，采样率间隔通常设为 7.8~125 μs，采集长度视探测深度定。

在曲线编辑界面，可对采集的震动信号进行编辑；通过设置相应的参数，对波形曲线进行移动、显示波形的长度设置、波形增益调整等。这样，就可以在现场采集过程中，了解实际采集的震动信号，进而提高采集数据质量，提高探测效率。

在曲线处理界面，可以发出曲线处理指令，或对采集的震动信号进行多道叠加、道间均衡、道内均衡等。

在噪声调查界面，通过发出噪声调查指令，了解背景震动信号强弱，选择噪声最小的时间段进行测试，提高信噪比；记录背景信号特点，分析其主频范围，指导数据处理，如滤波频段选取等。

在滤波设置界面，发出滤波模式和通频范围指令，进行数字信号滤波。

在系统设置界面，通过发出数据保存目录设置及波形绘制相关设置指令，实现数据保存、整理和归档，也可根据不同的环境特点和个人爱好设置波形显示参数，更为有利地突显有效信息。

20.7.3　检波器

多源地震干涉法地质预报探测用检波器为中铁西南科学研究院自主研发的弯扭式压电检波器。

第21章 瞬态面波地层缺陷探测技术

21.1 瞬态面波探测技术及仪器设备发展

21.1.1 瞬态面波探测技术的发展

瞬态面波法是一种较高精度的地震勘探方法。

面波按其类型主要有瑞雷面波和勒夫面波两大类。前者是由英国的瑞利定义，后者由勒夫从数学上证明。

瑞利在1887年首先在理论上证明了瑞雷波在弹性半空间介质和无限介质之间的差别。

随着20世纪50年代瑞雷波频散特性的发现，开始了利用天然地震记录进行地球内部结构的瑞雷波探测研究。

美国得克萨斯大学首先提出了用于工程勘探的瞬态瑞雷面波勘探方法。

F.K.奇纳格和F.巴拉尔在第42届SGE年会上报告了他们的瞬态瑞雷面波勘探试验成果，但在当时并未引起人们的关注。

1982年，日本VIC株式会社为解决工程地质勘查问题，研制了稳态GR-810型佐藤全自动勘察机，但由于设备笨重且价格昂贵未能得到进一步推广。

1983年，斯库奥和阿扎利纳进行了冲击震源条件下的瞬态瑞雷面波法勘探试验，通过两个检波器之间波的互谱相位信息，求出了道路断面的瑞雷波速度分布，开始了瞬态瑞雷面波勘探的工程应用。

1986年，纳扎里纳等人采用表面波谱分析方法（SASW），对高速公路路面及路基进行了探测，为瞬态瑞雷波法在工程中的广泛应用奠定了基础。

1999年，夏江海等人提出了瑞雷波反演估算近地表剪切波速的新方法，对瞬态瑞雷波法进行了有效改进。

瞬态瑞雷波法主要包括正演、瑞雷波曲线求取、反演三个方面。

1953年，哈斯克尔在汤姆森的研究基础上，提出了著名的汤姆森-哈斯克尔正演模拟方法；1964—1970年，诺波夫和施瓦布两人在汤姆森-哈斯克尔方法的基础上，创新性地提出了施瓦布-诺波夫模拟方法；1963年，埃斯特尔和莱基介绍了δ矩阵法并进行了应用检验；1974—1979年，肯尼特提出了RT矩阵法并对其进行推广，防止了数值不稳定现象的发生，但计算量较大；1979

年，阿博·泽娜通过往复计算，得到了面波频散方程，解决了高频数值频散现象；1974 年，莱福德等人验证了有限差分方法在声波方程模拟中的合理性；1984 年，施瓦布在诺波夫（1972）快速计算法的基础上，提出了归一化和对某一层进行细分的方法，避免了高频有效数字的损失，使频率上限提高到 800 Hz；弗雷托（1988，1990）曾将解法推广到剪切模量随深度指数增加地基的瑞雷面波计算，但适用性不强；2006 年，博伦提出了各向异性交错网格法瑞雷波的精确模拟。

1971 年，施瓦布研究了面波的衰减特性，并应用到勒夫波的衰减计算中（非弹性层状介质条件下）；1978 年，蒂尔斯滕和斯奈德得到了不同精度条件下的相速度的频散及面波的衰减规律；1979 年，门克导出了新的瑞利波频散方程，有效地避免高频数值不稳定性问题，加快了计算速度，有效解决了存在低速夹层的层状介质的高频频散分析问题；80 年代初，日本株式会在工程勘探中应用全自动地下勘探系统，为以后的频散曲线研究打下基础；1986 年，纳利安进一步推广了瞬态面波勘探法，并使其得到了广泛的应用；1991 年，理查兹在没有弄清面波在倾斜层状介质传播规律的情况下，提出了弹性波的射线理论，对面波的传播规律起了引导作用；1997 年，阿罗拉利用汤姆森-哈斯克尔理论，推出了简单明确的传递函数；1999 年，布晨和本哈多导出了倾斜层状介质中的拉夫波和瑞雷面波频散方程，并对多层介质模型下的面波的频率、波数、幅度及相位的振动进行了计算；2010 年，索科等研究了近地表的速度模拟，并给出了准确的频散曲线关系。

我国瑞雷面波法工程勘探的研究始于 20 世纪 80 年代中期。

1987 年，铁道部第四设计院从日本引进 GR810 探测系统，推动了瑞雷面波工程勘察技术在中国的应用。

由于引进设备代价太高，我国一些研究机构开始自行研制仪器设备和处理软件，并开展瑞雷面波勘探的实验研究。1988 年，吴世明等人采用瞬态瑞雷波法测试土层波速，随后展开了一系列研究，并在 1996 年出版了《土介质中的波》一书，对瑞雷波勘探方面的一些问题进行了系统阐述；1989 年，杨成林等人利用 TERRALOG 浅震仪配国产可控震源以及自制的附属设备,组成了稳态瑞雷波法勘探系统，进行了第四纪地层划分、地基处理效果评价等方面的研究；1993 年，杨成林出版了《瑞雷波勘探原理》一书，就瑞雷波勘探方法原理及技术等问题进行了深入的论述；1991 年，朱裕林将 GR810 系统用于建筑地基、软土地基加固效果评价和人工洞穴、岩溶洞穴等的探测中；1993 年，刘云補等人利用自制的地震仪，在数据采集上采用展开排列多道接收，在数据处理上则通过多道面波记录和专用处理软件来绘制面波速度变化曲线，经反演拟合计算进行速度分层解释，把锤击震源的瞬态瑞雷面波探测深度由 10 m 左右提高到大约 30 m，基本能满足岩土工程勘察的需要，从而使瞬态瑞雷面波勘探技术上了一个新台阶，实现了瞬态瑞雷面波勘探实用化、商品化；1998 年，张恒山等研究了瑞雷波的勘探深度与波长的关系；1999 年，方谦光和潘瑞林等将瞬态瑞雷面波法应用于铁路路基检测；2001 年，黄真萍等针对当时瞬态瑞雷面波在实际勘探中有时误差较大和精度偏低的现状，就提高瞬态瑞雷面波采集问题进行了探讨；2003 年，陈龙珠等针对两个检波器很难保证瞬态瑞雷面波勘探精确度问题，提出了采用多道检波器进行勘测的建议；2006 年，铁三院杜彦军等人用瑞雷波法探测路基地下洞穴，给出了洞穴存在处其频散曲线出现拐折或速度降低且出现频散点减少或中断的判别依据；2008 年夏学礼等人利用锤击、落锤和砂袋三种不同的激震方式在进行了对比探测试验，提出了不同激震方式在频率-波数域提取频散曲线唯一性的深度范围，认为频散曲线的唯一性是采用瞬态瑞雷面波勘探方法能够进行正确地质解释的依据；2009 年，成都理工大学徐华全、朱介寿等人采用多道瞬态瑞雷面波法采集的实测数据，分析了三种结构类型地层的多模态瑞雷面波频散特征，并研究了相应的勘探方法。此外，崔占荣（1995 年）、崔建文（1996 年）、夏宇靖（1997 年）、张玉池（2009 年）、何伟兵（2010 年）、董先军（2011 年）等人对瞬态瑞雷面波勘探方法技术的发展和应用都进行过研究或综述。

近年来，瞬态面波在表层介质传播特性及其分布探测研究表明，在浅层复杂地质、城市地基、隧道岩体探测方面，瞬态面波探测就有很高的精度，但开发应用相对滞后。

在反演方面，主要通过频散曲线进行优化拟合的反演方法，这种思路的主要有最小二乘法、遗传算法、神经网络算法、模拟退火算法。

21.1.2　瞬态面波探测仪器设备的发展

国外市场上的面波仪器比较多，如日本佐藤 GR-810 型面波仪、英国 GDS 公司 CSWS 连续表面波系统等，但总体价格较昂贵，在国内应用较少；国内近些年来研制的瞬态面波仪，普遍存在针对性差和分析软件对于高阶模态数据分析功能、检波器性能及硬地表耦合等不足等问题。

自 1875 年第一台近代地震仪诞生到 20 世纪 70 年代，地震观测主要用模拟地震仪进行。模拟地震仪的动态范围较小、频带不够宽、分辨率不高。模拟地震仪不能直接与计算机连接的缺陷，限制了其进一步发展。

20 世纪 70 年代，计算机技术、芯片集成技术的迅速发展，成就了数字地震仪的出现。1976 年，电子反馈技术和数字化技术研究的突破，为将地层振动产生的变化转换为传感器的电流变化作为地震仪的输出并驱动地震仪记录地震信号及其数字化存储和处理奠定了基础，突破了传感器固有周期的限制，拓宽了地震仪频带，实现了大动态地震观测。

1976 年，瑞士科学家采用了力平衡负反馈和模数转换技术成功研制的第一代数字化地震计，大大拓宽了频带，提高了动态范围（120 dB），实现了信号的计算机存储、显示和处理，系统首先用于德国格拉芬堡台阵观测，地震仪运行稳定，数据质量好；STS2 数字化地震计一直是标定其他地震计的标准设备，美国 IRIS 以及全球大多数国家和地区的地震台站所用地震监测仪均为数字化地震计；1994 年，蔡亚先等研制了 JCZ1 甚宽频带数字地震仪，仪器由一个垂直分向和两个水平分向地震计、反馈和控制系统、24 位高精度数据采集器和数字记录系统组成，采用了力平衡式负反馈系统，摆的自振周期达到了 360 s，动态范围大于 140 dB。此后研制的数字化地震仪，基本上采用了同样的设计思路，但功能和性能趋于网络化、智能化、小型化和低功耗等。

地震仪的发展与地震产生的地面振动信号的频带范围、强度密切相关。地震激发几乎涵盖了所有频率的声波，低频端几乎延伸到固体潮汐；大地震激发的地表运动的动态范围，从地脉动到 200 dB 以上。目前的数字化地震仪，从频带范围、动态范围、分辨力、噪声水平等，远未达到对地震的全时空、全信息的观测。在以纳米技术为代表的材料技术、智能化为代表的信息技术以及以高端制造、高度集成为代表的加工制造技术的推动下，近年来出现了 MEMS 地震传感器，扭矩地震传感器，光电、电化学、磁悬浮地震传感器等一批新型传感器，极大地推动了地震仪的发展。

地震数据采集系统主要由传感器（又称检波器）和数字地震仪组成。检波器埋置于地面，将地震波引起的地面震动变化转换成电信号并通过电缆传入地震仪；数字地震仪将接收到的电信号放大，经过模/数转换器转换成二进制数据、组织数据、存储数据。

地震勘探仪器是地震勘探的关键设备，它与现代先进的科学技术发展息息相关。地震勘探仪器的发展是以地震勘探的发展与需求为前提条件和动力源泉，反过来又直接制约和促进着地震勘探的发展。地震勘探仪器至今已经发展几十年，经历了第一代电子管地震仪（也称为模拟光点记录地震仪）、第二代晶体管地震仪（也称为模拟磁带记录地震仪）、第三代集成电路地震仪（也称为数字磁带记录地震仪或常规数字仪）、第四代大规模集成电路地震仪（也称为遥测地震仪或早期遥测地震仪）、第五代超大规模集成电路地震仪（也称为新一代遥测地震仪）和第六代全数字遥测地震仪。目前，包括我国在内的世界地震勘探仪器的发展正处于第五代末期和第六代开始的过渡阶段。

地震勘探是当今最常用的石油勘探方法之一。其基本原理是利用人工地检波仪磁钢在地层中产生振动信号，根据设计要求在距离激发点不同的地方布置传感器（即地震检波器）接收振动信号，然后对接收到的振动信号进行处理、解释，根据信号的频率、振幅、速度等信息分析不同深度地层的属性、构造的形态等，从而初步判断是否有具备生油、储油条件，最后提供钻探的井位。常规地震检波器有磁电、涡流、压电、压阻式；新型地震检波器包括 MEMS（微电子机械系统）式的数字检波器、FBG 检波器。后者与常规的相比具有高频响应好、动态范围宽、抗电磁干扰，灵敏度高的特点，因此是未来检波器发展的主流。

21.1.3 常用设备

ES3000 为美国 EG&G Geometric 公司地震仪（图 21-1），ES3000 野外可以配置 8、12、16 或 24 道。在 WindowsXP 或 Vista 笔记本电脑上运行。整个 ES-3000 系统包含 ES-3000 操作软件（ESOS），也包含针对自触发和连续记录的可选软件，性能参数见表 21-1。

图 21-1　ES3000 地震仪

表 21-1　ES3000 地震仪技术参数

模数转换：24 位结果，使用晶体半导体 sigma-delta 转换器和 Geometrics 公司技术特有的过采样技术
动态范围：144 dB（系统），110 dB（瞬时测量），24 dB
带宽：1.75 Hz 到 8 000 Hz
失真：0.005，1.75 Hz 到 208 Hz

续表

共模抑制：>100 dB 在≤100 Hz 时，36 dB	
串音：23.5 Hz 时为-125 dB，24 dB，2 ms	
本底噪声：0.20 μV，2 ms 射频，36 dB，1.75 到 208 Hz	
最大输入信号：正负峰间值 177 mV，24 dB	
输入阻抗：20 kΩ，0.02 μF	
叠加触发精度：所选采样间隔的 1/32	
前放增益：24 或 36 dB，软件可选	
反假频滤波：在奈奎斯特频率 83%处下降 3 dB；≥奈奎斯特频率下降 90 dB 或更多	
采样间隔：0.062 5，0.125，0.25，0.5，1.0，2.0 ms	
记录长度：标准采样点数是 4 096 个；可以选择 16 384 或 65 536 个采样点	
预触发数据：完整的记录长度	
触发延迟：1 ms 采样间隔步长时是 0 到 9 999 ms	
触发：正面、负面或触点闭合，软件可调阀值	
辅助道：所有道都可用程序设置成辅助道或数据道	
线测试：对检波器的信号即时噪声监控显示输出	
数据传输：通过 CAT5 铜线标准网络数据传输	
数据格式：标准的 SEG-2	
数据存储：笔记本硬盘	
绘图仪：Windows 驱动可兼容的打印机	
端口：一个针对检波器输入的 61 针 Bendix 接头，一个针对触发的 3 孔 Bendix 接头，一个针对网络的 10-padUU 接头，一个 5 针电源接头	
电源：需要 12V 外接电池，在采集时每道需要 0.65 W 的功率	
环境：可以在-30 ℃ 到 70 ℃ 的环境中工作，防水、防压、防灰尘。通过了 MIL810E/F 震动测试和 14-point 坠落测试	
尺寸：125.4 cm×30.5 cm×17.75 cm，质量 3.6 kg	
系统软件：ESOS（ES-3000 操作软件）包括一整套的采集、滤波、显示和存储特征，另外自触发和连续记录软件模块可以选择	

  日本 OYO 公司生产的 McSEIS-SW 高精度浅层地震仪（图 21-2），为 24 通道的地震采集设备，通过与主机连接的商用笔记本电脑进行数据采集控制和波形实时监控。系统标准配置中含有高精度的面波勘探系统，性能参数见表 21-2。

图 21-2 McSEIS-SW 高精度浅层地震仪

表 21-2 McSEIS-SW 高精度浅层地震仪主要技术指标

通道数：24 道
输入阻抗：差分 20kΩ 0.02μF
增益：24 dBor 36dB
频带宽度：1.75~20 kHz
A/D 转换：24 位
采样间隔：0.062 5，0.125，0.25，0.5，1.0，2.0 ms
记录长度：16 384 样点
数据格式：SEG2
数据存储：笔记本内置硬盘
供电电源：12 V 直流外部电源
功率：大于 15 W
工作温度：-30~70 ℃
外壳：防泼溅结构
外形尺寸：254（W）mm×305（D）mm×178（H）mm
质量：3.6 kg
操作系统：WindowsXP（Home/Pro）、Windows 7
最小内存：512 MB
硬盘空间：500 MB
其他：以太网接口
配件：检波器（28Hz，4.5Hz），地震陆上电缆，重锤

SWS系列为北京市水电物探研究所研发产品,目前在国内应用效多。SWS型工程勘探与检测系统(图 21-3)是一种高性能、多功能的岩土工程勘察检测新设备。其中多道瞬态面波勘察、高密度地震映像和水域走航式高密度地震反射波勘察新技术具有自主知识产权。SWS 系统处理结果直接以彩色图显示地层层序和物性,是勘察施工快捷化、勘察成果定量化的创新技术。SWS系统于1996年3月15日通过国家科委主持的专家评审鉴定,鉴定结论为SWS系统属世界领先水平,并于1998年荣获国家重点新产品证书,性能参数见表21-3。

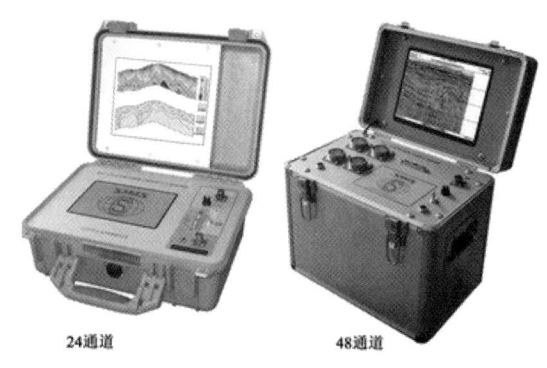

图 21-3　SWS 系列瞬态面波仪

表 21-3　SWS 系列瞬态面波仪主要技术指标

通道数:24 通道
瞬时浮点放大,A/D 位数 20+
动态范围大:120~132 dB
频带宽度 0.5~4 000 Hz
采样率:0.01~20 ms 多挡可选
数字滤波
数据传输:USB 方式
操作系统:Windows XP 系统,工控级主板

市场上瞬态面波仪种类繁多,如德国 DMT 公司 SummitⅡplus 地震仪、武汉中岩科技有限公司 RSM-SWS 面波仪、重庆地质仪器厂 DZQ6B 型工程地震仪等,仪器各有各的特点。

21.2 SF12型瞬态面波仪软、硬件研发

21.2.1 采集硬件研发

表21-4为SF12型瞬态面波仪性能参数，图21-4为仪器照片（24道）。

表21-4 SF12型瞬态面波仪性能参数

通道数	8/16/24/32
A/D转换位数	24 bit
采样间隔	7.6 μs～1 000 ms（多挡可调）
支持无线传输	支持（6道）
数据采集长度	1 024/2 048/4 096/8 192/16 384（点）
通频模式	全通/低通/高通/带通（选择）
触发模式	通道触发/短路触发

 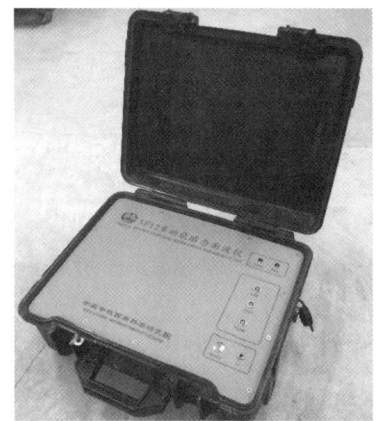

图21-4 SF12型多功能瞬态面波仪

21.2.2 采集软件及检波器

采集软件同地震信息多波记录仪。
检波器采用中铁西南科学研究院自主研发的弯扭式压电检波器。

21.3 快速探测装置研发

21.3.1 适用于城市地面面波探测检波器与地面耦合设备研制

城市地面多为硬化地面，表面粗糙度各异，甚至高低不平。

要确保面波探测数据质量，需要保证检波器与地面的完好耦合。为此，我们设计了一种适合于与城市地面耦合的触脚式连接器（图 21-5）。

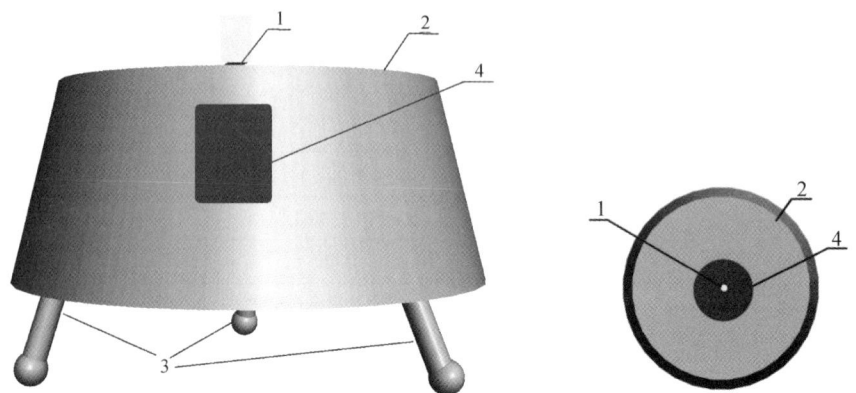

1—信号输出接口；2—基座；3—触脚；4—检波器。

图 21-5 一种适合于与城市地面耦合的触脚式耦合器

触脚式耦合器由耦合触脚、基座构成。触脚用不锈钢合金材料制成，最大限度地减小了信号的衰减，有利于弹性波信号的传输；利用基座配重及球状触脚可与不平整硬地表快速耦合。测试时，弹性波由测试表面经底部球状触脚传至基座，再由置于基座内的高灵敏度检波器接收，经位于基座顶面中心位置的信号输出接口输出。

图 21-6 和图 21-7 分别是采用触脚式耦合器进行现场测试情况和采集到的波形。结果表明，采用触脚式耦合器，确保了检波器与地面的快速完好耦合，采集到的弹性波信号低损耗、高保真。

图 21-6 采用触脚式耦合器现场试验

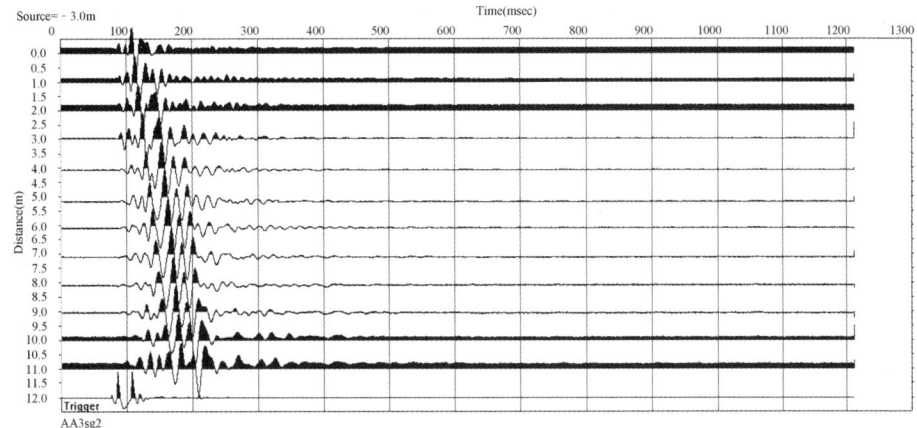

图 21-7　采用触脚式耦合器测试获取的原始波形记录

21.3.2　适用于城市地面面波探测快速检测设备研制

为改变人工判断所布置检波器是否处于同一直线上、相邻检波器间距靠尺量确定是否相等和一旦进行检波器移动需要全部重新进行定位费时费力、影响工作效率和准确率的现状，研制了一种适用于城市地面面波探测快速检测用检波器快速定位装置（图 21-8）。

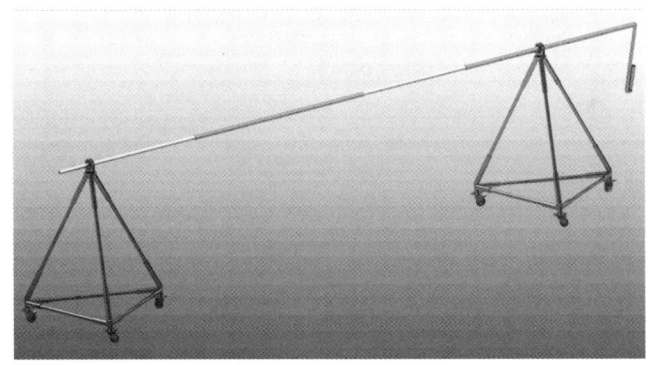

图 21-8　一种适用于城市地面面波探测快速检测用检波器快速定位装置

定位装置由两个三棱椎体支架和置于两个三棱椎体支架顶端的带标尺等间距插孔的可伸缩横杆构成。安装在三棱椎体支架底面三个角上的万向轮，构成三棱椎体支架的走行脚。

测试前，将横杆完全拉伸，用弹性插销固定，置于两个三棱椎体支架顶端安装的横杆支撑座上，按预设检波器间距将检波器接线穿过横杆上插孔，接线插头插入内置高灵敏度检波器触脚式耦合器座顶面中心位置插座，提、放接线使内置高灵敏度检波器触脚式耦合器离开、回到地面，达到检波器等间距布置并保持良好的线形。

定位装置：

（1）结构简单，设计合理。

（2）三棱椎体支架采用插拔方式连接，拆卸和复原简便，拆卸后的杆件与回缩后的横杆便于运输。

（3）横杆拉伸后由弹性插销固定。

（4）利用横杆上等间距设置的插孔，可任意调节检波器的间距，结合接线的提放，可保证了检波器间间距和检波器的线性布置，实现检波器的快速布置。

（5）支架下部设有万向轮，能够迅速移动，节约时间和劳力。

（6）支架为三棱锥体，结构稳定性好。

（7）支架及横杆均为铝合金构间，质量小、强度高，装置牢固稳定。

图 21-9 为定位装置包装箱。

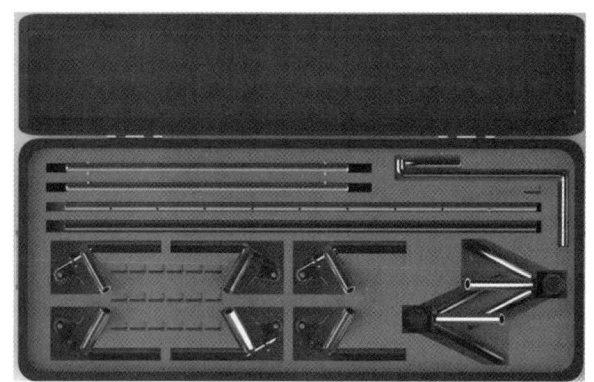

图 21-9 一种适用于城市地面面波探测快速检测用检波器快速定位装置包装箱

21.4 数据处理软件

21.4.1 预处理

将野外原始数据进行初步加工，以满足计算机及处理系统中各处理方法的要求。包括解编、编辑、抽道、真振幅恢复、零漂归位等步骤，与多源地震干涉法隧道超前地质预报数据预处理相同。

21.4.2 频谱分析

测试信号的频域分析，是把信号的幅值、相位或能量变换以频率坐标轴表示，进而分析其频率特性的一种分析方法，又称为频谱分析。对信号进行频谱分析的目的,是在看似杂乱无章的信号中,找出一定振幅、相位、频率的基本的正弦(余弦)信号中,振幅较大(能量较高)信号对应的频率,从而找出信号的主要振动频率特点。

信号谱分析是数字信号处理的重要内容,对于确定信号,其时域表示是确定的,其频谱可以通过傅里叶变换得到。但在实际中,携带信息的信号本质上都是随机的,随机信号不能用确定的时间函数表示,只能用概率分布函数、概率密度函数或统计平均特性来描述。通常把随机信号看作无限长度和无限能量的功率信号,由于不满足绝对可积,其傅里叶变换不存在,因此只能研究其功率在频域的分布,即功率谱或功率谱密度。

实际上,得到的随机信号的样本函数总是有限的,根据有限长度的信号所得的功率谱只是随机信号真实功率谱的估计,即功率谱估计。功率谱是平稳随机信号在频域上,描述各频率分量功率分布情况的基本特征量,由于功率谱与相关函数之间是一对傅里叶变换,经典功率谱估计都依据 DFT,而采用 FFT 算法,故称之为非参数方法。

频谱分析的目的,是把复杂的时间历程波形,经过傅里叶变换分解为若干单一的谐波分量来研究,以获得信号的频率结构以及各谐波和相位信息,如动态信号中的各个频率成分和频率分布范围、幅值分布和能量分布,进而得到主要幅度和能量分布的频率值;将信号在时间域中的波形转变为频率域的频谱,对信号的信息做定量解释。

图 21-10 为地震波形频谱分析软件界面截图,图 21-11 为环境噪声时域波形-振幅谱-相位谱分析成果图。

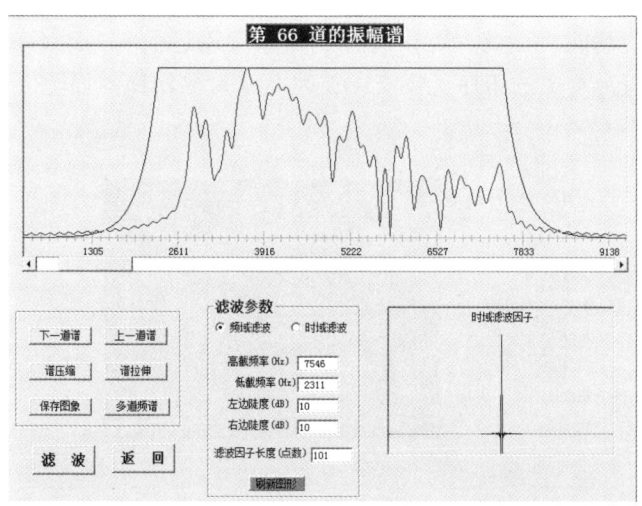

图 21-10　地震波形频谱分析软件界面截图

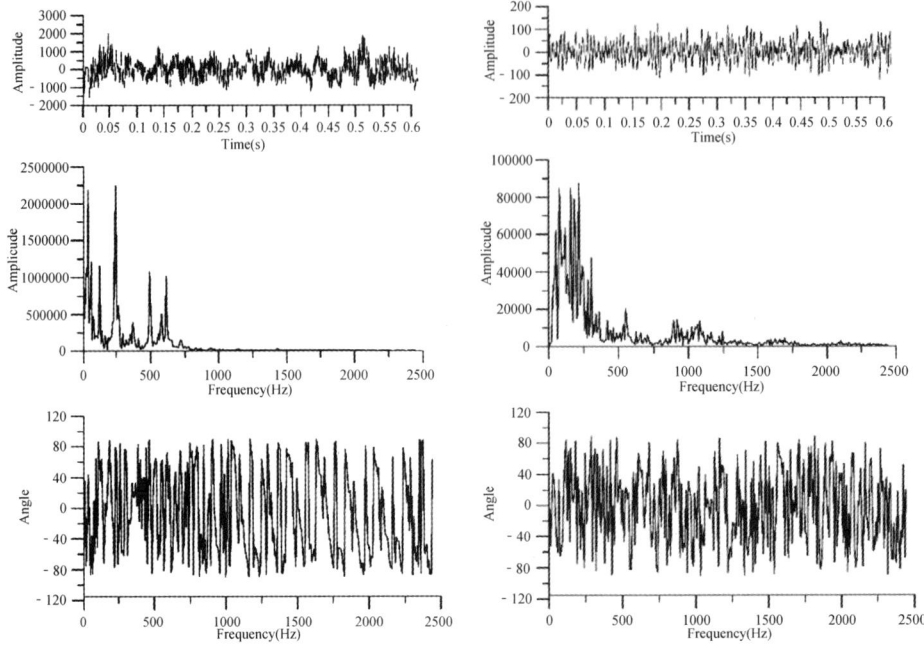

图 21-11　时域波形-振幅谱-相位谱分析成果图（噪声频谱分析）

21.4.3　面波信息提取

多波探测技术指在对全频段震动信号进行不同成分分离，对不同成分信号进行特征处理，获取地层信息的过程。在做反射波探测时（反射成像、地震映像），面波信号为噪声信号，应滤除；在做面波探测时，反射波信号则为噪声信号，应滤除。因此，在多波探测技术应用过程中，对不同信号成分的分离是一项较为重要的工序。图 21-12 为面波提取软件界面。

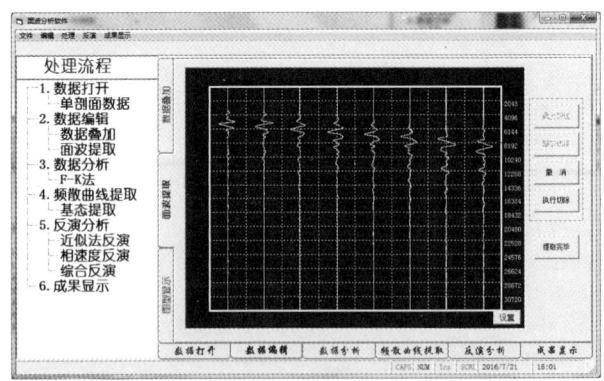

图 21-12　面波信息提取软件界面截图

通过对直达波（纵波、横波）、多次反射波等进行去除，完成面波提取工作，为频散曲线获取、反演提供基础。

图 21-12 为面波信息提取软件界面。

21.4.4 频散曲线提取

瞬态面波频散曲线的提取是面波数据处理的核心步骤，直接影响着勘探的精度和成果解释的可信度。

常用的频散曲线提取方法有：F-P 变换算法、F-K 变换算法、相移法等。

图 21-13 为地震面波 F-K 域频谱分析软件界面。

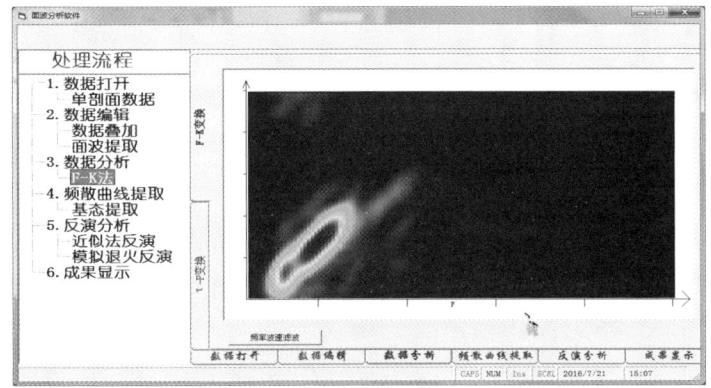

图 21-13　F-K 地震面波域频谱分析软件界面

图 21-14 为地震面波频散曲线提取软件界面。黑色点为频散点，频散曲线显现"之"字形，在做地层分层探测中，拐点在地层探测中为地层分界面。该信息可用于反演初始模型设定，为频散曲线反演提供基础。

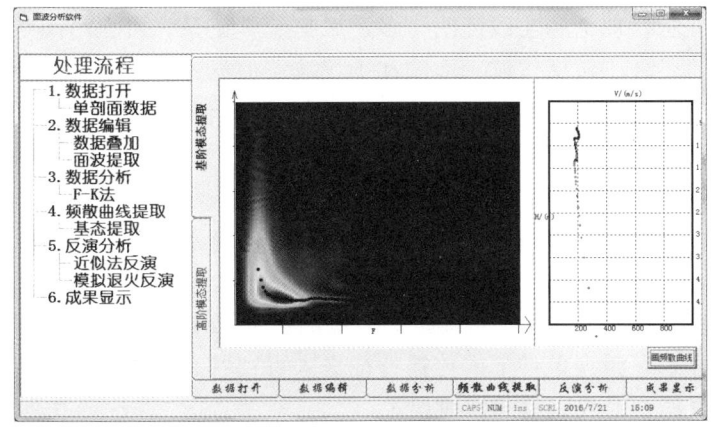

图 21-14　地震面波频散曲线提取软件界面

21.4.5 反演技术

图 21-15 为相速度反演软件界面,黑色点为频散点,可见频散曲线显现"之"字形,设定反演层数、相速度范围、最大反演误差、最大叠代次数、初始温度、降温方式等参数,进行模拟退火法反演,获取地层纵向速度分布。

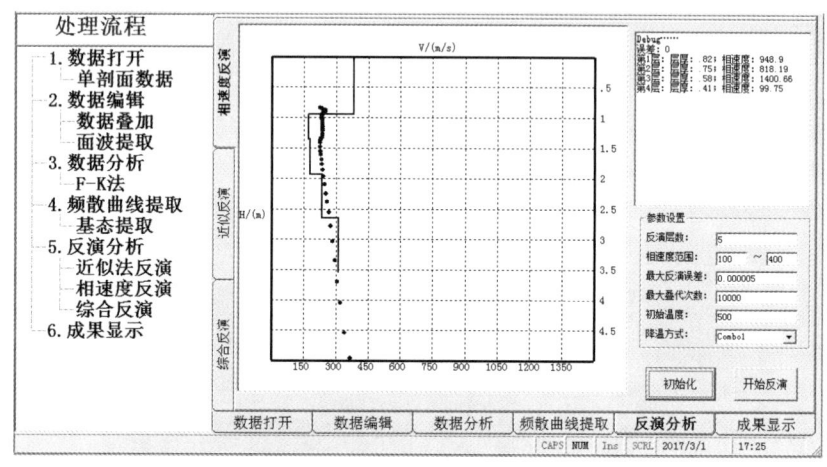

图 21-15 相速度反演软件界面

21.5 瞬态面波在不同目的不同环境条件下的探测方案研究

21.5.1 设备要求

多道方法是利用多个检波器按一定间距与震源排列在一条直线上组合接收面波的方法。理论和实践证明,多道采集及其记录,可在时间空间域上识别各种波动组分(包括体波、面波和干扰波)信息,有利于基阶面波的提取与利用;记录数据经过 F-K 域的变换,能够快速有效地分离多阶模态的面波及其他类型的波,并方便计算出面波频散曲线。

仪器设备系统的频响与幅度的一致性检查是一项很重要的工作。因此,在勘察工作开始前和结束后,应进行例行检查。有条件时,应送回厂家进行年检。

采用多道排列的方法进行瞬态面波探测,如 12 道、24 道或更多道,可使瑞雷面波在瞬态激振条件下的传播特征进入可视状态。因此,面波勘察多采用多通道仪器,形成完整的面波记录。

仪器主机必须具有:

（1）仪器放大器的通道数不应少于 12 通道，采用的通道数应满足不同面波模态采集的要求。

（2）仪器放大器的通频带应满足采集面波频率范围的要求。对于岩土工程勘察，其通频带低频端不宜高于 0.5 Hz，高频端不宜低于 4 000 Hz。

（3）仪器放大器各信道的幅度和相位应一致：各频率点的幅度差在 5%以内，相位差不应大于所用采样时间间隔的一半。

（4）仪器采样时间间隔应满足不同面波周期的时间分辨，保证在最小周期内采样 4 至 8 点；仪器采样时间长度应满足在距震源最远通道采集完面波最大周期的需要。

（5）仪器动态范围不应低于 120 dB，模数转换（A/D）的位数不宜小于 16 位。

检波器频率，一般可根据勘察深度要求和现场环境条件进行激振方式试验选择。

面波勘察所用检波器，不同于通常使用的地震检波器，它不仅要求频响特性好，而且低频区比通常使用的地震检波器低得多。由公式和有效勘探深度估算使用的检波器频率，国内一般用于面波勘察的地震检波器低频应在 4 Hz 左右，则探测深度可达 25 m。

一般而言，接收低频信号（反映较深部信息），就要选择具有较低固有频率的检波器；反之，接收高频信号（反映浅部信息），就要选择具有较高固有频率的检波器。

多道瞬态面波勘察，采用多个检波器来拾取不同频率（不同深度）的面波信号的。因此检波器的一致性十分重要。如果检波器的固有频率、灵敏度、阻尼等相差太大，会直接导致接收信号的相位发生畸变，从而导致面波信息的错误计算。

检波器的安装，是确保面波勘察数据采集质量的重要环节。不正确的安装，会改变检波器的频率响应。

检波器选择和安装，应遵循以下原则：

（1）采用垂直方向的速度型检波器。

（2）检波器的自然频率应满足采集最大面波周期（相应于勘察深度）的需要，岩土工程勘察宜用自然频率不大于 4.0 Hz 的低频检波器；仰拱质量检测宜选用自然频率 38 Hz 或 100 Hz 检波器，确保接中频信号的收低和 4 m 的探测深度。

（3）用作面波勘察，同一排列的检波器之间的自然频率差不应大于 0.1 Hz，灵敏度和阻尼系数差别不应大于 10%。

（4）检波器按竖直方向安插，应与地面（或被测介质表面）接触紧密。

21.5.2　测线布置要求

1. 展开排列获取

在测线上先布置一个排列，偏移距为一个道距，采集第一个记录；然后整排列向后移一个排列距离加一个道距，仍在原激发点激发，采集第二个记录；依次采集第三个、第四个记录等，直到全波列能在记录上体现为止。

依次将几个排列记录拼接，获得展开排列的记录。由此分析面波的发育情况，根据基阶面波的优势段，选择合理的采集参数。

为满足勘察目的和精度要求的采集方案、采集参数和激振方式。

2. 测线布置

在地形较平坦的工区，测线布置可根据任务书布置，面波排列宜与测线相重合布置。

测线布设应遵循以下原则：

（1）面波排列的长度不应小于勘探深度所需波长的1/2。

（2）场地存在固定噪声源时作，应使面波排列方向指向噪声源，并在固定噪声源一侧布置激振点。

（3）地表存在沟坎或在建筑群中进行面波勘察时，面波排列线的布置，要考虑规避非震源干扰波的影响。

21.5.3　干扰波调查

在面波勘察中，将面波作为有效波，而反射波、折射波、声波、直达波，以及面波的反射等均作为干扰波。由于面波传播速度较慢，能量较强，在展开排列波形图上容易识别。确定了面波后，就容易确定偏移距、道间距、采样间隔及记录长度。干扰波调查，指在时间 – 空间域内调查面波发育和其他波共存的情况。

干扰波调查，应选择有代表性的地段通过展开排列采集的方式进行，采集面波在时空域传播的特征。根据基阶面波发育优势段，确定偏移距离、排列长度和采集记录长度，一般展开排列长度应与勘察深度相当。

21.5.4　震源要求

面波震源激发频率和能量，直接决定了勘察的深度重。

震源可采用不同材质和轻重的锤子，采用落重法和炸药激振产生。依据采集记录进行频谱分析,视勘探深度和分辩薄层需要确定震源的频带宽度,确定最佳激振方式。

一般而言,勘察深度 0~15 m,宜选择大锤激振(可根据具体探测深度要求,选择不同质量的大锤);0~30 m,选择落重激振;0~50 m,选择炸药激振。在无法使用炸药的场地,亦可采用加大落锤质量或提高落锤高度的办法加大勘察深度。勘察深度小时,应激发高频率波;勘察深度大时,应激发低频率波。同种震源方式,改变激振点条件亦可使激发频率改变。

图 21-16 和 21-17 分别是不同震源和不同高度落锤产生的震动频率分析。

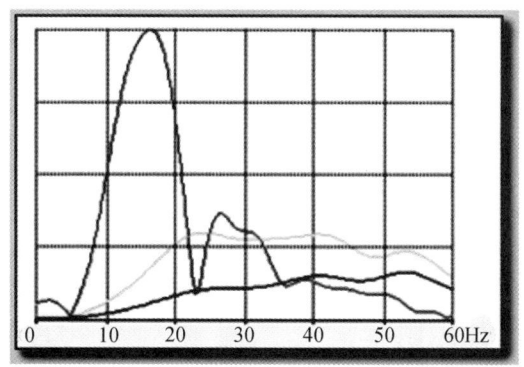

图 21-16 震源方式与频率分析

(红线—炸药爆炸;绿线—落锤;蓝线—锤击)

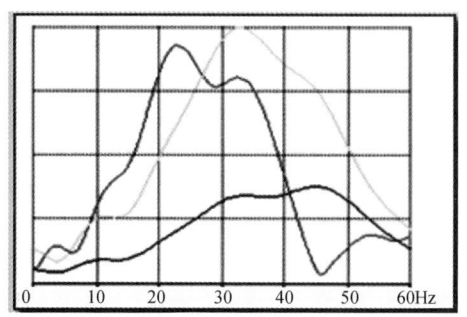

图 21-17 不同高度落锤与频率分析

(红线—3.0 m;绿线—1.5 m;蓝线—锤击)

显然,三种震源的频率和传播能量是不同的,按频率大小依次为锤击、落锤、炸药爆炸和锤击、1.5 m 落锤、3.0 m 落锤,按能量大小依次为炸药爆炸、落锤、锤击和落锤、炸药爆炸、锤击。

21.5.5 采集参数要求

仰拱质量检测，探测深度为 0~3 m，偏移距采用 1 m，道间距 1 m，采用小的铁锤锤击仰拱面激发震源。

仰拱下隐伏地层缺陷检测，探测深度 1~18 m，偏移距采用 10~18 m，道间距 1~2 m，采用大铁锤或落锤激发震源，震源道间距 0.3 m，采样间隔 0.1~0.5 ms，采样长度 1 024~4 096，通道数不少于 12 道。

图 21-18（a）和（b）分别是仰拱下隐伏地层缺陷检测和仰拱混凝土质量检测原始波形记录。

表 21-5 为不同探测目的不同环境条件下瞬态面波探测建议参数表。

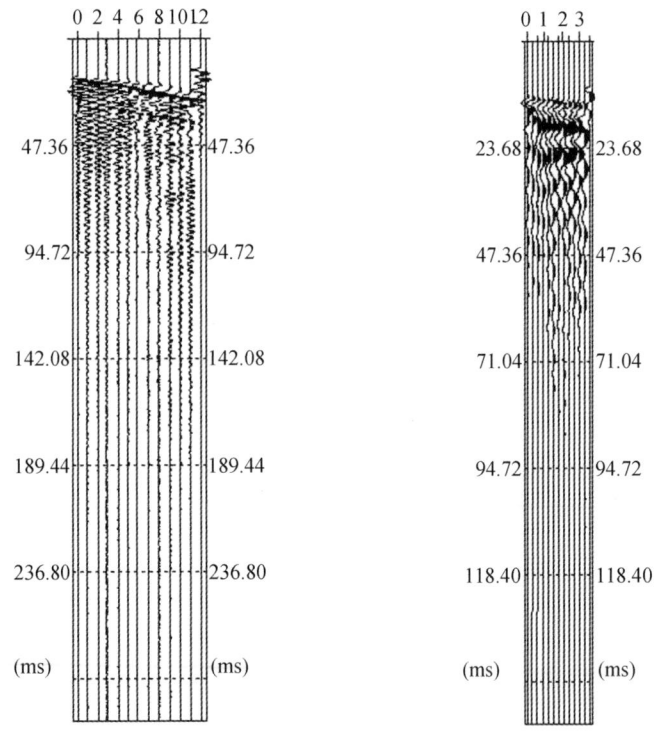

（a）仰拱下隐伏地层缺陷检测　　（b）仰拱混凝土质量检测

图 21-18　仰拱瞬态面波探测原始波形记录

表 21-5　不同探测目的不同环境条件下瞬态面波探测建议参数表

参数	探测目的				
	地面/地铁隧道间地层缺陷探测*	路基压实度检测	仰拱混凝土质量检测	隧底岩溶探测	路基注浆质量检测
道数	12~24	12	12	12~24	12~24
偏移距/m	8~16	6~10	1	8~16	8~16
道间距/m	1~2	0.5	0.2~0.5	1~2	1
检波器主频/Hz	动圈式 1~4.5	动圈式 4.5~38	动圈式 100 或弯扭压电式（4000）	动圈式 1~4.5	动圈式 4.5
震源	>24 磅大锤（或落锤）	>24 磅大锤	8 磅或 12 磅小锤	>24 磅大锤或落锤	>24 磅大锤或落锤
探测深度/m	1~25	0.5~8	0.2~3	1~25	1~25
分辨率/m	>0.4	>0.2	>0.1	>0.4	>0.4

* 地层缺陷包括不密实、空洞和孤石。

21.6　地层缺陷、岩溶、路基密实度、注浆质量及分层界面瞬态面波识别技术

瞬态面波探测，利用地下介质间的物性差异，通过仪器接收人工激发或天然的地球物理场波速在空间或时间上的响应差异，进行地层缺陷、岩溶、路基密实度、注浆质量及分层界面的识别。

（1）瞬态面波在层状介质中传播，具有明显的频散特性，而这一特性与地层的瞬态面波相速度及空间分布具有唯一对应关系。

（2）瞬态面波的穿透深度与激发的波长密切相关，激发的频率越低，勘探深度越大。

（3）瞬态面波相速度与层内的横波速度具有明显的相关性，当地层的泊松比较大时（$\delta>0.4$），瞬态面波的相速度与横波速度相差小于 5%。因此，可用瞬态面波相速度（V_r）近似代替横波速度（V_s）。

（4）瞬态面波勘探的直接成果，是瞬态面波的频散曲线。频散曲线类型及其变化特征，与地下的地质条件（地层的层数及厚度，各层的纵波速度、

横波速度、密度及各层物理力学性质）具有密切的联系。正确地识别频散曲线的变化特征，详细研究其变化规律，可对地层缺陷、岩溶、分层界面位置和路基密实度、注浆质量做出定性的判释。

时间表明，探测场地下伏完整岩体（泥质砂岩、泥岩、煤层等）、采空区、巷道、富水极软弱岩体、节理裂隙发育岩体、土洞、空洞与注浆固结体等之间存在着明显的面波速度差异。因此，具备了采用瞬态面波法检测路基岩溶注浆加固效果的地球物理条件。

21.6.1 地下岩溶及第四系松散土石层中空洞定性识别

瞬态面波探测试验表明，空洞上方的面波频散曲线，在空洞顶位置发生向低速度拐折的明显特征；无空洞的地层频散曲线，视地层速度向深部延伸，曲线是连续的（图 21-19）。见图 21-19（a），在深度 0.5~1.5 m 范围内，频散点离散较为明显；见图 21-19（b），频散点离散连续性较好。

在多频散曲线反演成果剖面中，存在空洞时，剖面内面波相速度出现相速度低于 200 m/s 明显圈闭低图谱（图 21-20）。

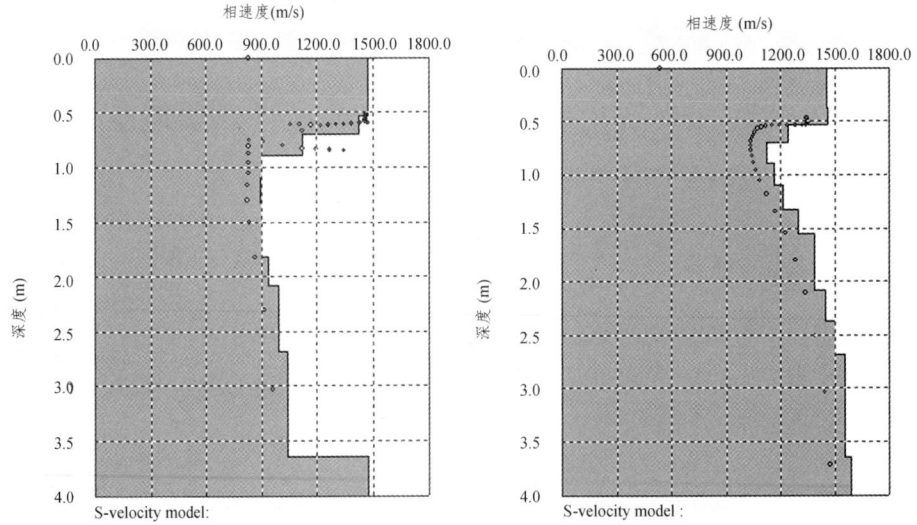

（a）存在岩溶洞穴或第四系松散土石层空洞　　（b）无岩溶洞穴或第四系松散土石层空洞

图 21-19　频散曲线空洞识别

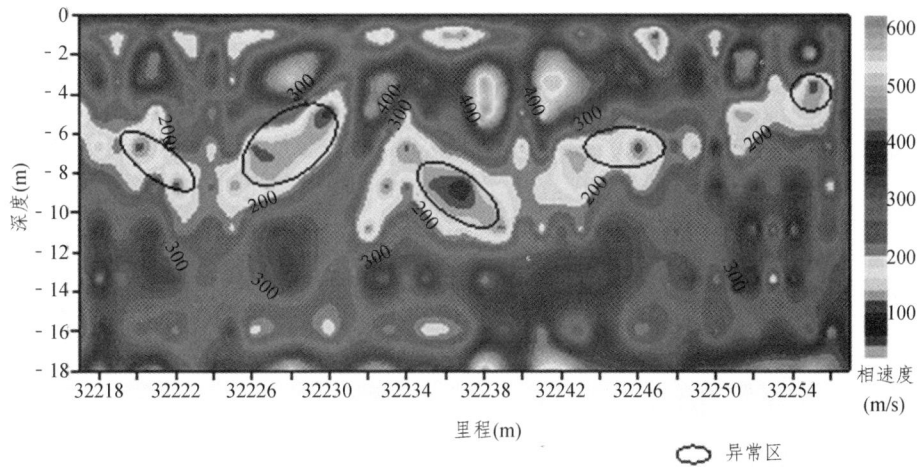

图 21-20　地层中存在岩溶洞穴或松散土石层空洞在多频散曲线反演成果剖面中的表现

21.6.2　路堤、路堑基底土石及岩层加固与岩溶充填注浆效果定性定量识别

瞬态面波探测试验表明：

（1）路堤填筑密实无明显不密实区、路堑下无岩溶空洞或土石层中无空洞和明显不密实区或注浆密实、岩溶充填注浆密实条件下，频散曲线视地层速度向深部连续延伸，无明显的向低速度拐折的特征。

（2）路堤注浆加固、路堑下土石或岩层注浆加固及岩溶填充注浆后，面波检测速度达到表 21-6 要求且频散曲线不离散，路堤和路堑基底土石层及岩层注浆加固及岩溶充填注浆效果良好。

表 21-6　路堤、路堑下土石层及岩层注浆加固及岩溶充填注浆质量定性定量评价标准*

介　质	面波检测速度 $v/$（m/s）	面波频散曲线	备　注
土层（路堑）	$v \geqslant 19.7h+58.2$	不离散	
岩层（路堑）	$v \geqslant 9.8h+342.8$	不离散	面波检测以速度标准为主，辅以频散曲线
土层（路堤）	$v \geqslant 12.0h+58.7$	不离散	
岩层（路堤）	$v \geqslant 9.8h+207.8$	不离散	
岩　溶	$v \geqslant 16.67h+246$	不离散	

*表中 h 为地层埋深，单位为 m。

21.6.3 分层界面识别

不同介质层的相速度是不同的，不同介质层间的阻抗差异亦不同，通过瞬态面波传播特征，追踪不同介质层间的分界面，可以实现介质层厚度的确定。包括仰拱厚度在内的隧道衬砌厚度检测，正是基于此原理。多频散曲线反演成果剖面，明显反映介质层分层界面及介质层厚度状态。

图 21-21 是隧道仰拱厚度瞬态面波检测多频散曲线反演成果剖面图。由图可确定仰拱厚度为 0.6 m 左右。

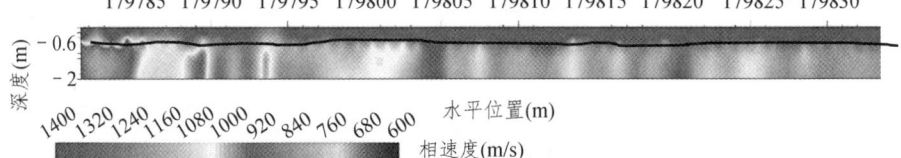

图 21-21　隧道仰拱厚度瞬态面波检测多频散曲线反演成果剖面图

第 5 篇

隧道施工地质预报实践

第 22 章　地铁隧道施工土洞、土石不密实、孤石及漂石瞬态面波探测预报

随着我国国民经济的快速发展，特别是城市化进程的加快，城市人口不断增加，经历了起步和发展量阶段的城市地铁建设进入建设高潮，成为解决城市交通拥挤问题的重要途径。

我国城市地铁建设工程实践表明，地铁隧道多位于第四系松散覆盖土层、土石层、砂层、砂夹卵石层、全强风化岩石层中，仅部分隧道底置于基岩中。而在城市地铁建设中，除车站多采用明挖法施工外，采用盾构进行区间隧道施工已成为趋势。

第四系松散土层中的空洞，土石层、砂夹卵石层及全强风化岩石层中的不密实、孤石、漂石及土、岩界面等，给地铁隧道盾构施工带来极大困难。因此，在地铁隧道盾构掘进施工前，探测确定土层中空洞、土石层中不密实体及孤石和漂石位置，为地铁隧道盾构掘进施工接近空洞、不密实体、孤石和漂石前提前采取处治措施提供依据，确保地铁隧道盾构施工安全，已成为地铁隧道盾构施工亟待解决的问题。

22.1　地铁隧道盾构施工土洞、土石不密实、孤石及漂石问题

22.1.1　土洞和土石层不密实体

地铁区间隧道盾构施工遇土层空洞和土石层不密实体，极易引发如下问题：
（1）盾构掘进失去依附体或基底承载力不足，或突然快进，或机体下俯。
（2）土石不密实体变形、失稳塌方，造成盾构被卡。
（3）土石不密实体变形失稳塌方造成地面塌陷、地面交通事故。

22.1.2　孤石及漂石

漂石，是出露于地面岩体风化作用产物——大块状岩石块体，经流水、冰川长途搬运且在搬运过程中经长期磨蚀作用残留下来的具有较好磨圆度、较高强度和完整性的，直径为 200~800 mm 的石块；孤石，或为山前崩塌滚

来的大块岩石，或为岩石球状风化产物，多具有较高的强度。

地铁区间隧道盾构施工遇漂和孤石，因孤石、漂石不易破碎，与盾构一道转动，造成盾构施工效率的极大降低。

22.2 地铁区间隧道盾构施工土洞、土石不密实、孤石及漂石探测方法选择

表 22-1 是当下各种地质预报方法在土层空洞、土石不密实、孤石及漂石探测方面的优缺点比较。

表 22-1 各种地质预报方法地铁区间隧道盾构施工土层空洞、土石不密实、孤石及漂石探测比较*

预报方法	土层空洞、孤石、漂石与土石不密实体直径 d 与隧道洞径 D 关系	实施可能性及预报效果
超前钻孔法	$d \geqslant D$	可以实施，好
	$d<D$	可以实施，可能遗漏
洞内波反射法（地质雷达法、地震波反射法、陆地声呐法、声波反射法）	$d \geqslant D$	实施难度大，特别是震源问题不易解决，好
	$d<D$	实施难度大，特别是震源问题不易解决，可能遗漏
洞内波反射成像法	$d \geqslant D$ 或 $d<D$	实施难度大，特别是震源问题不易解决，可能遗漏
洞外波反射法（地质雷达法、地震波反射法、陆地声呐法、声波反射法）	$d \geqslant D$ 或 $d<D$	可以实施，可能遗漏
洞外波反射成像法（瞬态面波法、地震波反射层析成像法）	$d \geqslant D$ 或 $d<D$	可以实施，地震波反射层析成像法需要放炮作为震源；可能遗漏，但遗漏程度性较洞外波反射法低
孔间透射波层析成像法	$d \geqslant D$ 或 $d<D$	利用沿线勘探钻孔可以实施，可能遗漏，但遗漏程度性较洞外波反射法低

*基于电法、瞬变电磁法主要针对土层、土石、岩体电性差异，超前导坑法在地铁区间隧道盾构施工中未见采用，比较未予考虑。

基于以上分析，地铁区间隧道盾构施工土层空洞、土石不密实、孤石及漂石探测，建议采用洞外波反射成像法和孔间透射波层析成像法，即瞬态面波法和大跨距孔间透射波层析成像法。

22.3 SF12 型瞬态面波仪地铁区间隧道上方土洞、土石不密实探测预报

22.3.1 兰州地铁 1 号线地铁区间隧道上方土层不密实体探测预报

图 22-1 和图 22-2 分别是采用 SF12 型瞬态面波仪探测得到的兰州地铁 1 号线 DK32+217～DK32+257（右中线）、DK32+217～DK32+257（左中线右侧 2 m 处）隧道上方土层空洞、土石不密实探测反演剖面图。

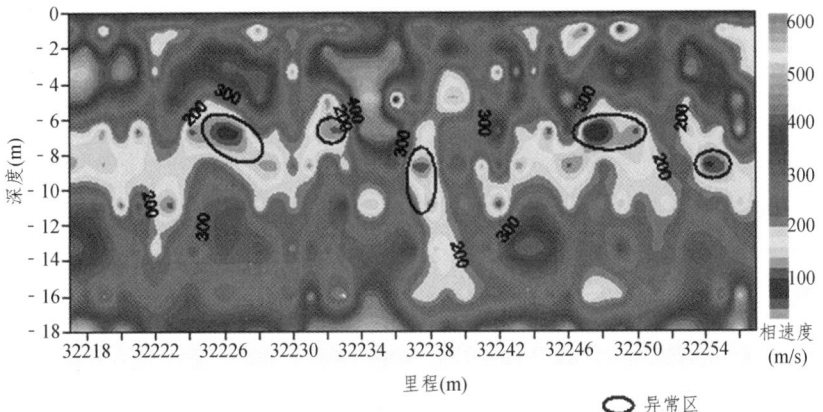

图 22-1 DK32+217～DK32+257（右中线）瞬态面波探测反演剖面图

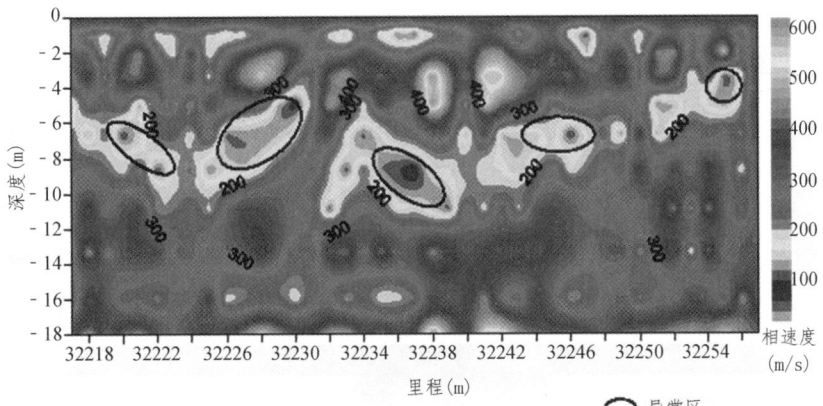

图 22-2 DK32+217～DK32+257（左中线右侧 2 m 处）瞬态面波探测反演剖面图

由图 22-1 可以发现，在 DK32+225～DK32+228 里程 6～8 m 深度范围、DK32+233～DK32+234 里程 6～7 m 深度范围、DK32+237～DK32+239 里程 8～12 m 深度范围、DK32+246～DK32+250 里程 6～7 m 深度范围、DK32+253.5～DK32+254.5 里程 8～9 m 深度范围内，出现低速异常，瞬态面波相速

度小于 100 m/s,剖面内多处出现反射子波,分析认为该区域为土层不密实体。

由图 22-2 可以发现,在 DK32+219 ~ DK32+222 里程 6 ~ 8.5 m 深度范围、DK32+225 ~ DK32+230 里程 4 ~ 8 m 深度范围、DK32+235 ~ DK32+238 里程 7.5 ~ 11 m 深度范围、DK32+244 ~ DK32+247 里程 6 ~ 7 m 深度范围,出现低速异常,瞬态面波相速度小于 100 m/s,剖面内多处出现反射子波,分析认为该区域为土层不密实体。

22.3.2 成都地铁区间隧道上方土石不密实探测预报

图 22-3、图 22-4 和图 22-5 分别是成都地铁 3 号线 DK37+135 ~ +308 段 SF12 型瞬态面波仪探测剖面布置、DK37+169 里程点频散点及相速度反演和多波面波成分分析成果图。

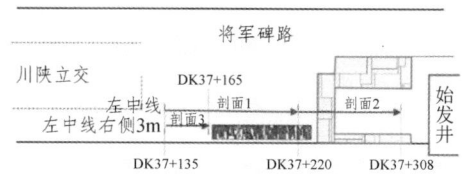

图 22-3　成都地铁 3 号线 DK37+135 ~ +308 段 F12 型瞬态面波仪探测剖面布置

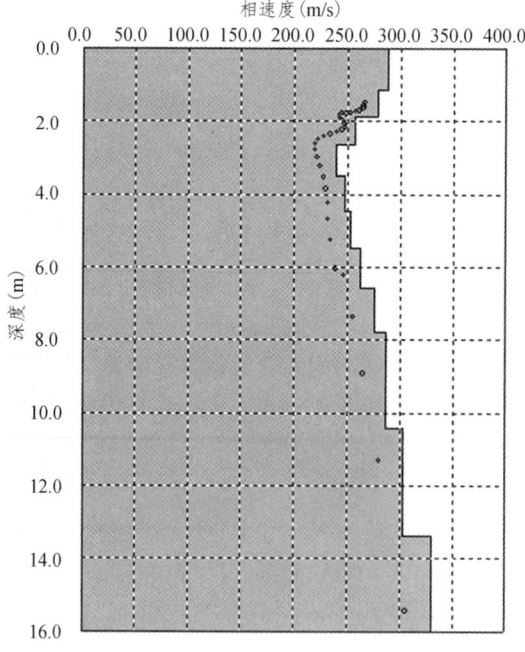

图 22-4　成都地铁 3 号线 DK37+169 里程点频散点及相速度反演

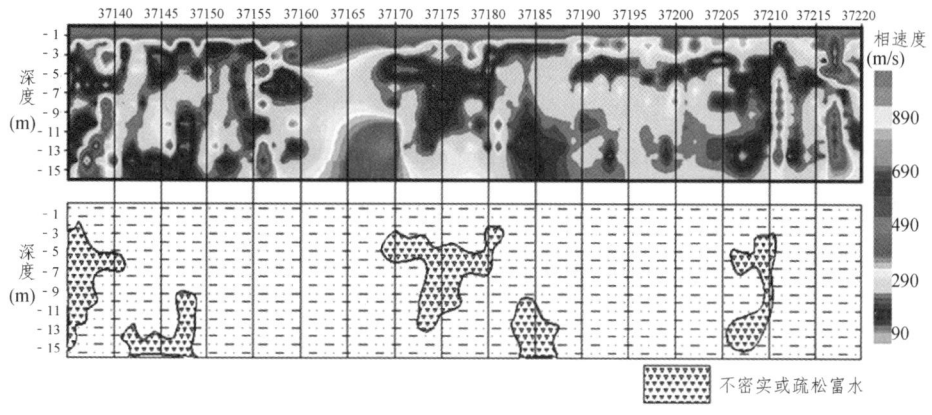

（1 剖面）

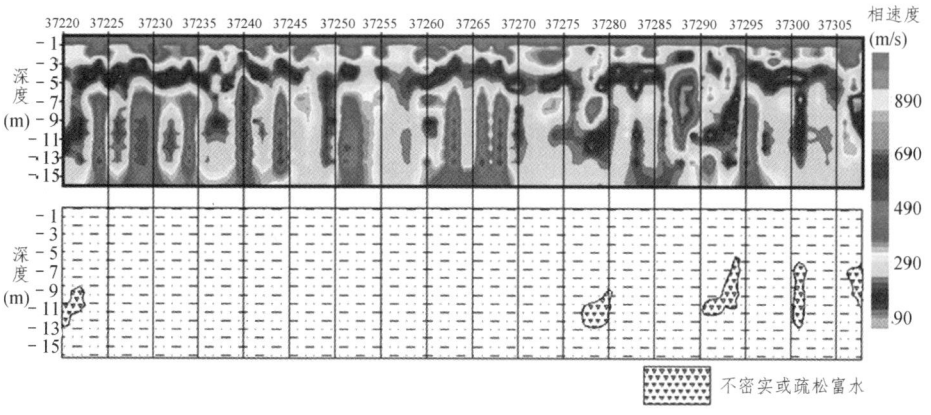

（2 剖面）

图 22-5　多波面波成分分析成果图

（上：反演结果；下：解释结果）

由图 22-4 可以发现，数据反演效果较好，反演残差为 5.19 m/s，拟合度高达 98.19%；地层 0~3 m 深度范围内，相速度从 290 m/s 逐步减至 230 m/s，呈递减模式；在 3~16 m 深度范围内，相速度从 230 m/s 逐步增至 330 m/s，呈递增模式。

由图 22-5 可以看出，在 DK37+135~DK37+150 里程左中线、DK37+170~DK37+185 里程左中线位置、DK37+206~DK37+210 里程左中线位置和 DK37+290~DK37+305 里程左中线，地层内存在多处低速区，为地层土石不密实体。

22.4 地铁区间隧道施工掌子面前方孤石及漂石探测预报

图 22-6 是中铁西南科学研究院采用 SF12 型瞬态面波仪,在厦门市轨道交通 1 号线开展的全强风化花岗岩中孤石正、反演探测成果图。

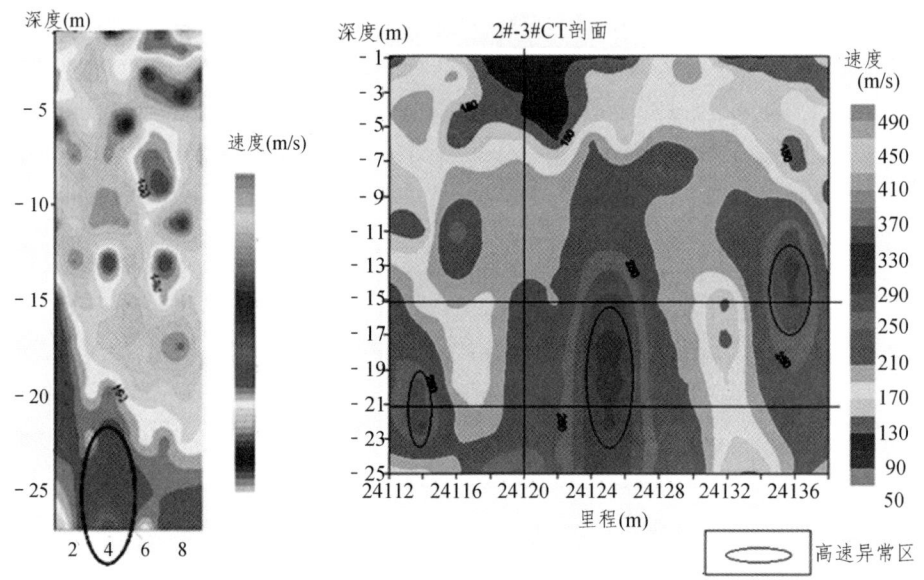

(已知孤石位置正演探测)(YDK24+045.6~YDK24+121.4 孤石反演探测)

图 22-6 厦门市轨道交通 1 号线地铁区间隧道孤石 SF12 型瞬态面波仪正反演探测试验成果图

由图 22-6 有图可以发现,YDK24+045.6~YDK24+121.4 段存在 3 个高速异常区。根据 YDK24+045.6~YDK24+121.4 段已知孤石位置 SF12 型瞬态面波仪正演探测试验结果认为,YDK24+045.6~YDK24+121.4 段施工可能遭遇 3 个由花岗岩球状风化残留的孤石。

22.5 大跨距孔间透射波层析成像地铁区间隧道施工地质预报

尽管时至今日,仍未见有利用地铁勘探钻孔孔间声波透射层析成像实施地铁区间隧道施工掌子面前方地质预报的报道,但大跨距孔间声波透射层析成像的实现,无疑为今后利用地铁勘探钻孔孔间声波透射层析成像实施地铁区间隧道施工掌子面前方地质预报提供了一条新的途径。

图 22-7、22-8、22-9 和 22-10 分别是中铁西南科学研究院有限公司采用大跨距孔间声波透射层析成像技术在上海世茂新体验酒店项目基础主要软弱结构面及断裂破碎带分布探测剖面布置及探测成果，剖面最大长度达 128 m。

勘探结果认为：

（1）土层与强风化岩体的分界面位于地面下 6~9 m 深度处，黏土层总体均匀性较好。

（2）强至中风化层与微风化层的分界位于地面下 37~40 m 深度，分界面呈连续状态。

（3）地面下 40 m 以下为较完整的微风化安山岩，局部为火山岩破碎夹层，不存在大型结构面。

（4）K6 孔深度 77.5~83.5 m 间破碎带与 K4、K5 孔破碎带不连续。

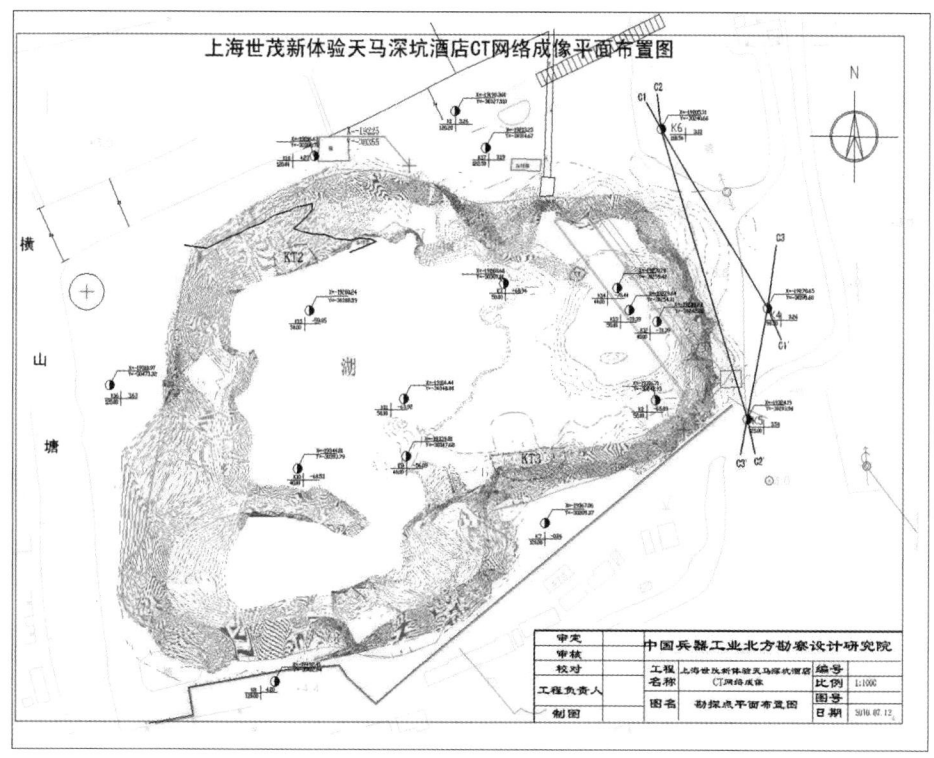

图 22-7　上海世茂新体验酒店项目大跨距孔间透射波层析成像剖面布置

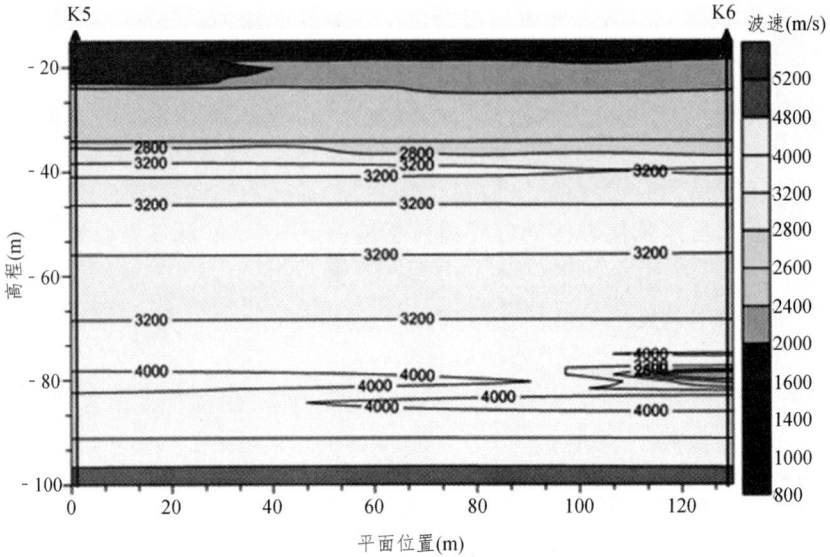

图 22-8　K5-K6 剖面 CT 成果图

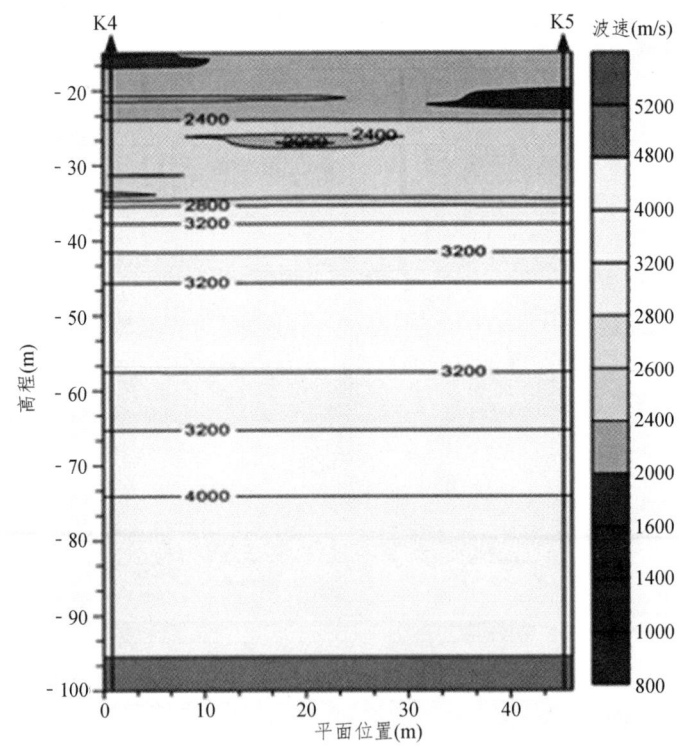

图 22-9　K4-K5 坡面 CT 成果图

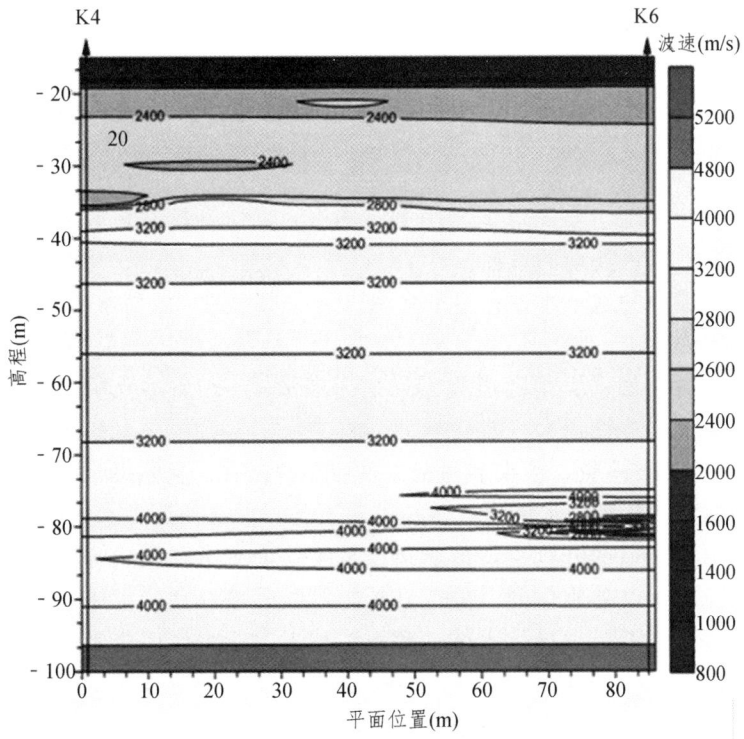

图 22-10 K4-K6 剖面 CT 成果图

第23章 山岭隧道施工涌突水致灾构造预报

涌水，指在地下水面以下岩（土）体中采矿、开挖基坑或地下硐室时，地下水不断地流入场地的现象。

围岩空隙中的地下水（孔隙水水源、裂隙水水源、岩溶水水源）、地表水水源，在压力作用下涌出，称为涌水。量大、势猛，突发的涌水，称为突水。

严格地说，涌水，指隧道施工开挖揭穿水体——岩溶充填水（溶洞水、地下暗河水、岩溶管道水、溶缝水）、含水体——裂隙岩体和破碎岩体含水体（富水顺层错动破碎带、富水节理密集发育破碎岩体、富水断层破碎带）和地下向斜构造蓄水构造，水体及含水体、地下向斜蓄水构造中水向隧道的涌流；突水，指由于隧道的开挖，造成隧道开挖工作面（掌子面、开挖轮廓线）与前方或开挖轮廓线外水体间、隧道开挖轮廓线外侧存在的水体、含水体间岩土盘厚度过薄，不足以抵抗水体、含水体地下水应力作用应力（包括自重应力和承压力），或由于地下水位的上升，水体、含水体地下水为上升，作用于隔水岩土盘应力增大，导致隧道开挖工作面（掌子面、开挖轮廓线）与前方或开挖轮廓线外水体、含水体间岩（土）盘破坏，水体、含水体中水向隧道的突出。

隧道施工涌、突水的直接危害，表现为对施工隧道、导坑、洞内施工机具设备的淹没，冲毁洞内施工机具、设备、设施、材料，对洞内施工人员造成生命直接威胁，严重者甚至冲毁洞口外工程、堆放材料及临时设施；间接危害，则是造成隧道上方地表水源的流失乃至枯竭和地面塌陷。

在已建和在建铁路隧道中，80%以上的隧道在施工过程中遭遇过涌水灾害，至今仍有30%的隧道工程处于地下水的威胁中，岩溶隧道更以涌水量大且突然著称。

23.1 涌突水致灾构造

23.1.1 基本概念

隧道施工涌突水致灾构造，指在隧道工程施工过程中，由于施工开挖揭穿，存在于隧道洞身范围内的、在自重应力作用下向隧道涌流；或由于施工开挖工作面前移接近、通过，存在于隧道开挖工作面前方和隧道开挖轮廓线外的，在自重应力、侧向应力、施工震动作用下，或因大气降雨造成地下水位上升导致自重应力、侧向应力增大，突破其与隧道开挖工作面或隧道开挖轮廓面线间隔水岩（土）盘（由岩、土、初期支护、二次衬砌单独或组合构成），形成隧道施工水害，对隧道工程施工、隧道洞内施工人员人身安全和施工机具设备安全造成危害的不良地质体——水体、含水体。

23.1.2 基本类型

纵观国内外，造成隧道施工突水的致灾构造（水体、富水体），可分为：

1. 含水体

主要指填充在岩体裂隙、破碎岩石块体空隙和岩石孔隙中的水体。包括：
（1）未胶结富水压性断层强烈破碎带。
（2）未胶结的富水张性断层带。
（3）未胶结富水顺层错动（节理密集发育岩体）破碎带。
（4）地下向斜储水构造。

2. 水　体

主要指充水岩溶。包括：
（1）充水岩溶洞穴。
（2）充水岩溶管道。
（3）充水岩溶缝隙。
（4）岩溶地下暗河。

需要说明的是，涌水致灾构造仅在隧道施工揭穿时发生涌水；突水致灾构造中地下水既可突破其与隧道开挖工作面（掌子面、开挖轮廓面）间隔水岩土盘突水，隧道施工揭穿也发生涌水。因此，涌水致灾构造就是涌水致灾构造，突水致灾构造同时也是涌水致灾构造。

23.1.3 未胶结富水压性断层强烈破碎带

主干断层带多由糜棱岩或断层泥组成，属于相对隔水层；而压性断层上盘强烈破碎带夹黏土和细小岩石颗粒的破碎岩石块体空隙大。因此，压性断层上盘强烈破碎带多富水，成为地下水的储存和运移通道（图 23-1）。

按涌突水致灾构造水补给来源，可分为：
（1）基岩裂隙水补给型未胶结富水压性断层强烈破碎带。
（2）降雨入渗补给型未胶结富水压性断层强烈破碎带。

（3）地表水补给型未胶结富水压性断层强烈破碎带。
（4）岩溶水补给型未胶结富水压性断层强烈破碎带。
（5）复合补给型未胶结富水压性断层强烈破碎带。

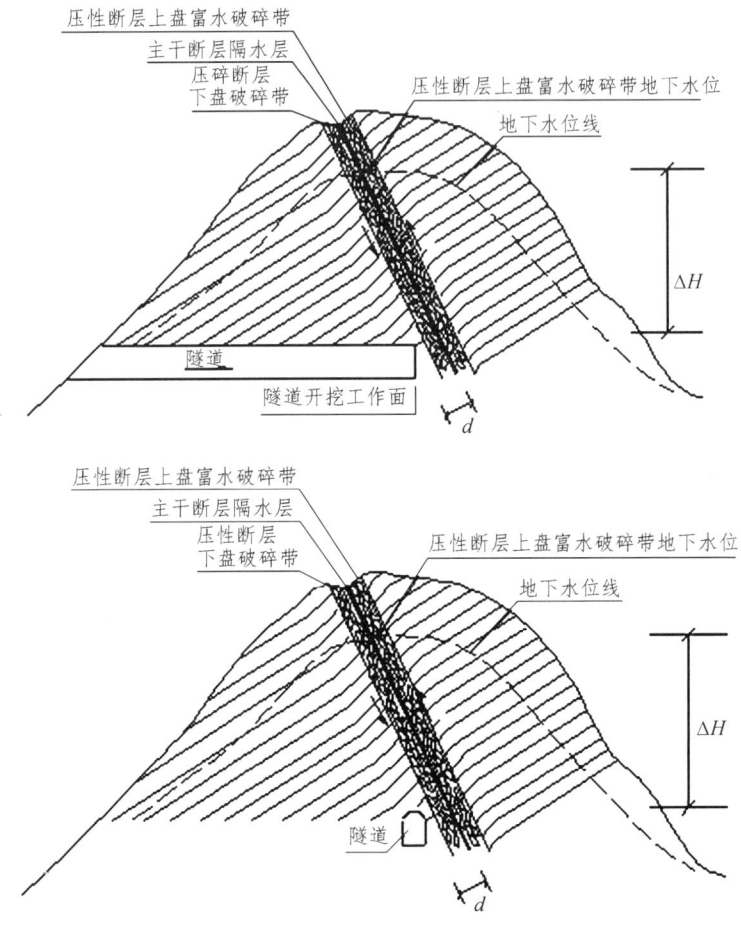

（隧道施工开挖工作面前方）（隧道开挖轮廓线外）

图 23-1 未胶结富水压性断层上盘强烈破碎带涌突水致灾构造

其中，地下水与地表水系水和地下充水岩溶、相邻地下水构造单元地下水无联系的小型未胶结富水压性断层强烈破碎带，一般仅隧道施工揭穿发生涌水，为隧道施工涌水致灾构造；大型未胶结富水压性断层强烈破碎带中地下水，与地表水系水和地下充水岩溶、相邻地下水构造单元地下水存在联系的未胶结富水压性断层强烈破碎带中地下水，遇隧道施工接近，可突破其与隧道施工开挖工作面（掌子面、开挖轮廓面）间隔水岩土盘，导致突水灾害发生，为隧道施工突水致灾构造。

23.1.4 未胶结富水顺层错动（节理密集发育岩体）破碎带

未胶结的顺层错动（节理密集发育岩体）破碎带由破碎岩块组成，破碎岩块间空隙大，岩块间空隙多为地下水充填。因此，未胶结顺层错动（节理密集发育岩体）破碎带多成为地下水的储存和运移通道（图23-2）。

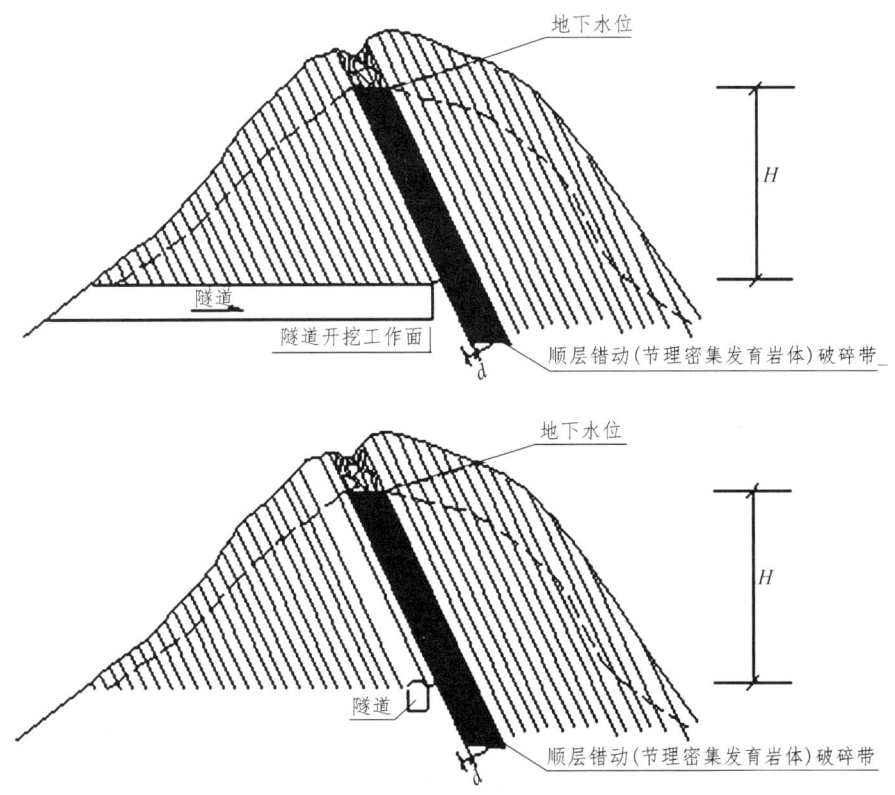

（隧道施工开挖工作面前方）（隧道开挖轮廓线外）

图23-2 未胶结的富水顺层错动（节理密集发育岩体）破碎带涌突水致灾构造

按含水体水补给来源，可分成：
（1）基岩裂隙水补给型未胶结富水顺层错动（节理密集发育岩体）破碎带。
（2）降雨入渗补给型未胶结富水顺层错动（节理密集发育岩体）破碎带。
（3）地表水补给型未胶结富水顺层错动（节理密集发育岩体）破碎带。
（4）地下岩溶水补给型未胶结富水顺层错动（节理密集发育岩体）破碎带。

（5）复合补给型未胶结富水顺层错动（节理密集发育岩体）破碎带。

一般而言，其中地下水与地表水系水和地下充水岩溶、相邻地下水构造单元地下水无联系的未胶结富水顺层错动破碎带中地下水，仅在隧道施工揭穿发生涌水，为隧道施工涌水致灾构造；与地表水系水和地下充水岩溶、相邻地下水构造单元地下水存在联系的未胶结富水顺层错动破碎带中地下水，遇隧道施工接近，可突破其与隧道施工开挖工作面（掌子面、开挖轮廓面）间隔水岩土盘导致突水灾害发生，为隧道施工突水致灾构造。

23.1.5　未胶结富水张性断层

未胶结张性断层带由形状各异、大小不一、棱角明显且无定向排列的破碎岩块组成，破碎岩块间少至无细颗粒物质充填，空隙大，为良好的地下水储水构造和运移通道（图23-3）。

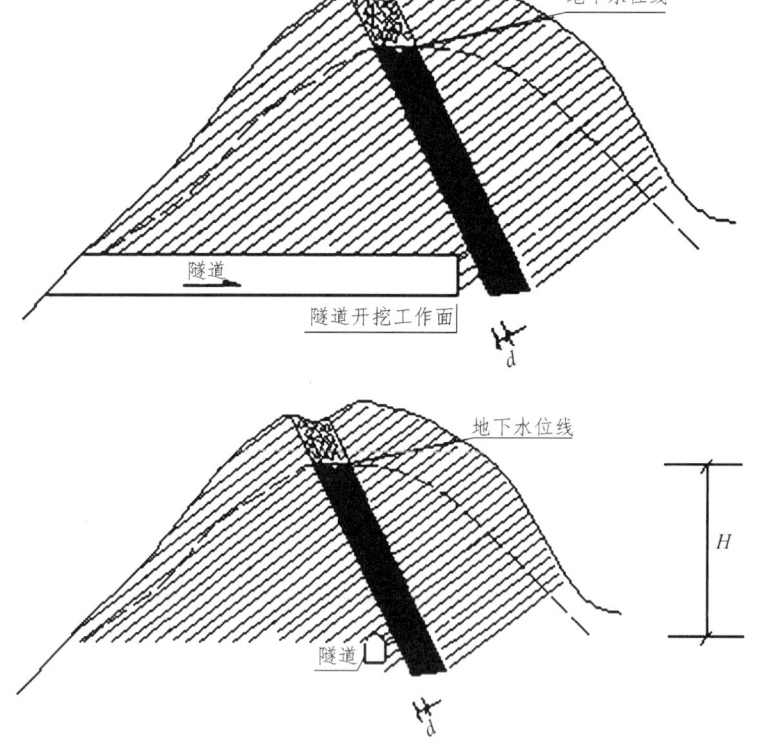

（隧道施工开挖工作面前方）（隧道开挖轮廓线外）

图23-3　未胶结富水张性断层涌突水致灾构造

按含水体水补给来源，可分为：

(1) 基岩裂隙水补给型未胶结富水张性断层。

(2) 大气降雨入渗补给型未胶结富水张性断层。

(3) 岩溶水补给型未胶结富水张性断层。

(4) 地表水补给型未胶结富水张性断层。

(5) 复合补给型未胶结富水张性断层。

(6) 地下向斜含水构造补给型未胶结富水张性断层。

其中地下水与地表水系水和地下充水岩溶、相邻地下水构造单元地下水无联系的小型未胶结富水张性断层强烈破碎带，一般仅隧道施工揭穿发生涌水，为隧道施工涌水致灾构造；大型未胶结富水张性断层强烈破碎带中地下水，与地表水系水和地下充水岩溶、相邻地下水构造单元地下水存在联系的未胶结富水张性断层强烈破碎带中地下水，遇隧道施工接近，可突破其与隧道施工开挖工作面（掌子面、开挖轮廓面）间隔水岩土盘，导致突水灾害发生，为隧道施工突水致灾构造。

23.1.6 充水岩溶

充水岩溶，主要指发育于季节变动带、水平循环带和深部循环带中的充填地下水的岩溶。包括地下岩溶暗河和充水的岩溶洞穴、管道、溶缝、溶隙、溶孔等（图 23-4）。

按含水体水补给来源，可分为：

(1) 基岩裂隙水补给型充水岩溶。

(2) 大气降雨入渗补给型充水岩溶。

(3) 大气降雨经地表与地下充水岩溶间相通的岩溶或构造补给型充水岩溶。

(4) 地表水经地表与地下充水岩溶间岩溶或构造与地下充水岩溶成为一体的充水岩溶。

(5) 复合补给型充水岩溶。

一般而言，孤立的小型充水岩溶，仅隧道施工揭穿发生涌水，为隧道施工涌水致灾构造；充水岩溶系统中地下水，与地表水系水和其他涌突水致灾构造中地下水、相邻地下水构造单元地下水存在联系的充水岩溶中地下水，遇隧道施工接近，可突破其与隧道施工开挖工作面（掌子面、开挖轮廓面）间隔水岩土盘，导致突水灾害发生，为隧道施工突水致灾构造。

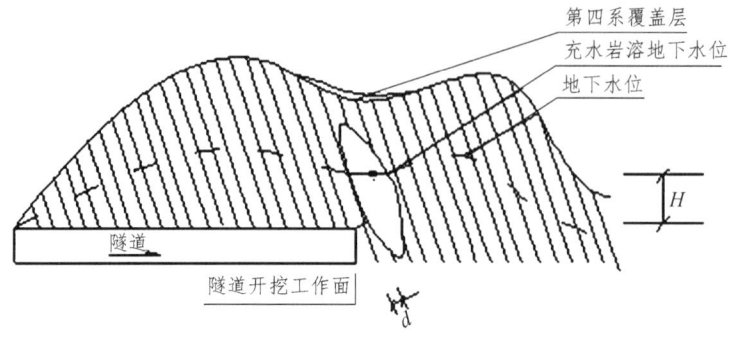

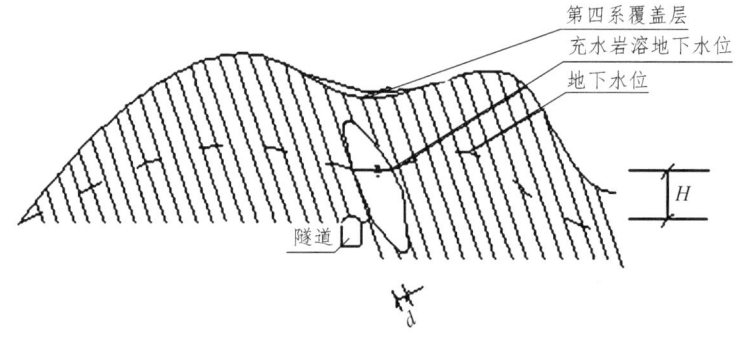

（隧道施工开挖工作面前方）（隧道开挖轮廓线外）

图 23-4 充水岩溶涌突水致灾构造示意图

23.1.7 地下向斜储水构造

地下向斜构造中相对隔水层和含水层的存在，是形成地下向斜储水构造含水体的基本条件。致密程度高、渗透系数低的岩层成为相对隔水层，致密程度低、空隙率高、渗透率高的岩层成为相对含水层（图 23-5）。

按含水体水补给来源，可以分成：

（1）大气降雨补给型地下向斜储水构造。

（2）地表水系补给型地下向斜储水构造。

（3）含水层互为补给型地下向斜储水构造。

（4）复合补给型地下向斜储水构造。

地下向斜蓄水致灾构造中互为独立的含水层，仅在隧道施工揭穿时发生涌水，为涌水致灾构造；当地下向斜蓄水构造中原本互为独立的含水层互为连通成为统一的地下水构造单元，且与其他涌突水致灾构造、相邻地下水构造单元中地下水存在联系时，其中地下水可突破其与隧道施工开挖工作面（掌子面、开挖轮廓面）间隔水岩土盘，导致突水灾害发生，为隧道施工突水致灾构造。

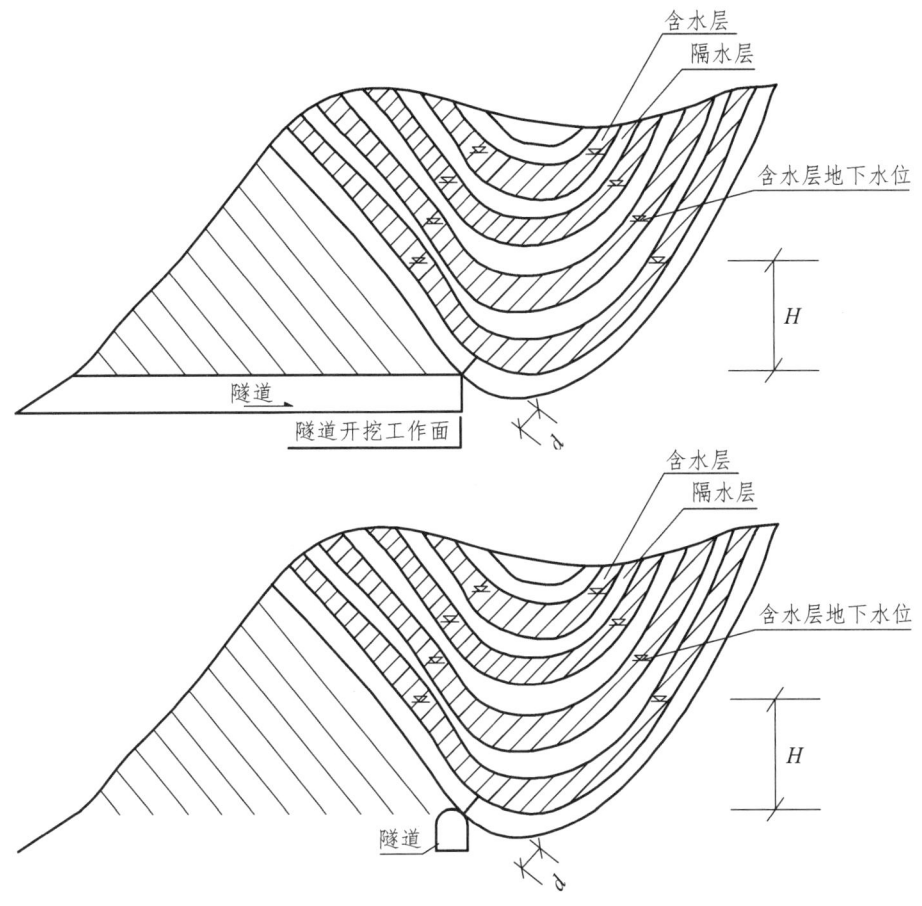

（隧道施工开挖工作面前方）（隧道开挖轮廓线外）

图 23-5　地下向斜储水构造涌突水致灾构造示意图

23.1.8　充水废弃矿巷

随着近年来公路、铁路建设的发展，穿越矿区的隧道工程逐渐增多，隧道施工遭遇在采及废弃矿巷的情况逐年增多。

在采矿巷，特别是国有矿在采矿巷，由于实行严格的通风排水措施，隧道施工及时遭遇到也不会出现涌突水灾害。但废弃矿巷，特别是位于地下水位一下的废弃矿巷中，除底部放顶松散岩石块体堆积物外，多充积地下水，成为隧道施工涌突水致灾构造（图 23-6）。

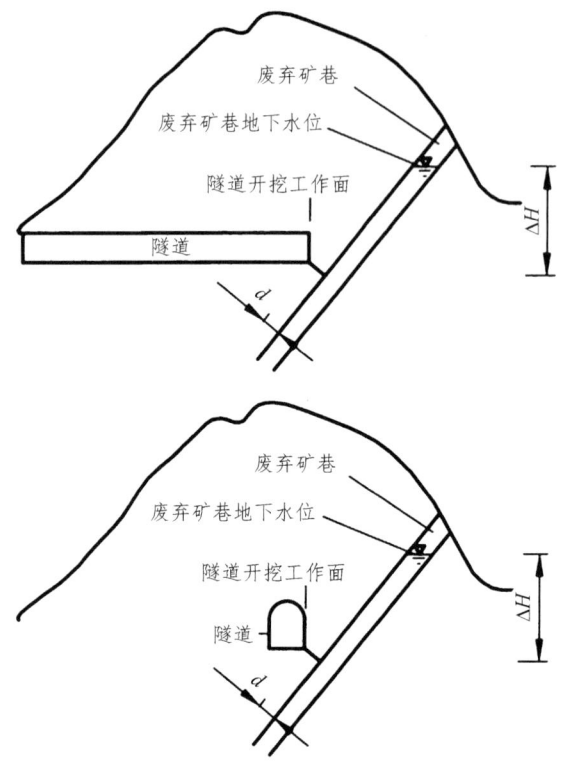

（隧道施工开挖工作面前方）（隧道开挖轮廓线外）

图 23-6　充水废弃矿巷涌突水致灾构造

23.2　涌突水致灾构造预报

23.2.1　涌突水致灾构造预报内容

由前节可知，涌突水致灾构造的预报，包括：

（1）未胶结压性断层强烈破碎带、未胶结张性断层破碎带、顺层错动破碎带、节理密集发育破碎岩体带、岩溶、废弃矿巷及地下向斜构造中含水层位置的探测预报。

（2）未胶结压性断层强烈破碎带、未胶结张性断层破碎带、顺层错动破碎带和节理密集发育破碎岩体带含水性及岩溶和废弃矿巷充水性的探测预报。

23.2.2　涌突水致灾构造预报方法

基于涌突水致灾构造预报内容，预报方法应包括：

（1）致灾构造位置预报方法。
（2）致灾构造含水性和充水性预报方法。

致灾构造位置预报方法包括波反射法、波反射层析成像法、地质调查分析法、超前钻孔法等。

致灾构造含水性和充水性预报方法包括岩体温度法、瞬变电磁法、电法、红外探水法、超前钻孔法等。

23.3 西藏米林县派镇—墨脱解放桥通乡公路多雄拉山隧道 TBM 施工节理密集发育岩体破碎带位置及其含水性探测预报

23.3.1 工程概况

多雄拉山隧道，为米林派镇至墨脱解放桥通乡公路工程的一部分，进口位于派镇松林口，出口位于解放桥多雄河边的二坪，隧洞全长 4 775 m，进口 495 m 为直线段，剩余隧道为曲线段，全隧 0.5%单面上坡，隧洞内径 8.4 m，开挖洞径 9.10 m，隧洞最大埋深约为 830 m。

23.3.2 工程地质水文地质条件

隧洞穿越多雄拉山垭口，地层为元古界南迦巴瓦岩群，属喜马拉雅地层区多雄拉岩组（P_t^{2-3}），岩性为花岗片麻岩、条带状混合片麻岩、眼球状混合片麻岩、肠状混合片麻岩。岩体片理、片麻理发育，主要发育 SN/W∠20~45°（北坡）、SN/E∠25~40°（南坡）和 N80°W/SW∠70~75°三组长大裂隙，裂隙延伸长度可达数十米。其中 SN/E∠25~40°组裂隙与岸坡小角度相交，经次生改造发育成卸荷裂隙，个别张开度较大，充填次生泥、岩屑等。

微风化—新鲜岩体垂直片麻理方向湿抗压强度为 71.6~140 MPa，平均值 112.2 MPa；平行片麻理方向湿抗压强度为 55.5~90 MPa，平均值 74.2 MPa，岩石总体属中硬岩—坚硬岩。

工程区在大地构造上位于印度大陆楔入和俯冲到欧亚大陆的前缘，属于喜马拉雅构造带"东构造结"。区内新构造运动强烈，地震活动频繁，其 50 年超越概率 10%地震动峰值加速度≥0.4 g，对应地震烈度≥Ⅸ度，区域构造稳定性差。隧址区内无区域性主干断裂通过，但韧性剪切带、次级小断层发育，对隧洞稳定性起着控制作用。

隧洞横穿多雄拉背斜，隧道轴线与背斜枢纽呈大角度相交。

多雄拉山山顶常年冰雪覆盖，山南北两侧地表沟谷有常年流水，地下水补给条件好，水源分布高程高，沿小型错动带及节理裂隙入渗条件好，地下水丰富。

受外围强烈区域构造作用及隧洞埋深影响，地应力量级高且复杂。

结合附近隧道工程施工揭示，隧道施工可能出现地下涌突水、有毒有害气体及高地温等一系列工程地质问题。

K8+705~K8+728 m，围岩岩性为花岗片麻岩，弱风化，片麻理产状为SN/W∠40°。岩体中发育2~3组结构面，多张开1~3 cm，结构面锈染、夹岩屑及泥，岩体呈块裂结构。洞内涌水可能为沿结构面的股状涌水和渗水，来源以地表渗水及裂隙储水为主，渗水量受季节影响较大。Ⅴ类围岩。

K8+728~K8+765 m，围岩岩性为花岗片麻岩，微新鲜—新鲜，片麻理产状为SN/W∠40°。岩体整体以镶嵌—块状结构为主，局部因节理裂隙发育呈碎裂结构。节理裂隙较发育，主要发育2~3组结构面，多微张及夹泥；另发育2条挤压破碎带及2条小规模的断层破碎带，其中挤压破碎带宽度5~50 cm不等，由碎裂岩、碎块岩组成；断层破碎带宽度5~40 cm不等，由碎砾、碎粉岩组成，遇水易泥化。洞内涌水可能为渗滴水—股状流水。Ⅳ类围岩。

K8+765~K9+345 m，围岩岩性为花岗片麻岩或条带状花岗混合岩，微新鲜—新鲜，片麻理产状为SN/W∠30~40°。整体以块状—镶嵌状结构为主，片麻理较为发育，片理之间结合较好，裂隙不发育。主要构造为顺片麻理发育的挤压破碎带，带宽一般数厘米至数十厘米，由岩块和岩屑组成，对拱顶的稳定性影响较大，地下水表现为沿破碎带或长大裂隙的滴水或渗水；局部大规模断层段，可能会出现大的突涌水。段内地应力中等，最大主应力小于20 MPa，发生岩爆的可能性较小，可能存在片帮和松弛现象，但范围较小，表现为洞壁岩体局部剥离和掉块现象。大部分为Ⅲ类围岩，断层、韧性剪切带、裂隙密集带和挤压破碎带为Ⅳ~Ⅴ类围岩。

K8+765~K8+855，围岩岩性为花岗片麻岩，微新鲜—新鲜，整体以块状结构为主。结构面仅片麻理较发育，裂隙偶见，片麻理产状为SN/W∠40°。局部发育挤压破碎带，带宽10~40 cm，多充填碎块岩。地下水不发育，围岩整体稳定。Ⅲ类围岩。

K9+345~K12+553，围岩岩性为花岗片麻岩或条带状花岗混合岩，微新鲜—新鲜。该段穿越多雄拉背斜，以K11+600~K11+700为界，北侧片麻理产状为SN/W∠0~30°，南侧片麻理产状为SN/E∠0~30°，K11+600~K11+700附近片麻理产状近水平。整体以块状—镶嵌状结构为主，核部以碎块状—散体结构为主。主要构造为顺片麻理发育的挤压破碎带，带宽一般数厘米至数十厘米，由岩块和岩屑构成。洞内涌水可能表现为沿破碎带或长大裂隙的滴水或渗水，背斜核部段，可能会出现大的突涌水。该段地应力较高，最大主应力超过 30 MPa。围岩为Ⅲ～Ⅳ类围岩，断层、韧性剪切带、裂隙密集带和挤压破碎带围岩为Ⅳ～Ⅴ类。

K12+553～K13+420，围岩岩性为花岗片麻岩或条带状花岗混合岩，微新鲜—新鲜。整体以块状—镶嵌状结构为主，片麻理较为发育，产状 SN/E∠30～40°。主要构造为顺片麻理发育的挤压破碎带，带宽一般数厘米至数十厘米。洞内涌水可能表现为沿破碎带或长大裂隙的滴水或渗水；局部大规模断层段，可能会出现大的突涌水。该段地应力中等，最大主应力小于 20 MPa，发生岩爆的可能性较小，围岩可能存在片帮和松弛现象，但范围较小，表现为洞壁岩体局部剥离和掉块。围岩为Ⅲ类围岩，断层、韧性剪切带、裂隙密集带和挤压破碎带围岩为Ⅳ～Ⅴ类。

K13+420～K13+450，围岩岩性为花岗片麻岩，微新鲜—新鲜。整体以镶嵌状—块状结构为主，局部受节理裂隙切割呈碎裂结构。片麻理产状为 SN/E∠40°。节理裂隙较发育，主要发育 2～3 组结构面，多微张及夹泥。挤压破碎带较发育。洞内涌水可能多呈渗滴水。Ⅳ类围岩。

K13+450～K13+480，围岩岩性为花岗片麻岩，弱风化，岩体呈块裂结构，片麻理产状为 SN/E∠40°，结构面较发育，多张开、锈染、夹岩屑及泥。洞内涌水可能多为沿结构面的股状流水及渗水，来源以地表渗水及裂隙储水为主，渗水量受季节影响较大。Ⅴ类围岩。

23.3.3　K10+253 节理密集发育岩体破碎带位置及其含水性探测预报

图 23-7 和图 23-8 分别为 HSP 波反射层析成像法探测预报成果和 RTP 岩体温度法成果图。

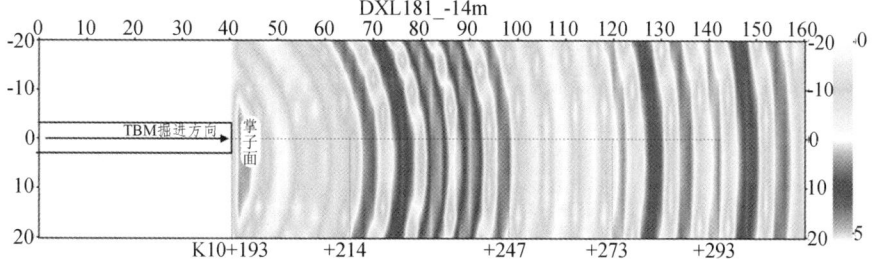

（XOY 切片 0 m 位置-水平洞轴切片）

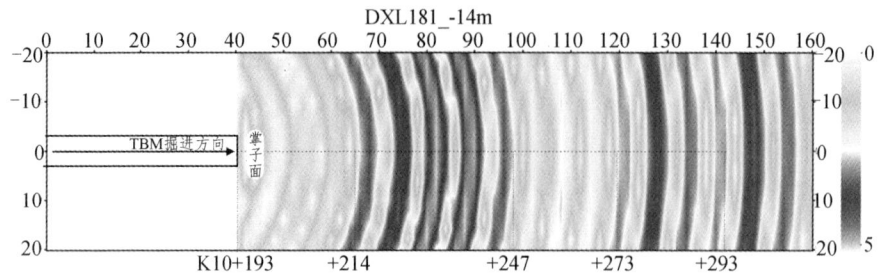

（ZOY 切片 0 m 位置-垂直洞轴切片）

图 23-7　K10+193 掌子面 HSP 波反射层析成像法探测预报成果图

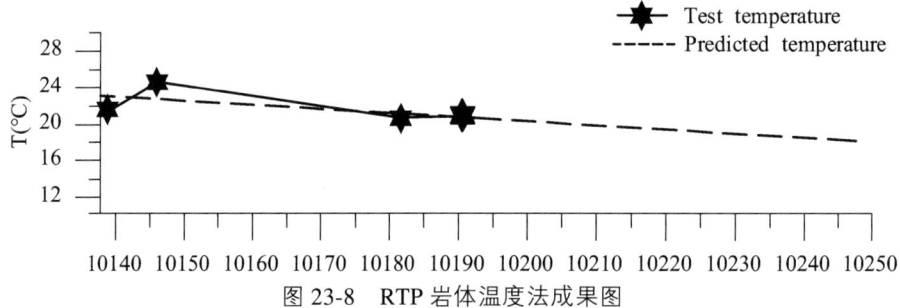

图 23-8　RTP 岩体温度法成果图

分析认为，K10+214～K10+247 段反射异常，围岩节理裂隙较发育，为节理密集发育岩体破碎带，完整性和稳定性较差，但地下水整体弱发育，无大范围涌水可能。

23.3.4　开挖揭示

TBM 施工在 K10+253 位置卡机，无水。为施工进入预报 K10+214～K10+247 节理密集发育岩体破碎带（里程位置误差 8 m）破碎围岩变形所致。

23.4　陕西引汉济渭工程秦岭输引水隧洞节理密集发育岩体破碎带位置及其含水性探测预报

23.4.1　工程概况

引汉济渭工程，属陕西省省内跨流域调水工程。调水工程由黄金峡水利枢纽、三河口水利枢纽和秦岭输水隧洞构成。秦岭输水隧洞越岭段全长 81.779 km，设计流量 70 m^3/s，隧洞平均坡降 1/2 500，采用钻爆法和 TBM 施工，工期 6.5 年。

主洞工程区在大地构造单元上属于秦岭褶皱系，由北秦岭优地槽和南秦岭冒地槽组成，经历加里东、华力西和印支三个旋回，于印支活动最终回返，为一多旋回褶皱系。工程区内沉积巨厚，岩浆活动频繁，变质作用复杂，褶皱、断裂发育，具有由边缘向中心对称迁移的特点。秦岭褶皱系北接中朝准地台（Ⅰ），南邻扬子准地台（Ⅲ）。主洞工程横穿秦岭褶皱系中的南秦岭印支褶皱带（Ⅱ4）和礼县—柞水华力西褶皱带（Ⅱ3）两个二级构造单元（图 23-9）。

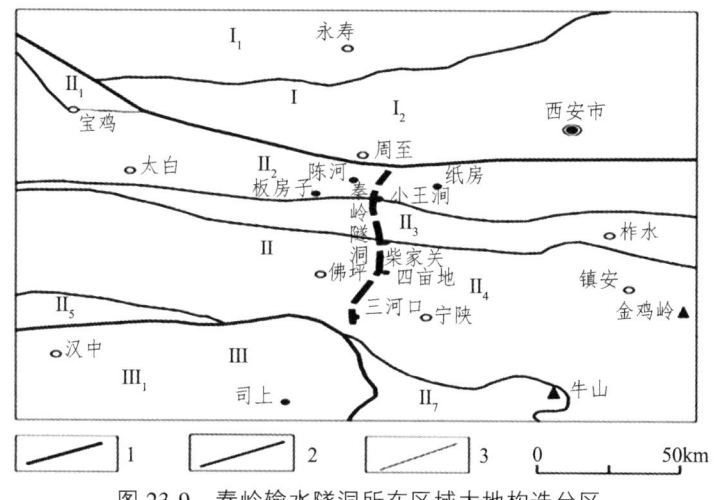

图 23-9　秦岭输水隧洞所在区域大地构造分区

秦岭输水隧洞通过 1 条区域性大断层和 1 条地区性一般断层，断层走向为北西西—近东西向，断层由断层泥砾、糜棱岩、碎裂岩等组成，松散、破碎、含水。另外，在岩浆岩侵入接触带，岩体中节理裂隙发育，岩体破碎，富水性强。隧洞围岩自稳能力差，施工时容易发生围岩失稳现象。

23.4.2　K55+919～K55+882 段节理密集发育岩体破碎带位置及其含水性探测预报

图 23-10、图 23-11 和图 23-12 分别是采用 HSP 波反射法于 K55+957 掌子面朝小里程方向探测得到的典型波形图、反演分析成果图和采用岩体温度法探测得到的 K55+950～K55+920 段隧道围岩温度场等值线图。

分析认为，K55+957 掌子面前方 38m（里程 K55+957～K55+919），围岩较破碎至较完整，局部节理裂隙较发育；前方 38～75m（K55+919～K55+882），围岩受构造影响，节理裂隙发育，岩体较破碎—破碎，呈块状结构至碎裂状结构，结构面结合较差，岩体易沿结构面掉块、坍塌，围岩完整性和稳定性差，地下水较发育。

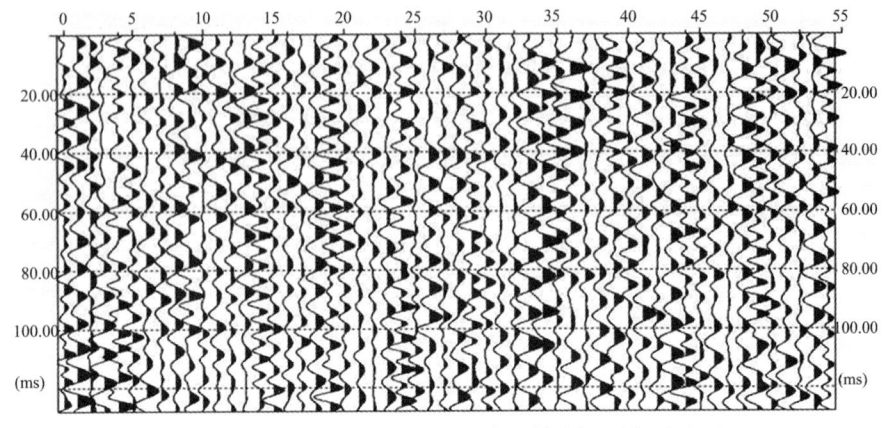

图 23-10　K55+957 掌子面 HSP 波反射法探测典型波形图

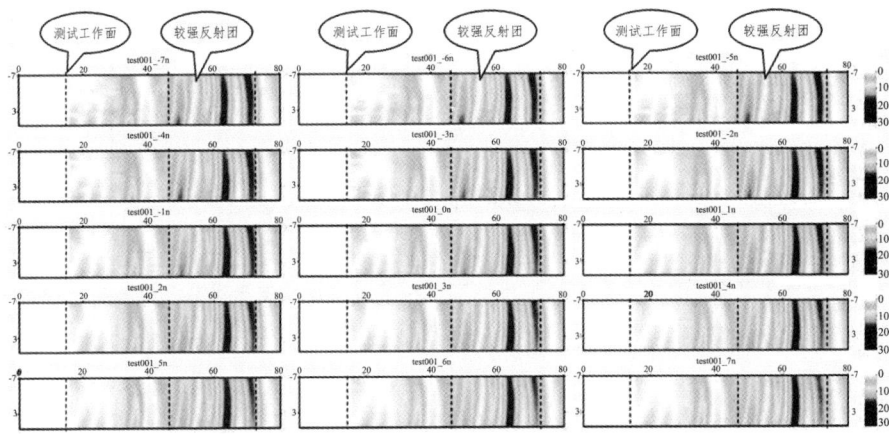

图 23-11　K55+957HSP 波反射法探反演分析成果图

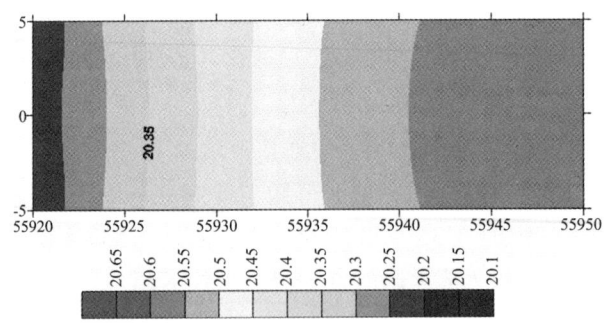

图 23-12　K55+950～K55+920 段隧道围岩温度场等值线图

开挖揭示，K55+919～K55+882 段围岩较破碎—破碎，节理裂隙发育，少量节理裂隙岩屑、方解石脉充填，地下水呈淋雨状流出。

第 24 章　山岭隧道施工涌突泥致灾构造预报

涌泥，指由于隧道施工开挖，揭穿隧道开挖工作面范围内的含水、饱水或过饱水黏土充填岩溶（洞穴、管道、溶缝、溶槽、溶沟）和间夹黏土及细小岩石颗粒富水压性断层上盘强烈破碎带，岩溶中充填的软塑状、流塑状的含水、饱水或过饱水黏土，富水压性断层上盘强烈破碎带岩石块体间夹的黏土及细小岩石颗粒向隧道的涌流。

突泥，则是由于隧道施工掌子面的接近、通过，存在于掌子面前方和开挖轮廓线外的泥水混合充填岩溶、黏土充填岩溶、黏土夹块石充填岩溶、压性断层主干断层带断层泥或断层糜棱岩和间夹黏土破碎岩石块体压性断层强烈挤压破碎带，泥水混合充填岩溶底部黏土、岩溶充填黏土、断层泥或断层糜棱岩、压性断层强烈挤压破碎带破碎岩石块体间夹的黏土，在自重应力作用、施工震动触发条件下，或由于大气降雨造成泥、水混合充填岩溶地下水位上升、黏土含水率上升，岩溶上部充填水和下部充填黏土自重应力增大，由岩石、黏土、初期支护、二次衬砌单独或组合构成的隔泥岩（土）盘被突破，黏土、断层泥、断层糜棱岩的突出。

隧道施工涌、突泥的危害，表现为淤塞隧道和导坑，掩埋洞内施工机具设备设施和施工人员，间接导致隧道上方地面塌陷。

隧道施工涌、突泥灾害与岩溶充填饱水黏土、间夹黏土及细小岩石颗粒的富水压性断层上盘强烈破碎带、由断层泥或断层糜棱岩构成的压性断层主干断层带密切相关，在时间上和涌水一样，具有及时性、突发性、阵发（间歇）性。

隧道施工涌突泥灾害与隧道施工涌突水灾害，并称隧道施工两大灾害。

24.1　涌突泥致灾构造

24.1.1　基本概念

隧道施工涌突泥致灾构造，指由于隧道施工的接近、揭穿、通过，存在于隧道洞身范围内、开挖工作面前方和隧道开挖轮廓线外的，在自重应力作用下向隧道涌流,在自重应力或施工震动触发作用下突破其与隧道开挖工作面间隔泥岩土盘（由岩石、土、初期支护、二次衬砌单独或组合构成）,形成隧道施工泥害,对隧道工程施工、隧道洞内施工人员人身安全和施工机具设备安全造成危害的黏土体（岩溶充填黏土,包括地下岩溶充填黏土、与地表相同的岩溶充填黏土、溶沟溶槽充填黏土、岩溶充填泥水混合物）断层泥或断层糜棱岩、压性断层上盘强烈破碎带。

24.1.2 基本类型

纵观国内外,造成隧道施工涌突泥的致灾构造（含泥体）,可分为：
（1）泥水混合充填岩溶。
（2）黏土充填岩溶：
① 与地表相通的黏土充填岩溶。
② 黏土充填深大岩溶沟槽。
（3）压性断层主干断层带断层泥或糜棱岩。
（4）破碎岩石块体夹黏土：
① 未胶结富水压性断层强烈破碎带。
② 底部间夹黏土破碎岩块充填岩溶。

需要说明的是,涌泥致灾构造仅在隧道施工揭穿时发生涌泥；突泥致灾构造中黏土既可突破其与隧道开挖工作面（掌子面、开挖轮廓面）间隔泥岩土盘突泥,隧道施工揭穿又发生涌泥。因此,涌泥致灾构造就是涌泥致灾构造,突泥致灾构造同时也是涌泥致灾构造。

24.1.3 泥水混合充填岩溶

在深部缓流带或水平循环带岩溶洞穴底部,由于水流速度的降低,岩溶水中携带的黏土物质逐渐沉积在洞穴底部,形成下部充填黏土上部充填地下水混合充填岩溶。

下部充填黏土上部充填地下水混合充填岩溶位于隧道洞身范围内且隧道在底部充填黏土中穿过,如底部充填黏土含水率较高,黏土呈软塑状或流塑状,但混合充填岩溶规模较小,地下水和黏土自重应力作用难以突破掌子面与混合充填岩溶间隔泥岩盘,隧道施工揭穿后,下部软塑状或流塑状充填黏土在地下水和黏土自重应力作用下向隧道施工掌子面后方涌流,形成涌泥；如混合充填岩溶规模较大,由于隧道施工掌子面的前移接近,掌子面与前方下部充填黏土上部充填地下水混合充填岩溶间岩盘厚度逐渐减小，当岩盘厚度小于最小安全岩盘厚度，亦即岩溶底部充填软塑状或流塑状黏土在其上部地下水和黏土自重应力或侧向应力作用下突破隔泥岩盘，形成即时突泥；若隧道施工开挖掌子面停留在某一位置，而此时掌子面与前方下部充填黏土上部充填地下水混合充填岩溶间岩盘厚度大于等于最小安全岩盘厚度，遇隧道址区大气降雨，致上方充填水地下水位上升，充填水和黏土自重应力或侧向应力增大，原本处于安全状态的隔泥岩盘厚度小于新的地下水位条件下的最小安全岩盘厚度，岩溶底部软塑状或流塑状黏土突破岩盘向隧道涌出，形成滞后突泥。

下部充填黏土上部充填地下水混合充填岩溶位于隧道开挖轮廓线外，底部充填黏土含水率较高，黏土呈软塑状或流塑状。当隧道施工开挖通过时，如开挖轮廓线与混合充填岩溶间隔泥岩盘厚度小于最小安全岩盘厚度，岩溶底部充填软塑状或流塑状黏土在其上部地下水和黏土自重应力或侧向应力作用下突破隔泥岩盘，形成即时突泥；如开挖轮廓线与混合充填岩溶间隔泥岩盘厚度等于最小安全岩盘厚度，隧道施工通过后的施工震动特别是爆破震动致使底部充填黏土下坐，下坐力或由此产生的侧向应力造成隔泥岩盘被突破，岩溶底部软塑状或流塑状黏土涌出，形成滞后突泥；如开挖轮廓线与混合充填岩溶间隔泥岩盘厚度大于等于最小安全岩盘厚度，遇隧道址区大气降雨，致上方充填水地下水位上升、充填水和黏土自重应力或侧向应力增大，致使原本处于安全状态的隔泥岩盘厚度小于新的地下水位条件下的最小安全岩盘厚度，岩溶底部软塑状或流塑状黏土突破岩盘向隧道涌出，形成滞后突泥。

下部充填黏土上部充填地下水混合充填岩溶位于隧道洞身范围内且隧道在底部充填黏土中穿过，如充填黏土厚度极大，底部充填黏土含水率极低，黏土呈硬塑状。隧道施工揭穿后，底部硬塑状黏土成为自体隔泥土盘。随着隧道施工掌子面的继续前移，底部硬塑状黏土自体隔泥土盘厚度越来越小。一旦底部硬塑状黏土自体隔泥土盘厚度小于最小安全土盘厚度，底部硬塑状黏土则瞬间突出，甚至伴随有剧烈的爆响。隧道施工揭穿硬塑状的与地表相通的黏土充填岩溶、黏土充填深大岩溶沟槽及大型压性断层主干断层带断层泥或糜棱岩，均可能发生类似突泥。

图 24-1 是隧道施工下部充填黏土上部充填地下水混合充填岩溶涌突泥致灾构造。

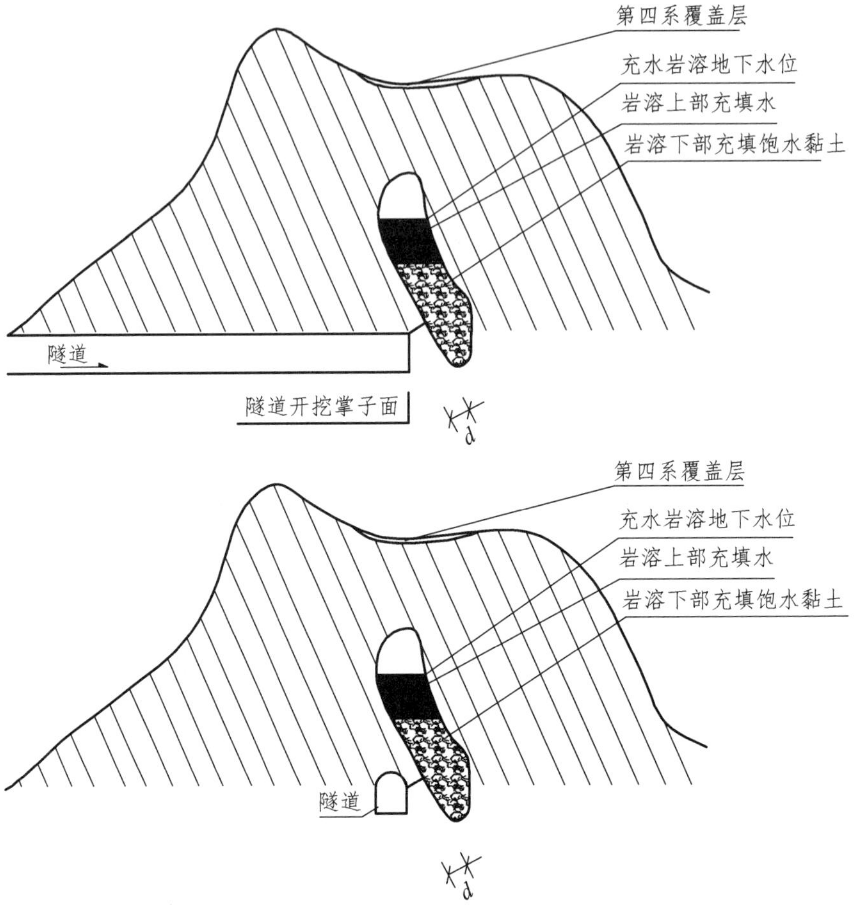

（隧道施工开挖工作面前方）（隧道开挖轮廓线外）

图 24-1　下部充填黏土上部充填地下水混合充填岩溶涌突泥致灾构造

24.1.4　与地表相通的黏土充填岩溶

在岩溶地区，往往存在众多的与地面相通的岩溶漏斗，即垂直循环带中的垂直岩溶，表水径流携带黏土沉积在岩溶漏斗底部、整个岩溶漏斗中，甚至与之相通的季节变动带中的岩溶洞穴中，形成与地表相通的黏土充填岩溶。如地面为第四系松散堆积物所覆盖，则黏土充填岩溶在地表不易被发现。

隧道洞身穿越与地表相通的黏土充填岩溶，如与地表相通的黏土充填岩溶规模较小，充填黏土含水率较高，黏土呈软塑状或流塑状，黏土自重应力作用难以突破掌子面与黏土充填岩溶间隔泥岩盘，隧道施工揭穿后，软塑状或流塑状充填黏土在黏土自重应力作用下向隧道施工掌子面后方涌流，形成涌泥；如与地表相通的黏土充填岩溶规模较大，由于隧道施工掌子面的前移接近，掌子面与前方黏土充填岩溶间岩盘厚度逐渐减小，当岩盘厚度小于最小安全岩盘厚度，亦即岩溶充填软塑状或流塑状黏土在其自重应力或侧向应力作用下突破隔泥岩盘，形成即时突泥；若隧道施工开挖掌子面停留在某一位置，而此时掌子面与前方黏土充填岩溶间岩盘厚度大于等于最小安全岩盘厚度，遇隧道址区大气降雨，致充填黏土含水率上升，黏土自重应力或侧向应力增大，原本处于安全状态的隔泥岩盘厚度小于新的充填黏土含水条件下的最小安全岩盘厚度，软塑状或流塑状黏土突破岩盘向隧道涌出，形成滞后突泥。

与地表相通的黏土充填岩溶位于隧道开挖轮廓线外，充填黏土含水率较高，黏土呈软塑状或流塑状。当隧道施工开挖通过时，如开挖轮廓线与黏土充填岩溶间隔泥岩盘厚度小于最小安全岩盘厚度，岩溶充填软塑状或流塑状黏土在其自重应力或侧向应力作用下突破隔泥岩盘，形成即时突泥；如开挖轮廓线与黏土充填岩溶间隔泥岩盘厚度等于最小安全岩盘厚度，隧道施工通过后的施工震动特别是爆破震动致使底部充填黏土下坐，下坐力或由此产生的侧向应力造成隔泥岩盘被突破，岩溶底部软塑状或流塑状黏土涌出，形成滞后突泥；如开挖轮廓线与黏土充填岩溶间隔泥岩盘厚度大于等于最小安全岩盘厚度，遇隧道址区大气降雨，致岩溶充填黏土自重应力或侧向应力增大，致使原本处于安全状态的隔泥岩盘厚度小于新的岩溶充填黏土含水条件下的最小安全岩盘厚度，岩溶充填软塑状或流塑状黏土突破岩盘向隧道涌出，形成滞后突泥。

图 24-2 是与地表相通的岩溶充填饱和黏土涌突泥致灾构造。

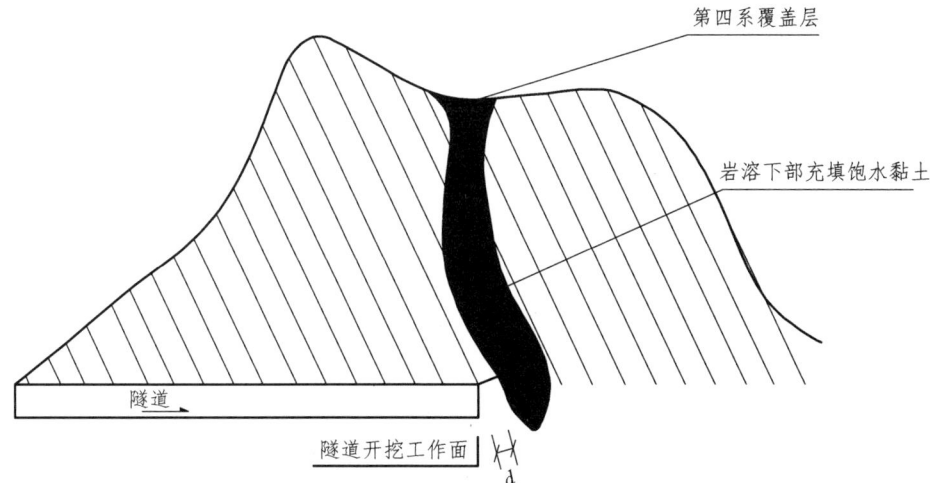

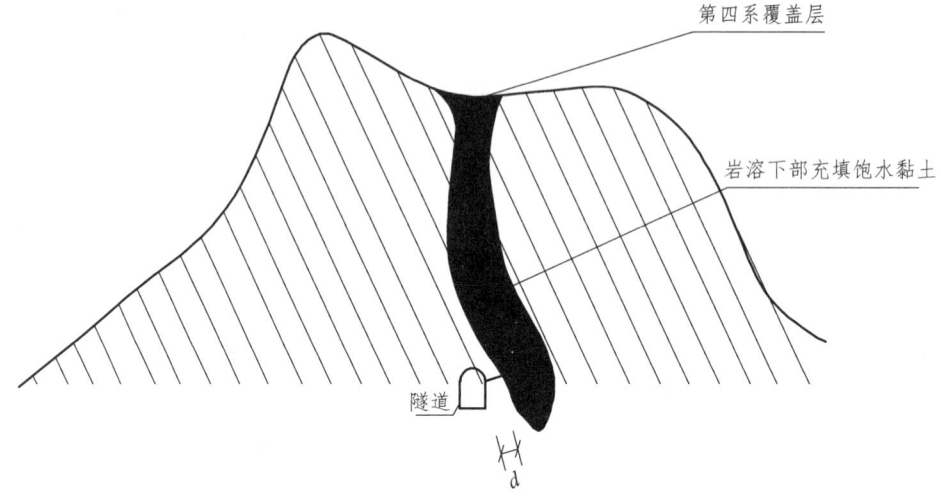

（隧道施工开挖工作面前方）（隧道开挖轮廓线外）

图 24-2　与地表相通的溶充填岩饱和黏土涌突泥致灾构造

24.1.5　压性断层主干断层带糜棱岩或断层泥

隧道施工由断层下盘向上盘方向施工进入由糜棱岩或断层泥构成的大型压性断层主干断层带，由下盘黏土夹块石构成的岩盘，本身自稳能力就低，加之自稳能力也差的富水上盘强烈破碎带黏土夹块石的重力作用，断层糜棱岩或断层泥与富水上盘强烈破碎带黏土夹块石极易一道突破由下盘黏土夹块石构成的岩盘，首先形成土糜棱岩或断层泥的突出（图 24-3）。

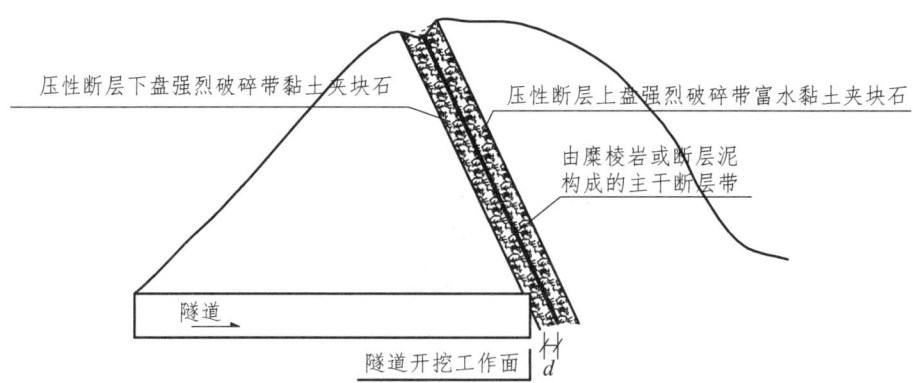

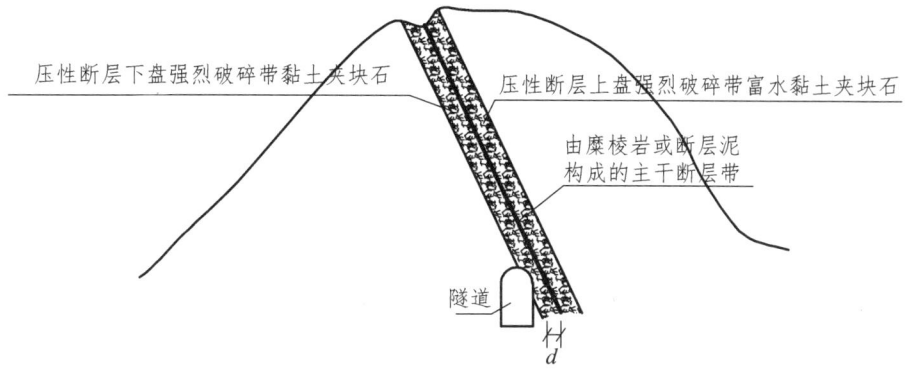

(隧道施工开挖工作面前方)(隧道开挖轮廓线外)

图 24-3　构成的压性断层主干断层带糜棱岩或断层泥涌突泥致灾构造

24.1.6　黏土充填深大岩溶沟槽

地面强烈抬升或隆起期地表岩溶沟槽的向纵深发展及其后稳定期地表剥蚀产物经表水运移充填岩溶沟槽，造就了深大黏土充填岩溶沟槽的发育分布，特别在地壳长期隆（起）抬（升）的云（南）贵（州）高原，该地区充沛的雨量更造成了深大岩溶沟槽中充填黏土的富水特性。

隧道施工，特别是隧道洞口段施工，极易遇此类深大充填黏土岩溶沟槽（图 24-4），如不引起充分重视，极易引发涌突泥灾害。

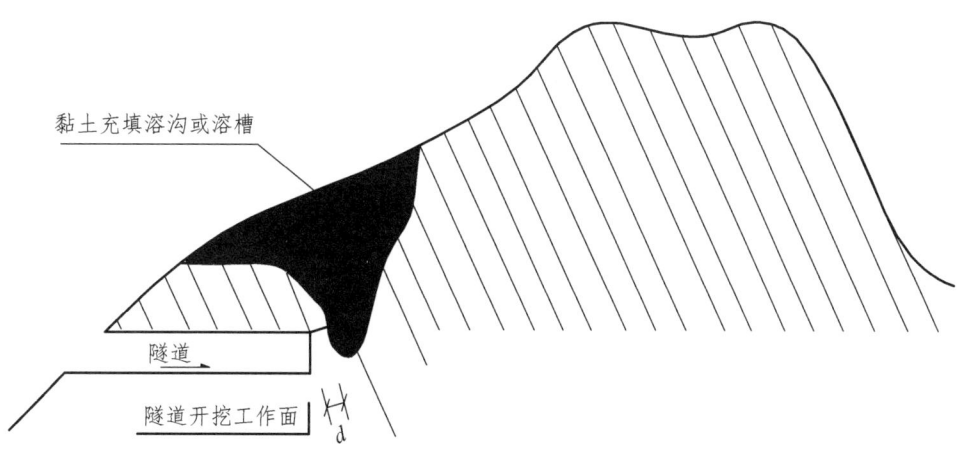

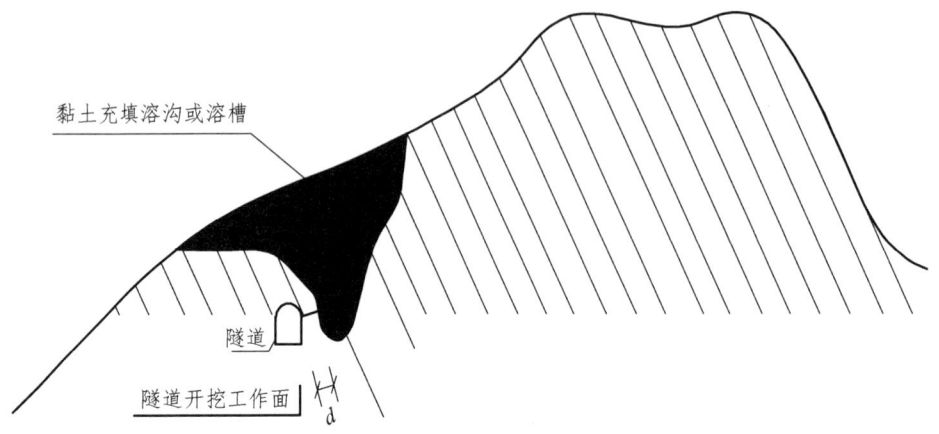

（隧道施工开挖工作面前方）（隧道开挖轮廓线外）

图 24-4 深大岩溶沟槽充填黏土涌突泥致灾构造

24.1.7 未胶结富水压性断层强烈破碎带

压性断层两盘强烈破碎带，多为水、黏土、破碎岩块构成，水和黏土充填在破碎岩块间的空隙中，饱水或过饱水的黏土具有较强的流动性。在饱水或过饱水黏土自重应力作用下，饱水或过饱水黏土突破断层影响带或由断层泥或断层糜棱岩构成的主干断层带岩（土）盘，强烈破碎带黏土夹块石中的块石呈骨架状留在原位，饱水或过饱水黏土突出形成突泥；如强烈破碎带富水黏土夹块石一道突出，则形成隧道洞内泥石流灾害。

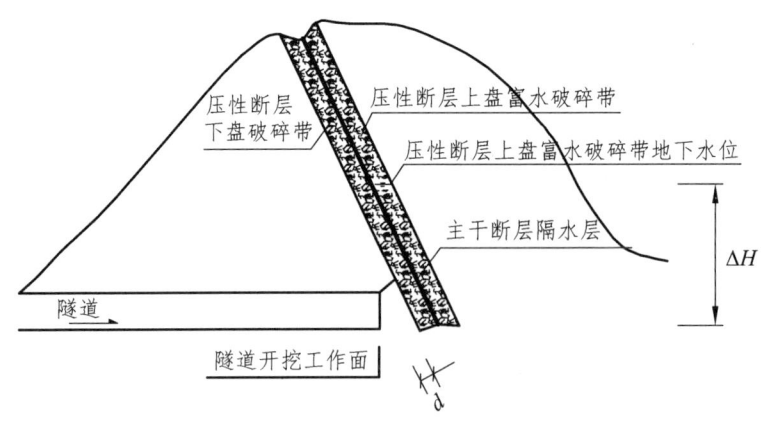

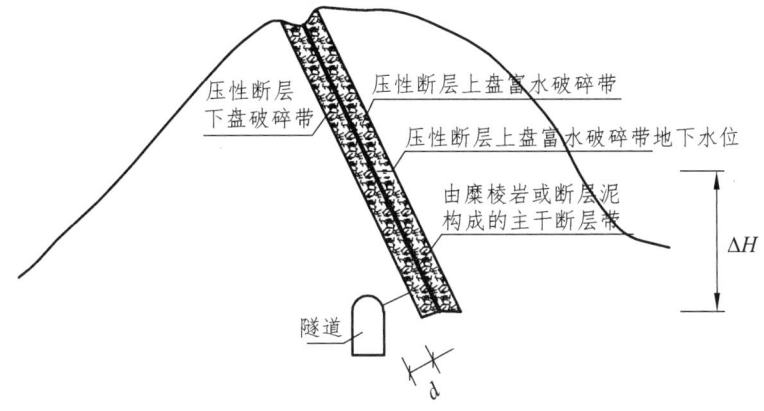

图 24-5　未胶结富水压性断层强烈破碎带突泥致灾构造

24.1.8　底部黏土夹破碎岩块充填岩溶

与饱水或过饱水黏土充填破碎岩块间空隙压性断层强烈破碎带突泥类似，当隧道施工通过封闭充水岩溶底部水+黏土充填破碎岩块体时，充填在破碎岩块间空隙中的饱水或过饱水黏土，具有较强的流动性。在饱水或过饱水黏土自重应力作用下，饱水或过饱水黏土突破同样由水+黏土充填破碎岩块构成的岩（土）盘，黏土夹块石中的块石呈骨架状留在原位，饱水或过饱水黏土突出形成突泥；如饱水或过饱水黏土夹块石一道突出，则形成隧道洞内泥石流灾害（图 24-6）。

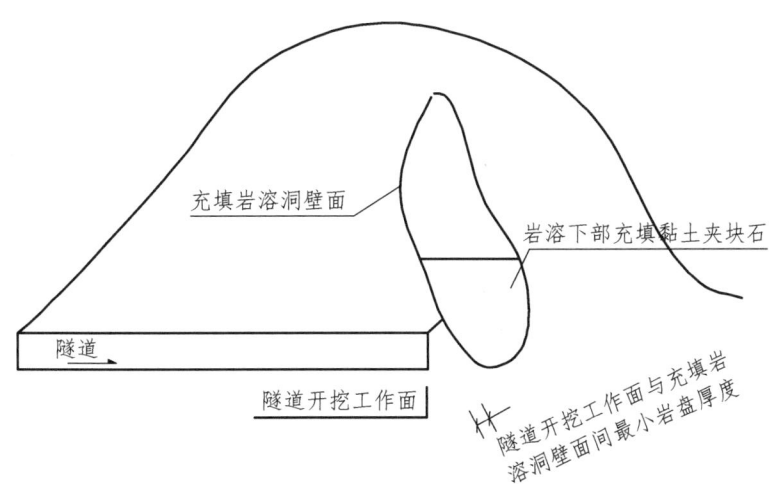

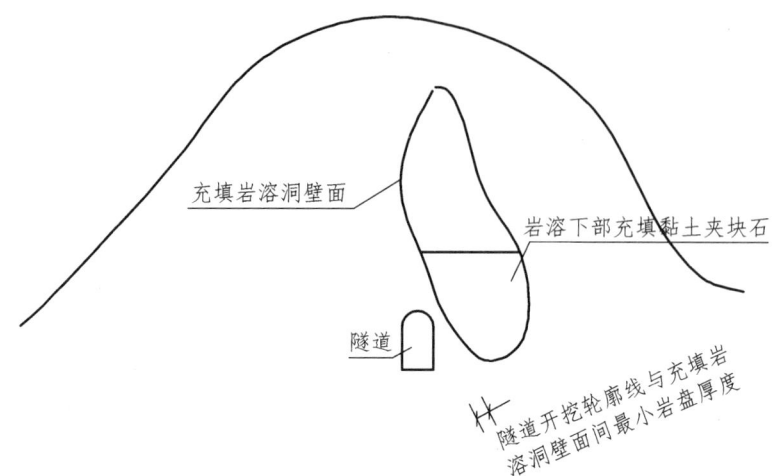

（隧道施工开挖工作面前方）（隧道开挖轮廓线外）

图 24-6 底部黏土夹破碎岩块充填岩溶突泥致灾构造

24.2 涌突泥致灾构造预报

24.2.1 涌突泥致灾构造预报内容

由前节可知，涌突水致灾构造的预报，包括：
（1）深部岩溶、与地表相通岩溶、压性断层、深大岩溶沟槽的探测预报。
（2）深部岩溶、与地表相通和深大岩溶沟槽黏土充填的探测预报。

24.2.2 涌突水致灾构造预报方法

基于涌突泥致灾构造预报内容，预报方法应包括：
（1）致灾构造位置预报方法。
（2）致灾构造黏土充填预报方法。
致灾构造位置预报方法包括波反射法、波反射层析成像法、地质调查分析法、超前钻孔法等。
致灾构造黏土充填预报方法包括地质分析法和超前钻孔法等。

24.3 贵州余凯高速公路鱼洞 1 号隧道左线与地表相通黏土充填岩溶突泥预报

24.3.1 隧道工程地质概况

鱼洞 1 号隧道位于凯里市，隧道为双洞设置，左洞进、出口里程分别为

ZK69+275 和 ZK70+649，右洞进、出口里程分别为 YK69+307 和 YK70+686。

隧道址区地势起伏较大，地表受侵蚀作用强烈，属侵蚀剥蚀型中低山地貌。进出口均位于较平缓的稻田里，横坡较缓，纵坡较陡，山上植被好，多为灌木类植物。地面高程 542.0～652 m，相对高差约 110 m。场区水系属珠江流域之清水江水系，隧道上方地表水为冲沟水，进口冲沟常年有水。

隧道区属亚热带温热湿润气候区。年平均气温 14.9 ℃，极端最低气温 -7.6 ℃，极端最高气温 38.4 ℃；年平均降雨量 1 147 mm，降雨多集中在 4—8 月，最大日降雨量 120.0 mm。

隧道址区位于新华夏系雪峰山褶皱隆起带南端，地层呈单斜产出，产状 345°∠26°，节理发育，主要有 15°∠76°、283°∠61°、42°∠68°、100°∠70° 四组。隧道区内无断层通过，地质构造简单。

隧道址区地层岩性自上而下依次为：

（1）第四系崩层（Q_4^c）。

（2）第四系残、坡积层（Q_4^{el+dl}）。

（3）第四系冲、洪积层（Q_4^{al+pl}）。

（4）二叠系上统吴家坪组（P_2w）泥质砂岩。

（5）二叠系下统栖霞茅口组（P_{1q+m}）灰岩。

（6）二叠系下统栖梁山组（P_{2q}）灰岩。

（7）泥盆系上统尧梭组（D_{3y}）。

（8）志留系中上统项群（S_{2-3wn}）。

隧道址区地下水主要为第四系松散覆盖层空隙潜水、岩裂隙水和岩溶水，主要靠大气降水垂直补给。大气降雨时，小部分顺岩层层面、节理面向下渗透补给，大部分以坡面流形式向地势较低处的冲沟径流排泄，底板位于当地侵蚀基准面之上。

图 24-7 为鱼洞 1 号隧道左洞工程地质剖面图。

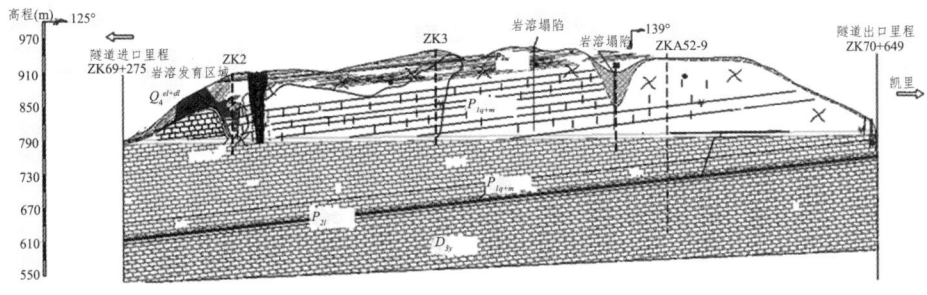

图 24-7　鱼洞 1 号隧道左洞工程地质剖面图

24.3.2 施工过程中可能存在的主要工程地质问题

(1) 隧道洞口边坡失稳。

隧道洞口边坡较陡,边坡岩体破碎无自稳能力,且坡表覆盖有一定厚度残坡积亚黏土混碎石,应加强洞口边坡的加固处理。避免因隧道开挖而过度扰动边坡导致失稳。

(2) 破碎围岩段的小型坍塌(洞身小局部范围)。

鱼洞 1 号隧道岩层走向与隧道轴线大角度相交,岩层倾向洞外且倾角较大,当掌子面掘进至节理发育的薄层状结构破碎岩层中,受施工扰动及地下水的作用,拱顶部位岩体极易沿着层面滑动甚至发生小型坍塌,尤其是在加宽带部位碰到节理发育的薄层状结构破碎岩体时,更有可能发生该类灾害。

(3) 黏土充填岩溶突涌泥。

隧道位于岩溶地下水垂直循环带,施工可能遭遇黏土充填岩溶,施工开挖接近或揭穿可能发生突涌泥灾害。

24.3.3 预报掌子面地质情况

测试掌子面里程为 ZK69+575。

掌子面岩性为薄—中厚层白云质灰岩,掌子面石质坚硬,岩体较完整,周边自稳性较好。掌子面潮湿。

图 24-8 为掌子面素描与测试布置。

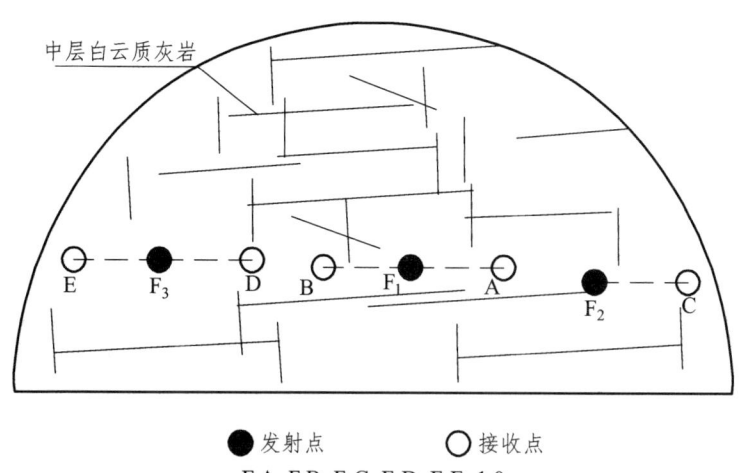

图 24-8 ZK69+575 掌子面素描与测试布置

24.3.4 预报方法及预报结果

图 24-9 为探测典型波形图。

图 24-10 为时域和频域分析成果图。

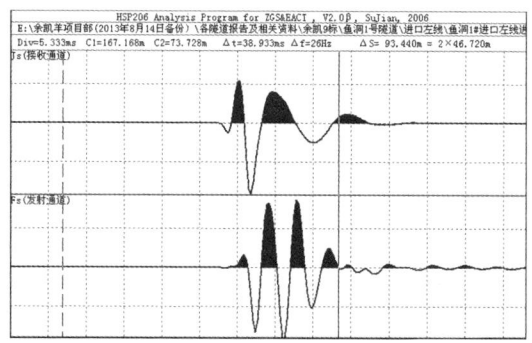

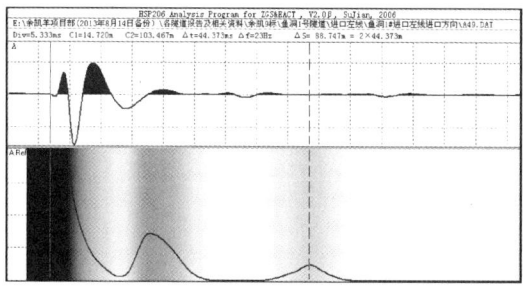

图 24-9 探测典型波形图

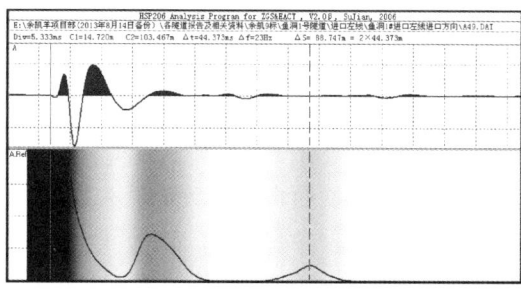

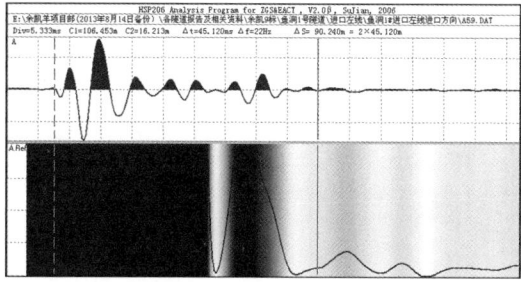

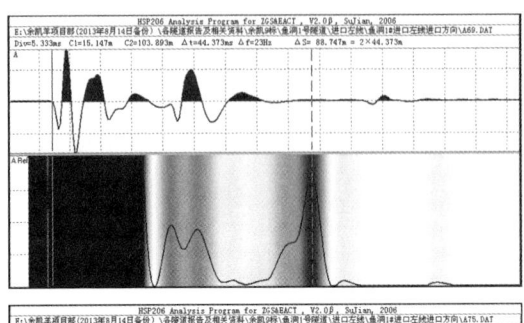

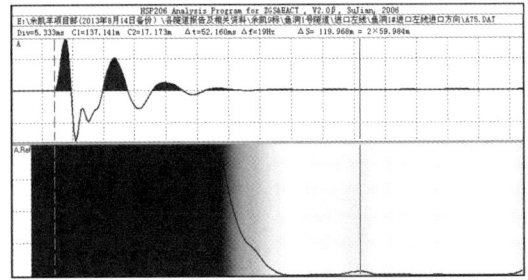

图 24-10　时域和频域分析成果图

分析认为，掌子面前方 60 m 范围内主要为灰岩，岩体较完整，局部岩溶发育。其中 ZK69+535～+515 段软弱破碎，发育岩溶裂隙或充填溶洞，建议加强支护措施。

24.3.5　施工开挖验证

隧道施工至 ZK69+532 经监理下达停工令停止施工。

2014 年 12 月 31 日，ZK69+532 掌子面发现沿岩体中发育的节理裂隙挤出流塑状黏土。

2015 年 1 月 1 日 11 时许，随着一声巨响，发生充填黏土岩溶突泥，突泥导致 ZK69+628 处左、右隧道间横通道堵塞致隧道关门，5 名在左洞往出口方向掌子面施工人员被困。经抢险，5 名被困施工人员于事故发生约 4 h 后脱险。

隧道洞内突泥灾害发生后洞顶地表调查发现，隧道上方地面出现直径近 40 m 的陷穴（图 24-11）。

图 24-11　鱼洞 1 号隧道 ZK69+532 洞内突泥导致隧道上方地面出现的陷坑

图 24-12 为突泥位置与隧道左右洞及其间横通道平面关系图。

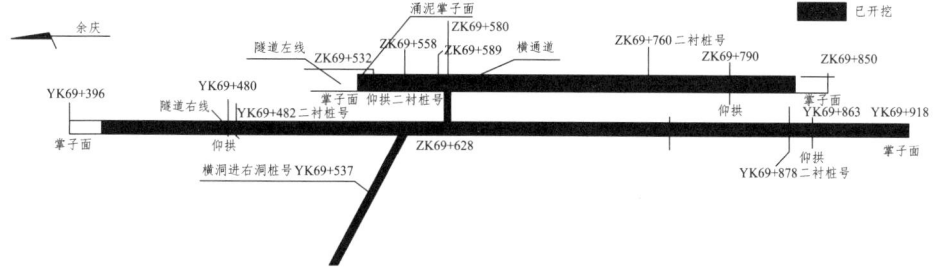

图 24-12 鱼洞 1 号隧道 ZK69+532 突泥位置与隧道左、右洞及其间横通道平面关系图
（图中灰色标示已开挖隧道段）

24.4 贵州镇胜高速公路五龙山隧道与地表相通黏土充填岩溶突泥预报

24.4.1 五龙山隧道工程地质概况

五龙山隧道，位于贵州省普安县境内，起于普安县地瓜镇冬瓜村，终于普安县盘水镇文毕村小关岭，是镇胜高速公路控制隧道之一，为上、下分离的双洞四车道设计。隧道穿越山体最高海拔约 1 995 m，谷底最低海拔为 1 410 m，隧道最大埋深约 477 m。

左线隧道起讫里程为 ZK110+109~ZK113+288，长 3 179 m；右线隧道起讫里程为 YK110+120~YK113+330，长 3 210 m。进口洞门设计为削竹式，出口洞门设计为端墙式。

隧道地貌单元为高山地貌区，属构造剥蚀峰丛地貌。山体挺拔，陡岩挺立，峰顶多呈浑圆状。地面高程在 1 410.6~1 195.1 m，相对高差 584.5 m，隧道区地形起伏较大，切割较深，沟谷峰脊大致呈北东向，坡角 50°~75°。隧址区以五龙山山脉山脊为地表分水岭，分水岭以西地表水较缺乏，沟谷均干涸，分水岭以东地表水较发育。

隧道穿越地层简单，由新至老为第四系地层（Q_4）、二叠系上统峨眉山玄武岩（$P_{2\beta}$）和下统茅口组（P_{1m}）灰岩组成。其中：

第四系地层岩性主要为亚黏土和碎石土，主要分布于隧道部位的山脊、山坡及进、出口的斜坡地段。

二叠系上统峨眉山玄武岩组岩层的地表出露界线为从隧道进口至 K112+500 里程一带，岩性主要以玄武岩为主，局部夹有页岩、泥岩、凝灰岩，均是玄武岩中的韵律层。按岩石风化程度和裂隙发育程度，隧道还可划分为强、弱、微风化三带。

二叠系下统茅口组岩层在地表出露界线为 K112+500 至隧道出口，出露高程约为 1 740 m，岩性主要以灰岩为主。

图 24-13 为五龙山隧道工程地质纵剖面图。

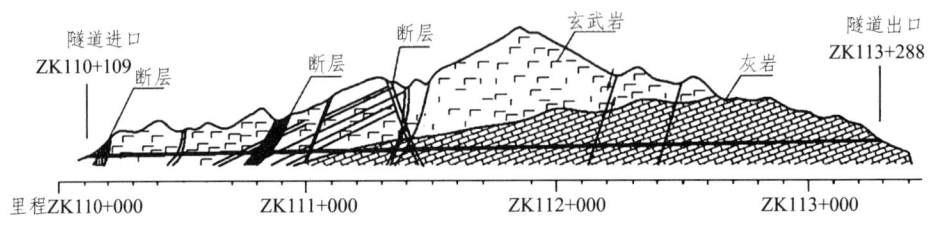

图 24-13　贵州镇胜高速公路五龙山隧道工程地质纵剖面图

24.4.2　预报掌子面地质情况

预报掌子面为左洞出口 ZK112+792 掌子面。

掌子面岩性为深灰、灰色中—厚层灰岩，产状 132°∠36°。岩体节理较发育，主要发育如下 5 组节理：① 96°∠77°，间距 20～40 cm，局部 10～20 cm，贯穿掌子面；② 150°∠74°，间距 20～40 cm，局部 10～20 cm，贯穿掌子面；③ 256°∠51°，节理间距 30～50 cm，延伸 3～5 m；④ 340°∠84°，节理间距 70～100 cm，贯穿掌子面，充填方解石细脉，脉宽 5～10 cm；⑤ 348°∠15°，节理间距 30～50 cm，延伸 3～5 m。

图 24-14 为掌子面素描及测试布置示意图。

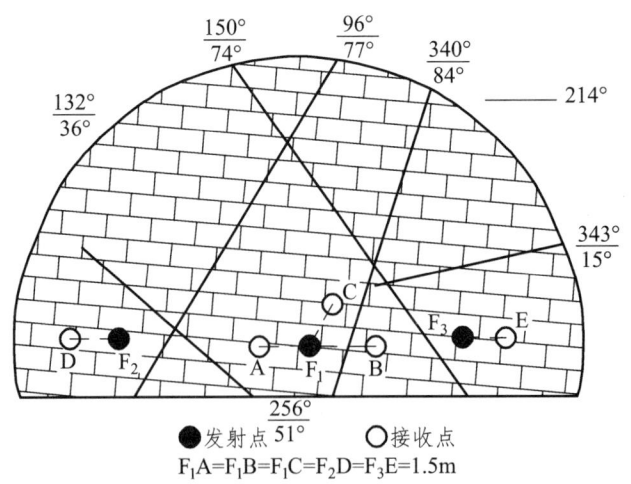

图 24-14　掌子面素描及测试布置

24.4.3 预报方法及预报结果

预报采用 HSP 反射波法结合地质调查分析法。

掌子面岩体声波平均速度为：3 187 m/s。

图 24-15 为时域和频域分析成果图。

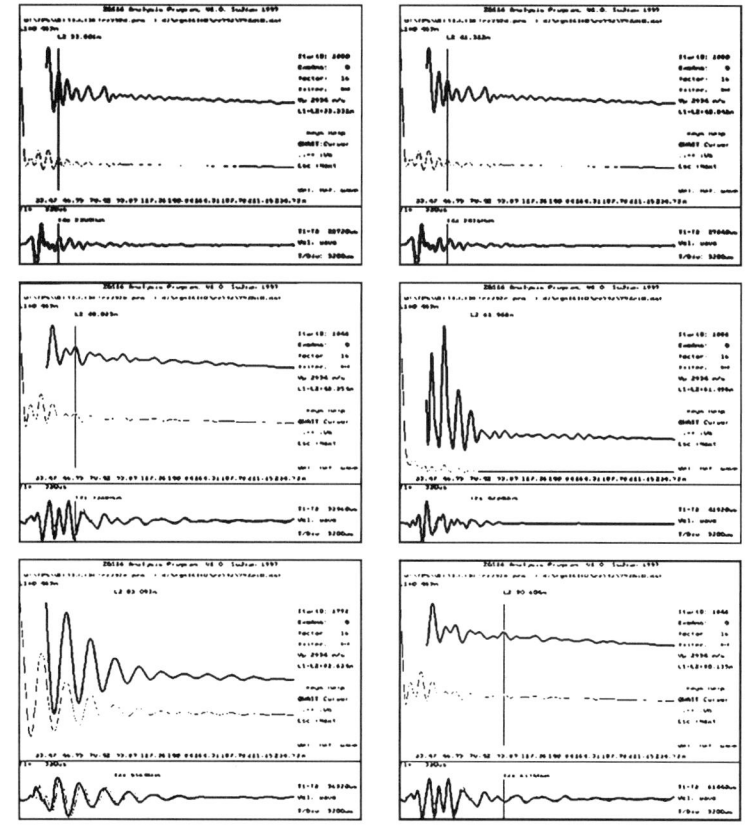

图 24-15　出口左线 ZK112+792 里程探测时域和频域分析成果图

分析认为，目前掌子面前方 91 m 范围内主要为灰岩，存在 3 个节理裂隙发育带：

（1）掌子面前方 33~41 m，为节理裂隙发育带，对应里程为 ZK112+759~+751。

（2）掌子面前方 48~62 m，为节理裂隙发育带，可能发育与地表相通黏土充填岩溶，对应里程为 ZK112+744~+730。

（3）掌子面前方 80~91 m，为节理裂隙发育带，里程为 ZK112+712~+701。

24.4.4 施工开挖验证

隧道施工至 ZK112+734，掌子面放炮后，在 ZK112+744 右拱腰（正对掌子面左侧拱腰）位置发现孔径约 2 m 的溶洞口，由内向外涌泥（褐红色黏土，图 24-16），隧道上方地表开裂，裂缝宽达到 40 cm（图 24-17）。

图 24-16　五龙山隧道 ZK112+744 溶洞涌泥　　图 24-17　五龙山隧道溶洞涌泥造成地表开裂

第25章　山岭隧道施工洞内泥石流致灾构造预报

泥石流，指斜坡上或沟谷中松散碎屑物质被暴雨或积雪、冰川消融水所饱和，在重力作用下，沿斜坡或沟谷流动的现象。

泥石流的特点是爆发突然，历时短暂，来势凶猛和巨大的破坏力。

隧道洞内泥石流指由于隧道施工开挖揭穿充填饱水或过饱水黏土夹块石岩溶、压性断层上盘强烈破碎带饱水或过饱水黏土夹块石，岩溶中充填的饱水或过饱水黏土夹块石向隧道或导坑的涌出、压性断层上盘强烈破碎带饱水或过饱水黏土夹块石坍塌后向隧道或导坑开挖工作面后方的涌流。

与地面泥石流灾害发生的降雨诱发不同，隧道施工洞内泥石流是隧道施工揭穿开挖揭穿充填饱水或过饱水黏土夹块石岩溶、压性断层上盘强烈破碎带饱水或过饱水黏土夹块石，岩溶中充填的饱水或过饱水黏土夹块石、压性断层上盘强烈破碎带饱水或过饱水黏土夹块石在重力作用下产生塑性流动的结果。

隧道洞内泥石流灾害的危害，主要表现为对隧道洞内施工机具设备、和施工人员的掩埋和已开挖隧道（包括导坑）的淤塞。

25.1　泥石流致灾构造

25.1.1　基本概念

隧道施工洞内泥石流致灾构造，指由于隧道施工揭穿扰动、存在于隧道洞身范围内的、在自重应力作用下向隧道涌流；由于施工开挖工作面前移接近、通过，存在于隧道开挖工作面前方和隧道开挖轮廓线外的，在自身及上部地下水自重应力作用或施工震动触发作用下，突破其与隧道开挖工作面（掌子面、开挖轮廓面）间岩土盘，形成隧道施工洞内泥石流灾害、对隧道工程施工、隧道洞内施工人员人身安全和施工机具设备安全造成危害的不良地质体——含水、饱水和富水的黏土、破碎岩石块体混合体。

25.1.2　基本类型

纵观国内外隧道工程建设实践，造成隧道施工洞内泥石流的不良地质体-致灾构造，包括：
（1）未胶结富水压性断层上盘强烈破碎带。
（2）底部含水、饱水或和富水黏土夹块石充填岩溶。
（3）底部黏土夹块石上部地下水混合充填岩溶。

25.1.3　未胶结富水压性断层上盘强烈挤压破碎带

由大小不一破碎岩石块体及充填块体间空隙的黏土构成的未胶结压性断层上盘强烈破碎带，由于主干断层带断层泥或断层糜棱岩的隔水，往往富含地下水，围岩稳定性差，因无超前预固结、支护或支护措施不当或支护强度不足，隧道施工开挖揭穿后，富含地下水的夹黏土破碎围岩坍塌后向坍塌位置后方已开挖隧道或导坑流动，形成隧道洞内泥石流。

25.1.4　底部含水、饱水或富水黏土夹块石充填岩溶

由含水、饱水和富水黏土夹块石构成。作为隧道围岩，稳定性差，因无超前预固结、支护或支护措施不当或支护强度不足，隧道施工开挖揭穿后，含水、饱水和富水黏土夹块石构成的围岩坍塌后向坍塌位置后方已开挖隧道或导坑流动，形成隧道洞内泥石流。

25.1.5　底部黏土夹块石上部地下水混合充填岩溶

由岩溶底部充填黏土夹块石和上部充填地下水构成。底部黏土夹块石往往富含地下水，围岩稳定性差，因无超前预固结、支护或支护措施不当或支护强度不足，隧道施工开挖揭穿后，富水黏土夹破碎岩石块体构成的围岩坍塌后向坍塌位置后方已开挖隧道或导坑流动，形成隧道洞内泥石流；当岩溶底部充填黏土夹块石和上部充填地下水体量极大时，在自重应力作用下，甚至可突破岩溶与隧道开挖工作面（掌子面、开挖轮廓面）间岩盘突出形成隧道洞内泥石流。

25.2　隧道洞内泥石流致灾构造预报

25.2.1　隧道洞内泥石流致灾构造预报内容

由前节可知，隧道洞内泥石流致灾构造的预报，包括：
（1）未胶结富水压性断层上盘强烈挤压破碎带、岩溶的探测预报。
（2）岩溶充填性质的探测预报。

25.2.2 涌突水致灾构造预报方法

基于涌突泥致灾构造预报内容，预报方法应包括：
（1）致灾构造位置预报方法。
（2）致灾构造黏土充填预报方法。

致灾构造位置预报方法包括波反射法、波反射层析成像法、地质调查分析法、超前钻孔法等。

致灾构造黏土充填预报方法包括地质分析法和超前钻孔法等。

25.3 遂渝铁路荆竹岭隧道洞内泥石流致灾构造预报

25.3.1 荆竹岭隧道工程地质概况

荆竹岭隧道穿越区域属岩溶低山峡谷及红色丘陵地貌，地形起伏较大，海拔高程在 180~650 m，相对高差达 470 m，山势险峻，一般自然坡度 30°~50°，多处悬崖峭壁，冲沟多呈"V"型，出口段位于红色丘陵地貌区，平缓宽阔。坡面植被发育。

区内年平均降雨量 1083 mm，最大降雨量 79 mm/h，平均气温 18.3 ℃；6、7、8 月气温偏高，最高气温 42.2 ℃，最低气温-1.8 ℃。全年相对湿度 79，最大风速 27 m/s，风向 NE 向，嘉陵江三百年一遇水位高程 213.94 m，百年一遇水位高程 210.29 m。

隧道区域内第四系堆积分布有坡残积层，基岩大多裸露，出露地层有 T_{1f}~J_{2xs} 地层：Q_4^{dl+pl} 粉质黏土，J_{2xs} 泥岩夹砂岩，J_{2x} 泥岩夹砂岩及灰岩，J_{1-2z} 泥岩夹砂页岩及灰岩，J_{1z} 泥岩夹砂岩及页岩，T_{3xj}^1、T_{3xj}^3 泥页岩夹薄层状砂岩炭质页岩及煤层煤线，T_{3xj}^2、T_{3xj}^4 砂岩，T_{2l} 白云岩，T_{1j} 灰岩夹白云岩、页岩、石膏，T_{1f} 泥岩、灰岩及泥质灰岩。

隧道位于扬子准地台川中台坳，即新华夏系第三沉降带四川沉降褶带，跨川东高褶带和川中平缓低褶带，构造形迹主要为华蓥山帚状褶皱束，分布于本区内的褶皱为沥鼻峡背斜和 F_2 断层（沥鼻峡断层）。

地下水主要有第四系松散基岩孔隙水、基岩裂隙水和岩溶水等。

可能出现的不良地质现象有：岩溶、瓦斯、石膏层、断层及破碎带等。其中，尤以岩溶、瓦斯和石膏层为主要特征。

25.3.2 预报掌子面地质情况

探测掌子面里程 DK109+794。

掌子面岩性上部为盐溶角砾岩，岩体极破碎，大量溶孔充填可塑状黄色黏土；中部为 30~50 cm 厚的黑色断层泥夹灰岩角砾；往下为岩溶角砾岩和泥质灰岩。断层为正断层，产状 142°∠60°；下部灰岩产状 103°~110°∠21°~30°。

25.3.3　预报方法及预报结果

预报采用 HSP 波反射法和地质调查分析法。

掌子面岩体平均波速为 863 m/s。

对现场采集波形进行时域、频域分析认为，掌子面前方 11 m（DK109+805）上导底部揭穿主干断层带断层泥。由于断层泥的隔水，断层上盘可能富含地下水，穿过断层泥后可能会出现一定量的隧道涌水，断层上盘强烈挤压破碎带围岩稳定性差，易发生失稳塌方。

建议施工单位在施工穿过断层泥层前采用钻孔探水，并加强横洞段施工排水措施，按设计进行防水施工，严防由于隧道涌水可能造成的淹没横洞段事故的发生。

25.3.4　施工开挖验证

DK109+826~+836 段隧道发生洞内泥石流（图 25-1）。

洞内泥石流为断层上盘强烈挤压破碎带涌水与夹黏土破碎岩石块体塌方同时发生形成。

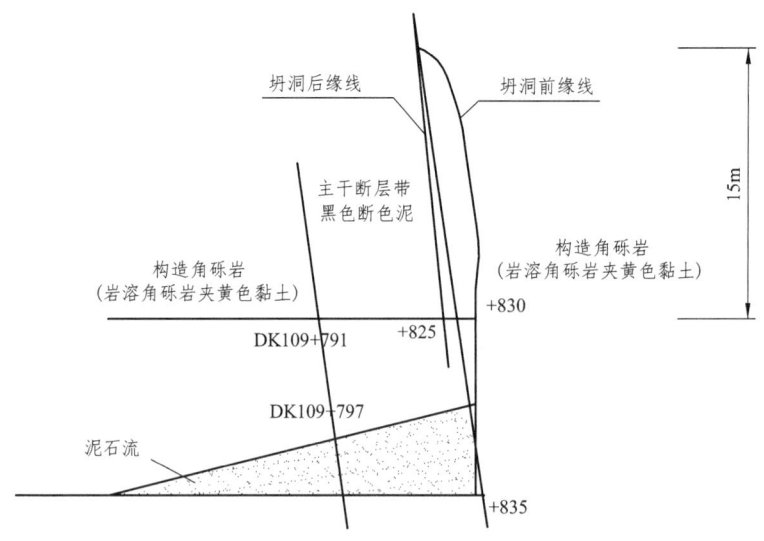

图 25-1　遂渝铁路荆竹岭隧道洞内泥石流示意图

第26章　山岭隧道掘进机施工围岩变形失稳塌方致灾构造预报

围岩变形及失稳塌方，是隧道施工中极为常见的一种灾害。应该说，在矿山法施工隧道中，围岩的变形失稳塌方控制技术已非常成熟。然而，随着山岭隧道掘进机法施工的引入及推广，基于围岩变形及失稳塌方对掘进机施工危害的敏感性和严重性，极易造成掘进机的卡机，隧道施工围岩变形失稳塌方致灾构造的探测预报，再次成为隧道施工地质预报的重要环节，在确保掘进机施工安全中扮演着极为重要的作用。

26.1　围岩变形失稳塌方致灾构造

26.1.1　基本概念

围岩变形失稳塌方致灾构造，是指由于隧道施工开挖及开挖扰动，在无超前预支护、初期支护条件下，存在于隧道洞身围岩体中的本身无稳定性或稳定性差的、节理裂隙切割的在自重应力作用下可能发生整体坍塌，或因关键块体坠落引发塌方，或因变形过大致使失稳坍塌，造成对其下方施工人员人身安全和施工机具设备安全造成危害的土质围岩体、松散破碎岩体、软岩岩体、膨胀岩、半成岩岩体等不良地质体。

26.1.2　基本类型

纵观国内外隧道工程建设实践，造成隧道施工围岩失稳塌方的不良地质体-致灾构造，包括：

（1）土质围岩。
（2）软岩岩体。
（3）膨胀岩。
（4）半胶结岩体。
（5）由薄层岩石及页岩构成的破碎岩体。
（6）未胶结断层（顺层错动）破碎带及未胶结节理密集发育破碎围岩体。
（7）岩溶充填物。

（8）节理裂隙切割岩体中的关键块体。

26.1.3 土质围岩

按土的工程分类，主要包括软土、黄土、膨胀土、盐渍土、红黏土及人工回填土等。

土，是尚未固结成岩的第四纪松软堆积物，是岩石风化、剥蚀作用产物在原地堆积，或经搬运由于搬运动力减弱或地物阻挡在不同自然环境沉积而成。

软土，指在静水或缓慢的流水环境中沉积、经生物化学作用形成的饱和黏性土。其特点是天然含水量高、天然孔隙比大、压缩性高、抗剪强度低、固结系数小、固结时间长、灵敏度高、扰动性大、透水性差、土层层状分布复杂、各层之间物理力学性质相差较大。

黄土，指在干燥气候条件下形成的一种具有灰黄色或棕黄色的特殊土，颗粒为 0.05~0.005 mm 的占总质量 50% 以上。疏松、多孔隙、层理不明显、垂直节理发育、透水性较强、沉陷性是黄土最主要的物理性质。

膨胀土，主要由亲水性矿物组成的一种高塑性黏土，具有显著的吸水膨胀和失水收缩特性。

盐渍土，是盐土和碱土以及各种盐化、碱化土壤的总称。疏松、冬季土体膨胀、雨季时强度降低、潮湿状态高含盐下强度低不易压实是其主要特点。

红黏土，是灰岩、白云岩、泥灰岩等碳酸盐类岩石风化产物残积、坡积形成的褐红、棕红、黄褐色的塑性黏土。

人工回填土，是人类活动产生的堆积物，其物质成分一般较为杂乱，均匀性差。

由于土的组成颗粒间不具有刚性的联结，强度极低，作为隧道围岩，自稳能力极差，极易发生围岩的失稳坍塌。

26.1.4 软 岩

按工程岩体分级国家标准，岩石饱和单轴抗压强度≤30 MPa 的岩石统称为软质岩（Soft Rock）。

软岩可分为地质软岩和工程软岩两大类别。

地质软岩指强度低、孔隙度大、胶结程度差、受构造面切割及风化影响显著或含有大量膨胀性黏土矿物的松、散、软、弱岩层，该类岩石多为泥岩、页岩、粉砂岩、泥质砂岩及压性断层主干断层带糜棱岩，是天然形成的复杂的地质介质；工程软岩是指在工程力作用下能产生显著塑性变形的工程岩体。

工程软岩强调软岩所承受的工程力荷载的大小，强调从软岩的强度和工程力荷载的对立统一关系中分析、把握软岩的相对性实质。根据工程软岩特性的差异及其在工程力作用下产生显著塑性变形的机理，可分为膨胀性软岩、高应力软岩、节理化软岩和复合型软岩。

根据应力类型的不同，高应力软岩可细分为自重应力软岩和构造应力软岩。自重应力软岩与深度有关，与方向无关；构造应力软岩与深度无关，而与方向有关。根据应力水平的高低，高应力软岩可细分为高应力软岩、超高应力软岩和极高应力软岩。

当工程荷载相对于地质软岩（如泥页岩等）的强度足够小时，不产生软岩显著塑性变形的地质软岩，不属于工程软岩，但在工程力作用下发生了显著变形的地质软岩属于工程软岩；在埋深大、高应力作用下，呈现显著变形的部分地质硬岩（如泥质胶结砂岩等），属于工程软岩。

无论是地质软岩还是工程软岩，作为隧道围岩，主要工程地质问题是围岩的变形失稳坍塌。

26.1.5 膨胀岩

膨胀岩，属于软岩中的特殊类型，主要为黏土类岩石。此类岩石通常具有性脆、色浅和贝壳状断口、异常强烈亲水性、湿度变化条件下有较大体积变化、约束变形条件下产生较大内应力等特点。

表 26-1 是膨胀岩分类标准汇总。

表 26-1 膨胀岩分类标准汇总表（据朱训国、杨庆）

类 别	自由膨胀率 /%	干燥饱和吸水率 /%	极限膨胀变形率 /%	极限膨胀力 /kPa	比表面积 /(m^2/g)
微膨胀岩	30～50	25～50	5～10	100～300	50～100
弱膨胀岩	50～70	50～90	10～20	300～500	100～300
强膨胀岩	>70	>90	>20	>500	>300

隧道施工遇此类岩土，围岩吸水膨胀、崩解，导致围岩变形失稳坍塌。

26.1.6 半成岩

半成岩，是未经历完全成岩作用的特殊岩石。在组成、结构和构造等方面，它们既具有部分土的特征，又具有部分岩石的特征。

第三系半成岩泥质含量高，具有较强的塑性变形和流性变形特征，微透水—极微透水，强风化第三系半成岩具强透水性，强度低，软化系数小，抗风化能力极弱，浸水后岩石强度急剧降低，胶结程度低，水稳性差，在震动和渗透压力作用下极易发生溃砂破坏现象。

作为隧道围岩，其具有的土的特性显现得更为明显，遇水软化，自稳能力极差，极易发生围岩的失稳坍塌甚至流动。

26.1.7 由薄层岩石构成的破碎岩体

薄层岩石指单层厚小于等于 1 cm 的岩石层，页岩页理极为发育。如岩体中节理裂隙发育，由薄层岩石、页岩构成的岩体极为破碎，极易变形失稳坍塌。

前述西（昌）攀（枝花）高速公路徐家梁子隧道出口段由强片理化绢云母片岩构成的围岩岩体，尽管隧道施工开挖后及时施工了初期支护，但因围岩长时间变形且累计变形最大达到 104 cm，初期支护侵限，不得不数次拆除重做。

26.1.8 未胶结断层（顺层错动）破碎带及节理密集发育破碎围岩体

如前述，未胶结压性断层破碎带由间夹黏土及细小岩石颗粒的大小不一的具一定定向排列的岩石块体构成，未胶结张性断层带由大小不一、形状各异、杂乱排列的岩石块体构成，顺层错动破碎带由大小不一的具一定定向排列的岩石块体构成，节理密集发育破碎岩体由大小不一、形状各异的节理裂隙切割岩石块体构成，岩石块体间几乎没有结合力，作为隧道围岩稳定性差。岩石块体间空隙为水充填时，更大大降低了其作为围岩岩体的稳定性。

26.1.9 岩溶充填物

岩溶充填物，包括：
（1）黏土。
（2）黏土夹块石。
（3）黏土质粉细砂。
（4）块石。
（5）砂夹卵石。

作为隧道围岩，岩溶充填黏土、夹黏土块石及黏土质粉细砂中，除硬塑状黏土、夹黏土块石及黏土质粉细砂具有一定稳定性外，软塑状及流塑状黏土、夹黏土块石及黏土质粉细砂稳定性差，极易产生变形失稳甚至流动；岩溶充填块石为岩溶形成过程中崩塌产物，块体间几乎没有结合力，无稳定性，在无超前预固结支护条件下隧道施工揭穿极易形成塌方；砂夹卵石为岩溶地下暗河河床沉积物，砂粒间、砂粒与卵石间没有结合力，无任何稳定性，在无超前预固结支护条件下隧道施工揭穿极易形成塌方。

26.2 隧道围岩变形失稳塌方致灾构造预报

26.2.1 隧道围岩变形失稳塌方致灾构造预报内容

由前节可知，隧道洞内泥石流致灾构造的预报，包括：

（1）土质围岩、软岩、膨胀岩、半成岩、由薄层岩石构成的破碎岩体、未胶结断层（顺层错动）破碎带及节理密集发育破碎围岩体、岩溶分布位置的探测预报。

（2）岩溶充填性质的探测预报。

26.2.2 隧道围岩变形失稳塌方致灾构造预报方法

基于涌突泥致灾构造预报内容，预报方法应包括：

（1）致灾构造位置预报方法。

（2）岩溶充填物性质预报方法。

致灾构造位置预报方法包括波反射法、波反射层析成像法、地质调查分析法、超前钻孔法等。

岩溶充填物性质预报方法包括地质分析法和超前钻孔法等。

26.3 引红济石调水工程引水隧洞 TBM 施工段围岩变形失稳坍方段探测预报

26.3.1 引红济石调水工程引水隧洞工程地质概况

引红济石调水工程，是陕西省南水北调西线工程。工程位于陕西省宝鸡市太白县，由关山引水枢纽和引水隧洞组成。引水隧洞进口位于关山坝址、红岩河谷左岸，出口位于五里坡东部桃川河左岸，洞线全长 19.8 km，采用钻爆法+TBM 施工法。

K8+700～K19+800 m 段采用美国罗宾斯公司生产转场双护盾 TBM 施工。

引水隧洞工程区地处秦岭山脉腹地，地貌属侵蚀中山，大地构造属秦岭地槽，构造以东西向褶皱、断裂为主。引水隧洞位于东西向的太白—桃川河向斜南翼，穿越地层岩石包括条带状大理岩、角夹闪片岩、片麻岩、绿泥石片岩及炭质片岩，存在溶蚀裂隙，地下水活动复杂。

图 26-1 是引水隧洞 TBM 施工段地质剖面图。

354　地质复杂隧道施工预报研究与工程实践

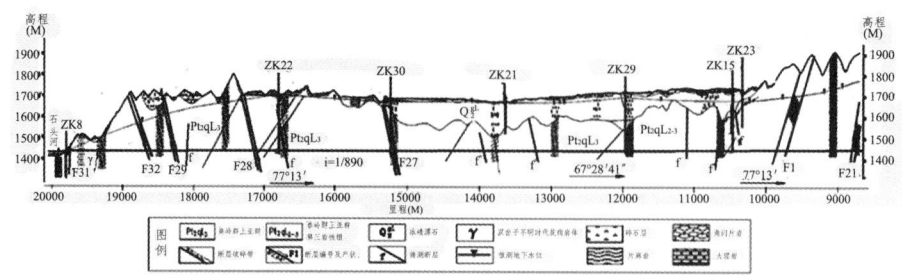

图 26-1　TBM 施工段地质剖面图

26.3.2　预报段地质情况

图 26-2 是预报段地质设计图。

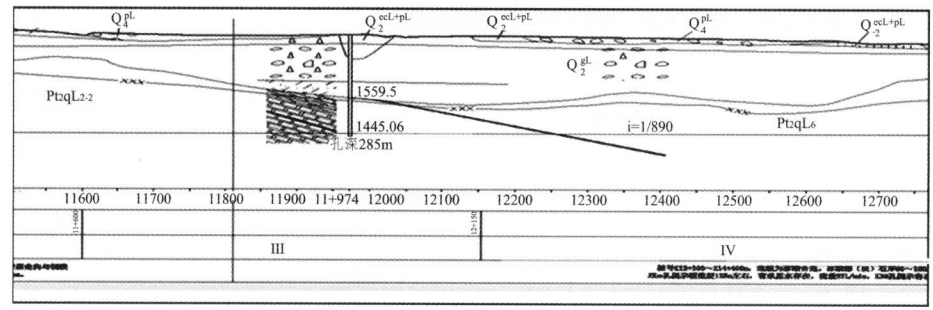

（a）K11+865～K11+600 段

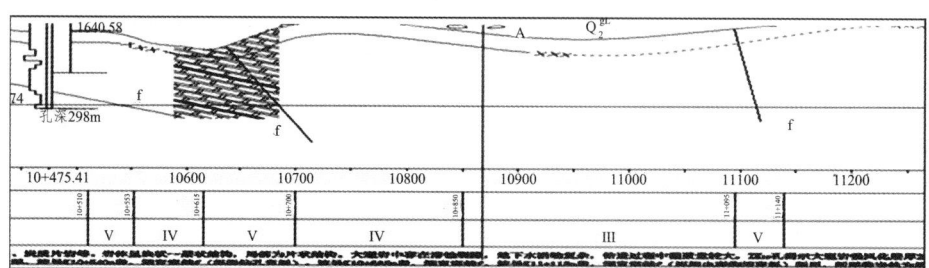

（b）K10+933～K10+850 段

图 26-2　预报段地质设计图

26.3.3　预报方法及预报结果

预报采用 HSP 波反射法进行。

图 26-4 是 K11+865 和 K10+933 掌子面探测时域、频域分析成果图。

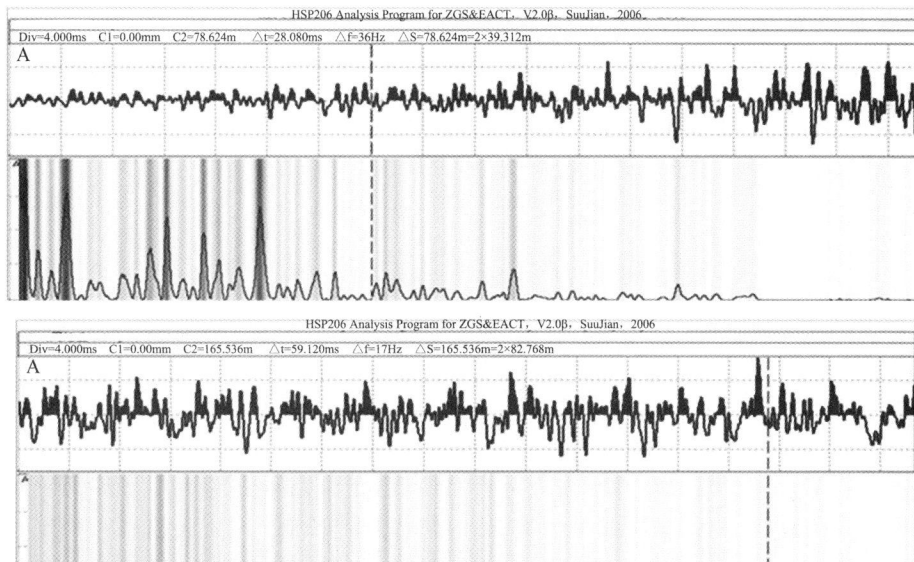

(a) K11+865～K11+600 段

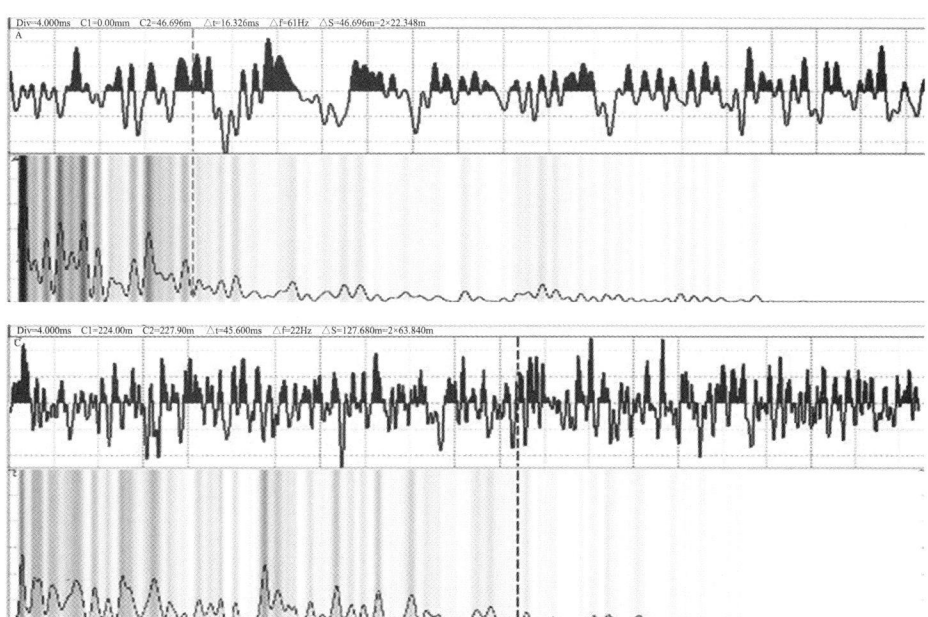

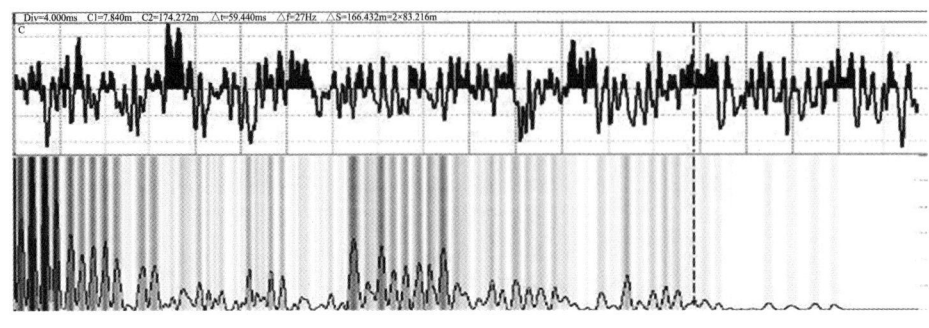

（b）K10+933～K10+850 段

图 26-3　掌子面探测时域、频域分析成果图

分析认为，K11+865 掌子面前方 83 m：

（1）K11+865～K11+826 段，围岩总体较完整，呈块状结构，围岩完整性和稳定性一般；局部节理裂隙发育，呈裂隙块状结构，围岩完整性和稳定性较差。

（2）K11+826～+782 段，围岩总体较破碎，节理裂隙较发育，岩体呈碎裂块状结构，围岩稳定性差；局部较完整，呈裂隙块状结构，围岩稳定性较差。

K10+933 掌子面前方 83 m：

（1）K10+933～K10+911 段，围岩较破碎—较完整，岩体呈裂隙块状及中薄层状结构，结构面结合较差，围岩完整性和稳定性较差。

（2）K10+911～K10+870 段，围岩总体较破碎，节理裂隙较发育，围岩完整性和稳定性差；局部较完整，围岩完整性和稳定性较好。

（3）K10+870～K10+850 段，围岩片理、节理裂隙发育，岩体破碎，呈碎裂结构，围岩完整性和稳定性差。

26.3.4　开挖验证

（1）K11+820.6 位置较大坍塌，地下水发育，造成停机，处理耽误较长时间。
（2）K10+870 发生严重坍塌，地下水发育，造成停机，处理耽误较长时间。

第27章　隧道施工岩溶探测预报

27.1　岩溶隧道施工地质灾害

岩溶隧道，是施工地质灾害最为复杂且严重的一类隧道，几乎囊括了所有灾害类型。包括：
（1）突水。
（2）涌水。
（3）突泥。
（4）涌泥。
（5）突砂。
（6）涌砂。
（7）洞内泥石流。
（8）围岩变形失稳塌方。
（9）岩爆。
（10）有害气体突出等。

其中的突水、涌水、突泥、涌泥、突砂、涌砂、洞内泥石流等，不仅造成对隧道洞内施工人员人身和施工机具设备安全的危害，甚至可能导致隧道上方地表生态环境的破坏和生态环境灾害的发生；掌子面后方的围岩变形失稳塌方、突泥、洞内泥石流，带横通道双洞隧道掌子面的突泥和洞内泥石流，甚至可能导致隧道施工关门灾害的发生。

27.2　岩溶发育分布特征

中国广布的碳酸盐岩地层、地层中发育分布的地质构造和地下水作用，造就了可溶岩地层中岩溶的发育。

27.2.1　岩溶发育岩性控制

可溶岩的存在，是岩溶发育的前提条件。不同的可溶岩，其岩溶发育的程度是不同的。

（1）质纯厚层石灰岩岩溶最发育，多以溶隙和中小型溶洞为主，并有一定数量的大型溶洞。

（2）白云质灰岩及白云岩岩溶次之。

（3）大理岩岩溶发育较弱。

（4）泥质灰岩、泥灰岩及泥质、白云质角砾岩岩溶发育很弱。

（5）蚀变灰岩、矽卡岩岩溶发育甚微。

27.2.2　岩溶发育构造控制

构造，如地层中发育分布的断层破碎带、岩体中发育分布的节理裂隙、可溶岩岩层间界面、可溶岩与非可溶岩间接触界面，均为地下水的储存和运移通道，地下水对可溶岩的溶蚀及对溶蚀物、可溶岩坍塌物的搬运，造就了沿构造发育的岩溶。

（1）沿断层破碎带发育。

（2）沿褶皱核部脱空位置发育。

（3）沿可溶岩层面发育。

（4）沿可溶岩岩体中发育与分布的节理裂隙特别是贯通性节理裂隙、节理裂隙交叉位置发育。

（5）沿可溶岩与非可溶岩接触界面发育。

27.2.3　岩溶发育形态及其充填性质岩溶地下水动力剖面分带控制

岩溶地下水动力剖面分带，决定了岩溶的发育形态和充填性质。

在垂直循环带，地下水垂直运动，发育的岩溶形态包括：

（1）岩溶洼地。

（2）岩溶漏斗。

（3）岩溶竖井。

（4）溶沟。

（5）溶槽。

当岩溶洼地全为第四系松散堆积物覆盖时，溶沟、溶槽为黏土、黏土夹块石、块石黏土质粉细砂充填；岩溶漏斗、岩溶竖井或无充填，或为黏土、黏土夹块石、块石黏土质粉细砂充填。当岩溶洼地无第四系松散堆积物覆盖时，溶沟、溶槽或无充填，或充填第四系松散堆积物，或充填黏土；岩溶漏斗、岩溶竖井为地表径流水下泄通道，无充填。

在水平循环带，地下水以水平运动为主，发育的水平岩溶形态包括：

（1）岩溶地下暗河。

（2）岩溶管道。

（3）岩溶洞穴。
（4）溶缝。
（5）溶隙。

水平循环带岩溶或充水；或上部充水，底部充填黏土、黏土质粉细砂、黏土夹块石、块石、砂夹卵石。

在季节变动带，旱季地下水垂直运动，雨季地下水水平运动，垂直岩溶、水平岩溶和斜岩溶形态共存，主要包括：

（1）溶管。
（2）溶缝。
（3）溶隙。

季节变动带岩溶或无充填，或全黏土、块石、黏土夹块石、黏土质粉细砂充填。

在深部循环带，地下水运动缓慢，岩溶形态主要包括：

（1）溶洞。
（2）溶管。
（3）溶隙。

深部循环带岩溶或充水；或全黏土、块石、黏土夹块石、黏土质粉细砂充填；或上部充水，底部黏土、块石、黏土夹块石、黏土质粉细砂充填。

27.3 岩溶探测预报重点

隧道开挖轮廓线内及其外一定距离范围内岩溶的分布位置，决定隧道施工岩溶地质灾害发生的位置；岩溶充填性质，决定隧道施工岩溶地质灾害类型。因此，隧道施工岩溶探测预报的重点，应是：

（1）隧道施工掌子面前方开挖轮廓线内岩溶分布位置的探测预报。
（2）隧道施工掌子面前方开挖轮廓线内岩溶充填性质的探测、分析、预报。

需要指出的是，隧道开挖轮廓线外一定距离范围内处在的岩溶分布位置及其充填性质的确定，属于隧道周边探测的内容，应在隧道开挖通过后及时开展并根据探测结果进行及时的恰如其分的处理。

27.4 新建铁路叙永至镇雄段新高坡隧道进口溶洞探测

27.4.1 隧道工程地质概况

隧道址区为剥蚀低中山地貌。灰岩地段山体边缘常形成陡崖，泥质砂岩、砂质泥岩地段山体雄厚。高程 1 500～2 060 m，相对高差 300～560 m。自然斜坡一般坡度 10°～70°。受岩性控制，灰岩地段坡体多形成峡谷。

隧道进、出口位于沟谷陡坡地段，第四系覆盖层整体较薄，坡面植被发育。

隧道穿越地层为：第四系人工弃土（Q_4^{ml}）、全新统坡洪积层（Q_4^{dl+cl}）、坡崩积层（Q_4^{dl+cel}）、坡残积层（Q_4^{dl+cl}），下三叠统茅草铺组（T_{1m}）灰岩、飞仙关组（T_{1f}）砂岩，上二叠统长兴组（P_{2c}）、龙潭组（P_{2l}）灰岩，下二叠统茅口组灰岩（P_{1m}），断层角砾岩（F_{bf}）。

隧道址区位于云南高原北部扬子准地台滇东台褶带。地质构造复杂，断裂、褶曲均较发育，以东西向构造为主，线路以大角度穿越。隧道位于三眼井向斜北部翘起端，次级断裂、褶曲发育，隧道穿越高坡向斜、高坡 1 号背斜、上扬塘向斜、高坡 2 号背斜、上扬塘断层、茶水树断层、监羊簧断层。

隧道址区大气降雨丰沛，地表树枝状水系及冲沟发育，主沟常年有水，支沟为季节性流水，以蒸发、下渗和径流等形式排泄。

隧道进口外为兰家河沟，常年有水，水源为兰家坡暗河水及两侧地表小溪沟水；隧道在 DK304+780、DK306+300 分别下穿上扬塘河和茶树河沟。

由于堆积物分布零星，厚度不大，除冲积层内孔隙水受地表水补给而含水量大外，其余地段孔隙水补给差且径流排泄条件好而含量弱；基岩孔隙水赋存于砂岩、泥岩等构造裂隙及风化裂隙之中。水通常呈散流排泄入测区的地表水系。局部溢出成泉。因受构造影响程度不同导致裂隙发育程度有差异，基岩裂隙整体富水性贫乏—中等。

27.4.2　D3K300+293 掌子面地质描述

三叠系下统茅草铺组（T_{1m}）灰岩，岩层倾向隧道大里程方向。岩体较破碎，节理裂隙较发育，呈镶嵌结构；隧道位于岩溶地下水动力剖面中的垂直循环带。

27.4.3　溶洞探测预报

预报采用 HSP 波反射层析成像法和地质雷达法。

图 27-1 是 HSP 波反射层析成像法探测成果图，图 27-2 是 D3K300+345 掌子面地质雷达法短距离跟踪探测成果图。

分析认为：

（1）掌子面前方 28 m（D3K300+293～D3K300+321），节理裂隙较发育，岩体较破碎，沿破碎带发育溶隙、溶腔、底部充填。

（2）掌子面前方 28～120 m（长度 92 m，D3K300+321～D3K300+413），节理裂隙发育，岩体较破碎—破碎，岩溶溶洞、溶腔强烈发育，底部充填，存在涌水、突泥风险。

隧道施工开挖至 D3K300+345，采用地质雷达法进行短距离跟踪探测。

分析认为：

（1）掌子面前方 9 m（D3K300+345～D3K300+354），节理裂隙稍发育，岩体较完整。

（2）掌子面前方 9～30 m（D3K300+354～D3K300+375），岩体节理裂隙发育，岩体破碎，完整性差，岩溶溶洞、溶腔发育，底部充填，具有涌水、突泥风险。

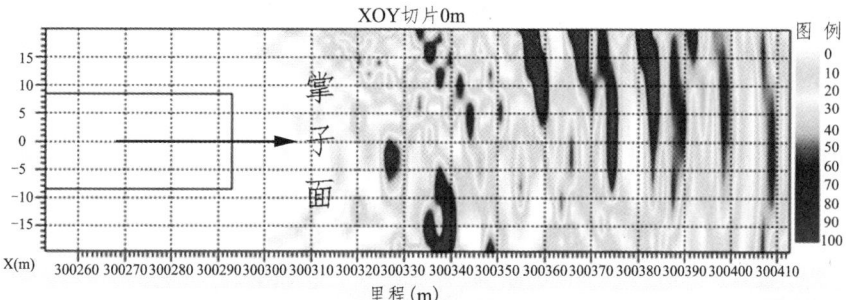

（a）反射波分析成果 XOY 向（测试基准面水平）切片图

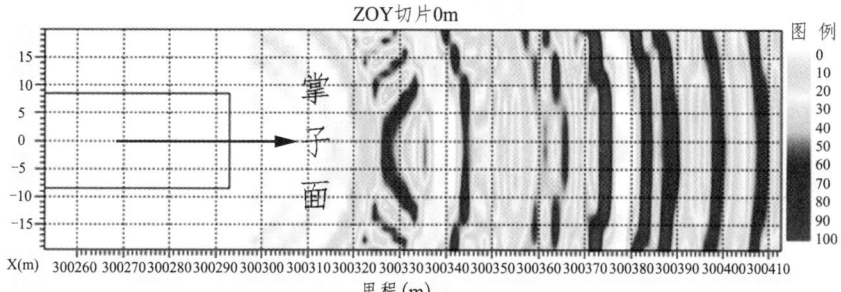

（b）反射波分析成果 YOZ 向（隧道中轴线）切片图

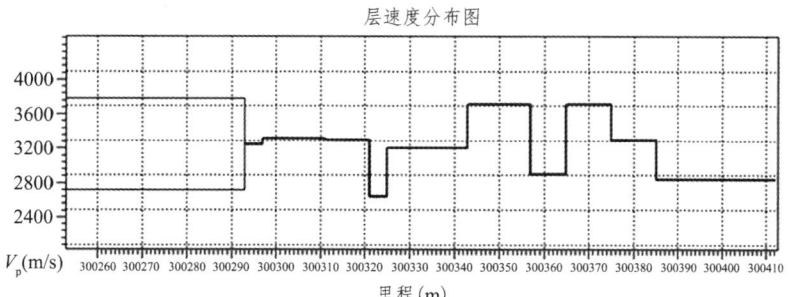

（c）掌子面前方纵波速度图

图 27-1　D3K300+293 掌子面探测成果图ⅡⅢ

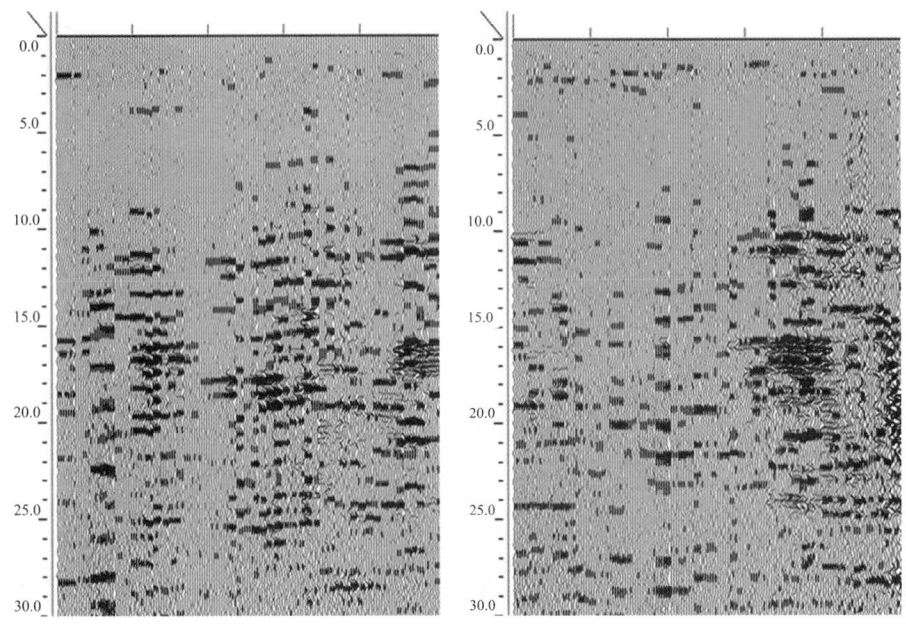

图 27-2　D3K300+345 掌子面雷达探测成果图

27.4.4　施工施工验证

隧道采用两台阶法施工，上台阶施工开挖在 D3K300+365 位置揭示溶洞，上台阶面以下充填破碎岩石块体。

清理上台阶面上堆积弃渣后发现下台阶揭示溶洞。

图为隧道施工揭示溶洞平面分布图。

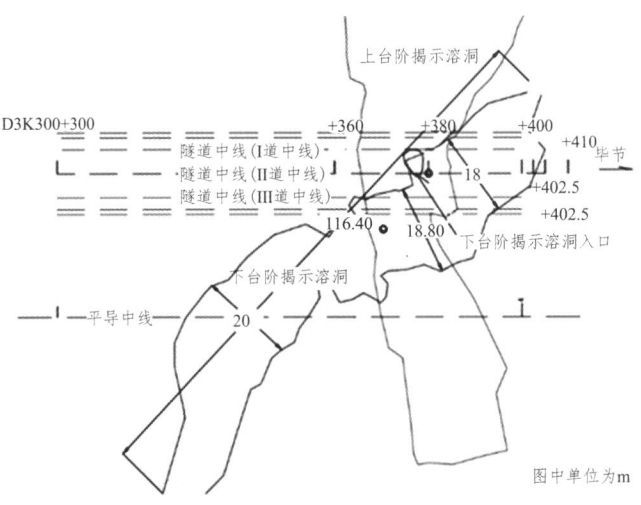

图 27-3　实际揭示溶洞平面分布示意图

参考文献

[1] 中国铁路总公司. 铁路隧道超前地质预报技术规程[S]. 北京：中国铁道出版社，2015.

[2] 何发亮，吴德胜，郭如军，等. 隧道施工地质灾害与致灾构造及其致灾模式[M]. 成都：西南交通大学出版社，2015.

[3] 何发亮，郭如军，吴德胜，等. 隧道工程地质学[M]. 成都：西南交通大学出版社，2014.

[4] 何发亮，张玉川. 隧道施工地质灾害与不良地质体及其预报[M]. 成都：西南交通大学出版社，2011.

[5] 何发亮，郭如军，李苍松，等. 岩体温度法隧道施工掌子面前方涌水预报[M]. 成都：西南交通大学出版社，2009.

[6] 何发亮，李苍松，陈成宗. 隧道地质超前预报[M]. 成都：西南交通大学出版社，2006.

[7] 长春地质学院地质力学教研室区域构造组. 区域构造学[M]. 北京：地质出版社，1979.

[8] 何发亮，李苍松. 隧道施工期地质超前预报技术的发展[J]. 现代隧道技术，2001（3）：12-15.

[9] 陈成宗. 隧道地质预测术[J]. 世界隧道，1995（6）74-79.

[10] 何发亮，陈成宗. 铁路隧道施工地质超前预测预报技术[C]// 中国铁路工程地质世纪成就论文集编委会，中国铁路工程总公司，铁道工程学报2005 年增刊编委会. 铁道工程学报（增刊）——中国铁路工程地质世纪成就论文集. 北京：铁道工程学报出版社，2005：440-447.

[11] 孙广忠，吴志勇. 军都山隧道施工地质超前预报技术[C]// 中国地质学会工程地质专业委员会，中国铁道工程学会工程地质及路基专业委员会，中国水力发电工程学会地质及勘探专业委员会，等. 地下工程建设中地质灾害预测预报及防治学术讨论会论文集. 1991：17-21.

[12] 中铁隧道勘测设计院. 渝怀线圆梁山隧道综合超前地质预报[C]// 铁道部工程管理中心, 中铁西南科学研究院. 隧道地质超前预报技术交流研讨会论文集. 2004: 58-68.

[13] 陈成宗, 唐承石. 声波法在大瑶山隧道地质预报中的初步应用[C]// 中国地质学会工程地质专业委员会. 全国第三次工程地质大会论文选集(下册). 成都: 成都科技大学出版社, 1988: 1120-1124.

[14] 何发亮. HSP 及 CT 法隧道施工岩溶地质预报[C]// 铁道部工程管理中心, 中铁西南科学研究院. 隧道地质超前预报技术交流研讨会论文集. 2004: 69-76.

[15] 中铁西南科学研究院地质预报中心. 遂渝铁路重庆枢纽引入线工程桐子林隧道施工地质预报总报告(研究报告)[R]. 2005.

[16] 赵永贵, 刘浩, 孙宇, 等. 隧道地质超前预报研究进展[C]// 铁道部工程管理中心, 中铁西南科学研究院. 隧道地质超前预报技术交流研讨会论文集. 2004: 31-34.

[17] 李峰亮. 隧道施工中地质预测预报分类的设想[C]// 中国地质学会工程地质专业委员会, 中国铁道工程学会工程地质及路基专业委员会, 中国水力发电工程学会地质及勘探专业委员会, 等. 地下工程建设中地质灾害预测预报及防治学术讨论会论文集. 1991: 41-44.

[18] D. R. Hanson, K. Y. Haramy. 地震层析 X 射线技术在现场地质特征判别中的应用[C]// 铁道部工程管理中心, 中铁西南科学研究院. 隧道地质超前预报技术交流研讨会论文集, 2004: 35-42.

[19] 张可诚. 大瑶山隧道 F9 断层带坍方分析[C]// 中国地质学会工程地质专业委员会. 全国第三次工程地质大会论文集(上册). 成都: 成都科技大学出版社, 1988: 618-624。

[20] 熊兴汉, 高长翟, 王石春, 等. 梅花山铁路隧道地区喀斯特发育规律及其主要工程地质问题[C]// 陈成宗, 何发亮. 隧道工程地质与声波探测技术. 成都: 西南交通大学出版社, 2005: 224-234.

[21] 刘宝珺. 沉积岩石学[M]. 北京: 地质出版社, 1980.

[22] 南京大学地质系矿物岩石教研室. 火成岩岩石学[M]. 北京: 地质出版社, 1980.

[23] 贺同兴, 卢良兆, 李树勋, 等. 变质岩岩石学[M]. 北京, 地质出版社, 1980.

[24] 武汉地质学院、成都地质学院、南京大学地质系,等. 构造地质学[M]. 北京：地质出版社,1979.

[25] 《工程地质手册》编写组. 工程地质手册（第二版）[M]. 北京：中国建筑出版社,1982.

[26] 陈成宗,何发亮. 大瑶山隧道F9断层的特性与工程对策[J]. 岩石力学与工程学报,1992（1）：72-78.

[27] 中铁西南科学研究院. 深埋高水位富水区隧道地下水作用机理——HSP法和声波CT技术在岩溶及地下水超前预报中的应用研究报告（研究报告）[R]. 2004.

[28] 王石春,张可诚,李松荣,等. 大瑶山隧道主要工程地质问题[C]// 中国地质学会工程地质专业委员会. 全国第三次工程地质大会论文集（上册）,成都：成都科技大学出版社,1988：624-630.

[29] 何发亮,陈成宗,王石春. 我国岩溶地区铁路长隧道地质灾害概况[C]//陈成宗,何发亮. 隧道工程地质与声波探测技术. 成都：西南交通大学出版社,2005：183-187.

[30] 何发亮,王石春,陈成宗. 隧道岩溶地质灾害的防治[C]//陈成宗,何发亮. 隧道工程地质与声波探测技术. 成都：西南交通大学出版社,2005：188-192.

[31] 陈成宗,王石春,熊兴汉,等. 岩溶与隧道工程[C]//陈成宗,何发亮. 隧道工程地质与声波探测技术,成都：西南交通大学出版社,2005：201-214.

[32] 高长翟,王石春,熊兴汉,等. 西南铁路隧道喀斯特工程地质问题探讨[C]//陈成宗,何发亮. 隧道工程地质与声波探测技术. 成都：西南交通大学出版社,2005：214-224.

[33] 石文慧. 当代铁路隧道发展趋势及地质灾害防治[C]// 中国地质学会工程地质专业委员会,中国铁道工程学会工程地质及路基专业委员会,中国水力发电工程学会地质及勘探专业委员会,等. 地下工程建设中地质灾害预测预报及防治学术讨论会论文集. 1991：1-6.

[34] 陈成宗,王石春. 隧道地质灾害与防治对策[C]// 中国地质学会工程地质专业委员会,中国铁道工程学会工程地质及路基专业委员会,中国水力发电工程学会地质及勘探专业委员会,等. 地下工程建设中地质灾害预测预报及防治学术讨论会论文集. 1991：7-12.

[35] 陶振宇. 高地应力区的岩爆及其判据[J]. 人民长江,1987（5）：25-32.

[36] 谭以安. 岩爆形成机理及综合评判[D]. 西安：西安地质学院，1988.

[37] 王敏强，侯发亮. 板状破坏的岩体岩爆判据的一种方法[J]. 岩土力学，1993（3）：53-59.

[38] 邹成杰. 地下工程中岩爆灾害发生规律与岩爆预测问题研究[C]// 中国地质学会工程地质专业委员会，中国铁道工程学会工程地质及路基专业委员会，中国水力发电工程学会地质及勘探专业委员会，等. 地下工程建设中地质灾害预测预报及防治学术讨论会论文集. 1991：108-112.

[39] 朱桂兰. 特浅埋砂土状围岩铁路双线隧道工程中双侧壁导坑施工新技术[J]. 隧道及地下工程，1987（4）：1-11.

[40] 吴治生，傅伯森. 南岭隧道岩溶管道涌泥及治理经验[C]// 中国地质学会工程地质专业委员会. 全国第三次工程地质大会论文集（上册）. 成都：成都科技大学出版社，1988：637-644.

[41] 陈成宗. 工程岩体声波探测技术[M]. 北京：中国铁道出版社，1990.

[42] 何振宁. 铁路隧道地质超前预报技术的应用和建议[C]// 铁道部工程管理中心，中铁西南科学研究院. 隧道地质超前预报技术交流研讨会论文集. 2004：13-19.

[43] 董晨，李玮，张继令. 负视速度法在长梁山隧道超前地质预报中的应用[C]// 铁道部工程管理中心，中铁西南科学研究院. 隧道地质超前预报技术交流研讨会论文集. 2004：122-125.

[44] 铁道科学研究院西南分院. 隧道施工掌子面前方不良地质预报——声波反射法研究报告（研究报告）[R]，1995.

[45] 巨浪，沙椿. 地质雷达在福堂坝水电站隧洞施工超前预报中的应用[C]// 铁道部工程管理中心，中铁西南科学研究院. 隧道地质超前预报技术交流研讨会论文集. 2004：116-121.

[46] 中铁西南科学研究院地质预报中心，镇（宁）胜（境关）高速公路西段五龙山隧道施工地质预报简报（研究报告）[R]. 2006.

[47] 周乐凡，考虑外水荷载作用的铁路隧道衬砌结构设计研究[D]. 北京：中国铁道科学研究院，2003.

[48] 何发亮，陈成宗，牟瑞芳. 岩溶地区长大隧道涌水涌泥沙及地表塌陷灾害规律研究[C]// 陈成宗，何发亮. 隧道工程地质与声波探测技术. 成都：西南交通大学出版社，2005：192-201。

[49] 何发亮，李苍松，陈成宗. 岩溶地区长大隧道涌水灾害预测预报技术[D].

水文地质工程地质，2001（5）：21-23.

[50] 李苍松，何发亮，丁建芳. 应用三重空隙介质理论进行圆梁山隧道岩溶涌水量及水压预测研究[C]//中国岩石力学与工程学会. 全国岩土与工程学术大会论文集. 北京：人民交通出版社，2003：1319-1326.

[51] 陈成宗，牟瑞芳. 大瑶山隧道岩溶涌水系统分析[J]. 工程地质学报，1993（1）：36-46

[52] 陈崇希. 岩溶管道-裂隙-孔隙三重介质地下水流模型及模拟方法研究[J]. 地球科学，1995（4）：361-366.

[53] 曹玉清，胡宽瑢. 岩溶化学环境水文地质[M]，长春：吉林大学出版社，1994.

[54] 陈光中. 国外隧道地质述评[J]. 世界隧道，1995（6）：2-6.

[55] 何发亮. 隧道施工期地质超前预报若干问题探讨[C]// 中国岩石力学与工程学会. 第八届全国岩石力学与工程学术大会论文集. 北京：科学出版社，2004：534-537.

[56] LEOPOLD MULLER. The influence of engineering geology and rock mechanics in tunnelling[J]. The International Association of Bulletin of Engineering Geology. No. 38 Octobre 1988：5-13.

[57] 李苍松，何发亮，陈成宗. 渝怀线武隆隧道岩溶涌水量计算新方法[J]. 中国铁道科学，2005（5）：41-46.

[58] 中铁西南科学研究院. 渝怀铁路武隆山隧道施工地质超前预报总报告（研究报告）[R]. 2003.

[59] 中铁西南科学研究院地质预报中心. 遂渝铁路重庆枢纽引入线工程龙凤隧道施工地质预报总报告（研究报告）[R]. 2005.

[60] 中铁西南科学研究院地质预报中心. 遂渝铁路西山坪隧道施工地质预报总报告（研究报告）[R]. 2004.

[61] 李苍松，张锐，丁建芳，等. HSP声波反射法充填溶洞边界探测[J]. 现代隧道技术，2005（3）：54-58.

[62] 中铁西南科学研究院地质预报中心. 遂渝铁路荆竹岭隧道施工地质预报总报告（研究报告）[R]. 2004

[63] 陈成宗，何发亮. 隧道工程地质与岩体声波探测技术[M]. 成都：西南交通大学出版社，2005.

[64] 陈成宗，王石春，陈光中. 软弱岩体中铁路隧道围岩稳定性及其控制[J].

岩石力学与工程学报，1982（1）：57-66.

[65] 何发亮. 隧道施工坍方分析及防坍措施研究[J]. 工程地质学报，2012（增刊）：640-644.

[66] 何发亮，郭如军，李术才，等. 岩体温度法隧道施工掌子面前方涌水预测预报探讨[J]. 现代隧道技术，2007（2）：1-4.

[67] 何发亮，郭如军，李术才，等. 岩体温度法隧道施工涌水预报[J]. 现代隧道技术，2009（增刊）：172-178.

[68] 郭如军，何发亮，李术才，等. 岩体温度法隧道施工涌水预报正反演试验研究[J]. 现代隧道技术，2009（增刊）：179-183.

[69] 郭如军，何发亮，李术才，等. 红外探测法在隧道涌水预报中的应用[J]. 现代隧道技术，2009（增刊）：184-187.

[70] 陈俊栋，何发亮，粟健，等. 隧道施工掌子面前方溶洞声波反射法探测模型试验研究[J]. 现代隧道技术，2009（增刊）：224-226.

[71] 何发亮，李苍松，李术才，等. 隧道施工地质超前预报工作方法[J]. 岩土力学，2006（增刊）：270-274.

[72] 何发亮. 声波探测技术的新发展及其应用[J]. 中国铁道科学，1999（4）：83-87.

[73] 何发亮，李术才，林玉山，等. 隧道施工地质超前预报体系探讨[C]//黄润秋，许强. 联合应对西部的机遇与挑战——第三届全国岩土与工程学术大会论文集. 成都：四川科学技术出版社，2009：439-442.

[74] 何发亮. 物探方法在隧道施工期地质预报中的应用[C]//中国地球物理学会工程地球物理专业委员会. 中国工程质量检测技术交流会论文集，2001：145-149.

[75] 李富明，何发亮. 浅孔岩体温度法隧道施工涌水预报初探[J]. 工程地质学报，2012（增刊）：470-473.

[76] 何发亮. 隧道施工地质超前预报技术及若干问题探讨[J]. 铁道工程学报，2010（增刊）：254-257.

[77] 张梅. 岩溶隧道高压富水充填溶腔释能降压新技术[M]. 北京：科学出版社，2010.

[78] 梅志荣，陈涛. 高速铁路隧道全断面预加固技术的应用研究[J]. 隧道建设，2008（5）：542-547.

[79] 李永丰. 南岭隧道岩溶突水涌泥综合整治技术[C]//中国地质学会工程地

质专业委员会, 中国铁道工程学会工程地质及路基专业委员会, 中国水力发电工程学会地质及勘探专业委员会, 等. 地下工程建设中地质灾害预测预报及防治学术讨论会论文集. 1991: 81-86.

[80] 谷明成, 何发亮, 陈成宗. 秦岭隧道岩爆的研究[J]. 岩石力学与工程学报, 2002 (2): 1324-1329.

[81] 李科. 都汶公路福堂坝隧道岩爆及其防治[J]. 路基工程, 2006 (1): 123-125.

[82] 潘长良, 谢学兵, 曹平. 岩爆预测预报方法[J]. 有色金属, 1997 (6): 3-5.

[83] 杨莹春, 储静. 一种新的岩爆分级预报模型及其应用[J]. 煤炭学报, 2000 (2): 169-172.

[84] 何发亮. 地质工作在隧道施工地质超前预报中的作用[J]//中国铁道学会, 中国土木工程学会, 茅以升科技教育基金委员会, 等. 中国交通土建工程学术论文集. 成都: 西南交通大学出版社, 2006: 540-543.

[85] 工程地质手册编委会. 工程地质手册[M]. 4版. 北京: 中国建筑工业出版社, 2007.

[86] 陈成宗. Some problems of the engineering geology on railway tunnels of mountainous countries in China[J]// Wang Sijing. Engineering Geological Problems in Asia. Beijing: Science Press, 1986: 215-247.

[87] 陈成宗. 我国铁路隧道工程地质与岩体力学的进展[J], 岩石力学与工程学报, 1985 (4): 84-89.

[88] 何振宁. 区域工程地质与铁路选线[M]. 北京: 中国铁道出版社, 2004.

[89] S. KAHRAMAN, O. GUNAYDIN. The effect of rock classes on the relation between uniaxial compressive strength and point load index[J], Bulletin of Engineering Geology and the Environment, 2009 (3): 345-353.

[90] 何发亮, 谷明成, 王石春. TBM施工隧道围岩分级方法研究[J]. 岩石力学与工程学报, 2002 (2): 1350-1354.

[91] 李苍松, 陈成宗. 长大隧道岩溶围岩特性初步研究[J]. 现代隧道技术, 2002 (增刊): 338-342.

[92] 蒋舜光. 隧道工程地质[M]. 北京: 中国铁道出版社, 1991.

[93] 谷德振, 黄鼎成. 岩体结构的分类及其质量系数的确定[J]. 水文地质工程地质, 1979 (2): 8-13.

[94] 何发亮,陈成宗,王石春. 我国岩溶地区铁路长隧道地质灾害状况[C]//陈成宗,何发亮. 隧道工程地质与声波探测技术. 成都:西南交通大学出版社,2005:183-187.

[95] 王石春,陈成宗. 娄山关铁路隧道喀斯特涌水问题分析[J]//陈成宗,何发亮. 隧道工程地质与声波探测技术. 成都:西南交通大学出版社,2005:234-242.

[96] 卿三惠,黄润秋. 乌鞘岭隧道软岩大变形防治技术问题探讨[J]. 路基工程,2005(4):93-96.

[97] 郭启良,伍法权,钱卫平,等. 乌鞘岭长大深埋隧道围岩变形与地应力关系的研究[J]. 岩石力学与工程学报,2006(11):2194-2199.

[98] 李世才. 徐家梁子隧道出口段软弱围岩变形侵限防治. 路基工程,2005(4):158-159.

[99] 蒋良文,易永进,扬翔,等. 渝怀铁路圆梁山隧道桐麻岭背斜东翼岩溶涌水突泥灾害与整治方案比选[J]. 地球科学进展,2004(S1):340-345.

[100] 王洪勇. 综合超前地质预报在圆梁山隧道中的应用[J]. 现代隧道技术,2004(3):55-61.

[101] 李佩山,何建林,魏绵峰. 中铁十四局集团隧道分公司建设渝怀铁路武隆隧道纪实之一.

[102] 唐承石. 我国铁路隧道的水害状况[C]//陈成宗,何发亮. 隧道工程地质与声波探测技术. 成都:西南交通大学出版社,2005:281-287.

[103] 于德福. 遂渝铁路荆竹岭隧道 DK109+830 泥石流成因初探[C]//中国土木工程学会,中国土木工程学会隧道及地下工程分会. 中国土木工程学会第十二届年会暨隧道及地下工程分会第十四届年会论文集,2006:624-626.

[104] 中铁隧道集团有限公司. 渝怀线圆梁山隧道关键技术的研究-B(研究报告)[R]. 2008.

[105] 何发亮,王石春,陈成宗. 隧道岩溶地质灾害的防治[C]//陈成宗,何发亮. 隧道工程地质与声波探测技术. 成都:西南交通大学出版社,2005:188-192.

[106] 陈成宗,王石春,唐承石,等. 隧道工程的环境地质问题[J]//陈成宗,何发亮. 隧道工程地质与声波探测技术. 成都:西南交通大学出版社,2005:274-281.

[107] 李明军. 公路隧道工程地震灾害成因及修复技术探讨[J]//宋胜武. 汶川大地震工程震害调查分析与研究. 北京：科学出版社，2009：904-907.

[108] 张民庆, 汪纲领, 孙国庆. 南广铁路白云隧道断层突泥灾害治理技术[J]. 铁道工程学报，2012（3）：69-73.

[109] 张梅. 深埋富水大型溶腔隧道施工技术——宜万铁路野山关隧道"602"溶腔释能降压及安全施工技术[J]. 现代隧道技术，2011（3）：1-6.

[110] 黄雄军. 宜万铁路马鹿箐隧道+978溶腔预测预报[J]. 现代隧道技术，2011（1）：128-132.

[111] 张民庆, 孙国庆, 何志军, 等. 中天山隧道节理密集带超高压裂隙水处理技术[J]. 现代隧道技术，2013（6）：158-162.

[112] 张民庆, 黄鸿健, 张生学, 等. 宜万铁路马鹿箐隧道1·21突水突泥抢险治理技术[J]. 铁道工程学报，2008（11）：49-56.

[113] 金新锋, 夏日元, 梁彬. 宜万铁路中天山隧道马鹿箐隧道岩溶突水来源分析[J]. 水文地质工程地质，2007（2）：71-74.

[114] 李庚许. 宜万铁路大支坪隧道大型突水突泥溶腔迂回施工技术[J]. 铁道标准建设，2010（8）：104-107.

[115] 马栋, 李庚许. 宜万铁路大支坪隧道+990岩溶治理技术[J]. 中国工程科学，2009（12）：53-60.

[116] 马士伟, 梅志荣, 张军伟. 长大隧道突水突泥灾害的地质构造量化评价与监测预警[J]. 现代隧道技术，2009（2）：99-104.

[117] 许振浩, 李术才, 李利平, 等. 一种典型的岩溶隧道衬砌压裂突水灾害成因与防治[J]. 岩石力学与工程学报，2011（7）：1396-1404.

[118] 商崇伦. 宜万铁路齐岳山隧道高压富水断层施工关键技术[J]. 隧道建设，2010（3）：285-291.

[119] 张联峰. 宜万铁路野山关隧道帷幕注浆施工技术[J]. 西部探矿工程，2006（1）：143-146.

[120] 邬立, 万军伟, 陈刚, 等. 宜万铁路野山关隧道"8·5"突水事故成因分析[J]. 中国岩溶，2009（2）：212-218.

[121] 朱克法. 帷幕注浆施工技术在隧道断层破碎带中的应用[J]. 铁道建筑技术，2006（4）：47-52.

[122] 李冰, 白明洲, 许兆义. 宜万铁路野山关隧道施工期岩溶灾害危险性分析与安全对策研究[J]. 中国安全科学学报，2006（9）：4-9.

[123] 张梅，张民庆，孙国庆. 宜万铁路野山关隧道高压富水溶腔溃口处理技术[J]. 铁道工程学报，2010（3）：81-86.

[124] 林福地. 厦深铁路梁山隧道L7断层大规模突水突泥溃口封堵技术[J]. 福建建设科技，2012（2）：76-78.

[125] 林福地. 水平旋喷加固在厦深铁路梁山隧道断层突水突泥段处理中的应用[J]. 现代隧道技术，2012（增刊）：322-329.

[126] 巩江峰，张磊. 冻结法技术在厦深铁路梁山隧道富水软弱带的应用分析[J]. 高速铁路技术，2011（增刊）：111-115.

[127] 代峪. 云雾山隧道突泥灾害工程地质特征与防治[J]. 铁道建筑，2009（10）：33-35.

[128] 张前. 五龙山隧道施工岩溶地质预报综合技术[J]. 路基工程，2008（3）：102-103.

[129] 郭海满，刘成禹，林瑚旺，等. 龙厦铁路象山特长隧道主要工程地质问题研究[J]. 铁道勘察，2009（3）：25-29.

[130] 金强国. 龙厦铁路象山特长隧道注浆标准的制定[J]. 隧道建设，2010（3）：281-284.

[131] 秦仁佩，肖均，蒋锋. 明月山特长隧道涌水突泥综合处理措施[J]. 现代隧道技术，2007（6）：66-69.

[132] 陈贵红，刘传兵，林国进. 明月山隧道涌突水处理设计与施工[J]. 公路，2007（2）：182-187.

[133] 何俊贤. 大桑园隧道突泥事故成因分析及处理措施研究[J]. 科技创新导报，2008（3）：33-34.

[134] 郭佳奇，乔春生. 岩溶隧道掌子面突水机制及岩墙安全厚度研究[J]. 铁道学报，2012（3）：105-111.

[135] 钱学溥. 中国蓄水构造类型[M]. 北京：科学出版社，1990.

[136] 林传年，李利平，韩行瑞. 复杂岩溶地区隧道涌水预测方法研究[J]. 岩石力学与工程学报，2008（7）：1469-1476.

[137] 李利平. 高风险岩溶隧道突水灾变演化机理及其应用研究[D]. 济南：山东大学，2009.

[138] 蒙彦，雷明堂. 岩溶区隧道涌水研究现状及建议[J]. 中国岩溶，2003（4）：38-43.

[139] 王建秀，杨立中，何静. 大型地下工程岩溶涌（突）水模式的水文地质

分析及其工程应用[J]. 水文地质工程地质，2001（4）：49-52.

[140] 王树仁，何满潮，刘招伟. 岩溶隧道突水灾变过程分析及控制技术[J]. 北京科技大学学报，2006（7）：613-618.

[141] 左乾坤. 达陕高速公路隧道涌突水机制及防治措施研究[D]. 成都：成都理工大学，2011.

[142] 李蓉，李伟，赵胜杰. 岩溶地区隧道工程注浆堵水技术[J]. 中国建筑防水，2009（10）：25-29.

[143] 朱训国，杨庆. 膨胀岩的判别与分类标准[J]，岩土力学，2009（增刊）：174-177.

[144] 李奇峰，湛文武，韩文峰. 上第三系半成岩物理力学性质及地基承载力探讨[J]. 中国科技论文在线，2009.

[145] 罗雄文，何发亮. 深长隧道突水致灾构造及其突水模式研究[J]. 现代隧道技术，1014（1）：21-25.

[146] 胡千庭. 预防煤矿瓦斯灾害新技术的研究[J]. 矿业安全与环保，2006（5）：1-7.

[147] 刘志刚. 隧道隧洞施工地质技术[M]. 北京：中国铁道出版社，2001.

[148] 薛建，曾昭发. 隧道掘进中掌子面前方岩石结构的超前预报[J]. 长春科技大学学报，2000（1）：87-89.

[149] 刘绍宝，张应恩，周如成. 超前地质预报在TBM施工中的应用[J]. 现代隧道技术，2007（3）：35-41.

[150] 李苍松，谷婷，丁建芳，等. 适合于TBM施工的HSP声波反射法地质超前M预报[J]. 工程地质学报，2008（增刊）：111-115.

[151] YMAAMOTO Y, SHIRASAGI M, YAMAMOTO S, et al. Evaluation of the geological condition ahead of the tunnel face by geostatistical techniques using TBM driving data[C]. Proceedings of the 3lst SymPosium of Rock Mechanics:186-190.

[152] SCHUSTER G J, SHENG J, RICKETT J. Interferometric daylight seismic imaging[J]. Geophysical Journal International, 2004 (2): 838-852.

[153] 钱七虎. 全断面掘进机在中国地下工程中的应用现状及前景展望[J]. 建筑机械，2002（5）：1-11.

[154] HILL S J. Geophysics bright spots [J]. The Leading Edge, 2006, 25 (4): 434-435.

[155] CLAERBERT J F. Synthesis of a layered medium from its acoustic transmission response[J]. Geophysics, 1968, 33 (2): 264-269.

[156] BASKIR C, WELLS C. Source less reflection seismic exploration[J]. Geophysics, 1975, 40: 158.

[157] ZHANG L. Reflectivity estimation from passive seismic data: Stanford Exploration. Project- Annual Report, 1989, 60: 85-96.

[158] RICKETT J, CLAERBERT J. Passive seismic imaging applied to synthetic data, Stanford Exploration Project, 1996, 92: 83-90.

[159] SCHUSTER G T. Seismic interferometric imaging with waveforms[J]. Utah Tomography and Modeling Migration Project Midyear Report. 1999: 121-130.

[160] SNIEDER R, GRET A, DOUMA H, et al. Coda wave interferometry for estimating nonlinear behavior in seismic velocity[J]. Science, 2002, 295: 2253-2255.

[161] WAPENAAR K, THORBECKE J, DRAGANOV D. Relations between reflection and transmission responses of three-dimensional inhomogeneous media [J]. Geophysical Journal International, 2004, 156: 179-194.

[162] WAPENAAR K, FOKKEMA J. Green's function representations for seismic Interferometry [J]. Geophysics. 2006, 71: SI33-SI46.

[163] SNIEDER R. The theory of coda wave interferometry[J]. Pure and Appl. Geophysics. 2006, 163: 455-473.

[164] CURTIS A P, GERSTOFT H, SATO R, et al. Seismic interferometry—Turning noise into signal [J]. The Leading Edge, 2006, 25: 1082–1092.

[165] SABRA K, GERSTOFT P, ROUX P, et al. Extracting time-domain Green's functions from ambient seismic noise [J]. Geophys. Res. Lett., 2005b, 32: L03310.

[166] MALCOLM A, SCALES J, TIGGELEN B. Extracting the Green function from diffuse, equipartitioned waves [J]. Physical Review E Statistical Nonlinear & Soft Matter Physics, 2004, 70: 015601 (R)-1–015601 (R)-4.

[167] LAROSE E, LOBKIS O I, WEAVER R L. Passive correlation imaging of a buried scatterer[J]. Journal of the Acoustical Society of America. 2006, 119: 3549-3552.

[168] SCHUSTER G T, FOLLOWILL F, LEWIS K J, et al. Autocorrelogram migration: Theory [J]. Geophysics, 2003, 68 (5): 1685-1694.

[169] BAKULIN A, CALVERT R. Virtual source method: overview of history and development[J]. SEG Technical Program Expanded Abstracts, 2008, 27: 264-269.

[170] ROUX P, FINK M. Green's function estimation using secondary sources in a shallow water environment[J]. Journal of the Acoustical Society of America. 2003, 113: 1406-1416.

[171] ARTMAN B. Imaging passive seismic data[J]. Geophysics, 2006, 71: SI177-SI187.

[172] KORNEEV V, BAKULIN A. On the fundamentals of the virtual source method[J]. Geophysics. 2006, 71 (3): 13-17.

[173] SHAPIRO N, CAMPILLO M, STEHLY L, et al. High-resolution surface-wave tomography from ambient seismic noise [J]. Science, 2005, 307: 1615-18.

[174] GUDMUNDSSON O, KHAN A, VOSS P. Rayleigh-wave group-velocity of the Icelandic crust from correlation of ambient seismic noise [J]. Geophys. Res. Lett., 2007, 34: L14314.

[175] DONG S, SHENG J, SCHUSTER J T. Theory and practice of refraction interferometry[J]. 76th Annual International Metting, SEG, Expanded Abstracts, 2006, 26: 3021-3025.

[176] KATZ L. Inverse vertical seismic profiling while drilling. United States Patent, 1990. Patent Number: 5, 012, 453.

[177] 王宝善，葛洪魁，等. 地下介质波速变化的主动和被动源监测. 中国地球物理学会第二十五届年会，2009：19-20.

[178] WANG B, ZHU P, CHEN Y, et al. Continuous subsurface velocity measurement with coda wave interferometry[J]. Journal of Geophysical Research Atmospheres, 2008: B12313.

[179] 房立华，吴建平，吕作勇. 华北地区基于噪声的瑞利面波群速度层析成像[J]. 地球物理学报，2009，52（3）：663-671.

[180] 齐诚，陈棋福，陈颙. 利用背景噪声进行地震成像的新方法[J]. 地球物理学进展，2007，22（3）：771-777.

[181] 朱恒，王德利，石志安，等.地震干涉技术被动源地震成像[J].地球物理学进展，2012，27（2）：496-502.

[182] 陶毅，符力耘，孙伟家，等.地震波干涉法研究进展综述[J].地球物理学进展，2010，25（5）：1775-1784.

[183] 黄伟传，葛洪魁，吴何珍，等.地震干涉处理方法在随钻地震资料处理中的应用[J].石油地球物理勘探，2012，47（1）：32-36.

[184] THOMAS, CHANDLER, et al. Galcode: Simultaneous Seismic Sourcing [C]. 80th Annual International Meeting, SEG, Expanded Abstracts, 2010: 86-90.

[185] BERKHOUT, BLACQUIERE. Eric Verschuur. From simultaneous shooting to blended acquisition[C]. 78th Annual International Meeting, SEG, Expanded Abstracts, 2008: 2831-2838.

[186] GARY HAMPSON, JOE STEFANI, FRED HERKENHOFF. Acquisition using simultaneous sources[J]. The Leading Edge. 2008, 27 (7): 918-923.

[187] SILVERMAN D. Method of three dimensional seismic prospecting. U. S. Patent 4, 1979: 159-463.

[188] BEASLEY C J, CHAMBERS R E, JIANG Z. A new look at simultaneous sources. 68th Annual International Meetings, SEG, Expanded Abstracts, 1998: 133-135.

[189] RAINER MOERIG, FREDERICK BARR J, DAVID L. Nyland. Simultaneous shooting using cascaded sweeps[C], 72nd Annual International Meeting, SEG, Expanded Abstracts, 2002: 74-76.

[190] BAGAINI, SCHLUMBERGER. Overview of simultaneous Vibroseis acquisition methods[C]. 76th Annual International Meeting, SEG, Expanded Abstracts, 2006: 70-74.

[191] EIVIND FROMYR, GUILLAUME CAMBOIS, RUTH LOYD. Flam-A Simultaneous Source Wide Azimuth Test[C]. 78th Annual International Meeting, SEG, Expanded Abstracts, 2008: 2821-2825.

[192] TING, WEI ZHAO. A simulated wide azimuth simultaneous shooting experiment[C]. 79th Annual International Meeting, SEG, Expanded Abstracts, 2009: 76-80.

[193] AARON, BORSELEN, FROMYR. Simultaneous sources: a controlled

experiment on different source configurations[C]. 79th Annual International Meeting, SEG, Expanded Abstracts, 2009: 1177-1181.

[194] HERRMANN, ERLANGGA, LIN. Compressive simultaneous fiill-waveform simulation[J]. Geophysics, 2009, 74 (4): 35-40.

[195] BERKHOUT, BLACQUIERE, VERSCHUUR. Multi-scattering illumination in blended acquisition design[C]. 80th Annual International Meeting, SEG, Expanded Abstracts, 2010: 1251-1255.

[196] IKELLE. Coding and decoding: seismic data modeling, acquisition and processing[C]. 77th Annual International Meeting, SEG, Expanded Abstracts, 2007: 66-70.

[197] MIKESELL D, VAN WIJK K, CALVERT A, et al. The virtual refraction: useful spurious energy in seismic interferometry [J]. Geophysics, 2009, 74: A13-A17.

[198] VASCONCELOS I, SNIEDER R. Interferometry by deconvolution, Party1-Theory for acoustic waves and numerical examples[J]. Geophysics. 2008, 73 (3): 115-128.

[199] VASCONCELOS I, SNIEDER R. Interferometry by deconvolution, Party2-Theory for elastic waves and application to drill-bit seismic imaging[J]. Geophysics. 2008, 73 (3): 129-141.

[200] MEHTA K, KIYASHCHENKO D, JORGENSEN P, et al. Virtual source method applied to crosswell and horizontal well geometries [J]. The Leading Edge, 2010, 29 (6): 712-723.

[201] VALERI K, ANDREY B. On the fundamentals of the virtual source method [J]. Geophysics, 2006, 71 (3): A13-A17.

[202] WAPENAAR K, DRAGANOV D, THORBECKE J, et al. Theory of acoustic daylight imaging revisited[C]. 72nd Annual International Meeting, SEG, Expanded Abstracts, 2002, 2269-2272.

[203] BYUN J, YU J, SEOL J S. Crosswell monitoring using virtual sources and horizontal wells [J]. Geophysics, 2010, 75 (3): SA37-SA43.

[204] POLETTO F, PETRONIO L. Virtual reverse VSP (VRVSP)and cross hole seismic interferometry application [J]. Proceedings of the 8th SEGJ International Symposium, 2006: 1-4.

[205] SCHUSTER G T, ZHOU M. A theoretical overview of model-based and correlation-based redatuming methods [J]. Geophysics, 2006, 71: SI103-SI110.

[206] FESHBACH, MASUJIMA, MORSE. Methods of theoretical physics (Part I). New York, McGraw -Hill, 1953.

[207] RAYLEIGH L. On waves propagated along the plane surface of an elastic solid[J]. Proceedings of the London Mathematic Society, 1885, 17: 4-11.

[208] THOMSON W T. Transmission of elastic waves through a stratified solid medium[J]. Journal of applied physics, 1950 (21): 89-93.

[209] ROSENBAUM J H. A note on the computation of rayleigh wave dispersion curves for layered elastic media[J]. Bulletin of the Seismological Society of America. 1964, 53 (3): 1013-1019 .

[210] KNOPOFF L. Observation and inversion of surface-wave dispersion[J]. Tectonophysics, 1972, 13 (1): 497-519.

[211] KANAMORI H, ANDERSON D L. Importance of physical dispersion in surface wave and free oscillation problems: Review[J]. Reviews of Geophysics, 1977, 15 (1): 105-112.

[212] CHANG F K, BALLARD JR R F. Rayleigh-wave dispersion technique for rapid subsurface exploration[R]. ARMY ENGINEER WATERWAYS EXPERIMENT STATION VICKSBURG MS, 1973.

[213] 佐藤长范. 用GR-810激光激振系统进行地基勘察[M]. 日本VIC. 株式会社，1986.

[214] STOKOE K H, NAZARIAN S. Effectiveness of ground improvement from spectral analysis of surface waves[A] . In : Proc . 8th Euro Conf On Soil Mech and Found Eng., 1983: 91-94.

[215] NAZARIAN, SOHEIL. In situ determination of elastic moduli of Pavement systems by spectral-of-surface waves method. Research RePort 437-2, Austin, Center for Trans-portation. Research, University of Texas, 1986

[216] JIANGHAI XIA, RICHARD D MILLER, CHOON B PARK. Estimation of near-surface shear-wave velocity by inversion of Rayleigh waves[J]. Geophysics, 1999, 64 (3): 691-700.

[217] HASKELL N A. The dispersion of surface waves on multilayered media[J].

Bulletin of the seismological Society of America, 1953, 43 (1): 17-34.

[218] KNOPOFF L. A matrix method for elastic wave problems[J]. Bulletin of the Seismological Society of America, 1964, 54 (1): 431-438.

[219] PESTELE C, LECKIE F A, KURTZ E F. Matrix methods in elasto mechanics [M]. McGraw-Hill, New York, 1963.

[220] KENNETT B L N, KERRY N J. Seismic waves in a stratified half space[J]. Geophysical Journal International, 1979, 57 (3): 557-583.

[221] ANAS ABO ZENA. Dispersion function computations for unlimited frequency values[J]. Geophysical Journal International, 1979, 58 (1): 91-105.

[222] ALFORD R M, KELLY K R, BOORE D M. Accuracy of finite-difference modeling of the acoustic wave equation[J]. Geophysics, 1974, 39 (6): 834-842.

[223] SCHWAB F A, KNOPOFF L. Seismic surface waves[J]// B A Bolt. Methods in Computational physics. Academic press, Inc., San Diego, V11 : 87-180 .

[224] VRETTO C. In plane vibration of soil deposits with variable shear modulus I surface wave[J]. International Journal for Numerical & Analytical Methods in Geomechanics, 1990 (14): 209-222.

[225] VRETTO C. Dispersive SH surface waves in soil deposits of variable shear modulus[J] . Soil dynamics and earthquake engineering, 1990, 9 (5): 255-264 .

[226] BOHLEN T, SAENGER E H. Accuracy of heterogeneous staggered-grid finite-difference modeling of Rayleigh waves[J]. Geophysics, 2006, 71 (4): T109-T115.

[227] SCHWAB F, KNOPOFF L. Surface waves on multilayered anelastic media [J]. Bulletin of the Seismological Society of America, 1971, 61 (4): 893-912.

[228] TIERSTEN H F, SINHA B K. A perturbation analysis of the attenuation and dispersion of surface waves[J]. Journal of Applied Physics, 1978, 49 (1): 87-95.

[229] MENKE W. Comment on 'Dispersion function computations for unlimited

frequency values' by Anas Abo-Zena[J]. Geophysical Journal International, 1979, 59 (2): 315-323.

[230] RICHARDS P G, WITTE D C, Ekström G. Generalized ray theory for seismic waves in structures with planar nonparallel interfaces[J]. Bulletin of the Seismological Society of America, 1991, 81 (4): 1309-1331.

[231] ARORA S, BHATTACHARYA S N, GOGNA M L. Rayleigh-wave dispersion function for a transversely isotropic layered spherical earth using the Thomson-Haskell matrix method[J]. Geophysical Journal International, 1997, 130 (1): 17-28.

[232] BEN-HADOR R, BUCHEN P. Love and Rayleigh waves in non-uniform media[J]. Geophysical Journal International, 1999, 137 (2): 521-534.

[233] SOCCO L V, FOTI S, BOIERO D. Surface-wave analysis for building near-surface velocity models—Established approaches and new perspectives [J]. Geophysics, 2010, 75 (5): 75A83-75A102.

[234] GANJI V, GUCUNSKI N, NAZARIAN S. Automat ed inversion procedure for spectral analysis of surface waves[J]. Journal of Geotechnical and Geoenvionmental engineering., 1998, 757-770.

[235] GUCUNSKI N, WOODS R D. Inversion of Rayleigh wave dispersion curve for SASW test[J]. Soil Dyn and Earthquake Engrg., 1991, 15: 223-231.

[236] YUAN D, NAZARIAN S. Automated surface wave method: Inversion technique[J]. Journal of Geotechnical Engineering, ASCE, 1993, 119 (7): 1112-1126.

[237] FENG S, SUGIYAMA T, Yamanaka H. Effectiveness of multi-mode surface wave inversion in shallow engineering site investigations[J]. Exploration Geophysics, 2005, 36 (1): 26-33.

[238] 吴世明, 曾国熙, 陈云敏, 等. 利用表面波谱分析测定土层波速[J]. 地震工程与工程振动, 1988, 8（9）: 27-32.

[239] 吴世明. 土介质中的波[M]. 北京: 科学出版社, 1997.

[240] 杨成林. 瑞雷波勘探原理及其应用[J]. 物探与化探, 1989, 13（6）: 465-468.

[241] 杨成林. 瑞雷波勘探[M]. 北京: 地质出版社, 1993.

[242] 朱裕林. 瑞利波勘探在工程勘察中的应用[J]. 工程勘探, 1991（1）: 67-70.

[243] 刘云祯, 王振东. 瞬态表面波法的数据采集处理系统及其应用实例[J]. 物探与化探, 1996, 20（1）: 28-33.

[244] 张恒山, 王庆海. 瑞雷面波勘探的波长解释法新探[J]. 物探与化探, 1998, 22（4）: 279-283.

[245] 方谦光, 李志华. 利用瑞利波进行铁路路基稳定性检测的理论基础及应用[J]. 铁道学报, 1999, 21（4）: 55-59.

[246] 黄真萍, 罗敏, 李堂磊. 瑞雷面波在强夯地基效果评价中的研究与应用[C]//工程物探新技术, 2006.

[247] 陈龙珠, 严细水, 赵永倩. 关于面波法检测地基波速中的测点布置问题[J]. 岩土工程学报, 2003, 25（1）: 63-66.

[248] 杜彦军, 苗庆库, 刘黎东, 等. 采用综合物探技术探测路基下洞穴[J]. 矿产勘查, 2006（4）: 66-68.

[249] 夏学礼, 仇恒永, 孙秀容, 等. 多道瞬态面波勘探频散曲线唯一性问题[J]. 物探与化探, 2008, 32（2）: 168.

[250] 徐华全, 朱介寿, 顾勤平, 等. 两步法面波有限频率反演方法[C]//中国地球物理学会第二十四届年会论文集, 2008.

[251] 崔占荣, 张世洪, 张俊喻. 瞬态瑞雷波勘探中一些问题的讨论[J]. 物探与化探, 1995, 19（5）: 369-378.

[252] 崔建文, 乔森, 樊耀新. 瞬态面波勘探技术在工程地质中的应用[J]. 岩土工程学报, 1996, 18（3）: 35-40.

[253] 夏宇靖. 稳态瑞雷波勘探方法的探测精度[J]. 中国煤田地质, 1997, 9（2）: 59-62.

[254] 张玉池, 温佩琳, 张兆京. 软弱夹层速度对瑞利面波频散曲线的影响[J]. 矿产与地质, 2009, 23（4）: 388-390.

[255] 何伟兵. 瑞雷面波勘探理论方法的研究及其应用[J]. 广东交通职业技术学院学报, 2010, 9（3）: 27-29.

[256] 董先军, 葛建伟. 瞬态多道面波勘探技术在岩土工程勘察中的应用[J]. 西部探矿工程, 2011, 23（2）: 33-34.

[257] 傅永华. 有限元分析基础[M]. 武汉: 武汉大学出版社, 2003.

[258] 赵鸿儒, 郭铁栓. 工程多波地震勘探[M]. 成都: 地震出版社, 1996.

[259] 李志辉,张立. CT 技术在铁路路基病害勘探中的应用[J]. 物探化探计算技术, 2006, 28（2）: 137-141.

[260] 陈国金. 井间观测系统的讨论[J]. 石油物探, 1996, 35（3）: 93-100.

[261] 王运生. 最佳路径算法在计算波路中的应用[J]. 物探化探计算技术, 1992, 14（1）: 32-36.

[262] 顾兆君. 超声波层析成像技术中图像重建方法的对比研究[J]. 西部探矿工程, 2011（1）: 34-36.

[263] INAZAKI T, ISAHAI H, KAWAMURA S, et al. Stepwise application of horizontal seismic profiling for tunnel prediction ahead of the face[J]. The Leading Edge, 1999, 18 (12): 1429-1431.

[264] 谈顺佳. 井间地震 CT 技术在岩溶勘察中的应用[J]. CT 理论与应用研究, 2013, 23（3）: 439-446.

[265] 段宝平,何正勤,叶太兰. 井间地震技术的研究现状及工程应用前景[J]. 物探与化探, 2010, 34（5）: 610-616.

[266] 李红立. 井间地震 CT 成像应用技术研究[D]. 北京: 中国矿业大学, 2009.

[267] 李天琪,彭涛,郭印. 井间地震层析成像技术在岩溶勘察中的应用[J]. 水文地质工程地质, 2009,（6）: 127-130.

[268] 熊小兵,贺振华. 声波方程共炮记录叠前深度偏移[J]. 石油物探, 1998, 37（4）: 48-54.

[269] 徐世浙. 地球物理中的有限单元法[M]. 北京: 科学出版社, 1994.

[270] 阮百尧,熊彬,徐世浙. 三维地电断面电阻率测深有限元数值模拟[J]. 地球科学, 2001, 26（1）: 73-77.

[271] 黄俊革,阮百尧,鲍光淑. 三维地电断面激发极化法有限元数值模拟[J]. 地球科学, 2003, 28（3）: 323-326.

[272] WANNAMAKER P E, STODT J A, RIJO L. Two-dimensional topographic response in magnetotellurics modeled using finite element[J]. Geophysics, 1986, 51 (11): 2131-2144.

[273] 胡刚,何正琴,叶太兰. 浅 VSP 技术应用研究进展[J]. 工程地球物理学报, 2009, 6（3）: 282-287.

[274] 曹令敏. 应用浅层地震勘探划分地下软土结构[J]. 工程地球物理学报, 2007, 4（3）: 251-255.

[275] 程玖龙，王玉和，于师建，等. 巷道掘进中电阻率法超前探测原理与应用[J]. 煤田地质与勘探，2000，28（4）：60~62.

[276] KOICHI SUZUKI, EIJI NAKATA, MASAYUKI MINAMI, et al. Estimation of the zone of excavation disturbance around tunnels, using resistivity and acoustic tomography[J]. Exploration Geophysics, 2004, 35: 62-69.

[277] 刘煜洲，陈福集，寇绳武，等. 全空间中内壁点电源场电位的边界元算法及其应用[J]. 物探化探计算技术，1997，19（4）：317-322.

[278] 李学军，等. 城市工程地球物理探测技术应用与发展趋势[J]. 工程地球物理学报，2008，5（4）：564-573.

[279] 单娜琳，阮百尧，程志平，等. 激发极化数据二维有限元反演法在金矿勘探中的应用[J]. 长春科技大学学报，2000，30（2）：194-197.

[280] 黄俊革，阮百尧，王家林. 坑道直流电阻率法超前探测的快速反演[J]. 地球物理学报，2007，50（2）：619-624.

[281] SASAKI Y. 3-D resistivity inversion using the finite-element method[J]. Geophysics, 1994, 59: 1839-1848.

[282] 黄俊革，王家林，阮百尧. 坑道直流电阻率法超前探测研究[J]. 地球物理学报，2006，49（5）：1529-1538.

[283] KOWALSKY M B, DIETRICH P, TEUTSCH G, et al. Forward modeling of ground-penetrating radar data using digitized outcrop images and multiple scenarios of water saturation[J]. Water Resources Research, 2001, 37 (6): 1615-1625.

[284] 郭高轩，吴吉春. 应用 GPR 获取水文地质参数研究初探[J]. 水文地质工程地质，2005（1）：89-93.

[285] 刘序禄，郑炳寅. 探地雷达检测与水库安全鉴定大坝渗漏的分析[J]. 水利科技与经济，2006，12（2）：92-95.

[286] GOODMAN D. Ground-penetrating radar simulation in engineering and archaeology[J]. Geophysics, 1994, 59: 224-232.

[287] 李大心. 探地雷达方法与应用[M]. 北京：地质出版社，1994.

[288] 韩小泉，穆群英，易碧金. 地震勘探仪器的现状及发展趋势[J]. 物探装备，2008，18（1）：1-6.

[289] YEE K S. Numerical solution of initial boundary value problems involving Maxwell's equations in isotropic media[J]. IEEE Transaction on Antennas

and Propagation, 196 6, 14 (4): 302-307.

[290] 葛德彪，闫玉波. 电磁波时域有限差分法[M]. 西安：西安电子科技大学出版社，2005.

[291] LAN KANG, LIU YAOWU, LIN WEIGAN. A Higher order (2, 4)scheme for reducing dispersion in FDTD algorithm [J]. IEEE Trans on EMC, 1999, 41: 160-165.

[292] 孔繁敏，李康，郭毅峰. 高阶 FDTD 法分析电-大尺寸光波导器件[J]. 光电子·激光，2004，15（6）：671-678.

[293] BERENGER J P. A perfectly matched layer for the FDTD solution of wave-structure interaction problems[J]. IEEE Trans. Antennas Propagat, 1996, 44 (1): 110-117.

[294] BERENGER J P. A perfectly matched layer for the absorption of electromagnetic waves[J]. Journal of Computational Physics, 1994, 114 (2): 185-200.

[295] GEDNEY S D. An anisotropic perfectly matched layer-absorbing medium for the truncation of FDTD lattices[J]. IEEE Trans. Antennas Propagat., 1996, 44 (12): 1630-1639.

[296] GEDNEY S D. An anisotropic PML absorbing media for the FDTD simulation of fields in lossy and dispersive media[J]. Electromagnetics, 1996, 16 (4): 399-415.

[297] SACKS Z S, KINGSLAND D M, LEE J F. A perfectly matched anisotropic absorber for use as an absorbing boundary condition[J]. IEEE Trans. Antennas Propagat., 1995, 43 (12): 1460-1463.

[298] 刘四新，曾昭发，徐波. 地质雷达数值模拟中有耗介质吸收边界条件的实现[J]. 吉林大学学报：地球科学版，2005，35（3）：378-381.

[299] 颜力. 频域吸收边界条件的构造理论[J]. 信息与电子工程. 2003，1(1)：31-36.

[300] MUR G. Absorbing boundary conditions for the finite-difference approximation of the time domain electromagnetic-field equations[J]. IEEE Trans. Electromagn. Compat., 1981, 23 (4): 377- 382.

[301] 邵振海，洪伟. 几种新的吸收边界条件在电磁散射中的应用[J]. 电波科学学报，1999，14（13）：287-294.

[302] 薛桂霞，王鹏. 探地雷达时域有限差分法正演模拟[J]. 物探与化探，2006，30（3）：234-235.

[303] 王健，吴先良，冉亮. 改进的高阶FDTD方法在散射问题中的应用[J]. 合肥工业大学学报：自然科学版，2007，30（3）：390-393.

[304] KONG FAN MIN, LI KANG, GUO YI FENG. Analysis of electrically-large optical waveguide devices using high-order FDTD method[J]. Journal of Optoelectronics · Laser, 2004, 15 (6): 671-678.

[305] ZHANG Y, SONG J, LIANG C H. MPI based parallelized locally conformal FDTD for modeling slot antennas and new periodic structures in microstrip[J]. Journal Electromagnetic Waves and Application, 2004, 18 (10): 1321-1335.

[306] 张玉. 电磁场并行计算[M]. 西安：西安电子科技大学出版社. 2006.

[307] ZHANG Y, DING W, LIANG C H. Study on the optimum virtual topology for MPI based parallel conformal FDTD algorithm on PC clusters[J]. Journal of Electromagnetic Waves and Applications. 2005, 19 (13): 1817-1831.

[308] STOFFREGEN H, YARAMANCI U, ZENKER T, et al. Accuracy of soil water content measurements using ground penetrating radar: comparison of ground penetrating radar and lysimeter data [J]. Journal of Hydrology. 2002, 267: 201-206.

[309] HARTMAN A M, BASTON PITT J, SEDGWICK A, et al. Pilot study assessing the feasibility of advanced ground penetrating radar in pavement assessment[C]// Proceedings of the eighth conference on asphalt pavements for So- uthern Africa, 2004: 1224-1229.

[310] HUBBARD S S, ZHANG J, PETERSON J E, et al. Non-invasive rebar corrosion detection using geophysical methods[J]. ACI Mater J, 2003, 1000 (2): 501-510.

[311] YEE K S. Numerical solution of initial boundary value problem involving Maxwell's equations in isotropic media [J]. IEEE. Trans. Antennas Propagate, 1966, 14 (3): 302-309.

[312] 冯德山，戴前伟，何继善，等. 探地雷达GPR正演模拟的时域有限差分实现[J]. 地球物理学进展，2006，21（2）：630-636.

[313] 戚筱俊. 工程地质及水文地质[M]. 北京：水利电力出版社，1997.

[314] 崔冠英. 水利工程地质[M]. 北京：水利水电出版社，1978.

[315] 陆兆溱. 工程地质学[M]. 北京：中国水利水电出版社，1990.

[316] 霍崇仁，王禹良. 水文地质学[M]. 北京：中国水利电力出版社，1991.

[317] 张咸恭. 工程地质学[M]. 北京：地质出版社，1979.